FSC
www.fsc.org
MIXTE
Papier issu
de sources
responsables
Paper from
responsible sources
FSC® C105338

FÚTBOL MUNDIAL: LOS ARCHIVOS DE 1924

PRUEBAS DOCUMENTALES DE QUE EN 1924 SE JUGÓ EL PRIMER CAMPEONATO MUNDIAL DE FÚTBOL

Colección **La otra historia del fútbol** número 1

Éditeur : BoD – Books on Demand,
12/14 rond-point des Champs Élysées, 75008 Paris
Impression : BoD – Books on Demand, Allemagne
ISBN : 978-2-322-19302-8
Dépôt légal : octobre 2020 – v2

Texto y diseño gráfico: Pierre Arrighi
Ilustración de la tapa: La final entre Uruguay y Suiza en el Estadio Olímpico de Colombes, el 9 de junio de 1924, vista desde la Tribuna de Honor (L'Illustration).

Para Leopold, Artus y Lancelot, mis tres nietos futbolistas

Sumario

El torneo por la Copa del Mundo termina en apoteosis. Mi pensamiento, en esa hora, evocó aquella jornada de 1924 en Colombes, totalmente semejante a la que acabamos de vivir, y donde por primera vez el equipo de Uruguay fue campeón del mundo. Como hoy, un sol inesperado dominó la fiesta en el momento en que la bandera de la República Oriental fue izada a la cumbre del mástil olímpico en medio de los aplausos de una muchedumbre igualmente alegre y entusiasta. La continuación del éxito ha hecho de la historia de vuestro equipo nacional una verdadera epopeya: ella os autoriza a grabar en vuestros emblemas los tres nombres –Colombes, Ámsterdam y Montevideo– como se llevan sobre la bandera los nombres de las grandes victorias.

Jules Rimet, *Carta a Raúl Jude, presidente de la Asociación Uruguaya de Fútbol. 30 de julio de 1930.*

Presentación

Este libro se limita a exponer y comentar brevemente los archivos documentales de carácter histórico que demuestran que el torneo olímpico de fútbol disputado en 1924 en París y sus suburbios (la final se jugó en el Estadio Olímpico de Colombes) fue *un campeonato del mundo pleno*, y más precisamente, *el primer campeonato del mundo de fútbol* de la historia.

La historia efectivamente mundial de los campeonatos de fútbol empezó en 1919 con el torneo de los Juegos Interaliados. Jugaron entonces ocho selecciones de asociaciones de la FIFA, seis europeas y dos americanas: Canadá y Estados Unidos. La competición –ganada por Checoslovaquia en una final pareja y dura contra Francia– fue *mundial en el sentido geodeportivo del término*, considerando que se enfrentaron *conjuntos absolutos* de Europa y América, del Viejo y del Nuevo Continente. Se respondió así tanto a la exigencia mundialista olímpica planteada en 1893 por los fundadores de los Juegos como a la básica exigencia de la cultura escolar según la cual el Mundo moderno no es el territorio conocido desde Europa antes de Colón, sino el encuentro transatlántico de las «dos Tierras». Los Juegos Interaliados tuvieron además la notable particularidad de contar con un reglamento general totalmente abierto, que dispuso explícitamente el rechazo total del «tema del amateur-profesional».

No puede decirse sin embargo que el torneo interaliado de fútbol fue un campeonato del mundo absoluto, universal y supremo. Solo estuvieron autorizados a anotarse equipos de países que habían participado activamente en el esfuerzo militar durante la Primera Guerra Mundial, del lado aliado. Quedaban por lo tanto excluidos del evento no solo los países ex enemigos sino todos los países neutrales, es decir buena parte de América y de Europa.

Al año siguiente, en setiembre de 1920, se disputó en Amberes (Bélgica) el primer campeonato olímpico de fútbol de la posguerra. Lamentablemente, la participación no respondió a la expectativa mundialista latente. Se presentaron solo equipos de Europa más una débil formación de Egipto –país que seguía bajo dominación británica– compuesta por jugadores de los principales clubes de El Cairo. Por otra parte, en el reglamento redactado por el comité de la asociación belga encargado de organizar el torneo, aunque se dejó la «definición del amateur» a criterio de cada asociación nacional participante y el tema de los estatutos del jugador fuera de cualquier control internacional efectivo, se proclamó la reserva de la prueba a los futbolistas amateurs excluyéndose, al menos en el papel, a los jugadores de las dos otras categorías: «no amateurs» y profesionales.

Decimos «en el papel» porque en la realidad lo que se produjo fue una participación masiva de *players* y entrenadores que vivían del fútbol en todos los equipos continentales importantes (Francia, Bélgica, Italia, España, etcétera), y también, como era habitual desde 1908, en el equipo de Gran Bretaña. Este conjunto, compuesto por los supuestos *England's amateurs*, anotó entonces a profesionales evidentes como el exportado Maurice Bunyan, que fue presentado como *player* de Chelsea pero era profesional del Racing Club de Bruselas desde 1909 y acababa de integrar Stade Français parisino, y a cinco integrantes del Corinthian FC, un conjunto-empresa muy autónomo que organizaba giras internacionales y repartía los jugosos cachés entre sus futbolistas.

Así, la reserva amateur expuesta en el reglamento, colocó objetivamente a los equipos que no la respetaron en posición de trampa a la vez que operó, como sucedía desde siempre con este tipo de dispositivos ventajistas, intimidando a los dirigentes y jugadores de aquellos países alejados de los centros de poder, que no estaban al tanto de la tolerancia tácita.

Pese a todo, puede decirse que, a diferencia de los campeonatos olímpicos de fútbol de 1908 y 1912 –que en su realidad geográfica fueron estrechamente europeos y en sus reglamentos, estrictamente amateuristas– el campeonato de Amberes marcó un paso adelante en el sentido de la intercontinentalidad (por la representación de África) y en dirección del liberalismo reglamentario, tan apreciado por las asociaciones desde 1919. Fue pues *una perfecta transición entre los campeonatos europeos amateurs de 1908 y 1912 y los campeonatos mundiales abiertos de 1924 y 1928.*

El torneo de 1924 fue inequívoca y objetivamente *un campeonato mundial en el plano geográfico y un campeonato universal (supremo, abierto, absoluto) en el plano reglamentario.* Participaron equipos de todas las regiones de Europa, equipos de Asia (Turquía), África (Egipto libre), América del Norte (la superpotencia estadounidense) y América del Sur (el campeón continental, Uruguay). Gran Bretaña también dijo presente (el Estado de Irlanda Libre), cosa que no volvió a ocurrir hasta la participación de Inglaterra en el Mundial de 1950 en Brasil. En cuanto al reglamento, fue redactado por la Federación Francesa de Fútbol Asociación (3FA) siguiendo el principio de la FIFA y de sus asociaciones afiliadas que, para los partidos internacionales, ignoraba el tema del amateur-profesional. Así, el campeonato olímpico de fútbol de 1924 fue objetivamente mundial como lo era el atletismo olímpico desde 1896, pero fue además, *declaradamente universal*, es decir, abierto a todas las categorías de futbolistas, a la libre selección de los mejores jugadores por su asociación, sin ningún tipo de exclusión y sin manejo de la intimidación.

A estas características, que en la lógica olímpica de la época tendían a constituir *un campeonato objetivamente mundial,* se agregaron elementos subjetivos de reconocimiento que expresaron la plena consciencia del hecho histórico surgido: los organizadores y la prensa machacaron el carácter mundial y universal del campeonato, antes, durante y después de su realización. La proclama se difundió a nivel planetario, y fue pues con total lucidez que los contemporáneos –futbolistas, dirigentes y medios deportivos– asistieron a la disputa de un título mundial.

No viene al caso analizar aquí en profundidad el proceso que llevó a que los abundantes archivos mundialistas de 1924 cayeran en un profundo «olvido», aplastados por las creencias y la ignorancia, o condenados a deshacerse en el sótano del ocultamiento y de la mala fe. Sí interesa explicar brevemente cómo se produjo su «descubrimiento».

Puede decirse que el trabajo de rescate documental empezó objetivamente en 2008, del lado europeo, y que no fue obra de investigadores académicos ni de historiadores allegados a la FIFA. En ocasión de la Copa de Europa que se jugó en Suiza y en Austria, los servicios de la Biblioteca Nacional Suiza (BNS) publicaron una exposición en línea con los archivos de la prensa helvética relacionados con el torneo olímpico de fútbol de 1924. Se evidenció entonces que el evento había sido considerado por toda la prensa suiza como un «campeonato del mundo oficial» y que los finalistas suizos derrotados por Uruguay habían sido calificados oficiosamente por la opinión como «campeones de Europa».

La atribución de un título europeo a Suiza no era, a decir verdad, tan oficiosa como lo enunció la BNS. En aquél tiempo, Europa carecía de prueba continental, no porque un tal evento resultara imposible o impensable, sino porque los proyectos desarrollados en ese sentido chocaban desde siempre contra el muro que les oponía la FIFA, la de Hirschman y Woolfall primero, la de Hirschman y Rimet después. Así habían muerto los proyectos de Campeonato de Europa elaborados y ajustados por Guérin y Mühlinghaus en 1903 y 1905, víctimas de procesos boicotistas. Y así murieron posteriormente los proyectos de Copa de Europa propuestos en 1926 por «los países centrales» y los diferentes planteamientos –austríacos, franceses e italianos de idéntico tenor– producidos en 1927 en el seno de la llamada comisión Bonnet, todos aniquilados por mociones absurdas del comité ejecutivo impuestas durante los debates que ocurrieron en el Congreso de Helsinki. En ese contexto durable, la idea de considerar que, a partir de 1924, es decir, a partir de la existencia de un campeonato internacional abierto y masivamente valorado, el mejor equipo europeo sería como mínimo campeón continental, no resulta de ningún modo forzada: el seleccionado suizo, segundo en 1924, fue el primero de Europa, y la *Squadra Azzurra*, tercera en 1928, también conquistó dicho honor en la olimpiada de Holanda.

En el correr del año 2011 solicité el acceso a la biblioteca de la Federación Francesa de Fútbol, situada en los locales del *87 Boulevard de Grenelle, Paris 15*. Mi objetivo era verificar que, por el lado de los organizadores, en la prensa de la asociación de Rimet y Delaunay, solo se encontraba ese absoluto vacío de mundialismo que me certificaban los investigadores académicos franceses. Para mi gran sorpresa, «descubrí» entonces casi inmediatamente, en la pila de diarios que estaba allí al alcance de la mano, que los organizadores del Torneo olímpico de París habían llamado a la disputa de un campeonato del mundo de fútbol desde agosto de 1923, que habían oficializado la calificación del campeonato como «Torneo Mundial» en abril de 1924, y que en las portadas del *France Football* –el semanario oficial que difundía el programa oficial del campeonato y expresaba la línea de Rimet– habían propagandeado y fundamentado ampliamente la denominación mundialista.

En la misma biblioteca pude acceder a cierta prensa deportiva de la época, en particular a la colección completa de *Le Miroir des Sports* y de *Très Sport*, cuyas coberturas del torneo de 1924, realizadas por dos prestigiosos periodistas, ex futbolistas internacionales y técnicos reconocidos –Gabriel Hanot y Lucien Gamblin–, me confirmaron plenamente el mundialismo universalista de la opinión futbolística francesa.

Estos «descubrimientos» dieron lugar a la publicación en 2014, en Uruguay, del libro *1924, primera Copa del Mundo de fútbol de la* FIFA, con prólogo de Gerardo Caetano y epílogo de Atilio Garrido. Aparecían reproducidos allí, por primera vez, una selección de documentos probatorios contundentes. Quedó establecido desde ese entonces que a los hechos objetivos del mundial geográfico y del reglamento universal, se sumaban los hechos subjetivos del mundialismo oficial y del mundialismo de la opinión.

La publicación de este libro puso fin a las dudas de los académicos uruguayos, y más globalmente, hizo avanzar el tema en toda América. Pero no produjo la reacción esperada de los académicos franceses que se mostraron indiferentes a los documentos «descubiertos». Solo algunos historiadores independientes prestigiosos, como Pierre Cazal y Pierre Parlebas, reconocieron la calidad de la investigación, expresando por escrito su acuerdo con la demostración y su apoyo a la tesis del campeonato olímpico de 1924 como campeonato del mundo absoluto.

El lector habrá observado que el término «descubrimiento» aparece aquí entre comillas. Es que nadie puede creer que los historiadores académicos franceses y los encargados de la documentación en el seno de la federación gala ignoraban la existencia de estos documentos mil veces consultados y que no habían percibido las espectaculares portadas que saltan a la vista de cualquier lector superficial.

Mientras duró, el ocultamiento de las fuentes reforzó la idea de que el campeonato de 1924 había sido «solamente olímpico». Pero ahora que los archivos resucitan, el hecho de su ocultamiento y de que persiste en Europa el deseo de ignorarlos, de no considerarlos y de no difundirlos, aparece como una evidente prueba más de su valor: son desatendidos porque si no, la negación del Mundial de 1924, piedra angular de las historias oficiales y académicas desde hace décadas, se volvería totalmente inconsistente.

Corresponde decir que la afirmación de que el campeonato olímpico de 1924 fue un Mundial, conduce automáticamente a considerar también como Mundial el campeonato de 1928, que lo fue todavía más. En efecto, el torneo de Ámsterdam contó con una participación americana mayor –se agregaron Argentina, Chile y México–; con un reglamento de corte abiertamente profesionalista, elaborado directamente por la FIFA, compuesto por disposiciones estatutarias aprobadas por sucesivos congresos y explícitamente favorables a la mixidad de los seleccionados; y finalmente, hecho notable y novedoso, con un cuerpo arbitral también de dimensión mundial, que incorporó jueces de Argentina, Egipto y Uruguay.

Aceptar que 1924 fue un Mundial y que 1928 no lo fue, significaría ceder a la regresión, sometiendo el relato de la gran historia del fútbol a los rencores de ciertos dirigentes de la FIFA que, como lo destacó Lucien Gamblin en sus crónicas de *L'Auto*, se sintieron sobre todo ofendidos porque la nueva dirección olímpica los apartó del protocolo, molestos porque el equipo de Hirschman cayó desde el primer partido, y desorientados porque ganó otra vez el pulgarcito celeste.

La exposición de los documentos aquí reproducidos sigue un orden temático, y dentro de ese orden temático, un orden globalmente cronológico. Cada documento se acompaña de la traducción de sus pasajes más importantes y de un breve comentario.

Muchos documentos que diez años atrás había que consultar yendo a una biblioteca, están hoy a disposición del público en formato digital. Se accede a *France Football* inscribiéndose en el sitio de la «Mediateca de la Federación Francesa de Fútbol» (http://www.mediatheque.fff.fr/). Las páginas de *Le Miroir des Sports* y de *L'Auto* se leen y se descargan libremente en el sitio de la Biblioteca Nacional de Francia (BNF), Gallica.

Lamentablemente, la exposición digital producida en 2008 por la Biblioteca Nacional Suiza –«*Le triomphe de nos couleurs*»– ya no está en línea. Gallica posee las ediciones de *Très Sport* de 1923, 1924 y 1925, pero falta el número de mayo de 1924, que es el que más nos interesa. En cuanto a los informes oficiales de la AUF y otras fuentes uruguayas, provienen de contactos con historiadores, de fuentes familiares o de la Biblioteca Nacional de Uruguay.

El lector puede ampliar su información consultando otros documentos y libros importantes. Los informes olímpicos pueden descargarse en la biblioteca digital de la Fundación LA84 (https://digital.la84.org/). Las actas de los congresos olímpicos deben solicitarse ante el Centro de Estudios Olímpicos (studies.centre@olympic.org) que las envía gratuitamente en formato PDF. Idénticamente, la FIFA comunica las actas de sus congresos (desde el primero de 1904) a quien las solicite mediante el formulario de contacto propuesto en su sitio web. El libro *1924, primera Copa del Mundo de la FIFA*, directamente relacionado con este tema, solo se consigue en las librerías uruguayas.

Abreviaciones

AUF	Asociación Uruguaya de Fútbol
BHC	British Home Championship
BNS	Biblioteca Nacional Suiza
CFI	Comité Francés Interfederal
CNS	Comité National des Sports
COB	Comité Olímpico Británico
COF	Comité Olímpico Francés
COI	Comité Olímpico Internacional
FA	Asociación de Fútbol de Inglaterra (Football Association)
FIFA	Federación Internacional de Fútbol Asociación
FFF	Federación Francesa de Fútbol (nombre desde 1946)
3FA	Federación Francesa de Fútbol Asociación (de 1919 a 1946)
IFAB	International Football Association Board
USFSA	Unión de Sociedades Francesas de Deportes Atléticos
YMCA	Asociación Cristiana de Jóvenes (Estados Unidos)

Archivos relacionados con los antecedentes

Esta primera parte presenta archivos de períodos anteriores al de la «preparación activa» del campeonato de 1924. Abre una vasta perspectiva histórica sin la cual no se entiende cómo se llegó a un torneo de envergadura mundial, de tipo abierto, y debidamente calificado.

El primer archivo expuesto es la invitación que el barón Pierre de Coubertin envió a las sociedades deportivas del mundo entero para que asistan al congreso fundador de los Juegos Olímpicos organizado en París en 1894. La documentación de esta sección cubre pues un período de treinta años. Se divide en dos categorías: la que se refiere a la reglamentación, y en particular, al aspecto clave de los reglamentos, las condiciones de admisión de los atletas; y la que se refiere a las calificaciones -denominaciones y títulos, oficiales o no- relacionadas con proyectos de competiciones o con campeonatos efectivamente disputados antes de 1924.

Nos acercaremos así a los dos aspectos que, junto a la mundialidad objetiva de la competición -que es la concreción en la cancha de un «verdadero» encuentro entre Viejo y Nuevo Mundo-, definen a un torneo de fútbol como «campeonato del mundo absoluto»: la universalidad, que se obtiene con la apertura de las inscripciones a todas las categorías de jugadores y a todas las clases sociales; y la calificación mundialista, que entre los tres niveles de la competición internacional conceptualmente aceptados -regional, continental, mundial- designa el grado superior.

1. Antecedentes en materia de reglamento

Entre 1904 y 1930, para un fútbol internacional respetuoso de las leyes del juego definidas por los ingleses, la cuestión reglamentaria se planteó exclusivamente en su relación con el tema del amateurismo. Los archivos demuestran al respecto cuatro hechos fundamentales.

En primer lugar, que contrariamente a lo que se dice, entre 1894 y 1930, la dirección olímpica no reservó los Juegos a los amateurs. Expresó un vago y extinguible deseo, pero no dictó ley: si querían, las direcciones deportivas podían organizar abiertos. En segundo lugar, que la primera FIFA, la de Guérin, proyectó en 1905 un campeonato de Europa que no era otra cosa que una extensión del muy abierto *British Home Championship.* En tercer lugar, que en 1908 y 1912, las asociaciones que organizaron los torneos olímpicos de fútbol establecieron, por voluntad propia, reglamentos amateuristas contrarios a la filosofía de Guérin, y que esta rebaja fue oficializada por la FIFA inglesa en 1914 en el Congreso de Cristiania. En cuarto lugar, que en 1919, apenas terminada la Gran Guerra, el «tema del amateur-profesional» fue explícitamente rechazado en el reglamento de los Juegos Interaliados, lo que marcó el inicio de una era de universalidad.

En 1921, el poder deportivo y legislativo sobre los campeonatos olímpicos pasó de manos de las asociaciones nacionales «autónomas» a manos de las federaciones internacionales y de sus asociaciones «delegadas». Como la FIFA volvió a ser francesa –Rimet asumió la presidencia en marzo de 1921–, quedaron reunidas todas las condiciones del retorno a un marco reglamentario totalmente abierto.

Invitación al Congreso olímpico fundador de 1894

A fines de 1893, la USFSA de Pierre de Coubertin envió a las sociedades deportivas del mundo entero la invitación a un Congreso Internacional que tuvo lugar en la Sorbona de París del 16 al 24 de junio de 1894. La histórica asamblea adoptó el insólito proyecto de «restablecer los Juegos Olímpicos», dotándolos de una fórmula moderna, y fijó la primera edición para 1896 en Atenas. Votó también la constitución de un Comité Olímpico Internacional cuyo primer presidente fue el griego Dimitrios Vikelas.

El programa anunciado constaba de tres partes: *«Amateurismo y profesionalismo», «Juegos Olímpicos» y «Reglamento del Congreso»*. La primera era puramente demagógica. La idea de Coubertin era complicarla al máximo para provocar su abandono. Esta intención se percibe claramente en preguntas como la VI –*«¿Acaso es aplicable de la misma manera una definición general a todos los deportes? ¿O comporta restricciones especiales en lo que se refiere al ciclismo, remo, los deportes atléticos, etcétera?»*– que abrían la puerta a todo tipo de especificidades y excepciones.

El punto clave del documento es el primer párrafo del *«Reglamento del Congreso»*: *«Las Uniones y Sociedades que participarán en el Congreso no estarán atadas a las resoluciones adoptadas. El Congreso tiene por objetivo emitir puntos de vista sobre los diferentes asuntos que le serán sometidos, y preparar, pero no establecer, una legislación internacional.»* Significa que el movimiento olímpico fundador no impuso criterios de admisión de los atletas como se cree generalmente. Su amateurismo fue solo un «punto de vista» más. Y este principio duró de 1894 hasta 1930, período durante el cual los dirigentes del fútbol pudieron decidir libremente si organizaban campeonatos olímpicos abiertos o campeonatos reservados.

(Documento transmitido por el Centro de Estudios Olímpicos)

PROGRAMME

Amateurisme et Professionalisme

I. — Définition de l'amateur: bases de cette définition. — Possibilité et utilité d'une définition Internationale.

II. — Suspension, disqualification et requalification. — Des faits qui les motivent et des moyens de les vérifier.

III. — Est-il juste de maintenir une distinction entre les différents sports au point de vue amateuriste, spécialement pour les courses de chevaux (gentlemen) et le tir aux pigeons ? — Peut-on être professionnel dans un sport et amateur dans un autre ?

IV. — De la valeur des objets d'art donnés en prix. — Est-il nécessaire de limiter cette valeur ? — Quelles mesures doit-on prendre contre celui qui vend l'objet d'art gagné par lui ?

V. — Légitimité des ressources provenant des admissions sur le terrain. — Cet argent peut-il être partagé entre les sociétés ou entre les concurrents; peut-il servir d'indemnité de déplacement ? — Dans quelle limite des équipiers peuvent-ils être indemnisés, soit par la société adverse soit par leur propre société ?

VI. — La définition générale de l'amateur peut-elle s'appliquer également à tous les sports ? — Comporte-t-elle des restrictions spéciales en ce qui concerne la vélocipédie, l'aviron, les sports athlétiques, etc. ?...

VII. — Du pari. — Est-il compatible avec l'amateurisme ? — Des moyens d'en arrêter le développement.

Jeux Olympiques

VIII. — De la possibilité de leur rétablissement. — Avantages au point de vue de l'athlétisme et au point de vue moral et international.

IX. — Conditions à imposer aux concurrents. — Sports représentés. — Organisation matérielle, périodicité des jeux olympiques rétablis, etc....

X. — Nomination d'un Comité International chargé d'en préparer le rétablissement.

Règlement du Congrès

Les Unions et les Sociétés qui participeront au Congrès ne seront pas liées par les résolutions adoptées. Le congrès a pour but d'émettre des avis sur les différentes questions qui lui seront soumises et de préparer, mais non d'établir une législation Internationale.

Les *mémoires écrits en Français seront reçus au Secrétariat général jusqu'au 10 Juin. Les mémoires écrits en langues étrangères, jusqu'au 1er Juin seulement. Ils seront classés en deux catégories selon qu'ils émaneront de personnalités individuelles ou de Sociétés.* L'envoi de mémoires ou de communications est libre : nulle condition n'est exigée, mais les sociétés devront, en tous les cas, joindre à leurs envois le texte des règlements qui les régissent. Tout mémoire qui ne traiterait pas de l'une des questions inscrites au programme ci-joint, sera rigoureusement écarté.

Des cartes donnant entrée dans la salle des séances seront à la disposition des personnes qui en feront la demande avant le 10 Juin en justifiant de leur désir de prendre part au Congrès. Les Sociétés pourront se faire représenter par des Délégués. Elles devront en ce cas, en donner avis avant le 10 Juin.

Toutes les communications doivent être adressées à M. le **Baron Pierre de COUBERTIN,**
Commissaire-général, **20, Rue Oudinot, PARIS.**

Gira de profesionales franceses por Inglaterra (Le Matin, 1905)

En 1897 se creó el primer campeonato profesional de fútbol en Francia: el campeonato de la FSAF (*Fédération des sociétés athlétiques professionnelles de France*). Se jugaba anualmente y duró hasta poco después de terminada la Gran Guerra. Lo ganaron clubes como la Union des Sports de France, el CA Parisien o la Jeunesse Athlétique de Saint-Ouen. Estos profesionales no eran verdaderos asalariados a tiempo completo o parcial como los ingleses. Su profesionalismo incipiente se limitaba a cobrar de vez en cuando un premio que equivalía, como mucho, a dos o tres jornales obreros.

Se lee por ejemplo en *Le Matin* del 10 de marzo de 1902: «*Campeonato de la FSAF (profesionales). La Union Athlétique Batignollaise venció al Club Athlétique Parisien 4 a 0 en Maisons-Laffitte asegurándose el primer puesto del campeonato*». En su edición del 5 de septiembre de 1905, el mismo diario anunció la gira de una selección de jugadores de esta categoría en los términos siguientes: «*Los profesionales franceses en Inglaterra. Luego de diferentes contactos tomados por el Club Athlétique Professionnel Parisien, un equipo de profesionales acaba de viajar a Inglaterra para enfrentarse con diversos clubes de la Liga del Sur, entre los cuales Millwall, Plymouth, Reading, Northampton, Norwich City, y un club de la Liga, Derby County. Muy probablemente, los clubes ingleses alinearán sus reservas ante jugadores franceses que, pese a todos los progresos realizados en estos últimos años, no están aún capacitados para luchar en condiciones de igualdad.*»

El artículo confirma que, desde principios del siglo veinte, existía cierto profesionalismo futbolístico en el Continente europeo. Los dirigentes ingleses lo sabían ya que, para los partidos internacionales, los equipos tenían que pedir una autorización especial a la Football Association y pagar un porcentaje de lo recaudado. Se concluye que las restricciones amateuristas impuestas por las asociaciones de Inglaterra y Suecia en los torneos olímpicos de 1908 y 1912 incidieron más allá de Gran Bretaña. Fueron establecidas con pleno conocimiento de su radio de acción.

(Documento consultable en Gallica, Bibliothèque Nationale de France)

LA VIE SPORTIVE

COURSES A SAINT-CLOUD

Le régime continue et le ring observe toujours le silence auquel il a été condamné. Tout se passe dans le plus grand calme, peut-être même avec trop de calme, car les entr'actes, sans l'animation que leur apportait le marché au pesage, paraissent un peu longs.

Le pari mutuel se trouve, pour sa part, fort bien de la suppression d'une rivalité dangereuse, et les recettes d'hier ont été en augmentation de 97,095 francs sur celles de la journée correspondante de l'an passé.

Les épreuves, de second ordre en général, qui composaient le programme ont été disputées par des lots nombreux. Il faut retenir la victoire très facile de King James dans le prix de Fontenay-le-Fleury. Le poulain, qui avait débuté obscurément à Caen, a paru très amélioré. Il a gagné sans le moindre effort, et son succès vaut surtout par l'excellent style dans lequel il a été remporté.

Malta a semblé, de son côté, avoir retrouvé sa meilleure forme dans le prix des Plates-Bandes, qu'il a enlevé dans un canter, sa principale concurrente, Marie Galante, s'étant, il est vrai, attardée comme à plaisir pendant la plus grande partie du parcours.

RÉSULTATS

Prix d'Hardricourt, à réclamer, 2,000 francs, 900 mètres. — 1. Carlotta 56 (Bellhouse), à M. D. Chan ; 1. Binky 53 (G. Bartholomew), à M. Pfizer ; 3. Baliverne 56 (Carmack).

Dead-heat pour la première place, une longueur et demie.

Non placés : Opinion 56 (A. Carter), Bizerte 56 (Smith), Banjo 56 (Carrigan), Andréo 56 (G. Stern), Guebres 53½ (Charles), Friquette 53½ (Lynes), Hamp Flower 53 (Spencer), Miss Halma 53 (Rausch), Dundée 53 (O'Connor), Balbine 53 (Parfrement), Pépé 53 (Peborde), Cécile 50½ (Berthod), Orthographe 53 (J. Lane), Accise 53 (R. Cunnington), Nivolette 53 (Spears), Pompadour V 53 (Ch. Childs), Miss Furieuse 50½ (M. Robert), Verte Rose 53 (J. Reiff), Confidence 53 (Sparkes).

Prix de Fontenay-le-Fleury, 4,000 francs, 300 mètres. — 1. King James 57 (Parfrement), à M. R. Baillj; 2. Polichinelle II 57 (Chapital) ; 3. Tombola 55½ (Shields).

Trois longueurs, trois quarts de longueur.

Non placés : Zouave II 57 (A. Carter), Sun 57 (G. Bartholomew), Morning Song 57 (J. Reiff), Montreux 57 (Ch. Childs), Augsbourg 57 (Sparkes), Be Good 55½ (Carrigan), Paimpolaise 53 (G. Sauval), Apsara 55½ (O'Connor), Electre 55½ (Spencer), Nôlle 56½ (Bellhouse), Ninive II 53 (Clapson), Non Vraiment 55½ (Spears), Poudre d'Or 55½ (G. Stern), Palmyre 55½ (Wilson), Verona 55½ (Cormack).

Prix des Plates-Bandes, 5,000 francs, 2,000 mètres. — 1. Malta 53 (Rausch), à M. W.-K. Vanderbilt ; 2. Sorrento 49 (F. Gill) ; 3. Marie Galante 54½ (Cormack).

Deux longueurs, trois longueurs.

Non placés : La Valkyrie 46 (A. Bollen), Ixia 56 (G. Stern), Rien ne va Plus 50½ (Marsom), Liliac 53 (O'Connor), Auscitain 47½ (W. Kellett), Nougat 47½ (Clapson).

Prix de Chavenay, à réclamer, 2,000 francs, 900 mètres. — Donapalé 50 (Ch. Childs), à M. Ternynck ; 2. Bébé II 56 (O'Connor) ; 3. Le Trébuchet 56 (Cormack).

Deux longueurs, deux longueurs.

Non placés : Zanetto 56 (G. Stern), Le Vigeanais 56 (G. Bartholomew), Erdilo 53½ (F. Gill), Antidote 53 (J. Lane), Dalitus 53 (Doux), Coquin 53 (A. Childs), Bolhomme 53 (Rausch), Vaincu 54½ (A. Carter).

Prix de La Guillaumette, 3,000 francs, 1,400 mètres. — 1. La Rouss 46½ (E. Crickmère), à M. E. Veil-Picard ; 2. Topola 51½ (Ch. Childs) ; 3. Saint Germé 53 (Parfrement).

Une longueur et demie, deux longueurs.

Non placés : Feuilleton 49½ (Cormack), Lys Rouge 53 (G. Stren), Casqué 50½ (Peborde), Mysa 40 (A. Botten), Taidoun 48 (Carrigan), Mogador 46½ (J. Lane), Indian Dance 46½ (G. Bartholomew), Cornette 53 (Marsom), Ivresse II 43 (Lynes), Achères 46½ (Smith), Nivette 46½ (Spears).

Prix de Rennemoulin, 5,000 francs, 2,400 mètres. — 1. Pensa 40 (Spears), à M. J. Lieux ; 2. Mlle de Saint Côme 50 (Bellhouse) ; 3. Ernemont 54 (J. Lane).

Courte encolure, trois longueurs.

Non placés : Queenly 49 (W. Kellett), Columbia 55 (Rausch), Lagus 48 (G. Bartholomew), Montmartre 46½ (Peborde), Vizille 40 (Lynes).

RESULTATS DU PARI MUTUEL

CHEVAUX	Pes. 10 fr.	Pel. 5 fr.	CHEVAUX	Pos. 10 fr.	Pel. 5 fr.
Carlotta....G	56 50	34 ..	Donapalé...G	626 ..	313 50
Carlotta.....P	35 50	17 ..	— P	59 .	49 50
Binky......G	50 ..	38 50	Bébé II.....P	33 50	12 50
— P	46 ..	26 ..	*Le Trébuchet*.P	23 50	11 50
Baliverne....P	23 50	11 ..			
			La Rouss...G	200 50	53 ..
King James.G	77 50	138 50	— P	46 50	15 50
— P	32 50	43 ..	Topola......P	33 50	16 50
Polichin^lle II.P	50 ..	23 ..	St Germé...P	58 50	38 ..
Tombola.....P	119 ..	32 50			
Malta.......G	32 50	17 ..	*Pensa* ......G	95 .	49 50
Malta.......P	15 50	7 .	*Pensa*.......P	31 50	11 50
Sorrento....P	35 ..	16 50	Mlle d.St Côme P	26 ..	10 50
Mlle Galante.P	14 ..	7 .	Ernemont...P	19 50	9 ..

Les gagnants du « Matin » sont indiqués en italique.

Aujourd'hui.

COURSES A COMPIEGNE

Appréciations :

Prix de la Société sportive d'encouragement, course de haies, 2,000 francs, 3,000 mètres. — Beauquemare, Galopin II.

Prix de l'Ortille, course de haies, 2,000 francs, 2,600 mètres. — Chance à Courir, Serpolette III.

Premier prix de la Société des steeple-chases de France, steeple-chase, 6e série, 2,600 francs, 3,400 mètres. — Azur, Clavecin.

Prix du Vieux-Moulin, steeple-chase, gentlemen riders, 1,500 francs, 3,800 mètres. — Oban, Massrour.

Prix de La Malmaire, course de haies, 3,000 francs, 2,600 mètres. — Chasselas, Montmirail.

Prix de la Ville-de-Compiègne, steeple-chase handicap, 3,000 francs, 3,900 mètres. — Gloria, Sem.

A. THAMIN.

AUTOMOBILISME

Le meeting de Brescia. — Milan, 4 septembre, par téléphone. — L'intéressante semaine de Brescia a été ouverte par une course de motocyclettes sur 1,000 kilomètres.

Les trois machines Peugeot, les trois Primus et les trois Marchand se sont retirées. M. Marchand a [illegible] un char et s'est blessé à la tête.

Les résultats de la course ont été les suivants : 1. M. Pavezzi, 2. M. Emanuelli, 3. M. Fustella. Les concurrents sont arrivés en bonnes conditions.

Aujourd'hui commencera le concours des véhicules industriels.

Le meeting de Royan. — Les courses qui se disputeront aujourd'hui sur la plage sont réservées aux voitures des quatrième, cinquième et sixième catégories. En voici les engagements :

Quatrième catégorie (voitures découvertes de 15 à

draient la vallée du Pô jusqu'à Venise, pour remonter à Vienne, à Berlin et revenir en France par la Hollande et la Belgique.

YACHTING

Les régates d'Arcachon. — Le handicap organisé par la Voile d'Arcachon, sur un parcours de 13 milles, a donné les résultats suivants : 1. *Aigle* ; 2. *Titave* ; 3. *Etincelle* ; 4. *Violetta* ; 5. *Paulette* ; 6. *Thamarys*, etc. 14 yachts ont pris part à la course.

Aujourd'hui aura lieu la seconde épreuve pour yachts de la Sonderklasse.

FOOTBALL ASSOCIATION

Les professionnels français en Angleterre. — A la suite de divers arrangements pris par le Club Athlétique Professionnel Parisien, une équipe de professionnels vient de se rendre en Angleterre pour y rencontrer divers clubs de la Ligue du Sud, dont Millwall, Plymouth, Reading, Northampton, Norwich City, ainsi qu'un club de la ligue, Derby County.

Il est fort probable que les clubs anglais opposeront leurs réserves aux équipiers français qui, malgré tous les progrès acquis depuis quelques années, ne sont pas encore de taille à lutter à chances égales.

Les relations anglaises. — Le secrétaire de la Football Association Limited vient de déclarer que le vote émis par son conseil, en avril dernier, implique la reconnaissance, par l'Angleterre, des associations nationales continentales. C'est une adhésion déguisée à la Fédération Internationale, qui comprend en ce moment la Belgique, la France, les Pays-Bas, l'Allemagne, le Danemark, la Suisse, l'Italie et l'Espagne, auxquels viendra se joindre incessamment l'Autriche, qui se trouve dans une situation difficile par suite de l'interdiction des matches entre clubs des associations affiliées et clubs autrichiens.

PETITES NOUVELLES

— A Bordeaux, le cycliste Poulain a gagné les trois manches d'un match à trois. Schilling s'est classé second, et Rutt troisième.

— Le Standard Athletic Club, continuant sa tournée de cricket en Angleterre, a gagné un match sur Winchester, mais il a été battu facilement par les Trojans.

— Le premier match international de football association de la saison a été disputé dimanche à Tourcoing. L'Union Saint-Gilloise et l'U. S. Tourquennoise ont fait match nul, par 1 but à 1.

— Résultats du championnat de natation de 100 mètres de la F. C. A. F. : 1. Clément, en 1 m. 48 s. 2/5 ; 2. Pezet ; 3. Gondal ; 4. Martin.

— Hier ont commencé les tournois internationaux de lawn-tennis de Boulogne, du Château-d'Œx (Suisse) et de Dinard.

— Les championnats de tennis de Suisse disputés à Saint-Moritz ont été remportés, en simple, par M. Simond ; doubles, par MM. Simond et Lacy ; doubles mixtes, par miss Brooksmith et M. Simond ; doubles dames, par Mlle Masson et miss Brooksmith

Marché Financier

Continuation des bonnes séances. — Hausse de l'Extérieure, du Lyon.

PARIS, 4 septembre. — Les énormes capitaux accumulés pendant la guerre russo-japonaise et notamment au cours du dernier semestre, pendant lequel on craignait des complications intérieures, se portent sans trêve sur le marché, maintenant que la paix est conclue. Les rentes russes bénéficient, en plus de ces demandes, de rachats nombreux. Leur hausse amène un abaissement de leur taux de capitalisation et les autres fonds d'Etat partagent leur sort. C'est dire que le goût du public pour les valeurs à revenu fixe se réveille et que les diverses rentes jouissant d'un large marché bénéficient particulièrement de ce regain de faveur.

Le Russe 4 % consolidé gagne 55 cent. à 95 55; le 1901, 95 cent. à 97 45 ; le 3 % 1891, 1 40 à 82 95, le 3 % 1896 0 fr. 80 à 81 80. L'Extérieure passe de 92 55 à 93 10. Le Turc de 92 57 à 92 82.

Les établissements de crédit bénéficient de cette activité. La Banque de Paris passe de 1,472 à 1,485. Banque centrale du Mexique 466.

La hausse entraîne la hausse. Aussi certains groupes se réveillent-ils d'une longue torpeur. C'est le cas de nos grands chemins de fer. Le Lyon passe de 1,425 à 1,440, l'Orléans de 1,520 à 1,550, Nord 1,860.

La Raffinerie Say ne peut conserver ses cours de samedi ; elle réactionne à 584. Raffinerie d'Egypte 49 50. Le Printemps est ferme à 549.

Le Rio se fait toujours remarquer par une certaine réserve ; il se tient à 1,679. La Sosnowice se tasse à 1,515, Briansk à 570. Suez ferme à 4,520, de même, la Thomson à 831.

Les valeurs sud-africaines continuent de s'améliorer : De Beers 454, Rand Mines 242, Goldfields 174, East Rand 203.

INFORMATIONS FINANCIERES

Société agricole d'exploitation des établissements J. Jaluzot et Cie. — Hier matin s'est tenue l'assemblée extraordinaire des actionnaires de cette Société, convoqués à la suite des incidents que l'on connaît. 22,601 actions, dont 20,765 appartenant à M. Jules Jaluzot, avaient été déposées. Ce dernier étant absent, l'assemblée a été présidée par M. Alfred Jaluzot. L'ordre du jour de la réunion comportait l'examen de la situation de la Société, l'éventualité de la réduction ou de l'augmentation du capital, et, enfin, la dissolution de la Société.

Après avoir entendu la lecture du rapport du conseil d'administration et le rapport du commissaire des comptes, l'assemblée a eu à se prononcer sur les deux résolutions suivantes, proposées par le conseil : dissolution de la société et nomination de deux liquidateurs avec mandat d'obtenir pour la Société le bénéfice de la liquidation judiciaire.

Ces deux résolutions ont été adoptées sans incident.

Grande distillerie E. Cusenier fils aîné et Cie. — *La Cote européenne* annonce que les résultats de l'exercice clos le 30 juin dernier sont supérieurs à ceux de l'exercice précédent. Les bénéfices nets seraient notamment supérieurs d'environ 200,000 francs aux produits de l'exercice 1903-1904. Une augmentation du dividende pourrait être envisagée.

VALEURS SUD-AFRICAINES

LONDRES, 4 septembre. — Tendance calme.

Angelo............	5 7/8..	Robinson Gold...	9 1/8..
Comet (New).....	3 1/2..	Treasury..........	3 1/2 .
Crown Reef.......	14 ../...	Village Main Reef	5 3/8..
Ferreira..........	19 1/4..	Wemmer.........	5 1/2.
Geldenhuis Estat	. ./...	Welbuter	3 1/8 .
New Goch	2 5/8..	Chartered.........	2 1/32.
Geduld	6 9/16.	East Rand........	8 ../..
Henry Nourse....	. ./...	Goerz	2 7/8..
Jagersfontein	7 7/8..	Goldfields Consol.	6 13/16
Jumpers Gold....	2 1/2..	Gold Trust........	5 9/16.
Lancaster	1 1/2..	Geldenhuis Deep.	9 5/8..
May Consolidated	3 5/8..	Rand Mines.......	9 1/2..
Modderfontein ...	9 5/16.	Robinson Deep...	5 13/16
New Primrose ...	. ./..	Rose Deep........	6 7/8..

Campeonato de Francia profesional (La Presse, 1907)

Bajo el título *«Football Association. El Campeonato de Francia»*, el cotidiano *La Presse* del 10 de marzo de 1907 publicó la siguiente crónica:

«Cada domingo nos reserva un lote de pruebas importantes. Puede incluso deplorarse tanta abundancia, ya que, por ejemplo, este domingo, resulta imposible asistir al mismo tiempo a la final del Campeonato de rugby y al Campeonato de cross-country. Todos los campeonatos son interesantes. Pero hay uno que, por múltiples razones, presenta un interés superior. [...] Para mañana, no hay duda posible: la final del Campeonato de Francia profesional constituye un evento de una importancia capital.»

«Se abusa mucho del título de campeón y no exagero afirmando que este calificativo, ampliamente distribuido por ciertas federaciones a supuestos amateurs, puede ser cuestionado, mientras que el que atribuye la FSAF es indiscutible. La razón es que esta federación es la única que rige el deporte profesional en Francia mientras que nuestros amateurs siguen los reglamentos de la USFSA, la FAA, la FGSPF, la FCAF, y todas esas federaciones tienen uno o más campeones. Por consiguiente, el título de campeón amateur puede dar lugar a discusión. Mañana se enfrentan los dos más formidables equipos franceses: el Club Atlético del Sur, campeón de Francia 1905-1906, y el Football Club de París, un club joven, que gracias a los esfuerzos de bravos trabajadores, supo formar un equipo extraordinario.»

Así, un año antes del torneo olímpico de 1908, los comentaristas deportivos de *La Presse* –diario en el cual el ex presidente de la FIFA, Robert Guérin, había escrito con frecuencia– exaltaban la importancia mayor del campeonato profesional de Francia, destacando la calidad particular de los futbolistas que allí evolucionaban y que habrían de ser reglamentariamente impedidos de participar en el Torneo de Londres.

(Documento consultable en Gallica, Bibliothèque Nationale de France)

LA VIE SPORTIVE

lieu le dimanche 10 mars, au Cercle, de 8 heures et demie à 10 heures et demie. Les matches éliminatoires commenceront aussitôt après.

Dans cette même réunion, le Conseil de la Fédération a pris d'autres décisions des plus importantes.

Il a autorisé le port de bandelettes aux poignets, mesure réclamée par la majorité des concurrents de Boxe anglaise.

Il a enregistré le don fait par M. Pujol d'un nouveau prix, destiné à récompenser le tireur ayant fourni l'assaut le plus méritoire.

Il a en outre fixé l'attribution du Vase de Sèvres, offert par M. Dujardin-Beaumetz, sous-secrétaire d'État aux Beaux-Arts. Ce prix sera décerné au champion de la catégorie de Boxe française ayant réuni le plus de concurrents.

Enfin, le Conseil de la Fédération a examiné les réclamations qui avaient été portées contre la qualification de certains concurrents. Il n'en a retenu aucune, sauf celle de M. Thorner, sur laquelle il statuera après un supplément d'enquête.

FOOTBALL-ASSOCIATION

Le Championnat de France

Les grandes manifestations sportives se multiplient, la foule des sportsmen devient de plus en plus nombreuse et chacun de nos championnats crée de nouveaux adhérents à la pratique des sports.

Il est loin le temps où, « dans une année », nous n'avions que deux ou trois critériums très souvent dénués d'intérêt.

Aujourd'hui, « chacun de nos dimanches » nous réserve toute une série d'épreuves importantes. Quelquefois même, nous devons regretter une telle abondance, car en prenant comme exemple la journée de dimanche dernier, il nous est impossible, du moins à l'heure actuelle, d'assister en même temps à la finale du Championnat de rugby et au Championnat de cross-country.

Certainement tous les championnats sont intéressants. Mais il en est qui, pour de multiples raisons, présentent un intérêt supérieur. C'est pourquoi, chaque samedi, nous nous ferons un plaisir d'indiquer à nos nombreux amis l'épreuve qui donnera le plus de satisfaction à leur goût du sport, celle qui leur réservera les plus saines émotions, celle qui, en un mot, devra être le clou de la journée.

Pour demain, il n'y aura aucune hésitation, car la finale du Championnat de France professionnel constitue un événement d'une importance capitale.

On abuse beaucoup du titre de champion et je n'exagère pas en affirmant que si ce qualificatif, dont certaines fédérations font large distribution à de soi-disant amateurs, peut, avec juste raison, être contesté, celui que la Fédération des Sociétés Athlétique de France décerne à ses athlètes est certainement le seul incontestable. En voici la raison : la F.S.A.F. est l'unique fédération régissant le sport professionnel en France, alors que nos amateurs suivent les règlements de l'U.S.F.S.A., de la F.A.A., de la F.G.S.P.F., de la F.C.A.F., etc., et toutes ces fédérations ont un ou même des champions ; par conséquent, le titre de champion amateur peut donner encore aujourd'hui lieu à discussion.

×

La sensationnelle rencontre de demain mettra en présence les deux plus formidables teams français, savoir : le Club Athlétique du Sud, champion de France 1905-1906, et le Football-Club de Paris, un jeune club, de fondation récente, qui, grâce aux efforts de braves travailleurs, a su former une équipe extraordinaire. Voici d'ailleurs comment seront composées les deux équipes :

Club Athlétique du Sud. — But, Liébon ; arrières, Maës et Prêtre ; demis, Durieux, Legliot et Renou ; avants, Marcellin, Guillard, Boulanger (capitaine), Roberts et Porcher.

Football-Club de Paris. — But, G. Mercier ; arrières, P. Rolland et E. Riémer ; demis, A. Guimot, G. Guichon et P. Ménétrier ; avants, Charles Brun, L. Pautrat, J. Rolland (capitaine), Redureau et Valgerin.

Qui gagnera ?

Rarement les Parisiens auront eu l'occasion d'assister à une aussi belle rencontre. Les deux équipes, d'une homogénéité parfaite, sont au summum de leur forme. Toutes deux ont la certitude de vaincre. Autant la tâche de pronostiqueur est facile pour certains matches, autant elle devient délicate pour une rencontre de l'envergure de celle de demain. C'est pourquoi nous nous abstiendrons.

Pour assister au combat

Le coup d'envoi sera donné à trois heures précises. Rappelons que le terrain de la F.S.A.F. est situé rue Mussart à Levallois, à cent mètres à gauche de la Porte d'Asnières et que pour s'y rendre les moyens de communication sont des plus nombreux : tramway Madeleine-Asnières, chemin de fer de Ceinture (station de Courcelles), métro, etc...

Un modique droit de cinquante centimes sera perçu à l'entrée du terrain. — J. SCHMIT.

GRAND CONCOURS DE LA « PRESSE »

Répondre à la Question suivante :

Quels sont les vingt hommes politiques de France, dix de l'Opposition et dix du Bloc, que vous jugez les plus qualifiés pour représenter leur parti à la Chambre ? Indiquer en outre trois Députés suppléants par chaque Groupe.

Pour répondre à cette question, il suffit de :

1° *Choisir vingt noms de députés ou anciens députés sur la liste des hommes politiques que nous publions et publierons dans le journal, dix de l'opposition et dix du bloc ;*

2° *Choisir six autres noms, trois de chaque parti, à titre de suppléants ;*

3° *Inscrire les noms choisis sur le bulletin ci-dessous ;*

4° *Signer lisiblement et mettre son adresse ;*

5° *Envoyer le bulletin ci-dessous avec la série des vingt bons (à découper en 2e page).*

BULLETIN à remplir avec des noms choisis sur la liste des hommes politiques publiée dans le corps du journal et à envoyer avec VINGT Bons.

DÉPUTÉS A NOMMER :

OPPOSITION Républicains indépendants, Nationalistes, Progressistes, Libéraux et Conservateurs.	BLOC Union démocratique, Radicaux, Radicaux-Socialistes et Socialistes de toutes les écoles.
1°	1° ....
2°	2° ....
3°	3° ....
4°	4° ....
5°	5° ....
6°	6° ....
7°	7° ....
8°	8° ....
9°	9° ....
10°	10° ....

DÉPUTÉS SUPPLÉANTS :

1°	1° ....
2°	2° ....
3°	3° ....

NOM ET PRENOMS : ....

ADRESSE : ....

(Envoyer sous enveloppe affranchie à 0.10, avec les 20 bons, r. du Croissant, 12, Paris)

ATHLÉTISME

Une grande épreuve interclubs

La Fédération Athlétique d'Amateurs prépare pour le lundi de Pâques, 1er avril prochain, une grande épreuve interclubs appelée à obtenir un grand succès.

Cette épreuve sera, en effet, dotée d'au moins cent prix et les engagements seront absolument gratuits pour tous les licenciés de la Fédération. De plus, un magnifique challenge sera remis en toute propriété à la société obtenant le minimum de points en additionnant les places de ses dix premiers coureurs.

Les concurrents éventuels seront répartis en trois catégories :

1. Coureurs licenciés de la F.A.A.
2. Footballers licenciés de la F.A.A. (ayant joué au moins trois matches officiels).
3. Coureurs amateurs indépendants.

Pour les deux premières catégories, engagements gratuits en donnant le numéro de la licence. Pour les indépendants, 1 franc.

Rappelons que, par suite d'une décision récente du comité directeur de la F.A.A., l'affiliation est absolument gratuite en ce moment.

Toutes les sociétés encore indépendantes ont donc tout intérêt à s'affilier le plus tôt possible.

Les sociétés qui désirent participer à cette épreuve sont invitées à donner au comité de la F.A.A., 23, rue Ruhmkorff, Paris (17e), leur avis sur la contrée où il conviendra de faire disputer ce cross.

Les engagements sont reçus dès maintenant.

Discusión sobre la USFSA en el Congreso de la FIFA de 1906

El tercer congreso de la FIFA organizado en Berna en 1906 marcó el inicio de un largo período de impotencia y parálisis de la federación internacional, que se vio sometida a la «tutela inglesa». Después de pilotar la liquidación de la Copa Internacional de Guérin, la Football Association impuso a Daniel Woolfall como Presidente, prohibió todo nuevo proyecto futuro de campeonato y planteó la creación de una «Comisión de estudio» con plenos poderes, encargada de poner en marcha un proceso de auditoría que no era otra cosa que una mecánica de sometimiento. Anticipando la tarea del organismo interventor, como se lee en la página 3 de las actas del congreso, los representantes de la FA iniciaron el trabajo, cuestionando nada menos que la legitimidad de la USFSA fundadora:

«Los delegados ingleses proponen no reconocer a los españoles mientras no depositen los estatutos de su asociación. El Comité se encarga de hacer lo necesario a ese respecto. Preguntan cuál es la situación de la USFSA con relación a las federaciones profesionales. El señor Espir [Francia] expone la situación de la USFSA. El Congreso, a pedido de los representantes de la Football Association, pide a la USFSA que deposite ante el Comité los documentos demostrando que es rectora exclusiva del fútbol en Francia. El delegado de Francia declara que la situación está claramente definida en el tratado concluido entre la USFSA y la Federación de Sociedades Atléticas Profesionales de Francia.»

La situación era ubuesca: los ingleses exigían de la USFSA el monopolio absoluto sobre el fútbol francés, cuando ellos, en un solo país, Gran Bretaña, lo repartían deliberadamente entre cuatro asociaciones: Inglaterra, Escocia, Irlanda y Gales. Y mientras que, para descalificar a los fundadores, se inmiscuían en sus asuntos nacionales reclamando con insistencia absurda la absorción total de los profesionales, a nivel olímpico se aprestaban a reservar el torneo a los «amateurs puros», como si los continentales solo tuvieran derecho a la parte inferior del fútbol internacional.

(Documento transmitido por el Servicio de documentación de la FIFA)

M. Bosision propose que ces trois associations soient réunies en une association unique, mais que la présidence et la résidence suivent chaque année un tour de roulement.

M. Hirschman propose d'accepter pour une année les trois associations. Cette proposition est acceptée.

Les délégués anglais proposent de ne reconnaître les Espagnols que lorsqu'ils déposeront les statuts d'une association. Le Comité se charge de faire le nécessaire à ce sujet.

Ils demandent quelle est la situation de l'U.S.F.S.A. vis-à-vis des fédérations professionnelles. M. Espir fait l'exposé de la situation de l'U.S.F.S.A. Le congrès, sur la demande des représentants de la F.A., prie l'U.S.F.S.A. de vouloir bien déposer au Comité les pièces prouvant qu'elle est seule à régir le football en France. Le délégué de la France déclare que la situation est nettement établie d'après le traité passé par l'U.S.F.S.A. avec la Fédération des Stés athlétiques professionnelles de France.

8. Définition des matches internationaux

Le match international n'est que le match joué par l'équipe représentative d'un pays contre celle d'un autre pays. Tous les autres matches ne sont considérés que comme des matches inter-clubs.

9. Commission d'étude

M. Walker propose de nommer une commission pour étudier les questions principales et donner des règles stables à la Fédération internationale. Le Congrès adopte cette motion et, sur la propositition de M. Walker, nomme membres de cette commission MM. Woolfall, Hefner, Hirchman et Schneider.

Le Congrès donne pleins pouvoirs à cette commission. Le règlement élaboré par elle entrera en vigueur dès sa publication.

10. Nationalité

Sur la question, soulevée par M. Walker, des conditions de nationalité exigibles pour les matches internationaux, le Comité décide que la nationalité sera définie suivant les lois de chaque pays.

La séance est suspendue à midi trente.

La séance est reprise à 2.30 M. Enderli, président de l'Association Suisse de Football, assiste à la séance.

11. Election du Comité 1906/1907

Sont élus à l'unanimité:

Président	M. Woolfall, F.A. Ltd.
Premier vice-président	M. V.E. Schneider, A.S.F.
deuxième vice-président	M. A.Espir, U.S.F.S.A.
Secrétaire-trésorier	M. C.A.W. Hirschman, N.V.B.
Secrétaire-adjoint,	M. Boxhammer, D.F.B.

Reglamento inglés del torneo olímpico de fútbol de 1908

El reglamento del torneo olímpico de fútbol de 1908 fue publicado en la página 457 del capítulo IX, «*Code of Rules*», del Informe oficial de los Juegos (*Official Report*) redactado por el Comité Olímpico Británico. El artículo 1 confirma que fue una producción libre de la asociación inglesa: «*La competición estará bajo control y organización del Consejo de la Football Association (Inglaterra) cuya decisión en toda materia relativa a la competición será definitiva e inapelable.*» Establecía al mismo tiempo un monopolio inglés anormal ya que, como lo señala correctamente el artículo 3, el Comité Olímpico Internacional solo reconocía a Gran Bretaña (Reino Unido) en su indivisible unidad.

El artículo 4 –«*La competición está reservada a los amateurs*»– retomaba «el punto de vista» olímpico confiriéndole valor de ley internacional. Era un proceder abusivo ya que, lo que el Congreso internacional no se permitía, menos podía permitírselo una asociación subnacional. El artículo 5 disponía que: «*Las inscripciones deberán ser efectuadas por las asociaciones que gobiernan el fútbol en su país, y si no existen, por un club amateur, ante el Comité Olímpico del país, que se hará responsable ante el Comité Olímpico Británico en cuanto a la competencia de dichas asociaciones o clubes, y garantizará que los inscriptos son amateurs de acuerdo con la siguiente definición: Es futbolista amateur el que no recibe remuneración o ventaja alguna más allá del reembolso de los gastos de hotel y viaje necesarios actualmente considerados, y que no está registrado como profesional.*»

El texto apuntaba a desalentar la inscripción de los escoceses y de la masa de *players flojamente remunerados* del Continente. No excluía solo a los profesionales registrados sino a todo jugador que hubiera cobrado alguna vez un muy modesto premio. Más fundamentalmente, rebajaba el campeonato olímpico al nivel de una tercera categoría, sin «no amateurs» y sin profesionales, negando la ambición primera de la FIFA. Nótese que muchos players ingleses provenían de clubes que no tenían nada de amateur, como Chelsea, Leicester Fosse, Manchester United o Tottenham Hotspur.

(Documento disponible en la librería de la fundación LA84)

ASSOCIATION FOOTBALL COMPETITION.

GENERAL REGULATIONS.

1. The Competition shall be under the control and management of the Council of the Football Association (England), whose decision on all matters relating to the Competition shall be final and without appeal. They shall appoint the Referees and Linesmen in all matches.

2. The Competition shall be played according to the Laws of the Game as promulgated by the Football Association (England) and accepted by the Fédération Internationale de Football Association.

3. Each country competing shall be entitled to enter four teams (11 players a team). [England, Scotland, Ireland, and Wales is deemed to be one country—Great Britain,]

4. The Competition shall be confined to Amateurs.

5. All entries shall be made by the governing Associations (or, where governing Associations do not exist, by Amateur Clubs) through the Olympic Committee in each country, who will be responsible to the British Olympic Council for the competence of such Associations or Clubs to guarantee that the competitors so entered are Amateurs in accordance with the following definition :—

> An Amateur player is one who does not receive remuneration or consideration of any sort above his necessary hotel and travelling expenses actually paid, or who is not registered as a Professional.

6. Entries shall be in writing, on the authorised forms, and must be received by the British Olympic Council, 108 Victoria Street, Westminster, London, on or before the 1st September, 1908.

7. The number of names which may be comprised in each entry from which the team and reserves shall he finally selected shall not exceed 33,

---

Reglamento sueco del torneo olímpico de fútbol de 1912

El reglamento del torneo olímpico de 1912 fue publicado en la página 1025 del Informe Oficial redactado por el Comité Olímpico Sueco. Como el de 1908, fue elaborado libremente por la asociación local (artículo 1). La lógica seguía siendo excluir a las clases populares y rebajar el título al nivel de un campeonato de reservas. Como se ve en el documento, la definición del amateur fue peor que la de 1908 por la acumulación obsesiva de prohibiciones, el uso del tiempo pasado en la conjugación de los verbos y la reiteración de la fórmula rancia típica de las sociedades atléticas británicas más clasistas («aquel que nunca...»):

«La competición está reservada a los amateurs de acuerdo con la siguiente definición. El jugador amateur es aquel que nunca: a) compitió por premios en dinero o por cualquier tipo de retribución financiera en cualquier deporte más allá de los reembolsos indispensables de hotel y viaje directamente relacionados con los partidos de fútbol; b) ejerció como empleado, asistente o profesor en cualquier rama del deporte a cambio de dinero; c) estuvo registrado como profesional; d) vendió, alquiló o expuso por dinero un premio ganado en una competición.»

La gravedad de la regla no provenía solamente del empeoramiento del texto en sus términos absolutos. A partir de 1910, en todos los países de fútbol de Europa occidental y central, paralelamente al desarrollo de la venta de entradas, se desató un proceso de profesionalización masiva que adoptó múltiples formas (importación de jugadores, asalariamiento de «empleados», empleos ficticios, concesión de comercios, premios sistemáticos, etcétera). En poco tiempo, la mayoría de los jugadores de los equipos de primera división pasó a vivir parcial o totalmente del fútbol. Así, relativamente a los cambios acaecidos, un reglamento similar al adoptado cuatro años antes acarreó efectos negativos multiplicados.

(Documento disponible en la librería de la fundación LA84)

FOOTBALL.

SPECIAL RULES.

1. The competition shall be under the control and management of the Sub-Committee for Football appointed by the Swedish Football Association. The Committee's decision on all matters relating to the competition shall be final and without appeal. The Committee shall appoint Referees and Linesmen in all matches.

2. The competition shall be played according to the rules and regulations of the Swedish Football Association, which correspond to the Laws of the Game as promulgated by the Federation Internationale de Football Association.

The competition shall be confined to amateurs in accordance with the following definition.

a) An amateur player is one who has never:
Competed for a money prize, or received any remuneration or consideration of any sort above his necessary hotel and travelling expenses actually paid in connection with football matches;

b) Engaged in, assisted in, or taught in any branch of sport as a means of pecuniary gain;

c) Been registered as a professional;

d) Sold, pawned, hired out, or exhibited for payment any prize won in a competiton.

3. Each National Football Association belonging to a nation recognized as such by the International Olympic Committee and affiliated to the International Football Federation (Federation Internationale de Football Association) is entitled to send four teams.

4. The competition shall be conducted in the following manner.
The competing teams shall be drawn in couples. These teams shall compete, and the winners shall be drawn again in couples, and so on, until the competition is completed.

5. Each team shall compete in its National Association colours. Where the colours of the two competing teams are the same, one of the teams shall play in such colours as may be determined by the Swedish Sub-Committee for Football.

6. Players of each team may be changed during the series of matches.

7. The duration of a match shall be one hour and a half.

8. Should a match result in a draw, an extra half hour shall be played. Should the match result in a draw after it has been played for two hours, it must be replayed as the Committee may determine.

9. The dimensions of the field of play shall be: length 115 yards (105 metres, breadth 75 yards ($68^1/_2$ metres).

10. Laws of the Game. The laws to be followed will be those fixed by the Féderation Internationale de Football Association for the season 1911/12.

Reglamento abierto del torneo interaliado de 1919

Al colocar a las clases populares en la primera línea del sacrificio físico, la Guerra Mundial de 1914-1918 abolió, al menos puntualmente, el fundamento mismo del amateurismo deportivo: el desprecio de clase. Este hecho mayor, que sustentó el desarrollo del arte popular profesional durante «los Años Locos», se ve perfectamente ilustrado en el reglamento de los Juegos Interaliados organizados siete meses después de firmada la paz.

El proyecto de Olimpiadas Militares fue imaginado por los dirigentes de la Asociación Cristiana de Jóvenes estadounidense (YMCA) y aprobado poco antes de terminada la guerra por el mando norteamericano. En marzo de 1919 se inició la construcción del Estadio Pershing en París. 10 mil espectadores colmaron las tribunas en ocasión del torneo de fútbol, que se disputó del 24 al 29 de junio. Jugaron selecciones de seis asociaciones europeas (Francia, Italia, Grecia, Rumania, Checoslovaquia y Bélgica) y dos americanas (Estados Unidos y Canadá), todas afiliadas a la FIFA. En la final, Checoslovaquia venció difícilmente a Francia 3 a 2. Los europeos alinearon a sus mejores profesionales, los mismos que volvieron a jugar en la Olimpiada de 1920 en Amberes.

El ítem 4 del Reglamento, publicado en las páginas 19 y 20 del Informe Oficial, define el carácter abierto del evento: *«Los Juegos Militares presentarán a los mejores atletas de cada deporte enrolados en los ejércitos aliados y serán sin duda la mayor demostración jamás vista. Las inscripciones se reservan a los hombres que brindaron servicios militares en la presente guerra. El tema del amateur-profesional será ignorado. La reunión atlética consolidará en el campo del deporte los lazos amistosos que se crearon entre los hombres de los Ejércitos aliados en el campo de batalla.»*

El torneo de los Juegos Interaliados fue el primero de naturaleza mundial, con equipos del Viejo y del Nuevo Mundo, y también, el primer gran torneo internacional de fútbol disputado en Europa bajo reglamento abierto. Pero no fue un mundial absoluto porque la convocatoria, limitada a los aliados, implicó la exclusión de gran cantidad de naciones.

(The Inter-Allied Games 1919, *informe descargable en diferentes sitios)*

3. The general responsibility for the handling of the many details such as entry lists, arrangements of heats, events, officials and the like.

For the Army is involved:

1. Committees of athletic officers within the divisions to conduct the strictly military events desired and to coordinate these with the athletic events.

2. A group of officers to sit as members of a representative A.E.F. Championships Committee in general charge of the finals.

ITEM No. 3.

The French soldiers as well as the civilian population are keenly interested in American sports and the fine play spirit that permeates them. There is also unusual interest in American calisthenic drills and a number of other of our best-known activities. There is particular interest in baseball and track and field sports. Through the Foyer du Soldat baseball has been quite generally introduced in the French Army. The American Army could make a lasting impression on French sports as well as a most definite contribution to them by demonstrating in various great centers in France our popular National games, and by putting on great pageants such as are frequently used in our municipalities at home to typify the spirit and traditions of the community. If military band concerts or competitions together with male chorus singing could be added, the net result would be at once physically stimulating and strongly artistic.

This would involve for the Association :

1. Bringing over from America a number of specialists on events of this kind.

2. The drilling of many large groups of men in the various pageants. The general conduct of the games and demonstrations.

3. Furnishing of the necessary suits for the athletic activities and costumes for the pageants.

For the Army is involved :

1. Committee with authority to treat with the French officials in the locations decided upon as to the use of buildings or fields, permission for parades and other required items about which it would be necessary to deal with local authorities.

2. A general committee of officers to work in conjunction with a similar Association committee.

ITEM No. 4.

A Military "Olympic" would bring together the best athletes in every sport from all of the Allied Armies and would undoubtedly be the greatest gathering of athletes ever seen. Entry would be restricted to men who had seen military service in the present war. The amateur-professional question would be ignored. Such an athletic meeting would unquestionably be a great factor in cementing on the field of sport those friendly ties between the men of the

Allied Armies that have sprung up on the common field of battle. International sports of this kind have always developed mutual respect and understanding.

For the Association this involves :

1. Securing and arranging a suitable stadium.
2. The general responsibility for the technical details.
3. The furnishing of symbolic and artistic prizes.

For the Army is involved :

1. Responsibility for the training of its men entered in these International events.

2. As the initiative in promoting the Games would be taken by the American Army, the meet should be of an invitation nature and therefore it is suggested that if this item is approved, the Commander-in-Chief formally invite the Commanders of the Allied Armies to send entries and to participate extensively in the contests.

3. The organization of a suitable Interallied-Army Committee to work with a technical committee from the Association forming a general operating unit for the games.

It will be observed that the adoption of any or all of the above items calls for immediate and definite plans and also financial appropriations by the Asso-

---

Reglamento ambiguo del torneo olímpico de fútbol de 1920

El reglamento del torneo olímpico de fútbol de 1920 fue obra de *«la Comisión de fútbol de la 7.ª Olimpiada nombrada por la Unión Belga de Sociedades de Fútbol»*. Figura en un boletín aparte, no en el Informe Oficial como sucedió en los Juegos anteriores. El punto 2 fija las condiciones de admisión de los jugadores en estos términos:

«Las reglas de juego serán las de la International Board para la temporada 1920-1921. Solo los amateurs que responden a la definición del amateur de la Federación que representan están autorizados a participar en el concurso.» A diferencia de lo que pasó en 1908 y 1912, los belgas no dieron «definición del amateur». La fórmula *«la Federación que representan»* se refiere confusamente a la asociación nacional del jugador. Nótese que en el momento de la redacción del reglamento (principios de 1920), siguiendo las maniobras de Inglaterra, la unión belga apoyaba la propuesta cismática de irse de la FIFA y crear una nueva federación internacional.

El amateurismo definido por los belgas en 1920 era inoperante. Si cada futbolista era amateur de acuerdo con la definición de su propia asociación, no había reclamo fundado posible salvo que una asociación se atacara a sí misma. Asociaciones como la francesa, la suiza o la propia unión belga manejaron entonces una definición implícita según la cual un jugador que no cobraba por jugar en su selección era un «internacional amateur» aun cuando ejerciera como profesional en su club.

El reglamento de 1920 colocó al fútbol en situación de atraso comparado con el torneo interaliado, pero marcó un progreso con respecto a los textos de 1908 y 1912. Como por otra parte, además de selecciones del Viejo Continente, Egipto entró en la ronda, puede decirse que se esbozó una geografía intermedia, entre europea y mundial. Amberes significó pues la perfecta transición entre los torneos continentales reservados de 1908 y 1912 y los campeonatos del mundo abiertos de 1924 y 1928.

(Documento disponible en la biblioteca digital Réro Doc)

Règlement du Concours

---

1. — Les matches sont organisés par la Commission de Football de la VIIe Olympiade, nommée dans ce but par l'Union Belge des Sociétés de Football Association.

Les matches sont jugés par des arbitres et linesmen choisis par la Commission de Football.

De toutes décisions des arbitres et linesmen, autres qu'en matière de fait, il peut être interjeté appel comme il est prévu aux règles générales des Jeux Olympiques de 1920.

2. — Les règles du jeu seront celles de l'International Board pour la saison 1920-1921.

Seuls les amateurs répondant à la définition de l'amateur de la Fédération qu'il représente sont autorisés à prendre part aux concours.

3. — Chaque Association nationale de football appartenant à une nation reconnue comme telle par le Comité International Olympique, aura le droit de prendre part au concours avec une équipe et 11 remplaçants.

4. — Le concours est organisé de la façon suivante :

a) S'il y a moins de 5 équipes, les concurrents joueront entre d'après le système de la poule américaine, chaque équipe rencontrant une fois tous ses adversaires.

Le classement sera déterminé aux points, une victoire comptant pour deux points et un match nul pour un point. Si des équipes arrivent à égalité de points, un match supplémentaire, avec éventuellement prolongation d'une ½ heure, sera joué.

b) S'il y a 5 équipes ou plus, le concours aura lieu par élimination d'après le système Bergvall, lequel se pratique de la façon suivante :

El Congreso olímpico de 1921 pasa el poder a las federaciones

Refiriéndose a las decisiones adoptadas por el Congreso olímpico en 1914 en París, el boletín de «Archivos históricos» del Centro de Estudios Olímpicos, publicado el 15 de abril de 2011, indicó: «*En materia de amateurismo, la admisión de los deportistas se puso en adelante bajo la responsabilidad de las federaciones internacionales.*»

El primer congreso olímpico de la posguerra tuvo lugar en 1921 en Lausana. Los principios aprobados en París fueron reforzados, adoptándose una serie de votos que aparecen registrados en las páginas 22 y 28 de las actas. La decisión clave fue la número 23: «*Federación Internacional. He aquí abajo la lista de las Federaciones cuyos reglamentos deportivos serán aplicados*». Seguían las denominaciones de 19 federaciones firmantes entre las cuales figuraba la FIFA. Y como era la norma desde 1900, los reglamentos deportivos incluían las condiciones de admisión.

Sobre el tema del amateurismo, el voto principal («punto de vista») fue que «*La definición del amateur para cada deporte es la establecida por la federación internacional de dicho deporte.*» Esto significaba, en primer lugar, que las definiciones nacionales ya no podrían sensatamente ser presentadas como reglas internacionales. En segundo lugar, que las federaciones internacionales tenían total libertad para dar la definición del «término amateur» que se les antojara, sin restricciones, e incluso, como pasó con la FIFA hasta 1956, la de no dar definición alguna.

Sería un error interpretar que la fórmula «definición del amateur» encerraba en sí misma un criterio de exclusión. Expresaba en realidad el rechazo de cualquier imposición olímpica, la voluntad de vaciar totalmente de sentido la palabra «amateur», y la posibilidad de englobar en ella incluso a los profesionales más descarados, a imagen de lo que hacían desde siempre la equitación (amateur=gentleman), el yachting (amateur=miembro de un club) o la gimnasia y la natación, cuyos asalariados típicos –«maestros» y «profesores»– entraban expresamente en la categoría.

(Documento transmitido por el Centro de Estudios Olímpicos)

a) Difficultés éprouvées par les nations fort éloignées et les pays de grande étendue.

b) Simplification des formalités administratives.

c) Limitation du nombre des engagements.

d) Fixation de délais raisonnables, qui permettent à tous les pays participants de se conformer strictement aux règles et donnent à la nation organisatrice le temps nécessaire pour établir la liste des concurrents dans les diverses épreuves.

e) Garanties indispensables concernant les engagements.

f) Respect des prérogatives conférées aux Fédérations Internationales par les Congrès de Paris (1914) et Lausanne (1921).

La Commission vous propose de fixer comme suit, d'accord avec le C. I. O., les règles générales des Jeux Olympiques :

RÈGLES GÉNÉRALES

1° *Nations qui peuvent participer aux Jeux Olympiques :* Seuls pourront y prendre part, les ressortissants des nations représentées au Comité International Olympique. Exception sera faite à cette règle pour les pays situés hors d'Europe et qui n'ont pas eu jusqu'à cette date de délégués audit Comité.

2° *Participation.* — Les athlètes, amateurs seuls, sont admis aux Jeux Olympiques.

3° *Définition de l'amateur.* — Cette question a été réglée comme suit par la Commission spéciale présidée par M. Kirby.

La définition de l'amateur pour chaque sport est établie par la Fédération Internationale gouvernant ce sport.

La Fédération nationale, qui dans chaque pays dirige un sport particulier, *doit* certifier sur la formule d'engagement, que chaque concurrent est amateur, conformément aux règles de la Fédération Internationale de ce sport, et cette déclaration, doit être contresignée par le

programmes, règles et règlements, sera éditée pour chaque sport en particulier.

21° *Classement.* — Dans les Olympiades, il n'existe pas de classement général.

22° *Texte officiel.* — En cas de désaccord sur l'interprétation de ces règles, le texte français est seul officiel.

23° *Fédération Internationale.* — Ci-dessous la liste des Fédérations dont les règlements sportifs seront appliqués.

Fédération Internationale d'Athlétisme, Amateurs.
Fédération Internationale des Sociétés d'Aviron.
Fédération Internationale de Boxe, Amateurs.
Union Cycliste Internationale.
Fédération Equestre Internationale.
Fédération Internationale d'Escrime.
Fédération Internationale de Football Association.
Fédération Internationale de Gymnastique.
Fédération Internationale de Gymnastique Suédoise.
Ligue Internationale de Hockey sur glace.
Fédération Internationale de Lawn-Tennis.
Fédération Internationale de Lutte (gréco-romaine et libre).
Fédération Internationale de Natation.
Fédération Internationale de Patinage.
Fédération Internationale de Poids et Haltères.
Fédération Internationale de Ski.
Union Internationale des Fédérations et Associations nationales de Tir.
Fédération Internationale de Tir de chasse.
Union Internationale de Yachting de course.

Toutes les propositions ci-dessus ont recueilli l'adhésion unanime des membres de la Commission.

Lausanne, le 3 juin 1921.

Signé par les membres de la Commission.

2. Antecedentes en materia de calificación

Se denomina «calificación» al nombre de bautismo que la prensa y/o los organizadores dan a un campeonato, nombre que define la naturaleza de la competición y el «título» que se pone en juego. *Es un hecho deportivo, un contrato irrevocable entre los jugadores y la tribuna, que genera, satisface y sustenta la expectativa del «público idóneo».*

La calificación mundialista de 1924 resultó de la perfecta convergencia de dos procesos calificativos antecedentes: el olímpico y el futbolístico.

El proceso propiamente olímpico partía en aquella época de una cultura pragmática que puede resumirse así: un campeonato internacional disputado en los Juegos es olímpico; si realiza el encuentro entre Europa y América, es un «verdadero» campeonato del Mundo; *en tal caso, los dirigentes y la opinión pueden y tienen que calificar el campeonato olímpico como lo que, objetivamente, también es: un campeonato del mundo.*

El proceso específicamente futbolístico se construyó por tanteo, en base a calificaciones que los dirigentes y la prensa establecieron a medida que el fútbol internacional se desarrolló. *A diferencia de lo que sucedía entonces en la esfera olímpica cuyas calificaciones eran solo dos –campeonato olímpico y campeonato mundial–, el fútbol fue diferenciando tres niveles: regional, continental y mundial.* En 1905, la FIFA quiso pasar del nivel regional (*British Home Championship*) al nivel continental (Campeonato de Europa). En el Congreso de Cristiania de 1914, consideró que el campeonato de fútbol olímpico pasaba a ser mundial. En 1916, el fútbol sudamericano creó la Copa América y su confederación continental.

Programación de campeonatos mundiales de atletismo en 1900

La segunda edición de los Juegos Olímpicos fue organizada en París por la USFSA fundadora, que programó y reglamentó la totalidad de las pruebas atléticas, incluyendo los llamados «juegos atléticos» entre los cuales estaba el fútbol. El reglamento general preveía dos tipos de concursos: los amateurs, reservados a los aficionados; y los profesionales, abiertos a todos. Se entregaron premios en dinero en gran cantidad de disciplinas, funcionando entonces el evento como una verdadera fábrica de profesionales.

Como se ve en las páginas 60 y 61 del Informe oficial, el programa de las «carreras a pie y concursos atléticos» anunció campeonatos del mundo de dos categorías: *«Programa. Profesionales. 3 días. 1.º de julio de 1900. Campeonatos del mundo»*, y más abajo: *«Amateurs. 5 días (14, 15, 16, 19 y 22 de julio de 1900). Se reparten en cinco jornadas las pruebas siguientes. Campeonatos del mundo.»*

En 1894, el primer congreso olímpico definió como campeonato olímpico a un campeonato entre selecciones nacionales disputado en el marco de los Juegos. El concepto olímpico de «Mundo» fue establecido por Coubertin en la estructura misma de la primera dirigencia: dos comisarios europeos, uno americano. Así, aunque se invitaba al mundo entero, las pruebas olímpicas eran Mundiales *solo si se realizaba efectivamente el encuentro entre Europa y América*. Desde 1896, los campeonatos de la disciplina reina, el atletismo, fueron objetivamente mundiales. Y en 1900, muy lógicamente, fueron abiertamente calificados como tales.

El concepto olímpico de «mundo» como encuentro entre Viejo y Nuevo Continente permite entender porqué *el torneo olímpico de fútbol de 1924 fue considerado, justamente por ser olímpico, como un campeonato «mundial»*. El mundialismo futbolístico fue un producto olímpico tanto en lo material como en lo conceptual. Los conceptos de «campeonato internacional», «campeonato mundial» y «federación internacional» provienen de la cultura olímpica. Su adopción por las elites de las diferentes disciplinas favoreció notablemente la motivación y la dinámica deportiva.

(Documento disponible en la librería de la fundación LA84)

ruption du 24 juin aux derniers jours d'octobre 1900. Les résultats complets, si nous voulions les donner, rempliraient un volume. Par contre, nous tâcherons de faire ressortir la caractéristique de chaque genre d'exercice.

1° COURSES À PIED ET CONCOURS ATHLÉTIQUES.

Commission technique: MM. L. Manaud, Mazzucchelli, Brennus, Leroy, Ch. de Saint-Cyr, A. Lermusiaux, Ferrié, Meiers, Rolland.

PROGRAMME.

Professionnels. (3 journées.)

1er juillet 1900. — Championnats du monde.

	Prix.		
	Au premier.	Au deuxième.	Au troisième.
Courses.			
100 mètres plat	250f	80f	40f
400 mètres plat	250	80	40
1,500 mètres plat	400	150	50
100 mètres haies	250	80	40
2,500 mètres steeple-chase	500	100	50
Concours.			
Saut en longueur	100	50	〃
Saut en hauteur	100	50	〃
Lancement du poids	100	50	〃

5 juillet 1900. — Handicaps.

	Prix.			
	Au premier.	Au deuxième.	Au troisième.	Au quatrième.
100 mètres plat	100f	50f	30f	20f
Saut en longueur	100	50	〃	〃
400 mètres plat	100	50	30	20
Lancement du poids	100	50	〃	〃
1,500 mètres plat	100	50	30	20
Saut en hauteur	100	50	〃	〃
5,000 mètres scratch	300	100	60	40

5 août 1900. — Course de six heures.

Course de six heures: au premier, 1,500 francs; au deuxième, 300 francs; au troisième, 120 francs; au quatrième, 80 francs; au cinquième, 50 francs.

Attractions diverses: courses à 3 jambes, à la grenouille, etc., prix en espèces.

Engagements: Handicaps (courses et concours), 2 francs; courses scratch, 3 francs; championnats et course de 6 heures, 5 francs.

Clôture des engagements: Le 23 juin pour les Français.

Le 27 juin pour les étrangers.

N. B. — Tous les prix seront remis en espèces sur le terrain.

Amateurs. (5 journées: 14, 15, 16, 19 et 22 juillet 1900.)

Sont réparties sur ces cinq journées les épreuves suivantes:

Championnats du monde.

	Prix (objets d'art).		
	Au premier.	Au deuxième.	Au troisième.
Courses.			
110 mètres haies	400f	200f	50f
100 mètres plat	400	200	50
400 mètres plat	400	200	50
800 mètres plat	400	200	50
1,500 mètres plat	400	200	50
400 mètres haies	400	200	50
2,500 mètres steeple-chase	400	200	50
Concours.			
Saut en hauteur	250	80	〃
Saut en longueur	250	80	〃
Saut à la perche	250	80	〃
Lancement du poids	250	80	〃
Lancement du disque	250	80	〃

Handicaps.

Campeones mundiales de atletismo en 1900

«Estos son los vencedores de los campeonatos del mundo», dice el Informe oficial de los Juegos de 1900 presentando los resultados del atletismo. Y esta calificación corresponde perfectamente al concepto olímpico de «mundo»: las pruebas fueron un choque entre Europa y América, y dominaron los estadounidenses. Los vencedores fueron pues a la vez campeones olímpicos y campeones mundiales. Olímpicos porque lo eran automáticamente los ganadores de todos los concursos olímpicos desde los Juegos de 1896. Y mundiales por el hecho de que se dio *un verdadero encuentro entre Europa y América en un marco reglamentario global abierto.*

En la página precedente del Informe (no reproducida en este libro) figura el siguiente comentario: *«Las carreras y concursos atléticos fueron la más bella reunión jamás organizada en el mundo. Por la cantidad de atletas que vinieron de tantos países diferentes, por su calidad y por las performances que cumplieron.»* Y más adelante: *«La afluencia de extranjeros fue verdaderamente grandiosa. El contingente de los Estados Unidos fue de un centenar, todos hombres de una calidad superior a la media, alumnos de universidades y miembros de grandes clubes. Las universidades americanas gastaron 300 mil francos, un esfuerzo colosal.»*

El entusiasmo mundialista era pues consciente, argumentado y realista. Respondía afirmativamente a dos puntos del reglamento general: el punto 5: *«Todos los concursos están abiertos a todas las naciones del mundo»*; y el punto 4, que al autorizar dos categorías (amateur y abierto), cubría todo el espectro estatutario. Agréguese que la publicación de las performances, expresadas en tiempo y longitud, unificó a las dos competiciones en una sola, haciendo resaltar la aplastante superioridad de los amateurs estadounidenses sobre los profesionales ingleses.

Después de esta edición, el atletismo olímpico padeció el boicot europeo en 1904 y la amateurización impuesta por los ingleses y los suecos en 1908 y 1912. Dejó entonces de ser un campeonato supremo aunque cada récord mundial realizado en ese marco permitió escapar a la rebaja.

(Documento disponible en la librería de la fundación LA84)

Il va sans dire que tous les records français furent battus. Plusieurs records du monde furent égalés ou approchés. C'est le meilleur éloge que l'on puisse faire de la piste du *Racing club*.

Voici les vainqueurs des championnats du monde:

PROFESSIONNELS.

100 mètres plat: M. BREDIN [Anglais]. . . . . temps **12 secondes.**
400 mètres plat: M. BREDIN [Anglais]. . . . . temps **53**
1,500 mètres plat: M. BREDIN [Anglais] . . . . temps **4m 26s 4/5**
110 mètres haies: M. TRYENS [Français]. . . . . temps **21 secondes.**
2,500 mètres steeple-chase: M. NEVEU [Français]. . . . . temps **8m 9s 3/5**
Saut en hauteur: M. SWEENEY *[Américain]*. **1 m. 80**
Lancement du poids: M. SCHOENFIELD *[Américain]*. . . . . **11 m. 31**
Saut en longueur: M. SWEENEY [Américain]. **5 m. 99,5**
5,000 mètres scratch: M. CHARBONNEL [Français] . . . . temps **16m 36s**
Course de six heures (donnée au Vélodrome de Vincennes): M. BAGRÉ [Français]. . . . . **72 kilom. 545**

AMATEURS.

110 mètres haies: M. KRAENZLEIN [Américain]. . . . . temps **15s 2/5**
100 mètres plat: M. JARVIS [Américain]. . . . . temps **11 secondes.**
400 mètres plat: M. LONG [Américain]. . . . . temps **49s 2/5**
800 mètres plat: M. TYSOE [Anglais] . . . . temps **2m 1s 1/5**
1,500 mètres plat: M. BENNETT [Anglais]. . . . . temps **4m 6s**
400 mètres haies: M. TEWSBURY [Américain] . . . . temps **57s 3/5**
2,500 mètres steeple-chase: M. ORTON [Américain] . . . . temps **7m 34s 2/5**
Saut en hauteur: M. BAXTER [Américain] . . . . **1 m. 90**
Saut en longueur: M. KRAENZLEIN *[Américain]* . . . . **7 m. 18,5**
Saut à la perche: M. BAXTER [Américain]. . . . . **3 m. 20**
Lancement du poids: M. Richard SHELDON *[Américain]*. . . . . **14 m. 10**
Lancement du disque: M. BAUER [Hongrois]. . . . . **36 m. 04**
Course des Nations (5,000 mètres, par équipes de cinq coureurs): ANGLETERRE
Course de Marathon (40 kilomètres): THÉATO [Frayais] . . . . **2 h. 59**

2° FOOT-BALL RUGBY.

Commission technique: MM. GARCEY DE VAURESMONT, Fernand FOS, P. BERNSTEIN, BERTHOMMÉ, F. JOBERT, MARFAN, BRENNUS, GIESECKE, MANGEOT, A. DE NEUFLIZE, AUDOUARD, CHASTANIÉ, GOETZ.

Programme. 14 octobre. — Match entre une équipe française et une équipe allemande.

21 octobre. — Match entre une équipe anglaise et une équipe allemande.

28 octobre. — Match entre une équipe française et une équipe anglaise.

Prix: Dans chaque match, l'équipe victorieuse recevra un objet d'art; en outre, tous les joueurs ayant pris part à l'un des matchs recevront un souvenir.

Engagements: Pas de droit.

Clôture des engagements: Le 15 septembre 1900.

Emplacement du concours: Vélodrome de Vincennes.

Proyecto de Copa de Europa aprobado en 1905 por la FIFA

El 12 de junio de 1905, el segundo Congreso de la FIFA reunido en París bajo la presidencia de Robert Guérin, aprobó el *«Proyecto relativo a la creación de una Copa Internacional»*. Dicen las actas:

«Dos propuestas fueron depositadas por Mühlinghaus y España. El Congreso adopta el principio de un campeonato internacional que se disputará en 1906 en las condiciones siguientes. Europa se divide en cuatro grupos.: 1.er grupo: Islas Británicas; 2.º grupo: España, Francia, Bélgica, Países Bajos; 3.er grupo: Suiza, Italia, Austria, Hungría; 4.º grupo: Alemania, Dinamarca, Suecia.»

Se fijaban luego las modalidades de la fase eliminatoria –libremente organizada por los equipos concernidos– y de la ronda final –semifinales y final en Suiza en fechas decididas por la FIFA–. Las condiciones de admisión se limitaban a especificar que: *«Cada asociación designará al equipo que se encargará de defender sus colores. Los jugadores deberán ser nacionales de su país según las leyes de su país.»* El texto culmina con un reglamento financiero que atribuía 5% de los beneficios netos de la ronda final a la federación internacional.

De la lectura de este proyecto se desprenden dos conclusiones fundamentales. La primera es que se trataba de un campeonato abierto: el reglamento ignoró el tema del amateur-profesional y el Grupo 1 no era otra cosa que el *British Home Championship* de los británicos, en el cual jugaban seleccionados mixtos compuestos por futbolistas profesionales y amateurs. La segunda es que se trataba declaradamente de un campeonato de Europa –«Europa se divide en cuatro grupos»–.

Las ambiciones eran altas: 15 países europeos convocados. Recién en 1924 se alcanzará esta cifra.

(Documento transmitido por el Servicio de documentación de la FIFA)

Les relations internationales auront lieu entre les délégués à la Fédération Internationale. Chaque délégué pourra donner ses pouvoirs au secrétaire général de l'Association à laquelle il appartient. Quant à la proposition no. 2, au sujet de la correspondance officielle, il est décidé qu'elle aura lieu en français, allemand ou anglais.

Les fédérations sont invitées à se mettre en règle de leurs cotisations avant fin juillet.

Le Secrétaire du Congrès
André Espir

<u>3me Séance - Lundi 12 juin 1905</u>

Présents: MM. Robert Guérin (France), Sylow (Danemark), Espir (Autriche et Espagne), Schneider (Suisse), Hirschman (Pays-Bas et Allemagne), L Mühlinghaus (Belgique).

<u>Projet concernant la création d'une Coupe internationale</u>

Deutx propositions ont été déposées par M. Mühlinghaus et l'Espagne.

Le Congrès adopte le principe d'un Championnat international qui sera disputé pour 1906 dans les conditions suivantes. L'Europe est divisé en quatre groupes:

Ler groupe: Iles Britanniques
2me " : Espagne, France, Belgique, Pays-Bas
3me " : Suisse, Italie, Autriche, Hongrie
4me " : Allemagne, Danemark, Suède

Les matches auront lieu par éliminations dans chaque groupe, les pays et les villes étant désignés par le sort, sauf dans le cas de matches entre pays non limitrophes, lesquels, auront lieu sur terrain neutre, à moins d'accord entre les intéressés.

Les gagnants de chaque groupe seront qualifiés pour les demi-finales, les demi-finales et la finale auront lieu dans la même ville durant les fêtes de la Pentecôte; cette ville sera désignée par le Congrès.

Chaque fédération désignera l'équipe, qui sera chargée de défendre ses couleurs, les équipiers devront être nationaux de leur pays d'après les lois des dits pays. Les arbitres devront être neutres.

Les frais de voyage des équipiers sont à la charge de leur fédération respective à moins de conventions spéciales.

Les frais d'organisation sont à la charge de la fédération dans laquelle le championnat est disputé.

Les bénéfices nets des demi-finales et de la finale sont répartis comme suit:

5 % à la fédération internationale,
10 % à la fédération organisatrice,
85 % à partager entre les quatre fédérations participant aux demi-finales.

M. V.E. Schneider offre un challenge qui sera attribué au Championnat.

Confirmación del carácter continental de la Copa de 1905

Bajo la presidencia de Guérin, entre agosto y octubre de 1905, la FIFA publicó cuatro números de un efímero boletín. La redacción estaba asegurada por la «Dirección internacional». Louis Mühlinghaus (Bélgica, secretario general) y Robert Guérin (Francia, presidente) escribían los artículos en francés; Schneider (Suiza, vicepresidente) los textos en alemán.

El artículo *«El Campeonato de Europa»* publicado en la página 4 del número 2 del 1.° de setiembre comienza así: *«El primer número del boletín creado gracias a la generosa iniciativa de nuestro amigo Víctor E. Schneider, que tenemos que agradecer y felicitar, dio cuenta del segundo Congreso de la Federación. Examinaré hoy la cuestión del Campeonato de Europa, cuyos primeros encuentros deben disputarse en 1906. En principio, este campeonato fue reconocido como una obra audaz pero realizable.* «La Vie Sportive» *de Bruselas* [órgano oficial de la asociación belga] *ha encontrado, sin embargo, que la Pentecostés es una fecha tardía para disputar las finales. Desde el punto de vista belga, puede que esta reflexión se justifique, pero tenemos que considerar el caso de los demás países como Suiza, Alemania, e incluso los Países Bajos, que no terminan su temporada antes del final del mes de mayo de cada año. En cuanto a los encuentros eliminatorios, no pueden ser objeto de ninguna crítica: las asociaciones continentales se han acostumbrado desde hace dos años a programar partidos internacionales en los cuales juegan sus seleccionados.»*

El artículo no deja dudas en cuanto a la naturaleza continental del campeonato proyectado: un *«Campeonato de Europa»*, con los mejores jugadores de las *«asociaciones continentales»*. En su correspondencia con Hirschman entre mediados de 1903 y mayo de 1904, el fundador de la FIFA, Guérin, ya había empleado reiteradas veces como equivalentes las expresiones «campeonato internacional» y «campeonato de Europa». Así, al nacer, la FIFA se propuso crear un campeonato internacional europeo, y no, como suele decirse, un campeonato internacional mundial.

(Documento transmitido por el Servicio de documentación de la FIFA)

Atlantique : R.-C. de Nantes,
Bretagne : U.-S. de Saint-Servan.

Le Gallia-Club est tenant du Championnat de France.

Le Championnat d'Europe

Le premier numéro du *Bulletin*, créé sur la généreuse initiative de notre ami Victor-E. Schneider, que nous devons remercier et féliciter, a rendu compte du deuxième congrès de la Fédération.

J'examinerai aujourd'hui la question du Championnat d'Europe, dont les premiers matches doivent avoir lieu en 1906.

En principe, ce championnat a été reconnu comme une œuvre hardie, mais réalisable. La *Vie Sportive* de Bruxelles a cependant trouvé que la Pentecôte était une date bien tardive pour faire disputer les finales. Au point de vue de la Belgique, cette réflexion est peut être juste, mais nous devons examiner le cas des autres pays qui, comme la Suisse, comme l'Allemagne, comme la Suède et comme, à la rigueur, les Pays-Bas, ne terminent pas leur saison avant la fin du mois de mai de chaque année.

Les matches éliminatoires ne peuvent pas être l'objet d'aucune critique ; les associations continentales ont pris l'habitude, depuis deux ans déjà, de conclure des matches internationaux auxquels prennent part leurs équipes nationales. Je cite parmi eux Belgique-Pays-Bas, Belgique-France, France-Suisse.

Les bases ont été jetées pour la conclusion de matches Belgique-Suisse, Belgique-Allemagne ; on étudie en ce moment la conclusion d'un match France-Allemagne. Qui empêche les associations affiliées, en se conformant au classement établi par le Congrès, de faire disputer les matches éliminatoires du championnat sur la forme de matches internationaux. Admettons que le tirage au sort donne dans la deuxième série : Belgique-Pays-Bas et France-Espagne ; la Belgique et les Pays-Bas pourront en faisant disputer leur challenge annuel, disputer en même temps l'éliminatoire.

On voit donc que la question qui effraye quelques-uns est assez simple et qu'elle peut être résolue avec la bonne volonté des associations adhérentes.

LAMENTATIONS

Au sujet des modifications nouvelles au code de football, nous extrayons de *L'Auto* du 28 août, l'article suivant, élaboration d'un de nos plus connus gardiens de but jouant en France :

« En tant que gardien, le Vieux Gardien est triste et vous envoie ses lamentations ; les règles du jeu une fois encore ont été modifiées. Certes, je reconnais qu'il est des modifications utiles, mais quelques-unes peuvent attendre et d'autres sont inutiles.

« C'est à l'article 17 surtout (nouveau style) que j'en veux. Très faillibles protecteurs d'une longue cage entourée de filets, nous n'avions qu'une seule chance de nous dégourdir un peu les jambes — pauvres condamnés à l'immobilité — c'est lorsqu'un monsieur sans cœur venait à 12 mètres essayer de nous assassiner avec un boulet ; pour avoir une mort plus glorieuse et la parade plus facile, nous nous placions à six mètres devant l'assassin, ce qui nous permettait de sauver la patrie — pardon la partie — et de mieux défendre notre camp.

« Voici qu'on nous condamne à l'immobilité absolue, car ce règlement bizarre est formel :

Quand penalty arrêteras,
Dans tes deux buts tu resteras.

« J'élève ma faible voix contre ce règlement inutile. Il me semble que cette pénalité est en elle-même assez sévère pour ne pas augmenter encore ce qu'elle a déjà d'anti-sportif. Vingt et un hommes peuvent combiner leurs efforts contre un seul, les uns en faisant des gaffes contre lui, les autres en faisant le but ; il ne reste plus qu'à supprimer complètement le gardien du but, puisqu'on lui enlève déjà une partie de ses moyens, jusqu'au moment où l'on accordera un but sans qu'il soit même besoin de pousser le ballon entre les poteaux. La règle actuelle du penalty étant très peu connue en France, et huit fois sur dix mal appliquée, je trouve cette mesure d'un rigorisme outré. En Angleterre, c'est une très grave question d'accorder un penalty, et il faut voir combien peu les arbitres en accordent ; n'a-t-on pas vu en France, la saison passée, accorder cinq ou six penalties en une seule partie et un des deux clubs en présence gagner le match sur un penalty.

« Il est donc inutile d'être plus sévère encore et de rendre le seul gardien responsable de fautes commises ou non par d'autres.

« Il y a un second argument qui n'est pas négligeable. Quand un penalty est accordé, tout de suite on sent courir un frisson tant parmi les spectateurs que parmi les joueurs : l'anxiété règne, on se demande ce qui va se passer, et dans ces moments, c'est une belle émotion qui s'empare de tous, le silence se fait et, si le mot n'est pas trop fort, c'est assez solennel. D'où provient cet intérêt ? Selon moi, d'un beau geste sportif partagé ; tous contre un seul, et dans des circonstances difficiles pour ce seul joueur. Que le but soit réussi ou non, les applaudissements éclatent pour l'un ou pour l'autre ; il y avait donc une difficulté à vaincre, et le public aime cela et je crois pouvoir dire que pour le gardien c'est une légitime satisfaction s'il parvient à sauver son but.

« Il est donc incontestable, dans ces cas-là, que l'intérêt est très grand ; eh bien ! fallait-il enlever à nos parties un de leurs principaux attraits et diminuer d'autant l'intérêt qu'elles pouvaient présenter ? Maintenant tout est fini ; un joueur va venir à douze mètres et, à moins d'être aveugle, placera le ballon à droite ou à gauche dans les buts, selon sa fantaisie, d'où je puis conclure que l'intérêt sera nul. Il y a un palliatif à ce règlement, qui serait très sportif et que je prône beaucoup : c'est de placer le ballon à l'endroit où la faute a été commise.

« Et voilà terminées mes lamentations.

« *Le Vieux Gardien* ».

DERNIÈRE HEURE

Nous venons de recevoir le télégramme suivant :

Vote Conseil Football Anglais reconnaissance associations nationales continentales. GUÉRIN.

Cette bonne nouvelle va certainement faire plaisir à tous les footballeurs du continent.

Avis de la Rédaction

Messieurs et chers Collègues,

Si vous voulez rendre votre BULLETIN intéressant, il vous faut participer un peu à sa rédaction en envoyant de temps à autre quelques nouvelles de votre pays. Autrement, votre rédacteur se met en grève !

Imp. Koch & Becker, Genève.

Campeonato de Europa y del Mundo por el creador de la FIFA

Robert Guérin fue, sin lugar a dudas, el verdadero creador de la FIFA. Desde fines de 1902 luchó para imponer la idea de fundar una Federación de asociaciones de Europa pese a la oposición inglesa, y buscó organizar el campeonato continental. A mediados de 1903 obtuvo el apoyo financiero del cotidiano deportivo *L'Auto*, que acababa de crear el *Tour de France*, para la organización, en París, de dicho campeonato. El artículo que reproducimos, «*Fútbol asociación. Un Campeonato de Europa*», fue publicado en *La Presse* del 10 de septiembre de 1903, ocho meses antes de la fundación de la FIFA, por Guérin, que firmó *Off-side,* su seudónimo habitual. Dice así:

«*Recorriendo* Tous les Sports, *órgano oficial de nuestra madre amateur* [se trata del Comité National des Sports], *me topé –yo también soy noticia– con estas palabras elocuentes que emanan de la directiva: "Recibimos carta del señor Manaud, solicitando, en nombre de* L'Auto, *la autorización para organizar el Campeonato del mundo de fútbol asociación". Por fin vamos a asistir a encuentros emocionantes entre equipos de todas las nacionalidades. ¿Campeonato del Mundo? Digamos Campeonato de Europa para ser más exactos, lo que no disminuye su valor, al contrario. Y será tanto más interesante dado que la idea de un encuentro entre los mejores equipos europeos se maneja desde hace un año. Todas las federaciones europeas hacen esfuerzos para agruparse, y este será un aporte poderoso susceptible de concluir el tratado europeo.*»

Así, el fundador de la FIFA separaba claramente los dos niveles típicos de la competición futbolística: el continental y el mundial. Y entre «federaciones europeas» se jugaría pues, un Campeonato de Europa.

La idea de crear un campeonato europeo entre selecciones partía tanto de las experiencias belga y francesa en materia de campeonatos entre clubes (Copa Ponthoz y *Challenge du Nord*) como del modelo que constituía el *British Home Championship. Se trataba a la vez de crear un campeonato de Europa entre selecciones a imagen de los ya existentes campeonatos de Europa entre clubes, y de extender el* BHC *a todo el Continente.*

(Documento consultable en Gallica, Bibliothèque Nationale de France)

A VIE SPO

du reste dans son pays, et, dès 1898, Ellegaard se fit un nom dans l'Europe entière.

Le champion du monde est un grand et beau garçon, au teint rose, aux cheveux blonds, un vrai fils de la Baltique, rappelant, avec des traits plus doux, ce que durent être jadis ces conquérants scandinaves qui firent les Normands.

Bienheureux sont ceux de nos confrères qui purent jamais interroger Ellegaard. Depuis plus de trois ans qu'il vient en France, il ne parle pas encore français; il est peu probable qu'il connaisse du reste jamais notre langue. Tout ce qu'on peut tirer de lui, ce sont quelques courtes phrases : « Bonjour ! Ça va bien ! Merci » !

Et ce qui a beaucoup nui à ses progrès dans notre langage, c'est que ce grand garçon est timide et impressionnable. Les nerfs jouent chez lui un rôle actif, trop actif même, puisque cet homme à la carrière unique a enregisté quelques défaites, son impressionnabilité lui ayant enlevé, au moment de la lutte finale, la plus grande partie de ses moyens.

N'empêche que Thornvald Ellegaard n'ait dans sa vie remporté des victoires uniques, telles que ces trois championnats du monde qu'il gagna successivement, établissant, pour ainsi dire, le record de la victoire cycliste, et cette victoire fut la plus grande, puisqu'il battit ainsi tout ce que le monde compte de champions.

Ellegaard est le coureur le plus qualifié pour le Grand-Prix de la République.

Demain, dans la VIE AU GRAND AIR,
100 photos sur les actualités sportives.

FOOTBALL ASSOCIATION

Un championnat d'Europe

En parcourant *Tous les Sports*, l'organe officiel de notre mère-amateur, je suis tombé en arrêt — moi aussi, je fais l'ouverture ! — sur ces mots qui en disent beaucoup et qui émanent du bureau du conseil :

« Reçu une lettre de M. Manaud, demandant, au nom de l'*Auto*, l'autorisation d'organiser le Championnat du monde de football-association.

Enfin, nous allons pouvoir assister à des rencontres émotionnantes au possible entre des équipes de toutes nationalités. Championnat du Monde ? Mettons Championnat d'Europe, pour être plus justes, ce qui n'en amoindrit pas la valeur, bien au contraire. Et il serait d'autant plus intéressant que l'idée de faire rencontrer, dans un tournoi, les meilleures équipes européennes, est dans l'air depuis près d'un an.

Toutes les Fédérations européennes de football s'efforcent à se grouper, à se connaître, à se rencontrer, et ce sera là un moyen puissant pour aboutir à l'entente européenne qu'on n'est pas encore parvenu à établir, malgré le mal qu'on s'était donné, il y a un mois, à faire aboutir le congrès international.

L'*Auto* fait bien les choses, et il faut lui savoir gré de demander, pour cette manifestation sportive, le concours des équipes anglaises, belges, hollandaises, suisses, allemandes, danoises et viennoises.

Le terrain a d'ailleurs été déjà préparé au moment où les pourparlers ont eu lieu entre les délégués des fédérations européennes, et il avait été presque décidé de créer une coupe internationale qui serait disputée chaque année entre les meilleures équipes des fédérations.

L'U.S.F.S.A. et l'*Auto* organiseront le premier championnat, qui est appelé à un succès retentissant.

OFF-SIDE.

AU PARC DES PRINCES

LE GRAND-PRIX DE LA RÉPUBLIQUE

Seconde journée

La seconde réunion du Meeting de la République s'annonce fort intéressante, et, si le beau temps veut bien se mettre de la partie, il y aura foule demain au Parc des Princes.

Voici le programme de la journée :

Grand-Prix, Repêchage, — Partants : Meyers, Arend, Kimble, Rutt, Heller, Mayer, Piard, Poulain, Eros, Huber, Bourotte, Domain, Broka, Jue, etc...

Pronostic : Meyers.

Prix des Etrangers. — Ellegaard, Rutt, Meyers, Bixio, Grogna, Kimble, Arend, Van den Born, etc...

Pronostic : Ellegaard.

Prix National. — Jacquelin, Millo, Mathieu, Bourotte, Poulain, Leuvet, Jue, Domain, Piard, Brécy, etc.

Pronostic : Jacquelin.

30 kilomètres avec entraîneurs. — Bac, Gougoltz, Brécy, Dussot, René, Doria, Bière, Cornet, Baraquin.

Pronostic : Gougoltz.

Championnat du monde de Motocyclettes. — Première demi-finale. — Maurice Fournier, Sigonnaud, Rigal, A. Fossier.

Deuxième demi-finale. — Marius Thé, Champoiseau, Collomb, Anzani.

Deux qualifiés par demi-finale.

Pronostic : Maurice Fournier, S
Marius Thé, Anzani.

Une course de primes complète
gramme.

La réunion commencera à de
précises.

LE CACHE-POUSSIÈ

Le cache-poussière réellement
pratique est celui qu'a inventé St
teur de la mode automobile. Pren
ment aux magasins de la Chauss
les casquettes légères et fraîches

LES 500 MÈTRES DE DEA

Demain après-midi, la terrasse
ville sera le théâtre d'une très in
épreuve automobile, organisée
confrère l'*Auto*.

Nous avons déjà exposé ici l
cette épreuve en même temps que
pratique. Sous le rapport de la vit
n'avons plus rien à apprendre des
actuels; il est du reste probable
cherchera pas à augmenter le deg
dité que peuvent atteindre les voit
il est de nombreux autres points s
il semble urgent d'insister. Entre
freins.

Les véhicules automobiles sont
munis de deux freins. L'un agit su
rentiel, l'autre sur les roues motri
coup plus énergique que le précéd

Quel est le minimum de cours
quel une voiture lancée peut s'ar
expériences faites au printemps
bois de Boulogne ont prouvé que
était des plus restreints et que le
était plus maître de sa voiture que
fût-il de fiacre.

La course de Deauville va do
confirmation de ces expériences
point O, les véhicules devront s'ar
tement sur la ligne de démarcati
mètres. Si, emporté par son élan,
teur dépasse cette limite, il devra
che arrière, revenir s'y poser e
avant que le chronométreur arrêt
nomètre.

Dans une épreuve analogue co
un mois à Uriage-les-Bains, les
furent stupéfaits des résultats atte
logiquement en être de même à D

Les engagements pour cette co
nombrent comme suit :

Vitesse. — Grosses voitures 4
légères 7, voiturettes 5, motocycl

Mundialización forzada de la FIFA después de 1912

17 asociaciones europeas asistieron al noveno congreso de la FIFA reunido en 1912 en Estocolmo al margen de los Juegos. El 1.º de julio, los delegados alemanes sometieron al voto de la asamblea su moción B que planteaba una crítica frontal contra la Football Association y marcaba el inicio de su ofensiva contra «la dominación inglesa». Las actas la registraron así:

«Contrariamente a lo dispuesto por el artículo 1 de los estatutos, las siguientes asociaciones son miembros de la FA: American FA; Chile FA, Australia Occidental FA; FA de Nuevo Gales del sur; Nueva Zelanda FA; y Argentina FA. Dichas asociaciones están invitadas a afiliarse a la FIFA. Se recuerda a América, California, Australia Occidental, Nuevo Gales del Sur que se reconoce una sola asociación por país. Siendo Australia un país en el sentido del artículo 1 de los estatutos de la FIFA, la asociación australiana está invitada a formar una sola asociación para todo el país. La misma invitación vale para las asociaciones americanas.»

Para entender lo que pasaba, hay que considerar que, desde principios de 1904, viendo que la creación de la FIFA era inevitable, la FA inglesa empezó a establecer vínculos internacionales de afiliación con asociaciones del Nuevo Mundo y de la zona de influencia británica. Generó así una especie de estructura oculta y compartimentada, tutelada desde Londres, que sumada a la dominación ejercida sobre la FIFA a partir de 1906, le permitió dividir y controlar al fútbol mundial hasta la Guerra (La distensión de esa tutela durante la Primera Guerra Mundial favoreció el nacimiento de la muy independiente y pujante Confederación Sudamericana).

En Estocolmo, los ingleses rechazaron la grave acusación alemana relativa al artículo 1 pero pensando que podían reforzar su influencia en Europa, autorizaron el ingreso inmediato de la muy británica asociación argentina, y en 1913, las afiliaciones de Chile, Estados Unidos y Canadá. La consecuencia objetiva fue que la FIFA pasó a ser un organismo mundial, con asociaciones de Europa y América.

(Documento transmitido por el Servicio de documentación de la FIFA)

SESSION OF 1ST JULY.

Baron DE LAVELEYE 2nd Vice-President in the chair.

Applications for **membership** from the **Federacion Sportiva Nacional de Chile** and from the **Dominion of Canada Football Association** were referred to the Emergency Committee, not enough information being to hand to take a decision.

Proposals from the German Football Association.

Germany proposed the following resolutions:

Resolution *a*. The affiliated Associations are earnestly begged to observe art. 18 of the articles of the Federation.

It stated, that only a few Assns sent their handbook, official organ and important communications to the other Associations as prescribed by Art. 18. As it considers this rule of much importance in order to know more of the other affiliated Associations and study the conditions of football abroad, it wished to draw the attention to the importance of this article.

The resolution was adopted unanimously.

Switzerland wished, that the Associations should issue a list of their clubs, mentioning the strength of the first elevens.

Resolution *b*. Contrary to art. 1 of the articles the following Associations are members of the F. A :

American F. A., Chile F. A., West Australian F. A., F. A. of New South Wales, California F. A., New-Zealand F. A. and Argentine F. A.

These Associations are invited to become members of the F. I. F. A. America, California, West Australia, New South Wales are remembered of art. 1 recognising only one Association in its respective country. Australia being a country in the sense of art. 1 of the articles of the F. I. F. A. the Australian Associations are invited to found one Association for the whole country. The same invitation to be addressed to the American Associations.

England agreed, with this proposal except the first sentence, it asked if it acted contrary to the articles of the Federation.

Germany replied that it never was its intention to reproach anything to England in this matter, but nobody could deny the facts mentioned.

England declared that the Associations, to which Germany referred, had only been admitted in order to help the game. It pointed out that the membership of Argentine, ceased by their becoming a member of the F. I. F. A.

Agreed unanimously.

Resolution *c*. An international Congress of Referees can only be held with the consent of the F. I. F. A. that fixes place and date of that congress. The place and date of such a congress with its agenda to be notified to the affiliated Association two months before. Each Association is entitled to send two representatives. Such a congress shall not be entitled to give decisions altering the Laws of the Game.

Denuncia de la política inglesa por los alemanes en 1912

Como lo señalaron los historiadores franceses en el libro *1904-2004, El siglo del fútbo*l, el congreso de la FIFA de 1912 estuvo marcado por «la ofensiva alemana». Se discutieron muchos temas y en ocasión de los debates sobre el reconocimiento de las asociaciones de los territorios coloniales o protegidos, Hefner intervino exponiendo un balance general que resumía muy bien lo que vivían los delegados continentales desde el inicio de la presidencia Woolfall en 1906.

Dicen las actas del Congreso de Estocolmo que *«Alemania (Hefner) opinó que todas las asociaciones de la Federación tienen iguales derechos y obligaciones, pero que esto es solo la teoría. En la realidad, a cada vez que se hicieron esfuerzos para el desarrollo de la Federación, Inglaterra opuso un muro a las asociaciones continentales, impidiendo cualquier progreso.»*

En efecto, desde la «afiliación especial» de Inglaterra consentida por los dirigentes de la FIFA en 1906 y definida por la FA en sus actas solo como acción de consejo o de «tutela», los delegados británicos en su conjunto habían impuesto un bloqueo sistemático contra cualquier proyecto de campeonato internacional propio, contra cualquier iniciativa relacionada con el ejercicio de un poder legislativo por los continentales, contra toda propuesta destinada a organizar un cuerpo arbitral internacional, desarrollar una prensa o asumir la dirección de eventos –el campeonato olímpico por ejemplo– que pudieran favorecer la acumulación de experiencia deportiva, dar visibilidad, aportar prestigio, profesionalizar la dirigencia y hacer entrar un poco de dinero.

La exposición de Hefner clarifica ese pasado. Y el hecho de que Hirschman la registrara, muestra que el secretario general no estaba lejos de compartir aquél balance y de pasar, él también, a la ofensiva.

(Documento transmitido por el Servicio de documentación de la FIFA)

a protection of the territory of each National Association by the Federation, which would be of much value if troubles in any country might arise.

Austria (H. Meisl) seconded the proposal.

Hungary (R. Oprée) wished to delete the words: „without the consent of their own National Association and of the F. I. F. A."

England (F. J. Wall) was not against the principle but pointed to the American F. A. and the Californian F. A., which were members of the F. A. for many years.

Netherlands (C. A. W. Hirschman) was of opinion that England's remark was an argument in favour of his proposal. If after a recognition of the U. S. A. F. A. the American F. A. and California F. A. were not allowed to be in membership with the F. A. more pressure could be used for their affiliation to a national American body.

He altered his proposal as follows:

Associations or clubs established in the territory of a National Association affiliated to the F. I. F. A. shall not be allowed to be affiliated to another National Association.

This decision is not retrospective.

Carried unanimously.

II. Associations or clubs established in the territory of a country, not affiliated to the F. I. F. A. shall not be allowed to be affiliated to a National Association in membership with the F. I. F. A.

The Federation however is entited to sanction the affiliation of Associations and clubs established in the Colonies of a mother country to the National Association of that mother country. (New Art. 21*b*).

Netherlands (C. A. W. Hirschman) explained that this proposal had not been brought forward in the interest of any National Association, but it was absolutely necessary for a proper development of the Federation. Suppose in a country not affiliated to the Federation two Associatons existed, which would join two different Associations belonging to the Federation, what could this body do in order to promote the formation of a National organisation in such a country.

Missionary work would not be stopped, as such a support was not dependent on affiliation.

Germany (R. Hefner) seconded the proposal.

Belgium (Baron de Laveleye) stated that the arguments had a great deal of strength, only it ought not to be forgotten that the Football Association could not be deprived of its rights, it would be unfair to the F. A.

France (Delaunay) supported the declaration of Belgium.

England (F. J. Wall) urged that formerly England had joined the Federation on the distinct understanding that its international position should not be altered.

Germany (R. Hefner) was of opinion that all Associations in the Federation had equal rights and obligations, this was however only theory. Every time that efforts were made to build up the Federation, the continental Associations were placed by England before a wall, stopping every progress. The international position of England was dealt with in the footnote added to the Articles. If the idea of Belgium was accepted, an idea considered quite unnatural, it would mean stopping all work in the interest of the Federation.

It was decided to vote separately upon the two parts of the proposal.

The first part:

Moción B holandesa en 1914 en Cristiania

En 1914, respondiendo a un movimiento reivindicativo de las federaciones internacionales iniciado en Francia tres años antes, Coubertin prometió la adopción por el Congreso olímpico de París de una gran reforma destinada a transferir la totalidad de los poderes deportivos y reglamentarios, incluyendo los criterios de admisión, de manos de las «asociaciones nacionales autónomas» a manos de las federaciones internacionales y de sus «asociaciones nacionales delegadas». La reforma fue adoptada por los representantes olímpicos, y diez días después, en el Congreso de la FIFA reunido en Cristiania (Oslo), dio lugar a un largo e intenso debate.

La moción B, que originó las discusiones, fue presentada por Hirschman (Holanda). Figura en estos términos en la página 5 de las actas del Congreso: *«Que el Torneo de fútbol de los Juegos Olímpicos sea considerado como un campeonato internacional en el sentido del artículo 22 y que se halle, en consecuencia, bajo control de la Federación».*

El mencionado artículo 22 no era otra cosa que el artículo 9 de la Constitución de 1904 incorporado a los estatutos. Expresaba que «solo la FIFA tiene derecho a organizar el Campeonato Internacional». Por Campeonato Internacional se entendía una competición entre las asociaciones afiliadas y totalmente abierto puesto que la FIFA apuntaba a controlar «el fútbol internacional» en totalidad. Era el campeonato europeo proyectado por Guérin en 1905, ampliado desde 1913 a las asociaciones afiliadas de América, y por lo tanto, potencialmente mundial.

Coherente con la reforma olímpica obtenida por las federaciones internacionales, Hirschman apuntó pues a que la FIFA reglamentara y organizara libremente su campeonato internacional supremo: europeo si se presentaban solo equipos de Europa, mundial si se concretaba el encuentro con América. Como se lee en esta página, la muy lógica moción generó la entusiasta y argumentada adhesión de Rusia, Italia, Estados Unidos y Alemania, y la inmediata reprobación del secretario histórico de la FA, Frederick Wall, siempre presente en los momentos críticos.

(Documento transmitido por el Servicio de documentación de la FIFA)

Germany (Prof. R. Hefner) considered the proposal excellent in theory but difficult to realise, it would become too expensive for the Federation.

Italy (Prof. Montù) considered the issue of the Annual indispensable to the Federation, but would only vote for the proposal, if it were issued in English, French and German.

Norway (Frölich-Hansen) and Russia (R. Fulda) expressed the same opinion.

England (H. Walker) strongly supported the proposal. The Federation was growing every year, some record was desirable; also it would be more difficult to write a history later. To every proposal difficulties will exist, but they may be overcome. The book would be very useful when representatives are changed. It was of opinion that the money could not be more wisely spent.

Belgium (Seeldrayers) wished to include a list of referees officiating in international matches and a list of addresses of clubs.

The proposal was carried unanimously, provided it should be printed in English, French and German.

The Congress appointed Messrs. D. B. Woolfall, Baron de Laveleye, C. A. W. Hirschman, Prof. R. Hefner as the Committee to compose the Annual.

B. "That the Football Contests of the Olympic Games shall be considered as an International Championship within the sense of art. 22 and therefore be under the control of the Federation."

Netherlands (C. A. W. Hirschman) defending the proposal stated that the International Federation wished to control international football and that these Olympic Games were an important part of same. The proposal was sent in before it was known what the Olympic Congress held at Paris 13—23 June decided in the matter. It was the intention of the proposer to co-operate in harmony with the International Olympic Committee.

Russia (R. Fulda) seconded the proposal. A lot of international matches were played, but one never knew which was the best. An Olympiad was the best occasion. The Olympic Congress showed great deference towards the international federations.

England (F. J. Wall) agreed with Russia as to the attitude of the Olympic Congress towards international federations, but that did not mean that the International Olympic Committee handed over their powers to the International Federation. The I. O. C. would leave questions of principle to the international federations, the latter would decide and advise whilst the I. O. C. would act upon that. If it were otherwise it would mean a revolution of the whole conception of the Olympic Games.

Norway (Frölich-Hansen) agreed with this opinion.

Belgium (Baron de Laveleye) advised to wait for the official minutes of the Paris Congress, and to write then to the Int. Olymp. Committee.

Italy (Prof. Montù) considered the proposal based on a sound idea. Each National Olympic Committee leaves the management of football affairs in its own country to the National Football Association. Where the International Olympic Committee represents all the National Olympic Committees, it would be quite natural that the I. O. C. left the management of international football to the International Federation. The I. O. C. was not competent in that matter.

U. S. A. (Dr. Manning) expressed its opinion that the I. O. C. would welcome the co-operation with international federations on technical points.

Germany (Prof. Hefner) urged that the Olympic Football Games were practically now under the control of the Federation. The National Olympic Committee who had to carry out the management of an Olympiad, would charge its National Football Association to occupy itself with football and this National Association would of course follow the rules and wishes of the Federation.

Contramoción anglo-suiza en 1914 en Cristiania

Pese a la adhesión de muchas asociaciones importantes, la moción presentada por Hirschman en Cristiania chocó contra el habitual «muro inglés». La contramoción inglesa, que aparece en las actas como propuesta suiza, fue aprobada por unanimidad, como sucedía siempre por temor a que los tutores ingleses renunciaran o penalizaran a los rebeldes. Decía así: *«La Federación internacional reconocerá el torneo olímpico de fútbol como un campeonato del mundo amateur, siempre y cuando se lo dirija en conformidad con las reglas y deseos de la federación»*.

El texto contenía una nota de cinismo: el deseo histórico de la FIFA desde su fundación era abrirse a todos los futbolistas de todas las categorías, incluyendo a los profesionales británicos, y crear en consecuencia un campeonato internacional supremo, no un campeonato rebajado, reservado solo al sector de los jugadores amateurs. Más fundamentalmente, la contramoción inglesa negaba a la FIFA el poder de controlar, organizar y reglamentar el torneo olímpico –como se aprestaban a hacerlo todas las demás federaciones internacionales–, limitando su acción a un vago reconocimiento distante. En cuanto a la calificación amateur, fue cuestionada, y según Rimet, que asistió al congreso, aceptada de mala gana. El hecho es que con ese voto culminó el largo proceso de rebaja iniciado en 1908, oficializándose una separación tajante entre el fútbol mayor (los internacionales británicos abiertos) y el menor (los torneos olímpicos amateurs).

Al mismo tiempo, el voto reconocía que en adelante los campeonatos olímpicos serían, al menos potencialmente, campeonatos del mundo, lo que nadie cuestionó. Se descontaba que en 1916, para los Juegos de Berlín, cruzarían el océano futbolistas de América. La ironía de la historia fue que, cuando terminó la Guerra y los ingleses tuvieron la buena idea de irse de la FIFA, las rebajas de Cristiania cayeron en el más completo y voluntario olvido. De la resolución inglesa, solo quedó lo bueno, el progreso, el verdadero «deseo» de la FIFA y de los futbolistas: la oficialización del torneo olímpico como campeonato Mundial.

(Documento transmitido por el Servicio de documentación de la FIFA)

Switzerland (P. Buser) proposed the following resolution:

"The International Federation will recognise the Olympic Football Contests as the Amateur Championship of the World of Association Football if they are carried out in conformity with the rules and wishes of the Federation."

America and Sweden proposed to delete the word "Amateur", as the Olympic Games were only open to amateurs.

It was remarked that the word „Amateur" could not be deleted, as the Federation also controlled professionalism.

The proposal was lost.

The resolution of Switzerland was carried unanimously.

England (F. J. Wall) informed the Congress that in former Olympiads the inclusion of football was optional. The President of the I. O. C. proposed not to include football in future, but the Olympic Congress decided to make the inclusion of this sport compulsory.

C. "In International Matches each National Association may be represented by members residing abroad and under the control of another National Association, provided they have the qualification required by art. 27. The last named Association may not prevent such a player from representing his nation."

Netherlands (Hirschman) explained that this proposal found its origin in a case whereby a Dutch player residing in Germany for some months after having played in the Netherlands in Championship Matches, was invited to take part in an International Match. Germany was of opinion that the rules of the Federation did not allow that.

In order to remove any misunderstanding Netherlands asked the Congress to decide upon the matter.

It proposed now to delete the first sentence and to substitute it by reading the Stockholm resolution as follows:

"Such players must have the nationality of the country of the Association for which they play."
thus deleting in that resolution the words: "and be under the control of that Association".

Germany (Prof. R. Hefner) was of opinion that International Matches were to test the actual playing strength of the National Associations, so that only players who were playing in matches under the jurisdiction of that Association might be relied upon.

It agreed with the new proposal of the Netherlands.

The proposal was carried.

Netherlands changed the second sentence as follows:

"No National Association shall have the right to prevent a player, having the required qualifications, from playing for his National Association in International Matches."

Carried.

Resolutions and Proposals from the German Football Association.

A. "The affiliated Associations are again begged to observe art. 18 of the articles of the Federation."

1920: los belgas campeones del mundo en Le Miroir des Sports

El 9 de septiembre de 1920, tres días después del cierre del torneo olímpico de fútbol de Amberes, *Le Miroir des sports* tituló en su página central: «*Los belgas campeones del mundo de fútbol*». Se expresaba así la línea interpretativa de la elite futbolística francesa y belga, sucesora de los fundadores de la FIFA, Guérin y Mühlinghaus, en un medio de prensa clave que tiraba 200 mil ejemplares por semana.

El dictamen no era un capricho. Resultaba de una densa confluencia de poderosos factores: la mundialización de la FIFA desde 1913; el mundialismo olímpico proclamado en Cristiania en 1914; el efecto de la Guerra «Mundial»; el antecedente mundialista del torneo interaliado de 1919. Desde el punto de vista estrictamente deportivo, podía argumentarse que la victoria de Bélgica sobre la misma Checoslovaquia campeona de los Juegos Interaliados significaba también, indirectamente, una victoria sobre América. En efecto, en 1919, los checos habían superado 8 a 2 a los Estados Unidos y 3 a 2 a Canadá, eliminando así al Nuevo Mundo. En momentos en que la FIFA se debatía en plena crisis suicida, la percepción del campeonato olímpico como continuidad de los Juegos de Pershing contribuyó sin duda a generar una nueva expectativa mundialista: la de la opinión.

El mundialismo de *Le Miroir des Sports* pues, no fue una declaración falaciosa. Tampoco fue un hecho aislado. En su *Integral del equipo de Francia*, Pierre Cazal afirmó que «después de su victoria final contra los checos en 1920, los belgas fueron considerados campeones del mundo». Y la prensa especializada lo confirma. Por ejemplo, el semanario *Sporting* del 15 de junio de 1920 afirmó: «Existe un solo campeonato mundial, el torneo de fútbol asociación de las Olimpiadas»; y *Le Football Association*, que era la prensa oficial de la federación francesa, expresó el 5 de marzo de 1921, antes del clásico internacional: «Los belgas son los campeones del mundo. No les quitemos ese título que enarbolan con orgullo… Esperemos más bien que este domingo, los nuestros recobren el ímpetu que les valió la victoria el año pasado. ¡Qué gloria sería vencer a los campeones del mundo!»

(Documento consultable en Gallica, Bibliothèque Nationale de France)

LES BELGES CHAMPIONS DU MONDE DE FOOTBALL

UN BEAU DÉGAGEMENT DE L'ARRIÈRE TCHÈQUE AU CENTRE DU TERRAIN

UN DEMI TCHÈQUE VIENT DE DÉGAGER VERS SON AILIER

Phot. de l'envoyé spécial du "Miroir des Sports".

LE PREMIER BUT BELGE, RÉUSSI PAR COPÉE SUR COUP DE PIED DE RÉPARATION

Les Belges qui, en demi-finales, avaient très nettement battu les Hollandais par 3 buts à 0, ont remporté la finale sur les joueurs tchèques qui, dès leur première rencontre, avaient été installés grands favoris du tournoi. Les Belges, dont l'équipe joua avec une ardeur remarquable et un grand désir de vaincre, méritaient leur victoire. Ils surent, dès le coup d'envol, imposer leur jeu aux Tchèques, peut-être plus scientifiques, mais moins rapides et moins ardents. Les Tchèques avaient, l'an dernier, battu l'équipe de France, dans la finale des jeux interalliés; ils ont, par contre, cette fois, fait preuve du plus mauvais esprit sportif en abandonnant le terrain en raison de l'attitude partiale des spectateurs.

1920: el Torneo Mundial en la prensa oficial francesa

Le Football Association fue el primer semanario oficial de la Federación Francesa de Football Association (3FA). El título que figura en la página 348 del número 49 del 4 de septiembre de 1920 calificando el campeonato olímpico como «*Torneo Mundial*», adquiere por lo tanto cierto peso.

El artículo comenta las rivalidades que atravesaban al futuro campeón belga, entre los equipos de Bruselas, que copaban la selección, y los de Amberes, poco representados. Por su clarividencia conceptual, el último párrafo reviste un interés particular: «*Hay dos deportes nacionales en Bélgica: el fútbol y el ciclismo. Después viene el boxeo. En Francia el fútbol es también un deporte nacional. Desgraciadamente los periodistas no se dan cuenta y no le prestan atención. Todos los periodistas franceses asistieron a las pruebas de atletismo. Para el torneo de fútbol había uno solo que no necesitaba convencerse del interés y de la belleza del fútbol.*»

La caracterización del fútbol como «deporte nacional» da la pauta de que su práctica ya era masiva y de que arrastraba a una vasta afición popular. En cuanto al desprecio de los periodistas profesionales, que ya había afectado a otros deportes populares como el ciclismo a comienzos del siglo, explica la estructura particular de la prensa francesa. Mientras que en Suiza, Bélgica o Uruguay, el fútbol se insertaba como parte de la información general en los grandes diarios nacionales, en Francia, hubo que multiplicar, tempranamente, títulos deportivos especiales.

En ese contexto, al inicio de la década del veinte, ex futbolistas y dirigentes del fútbol francés se convirtieron al periodismo y asumieron la tarea de impulsar la cobertura informativa de su deporte preferido. Las publicaciones oficiales de la federación francesa, nacionales y regionales, jugaron entonces un rol mayor en la producción de información fiable y en la formación de columnistas competentes.

(Documento consultable en Gallica, Bibliothèque Nationale de France)

LE TOURNOI MONDIAL

ANVERS
et le Football belge

—o—

La manifestation des Anversois contre l'équipe de Belgique qui joua le dimanche contre le Danemark fut d'une véhémence extrême ; il n'y avait qu'un Anversois dans le onze belge, et les habitants du grand port de l'Escaut estimaient que trois d'entre eux avaient leur place dans l'équipe. Les clameurs, les protestations, les coups de sifflet, les velléités d'envahissement du terrain, les applaudissements dont furent gratifiés les Espagnols, par choc en retour, venaient surtout des populaires. Les officiels, les journalistes belges, les présidents des clubs d'Anvers, l'Antwerp Football Club et le Beerschot Football Club, étaient à la fois atterrés et hors d'eux-mêmes. Le président du Beerschot, gros homme à figure congestionnée, désavouait cette manifestation ; il priait les journalistes de blâmer congrument la plèbe anversoise qui se laissait aller à des mouvements irréfléchis de haine, et il se rendit aux tribunes populaires afin d'y haranguer la foule. C'était une imprudence ; c'était aussi une certitude d'échec. Il put s'en rendre compte par lui-même. Les Anversois sont d'abord Anversois, ils sont Belges ensuite. Voilà pourquoi ils sifflèrent les Bruxellois qui composaient la presque totalité de l'équipe ; voilà pourquoi ils s'en prenaient principalement à ceux qui tenaient des places où on aurait voulu voir des Anversois, c'est-à-dire à l'intérieur gauche Nisot, du Léopold Club de Bruxelles, et à Hebdin, de l'Union Saint-Gilloise. Comme si ces joueurs s'étaient imposés ! Comme si les coupables n'étaient pas ceux qui les avaient choisis ! Nisot, à qui une blessure de guerre a enlevé la plupart de ses qualités, et qui sembla fort impressionné par un chahut dont il partageait l'exclusivité avec Habdin, ne fit rien de bon ; quant à Hebdin, il fut loin d'être ridicule, et l'ailier gauche anversois qu'on mit à sa place, mardi, dans le match contre la Hollande, ne le fit pas oublier, bien au contraire. La Belgique n'a pas d'extrême-gauche, quoi qu'en disent les Anversois.

BELGES ET HOLLANDAIS
Les avants hollandais attaquent dangereusement, mais le back Verbeek est survenu et sauve la situation.

Il eût été curieux de voir quelle attitude auraient eu les Anversois, si le match Belgique-Hollande s'était joué avec l'équipe de Bruxellois du dimanche. La haine contre les Hollandais l'aurait sans doute emporté sur l'hostilité contre les Bruxellois : en tout cas, mardi, les 30.000 personnes qui garnissaient toutes les tribunes et les gradins du Stade comprenaient une bonne majorité d'Anversois qui ont acclamé, non plus dans un élan trop spontané de chauvinisme, mais dans une ardeur nationale très légitime, les joueurs au maillot rouge paré du lion belge. Pourtant, les Hollandais étaient venus en nombre ; quatre trains spéciaux avaient été mis en marche d'Amsterdam sur Anvers, et les petits drapeaux rouge-blanc-bleu, ou orange, s'étaient vendus à profusion autour du Stade. Mais ils n'eurent pas à s'agiter, et les cris de « Hup, Holland », comme les chœurs et les chants des sportifs du pays des tulipes, n'eurent guère l'occasion de montrer leur valeur. Par contre, les trois buts marqués par les Belges, qui furent vraiment superbes d'allant, de vitesse, de désir de vaincre, provoquèrent un fol enthousiasme. Les bras s'agitèrent, d'innombrables spectateurs se levèrent et gesticulèrent : si les chapeaux et les cannes ne furent pas lancés sur le terrain, c'est sans doute parce que le soleil du Midi, qui échauffe les cervelles, était non seulement absent de la grande réunion sportive, mais aussi remplacé par une petite pluie fine et pénétrante qui tenait lieu de douche.

***

Il y a deux sports nationaux, en Belgique : le cyclisme et le football. Puis, vient la boxe. En France, le football est aussi le sport national ; malheureusement, les journalistes ne s'en rendent pas compte et n'y prennent pas garde. Tous les journalistes sportifs français ont assisté aux épreuves olympiques d'athlétisme : pour le tournoi de football, il n'y en avait plus qu'un seul, qui n'avait nul besoin d'être convaincu de l'intérêt et de la beauté du football.

G. H.

L'OUVERTURE DE LA SAISON
Au cours du match qui les met aux prises, avec le C.A.P., les joueurs de l'A.S.A. ont menacé le but adverse : Baudier vient de dégager du poing

AVIS IMPORTANT

—o—

QUELS SERONT NOS TEAMS CETTE SAISON?

Plus que jamais FOOTBALL ASSOCIATION est devenu le trait d'union entre tous les membres de la grande famille des soccers.

Or, il serait bizarre et anormal si les membres de cette famille ignoraient leurs mutuelles intentions.

C'est pourquoi nous prions avec insistance les secrétaires de clubs ou les capitaines d'équipes de nous adresser d'ores et déjà quelques détails sur les teams qu'ils se proposent d'aligner cette saison.

Répétons, par la même occasion, que nous accueillerons et insérerons avec plaisir toutes les photos se rapportant à l'Association que nos lecteurs jugeront devoir nous intéresser.

Atletismo vs fútbol: comparación pertinente de Gabriel Hanot

El torneo olímpico de fútbol de Amberes se jugó del 28 de agosto al 6 de septiembre de 1920. El 4 de septiembre, Hanot publicó en las columnas del semanario oficial de la 3FA, *Le Football Association*, la nota *«El fútbol: deporte del presente y del futuro»*, en la cual expuso esta comparación:

«En los Juegos Olímpicos, el atletismo es, por la diversidad de las naciones participantes, un campeonato del mundo. El fútbol es allí un verdadero campeonato de Europa. El fútbol, que algunos se proponen sacar de los Juegos Olímpicos, sin duda porque es un deporte moderno y de aplicación, es el deporte europeo de hoy y de mañana, el deporte del futuro. Borrarlo del programa olímpico sería un profundo error deportivo si no se organiza entonces inmediatamente un campeonato de fútbol cada tres o cuatro años en una ciudad y en un país en el cual este evento sería debidamente festejado.»

La tesis expresada es clara: el atletismo era «verdaderamente mundial» por *la verdadera diversidad de los países participantes*; el torneo de fútbol, con equipos «uniformemente» europeos, era solo un «verdadero» campeonato de Europa. *El término «verdadero» se refiere pues a la participación efectiva.* Se sobrentiende que, según estos conceptos, para convertirse en «mundial verdadero», el fútbol debía acceder a la «diversidad» geográfica de los participantes, y se concluye que en 1920 el fútbol olímpico fue un «Mundial de expectativa», no un «Mundial verdadero».

El pasaje muestra otro punto esencial: que la idea de un campeonato de fútbol fuera de los Juegos empezó a ser manejada como alternativa ante la posibilidad de una supresión de la disciplina del programa olímpico. El tema se resolvió en 1921 cuando el Congreso olímpico de Lausana ratificó la programación del fútbol por unanimidad. El fútbol no se fue, evidenciándose entonces: uno, que para la FIFA, en aquél momento, la alternativa olímpica era la mejor; y dos, que el campeonato olímpico se consideraba como de valor equivalente al hipotético campeonato propio.

(Documento consultable en la Mediateca de la Federación Francesa de Fútbol)

J. Torinese); **Secrétaire:** Dott. Cera (To-résorier: Dorino Levi; **Conseillers:** Al (Pro Vercelli), Canestrini (Novara), Oliva ...ndria), De Marchi (Pastore), More Baiona Napoli S.C.), Miglietta (Amatori G.C.), Fer... (Novi), Bona (Carignano), Soro (Valenza), ...orio (U.S. Barr. Nizza), Zeppegno (Lancia .C.); **Syndics:** Almasio (Torino), Scarrone (Pi-relli), Argento (Campania), Del Piano (Asti), Ramma (U.S. Biella); **Commissaires de Jeux:** Président: Scamoni (Juventus), Secrétaire: Brunetti (Torino), Minlano I (Pro Vercelli), Rangone (Alessandria), Mombelli (Casale).

La Ligue va s'occuper activement de mettre sur pied un championnat qui offre le maximum d'intérêt. Des championnats scolaires seront également créés.

Attendons pour voir à l'œuvre la nouvelle transformation.

LE PROFESSIONNALISME EN ALLEMAGNE

Il n'est plus question de « professionnalisme camouflé », il s'agit bien cette fois de professionnalisme tout court. En effet, un événement qui marque un tournant décisif dans l'histoire du football vient de se produire au delà du Rhin : un premier match a eu lieu entre deux équipes professionnelles, l'une allemande, l'autre hongroise.

Les résultats furent excellents, le jeu intéressant à suivre ; la partie se termina avec le score de 1 à 1. Il y avait huit mille spectateurs ; la recette fut bonne, car les entrées étaient chères et les organisateurs se promettent de... remettre ça. D'autres matches auront lieu à bref délai en Allemagne, ainsi, paraît-il, que des exhibitions dans les pays voisins.

La Fédération allemande de fooball fait la moue et se demande maintenant quelle doit être son attitude à l'égard de ces indociles qui menacent de tout gâter en Prusse et même ailleurs, car les exhibitions annoncées n'ont d'autre but que de servir la cause de ce « bolchevisme footballesque », on le comprend, et de faire de la propagande à l'étranger en vue de créer un mouvement du même genre dans tous les pays qui seront disposés à accepter chez eux cette nouvelle sorte d'hommes sandwiches.

Les organisateurs d'outre-Rhin se sont félicités, dit notre correspondant, des recettes qu'ils ont réalisées, et semblent vouloir créer des élèves dans les pays étrangers. Ce n'est certes pas à ceux-là qu'on demandera, chez nous, des exemples. Mais on peut bien tout de même souligner que les énormes taxes et surtaxes sur les spectacles, auxquelles échappent nos organisations parce qu'elles sont « pures », jouant automatiquement quand il s'agirait de spectacles « pros » ne sont guère pour inciter nos organisateurs à réaliser des exhibitions du même genre.

UNE MÉPRISE

La Fédération régissant notre football n'aura pas à se louer, semble-t-il, d'avoir essayé, pour la première fois, d'entraîner son équipe *rationnellement* avec tous les éléments susceptibles d'assurer son succès.

Dans l'ensemble des rencontres, notre team national, en effet, n'a pas joué avec tout le brio dont il donna de nombreuses démonstrations, la saison dernière.

Nos représentants se prouvèrent courageux. Ils s'efforcèrent de bien faire et d'agir du mieux possible en suivant les directives imposées lors de leur préparation, mais... *ça n'était pas ça.*

Je ne prétends pas rechercher ici à qui en incombe la faute, quels sont les responsables. Au surplus, je crois sincèrement qu'il n'y a pas de responsables, puisque tout le monde s'est appliqué à mener à bien la noble tâche de mettre au point notre onze de France.

Mais il y a une méprise. Et c'est elle qui nous vaut notre déconvenue.

Lorsque l'entraîneur Pentland prit la direction de l'entraînement, il estima utile et profitable d'inculquer à nos hommes de nouveaux principes, de leur enseigner une nouvelle technique du jeu, celle des « pros » anglais.

Je ne doute pas un instant de la valeur de cette méthode ni de la valeur de Pentland.

Malheureusement, on n'amène pas ainsi en un mois ou deux une équipe à oublier la méthode qui lui est personnelle pour s'en assimiler une autre qui diffère presque totalement.

De là naît un mélangé composé moitié des principes de l'ancienne méthode et moitié de la nouvelle. Et ce mélange ne fournit rien de bon.

Je le répète, le temps manquait. Il importait d'y songer.

D'ailleurs, à mon sens, il n'est jamais bon de modifier ainsi le style d'un team lorsque celui dont il dispose est élégant, intelligent et fertile en résultats.

Et nous avons constaté, la saison dernière, à chaque fois où notre équipe nationale se présenta au complet, la beauté et l'efficacité de ce style.

En pareille occurrence, que fallait-il faire ?

Tout simplement, laisser à nos représentants leur excellente technique, s'efforcer de la perfectionner et s'efforcer d'obliger les joueurs à se délivrer des quelques petits défauts qu'ils possèdent encore.

On alignait des hommes que je considère comme de remarquables exécutants. En raison du peu de temps, le seul devoir de l'entraîneur était de *ne pas changer l'instrument* de ces brillants exécutants, mais de s'attacher à transformer ces derniers en virtuoses.

Je sais que Barreau a vu d'un mauvais œil cette évolution et que Bard en a manifesté son mécontentment. Ils voyaient juste tous deux.

Et ceci ramène sur le tapis la vieille question : « Fallait-il recourir à un entraîneur anglais ? »

Sans hésitation, je me prononce pour l'affirmative.

Un jour viendra — et qui n'est sans doute pas très éloigné — où, sous ce rapport, nous nous suffirons à nous-mêmes.

Mais, pour cette année encore, les services d'un coach britannique nous étaient indispensables.

Les entraîneurs d'outre-Manche ont le mérite de pouvoir nous faire profiter des fruits d'une vieille expérience. J'entends par là de nous apprendre mille petits trucs que nous ignorons, qui ne sont peut-être pas grand chose pris isolément, mais qui rendent de signalés services — surtout dans les parties internationales — lorsqu'ils sont assidument et discrètement appliqués.

L'entraînement de notre team national pour Anvers fut une erreur.

N'en parlons plus. Tirons-en seulement une leçon et un avertissement pour l'avenir.

F. Estèbe.

LE FOOTBALL
Sport du Présent et de l'Avenir

Aux jeux olympique, l'athlétisme est, dans une certaine mesure, par la diversité des nations participantes, un championnat du monde : le football y est un véritable championnat d'Europe. Le football, qu'on se propose d'exclure des jeux olympiques, sans doute parce qu'il est un sport moderne et d'application, est le sport européen du présent et le sport qui vient : le sport de l'avenir. Vouloir le supprimer du programme olympique serait une profonde erreur sportive, si l'on n'organise pas immédiatement un tournoi de football ayant lieu tous les trois ou quatre ans, dans une ville et un pays où cet événement serait fêté comme il le mérite.

Tous les spectateurs qui ont assisté aux matches de football d'Anvers ont vu nettement quel intérêt chaque équipe nationale attachait au tournoi, et quel désir de vaincre était celui des Belges, des Tchèques, des Hollandais, des Suédois, des Espagnols, des Norwégiens, des Italiens, des Danois et même des Egyptiens et des Luxembourgeois.

Les Grecs, nouveaux venus au football, se sont défendus le mieux qu'ils purent ; les Yougo-Slaves étaient fatigués par un long voyage de cinq jours ; les Anglais qui étaient venus à Anvers en amateurs, subirent un échec qu'ils n'oublieront pas de si tôt ; quant aux Français, ils ne donnèrent rien de ce qu'on attendait d'eux.

Les Belges et les Tchèques se sont qualifiés pour la finale du tournoi : cela ne signifie nullement que, si on procédait à un nouveau tirage au sort et à un nouveau tournoi, les mêmes nations se disputeraient le match définitif.

Les parties de football d'Anvers donnent l'impression que, les Grecs et les Egyptiens mis à part, toutes les équipes sont d'une valeur sensiblement égale. Dans quatre ans, la lutte sera encore beaucoup plus indécise, et la victoire appartiendra à la nation née sous la meilleure étoile.

Gabriel Hanot.

ACCIDENTS DE FOOTBALL

Il est intéressant d'apprendre que MM. **L. Aldrige et Cº Ltd**, assureurs, 25, rue Royale (Tél. : Elysées 26-71), ont établi un contrat d'assurance « tous risques » concernant les Sociétés de gymnastique et de sports (cyclisme, escrime, natation, etc., etc...), ainsi que les matches de football, association et rugby.

Ce contrat, pour une prime annuelle modique garantit la couverture des accidents corporels pouvant survenir aux membres desdites Sociétés ou joueurs (y compris frais médicaux et pharmaceutiques). Ce même contrat garantit la responsabilité civile des sociétés ou joueurs vis-à-vis des accidents corporels causés par leur fait à des tiers (art. 1382 à 1384 du Code civil), ainsi que l'assurance (Loi du travail) des moniteurs, surveillants, etc., etc... Conditions spéciales et réduites aux Sociétés de la Fédération Française de Football Association.

Mundial de 1924: genial premonición de Achille Duchenne

En los números 50 y 51 de *Le Football Association* del 11 y 18 de septiembre de 1920, el miembro de la directiva francesa, Achille Duchenne, publicó un largo balance sobre el torneo olímpico de fútbol de Amberes titulado *«El fútbol en las Olimpiadas»*. El lector apreciará este pasaje visionario:

«Antes de continuar el estudio de los equipos que participaron en la Octava Olimpiada, se nos permitirá una breve digresión. En efecto, nosotros también queremos subrayar el éxito de público sin precedentes obtenido por el torneo de fútbol. Este éxito fue tan intenso que nos pareció una respuesta unánime inconsciente de la muchedumbre a los dirigentes que, perdidos en las nubes de las cimas olímpicas, sueñan con suprimir un deporte que, con el boxeo y la natación, constituyó el gran triunfo de estos Juegos. ¿No deberían más bien lamentar no haber entendido qué maravilloso instrumento de propaganda deportiva constituía para ellos el espléndido torneo de balompié? [...] *La ocasión perdida* [de programar atletismo y fútbol al mismo tiempo y llevar a que la enorme afición futbolística asistiera también a las pruebas de la pista] *solo se volverá a producir en la próxima Olimpiada a condición de que el fútbol figure todavía entre las pruebas.*[...] *No cabe duda sin embargo que después de un triunfo tan grande, la desaparición del campeonato del mundo de fútbol se ha vuelto desde ya imposible. Y en su próxima edición no reunirá a 13 o 14 equipos sino a 20 o 30, y participarán América del Norte y del Sur, y Dominios británicos.»*

Duchenne tuvo razón en todos los planos. El congreso olímpico mantuvo al fútbol en el programa. El campeonato del mundo de la edición siguiente reunió a 22 equipos. Participaron los mejores representantes de América del Norte y del Sur, y dos conjuntos de la zona británica («dominios»): Egipto e Irlanda Libre. La prueba batió nuevamente récords de público con 201 mil espectadores contra 122 mil para el atletismo.

(Documento consultable en la Mediateca de la Federación Francesa de Fútbol)

A.S. DU VESINET CONTRE A.S. SEVRES

Deux outsiders engagés seulement pour le principe — ce qui est très bien. Sèvres doit faire mieux que le Vésinet.

Arbitre: M. Vallat.

C.S. CALAIS CONTRE U.S. DUNKERQUE-MALO

La représentation dont jouit dans le Nord l'U.S.D.M. impose ce club à nos suffrages. Dimanche soir, Dunkerque sera encore dans la danse.

Arbitre: M. Jeniot.

S.C. CAUDRESIEN CONTRE A.C. CAMBRAI

Cambrai est bien près de son compétiteur et Caudry n'enlèvera le match que par un faible écart au score.

Arbitre: M. Valenton.

U.S. CHEMINOTS ROYE CONTRE S.A. MONTATAIRE

Facteurs inconnus : pronostic réservé.

Arbitre: M. Doussy.

SECTION BURDIGALIENNE CONTRE ENFANTS D'ARCACHON

Les Enfants d'Arcachon ne sauraient avoir qu'une ambition: faire de leur mieux contre Burdigala. Mais les Enfants grandiront.

Arbitre: M. Boisnard.

J.A. D'ANGOULEME CONTRE BORDEAUX A.C.

Equipes de valeur équivalente, lutte serrée et match nul en perspective.

Arbitre: M. Labattut.

EXCURSIONNISTES LYONNAIS CONTRE S.C. CREUSOTIN

Le Creusot excursionnera chez les Lyonnais. Il rapportera un succès — comme souvenir — de l'excursion.

Arbitre: M. Fraisse.

U.A. COGNAC CONTRE E.S. LA ROCHELLE

Jouant chez lui, Cognac est difficilement battable. Nous en aurons une assurance de plus dimanche.

Arbitre: M. Lagardères.

En résumé — et le tableau ci-dessus est d'une éloquence suffisante — nous allons avoir une journée extrêmement chargée.

Il faut s'en réjouir, et s'en réjouir sans réserve. Cela nous est une nouvelle preuve que le sport du ballon rond connaît, de saison en saison, un développement toujours plus grand.

Déjà il est, en France, le sport le plus populaire et il tire quelque orgueil de l'être.

Allons plus loin : l'heure n'est pas éloignée où le football association aura le droit de se considérer comme le sport national par excellence.

F. Estèbe.

Le Football aux Olympiades

(Suite et fin. Voir no 80)

Avant de continuer à étudier les équipes qui prirent part à la VIIe Olympiade on nous permettra une courte digression. Nous tenons en effet à souligner à notre tour le succès sans précédent remporté par le tournoi de football auprès du public. Ce succès fut même si vif qu'il nous a paru comme une réponse unanime si inconscient de la foule, aux dirigeants qui, perdus dans les nuages des sommets olympiens, songent à supprimer un sport qui, avec la boxe et la natation, emporta véritablement le gros succès des Jeux. Ne devraient-ils pas plutôt regretter de n'avoir pas compris quel merveilleux instrument de propagande sportive ils avaient en ce tournoi splendide du ballon rond. Si l'on songe qu'il eut suffi qu'un Angleterre-Norvège, un Egypte-Italie, un Danemark-Espagne, pour ne citer que des rencontres éliminatoires, aient été joués, à la même époque où les grands événements de l'athlétisme se passaient, pour que 20 ou 30.000 personnes aient été témoins de l'effort d'un Guillemot contre un Nurmi, ou du bond prodigieux d'un Foss, ou de la course en vague d'un Thompson, et conquises ainsi d'un seul coup à l'athlétisme, on sera certes d'accord avec nous pour déplorer que les programmes des Jeux, resserrés, n'aient pas été composés avec l'éclectisme souhaitable.

L'occasion perdue ne sera retrouvée qu'à la prochaine olympiade, si toutefois le football figure encore parmi les épreuves. Dans le cas où il n'y figurerait pas et où le divorce serait consommé, il n'y aurait de désastre que pour le sport d'été.

Il n'y a guère de doute en effet que le triomphe a été si grand que la disparition du championnat du monde de football est maintenant impossible. A sa prochaine organisation il ne réunira plus 13 ou 14 équipes, mais de 20 à 30, et l'Amérique du Nord et du Sud, les Dominions, y prendront part.

D'aucuns mêmes entrevoient mieux encore et un championnat annuel ou ayant lieu tous les deux ans, des nations d'Europe, leur semble tout indiqué. Il ne fait pour nous aucun doute que la question soit parmi les plus importantes que la F.I.F.A. renaissante ait à traiter. Ce sera d'ailleurs une œuvre très vaste. Elle exigera une mise au point attentive et à cet égard devra contraster avec ce que fut Anvers, d'autant plus nettement que les engagés plus nombreux doubleront les difficultés.

Mais avant d'aborder l'étude de l'organisation, revenons aux équipes vues pendant la grande semaine.

Sur les maîtres battus

Eliminés au premier tour il n'y a guère de doute que même vainqueurs des Norvégiens, les Britanniques eussent eu de fortes difficultés à aller beaucoup plus loin que le tour suivant. Ils se présentèrent non préparés, ayant joué juste quelques parties d'entraînement mollement et sans conviction, certains d'acquérir des lauriers faciles. Mais leur défaut principal fut de devoir compter sur des joueurs ayant passé en date l'honnête moyenne de l'activité physique. Les noms, pour beaux qu'ils soient ne servent à rien quand leurs possesseurs sont hors de forme ou trop âgés. Dès Rouen où, pourtant, l'Angleterre gagna facilement, nous avions la certitude que les Insulaires avaient tort de conserver leur ligne de demis, n'ayant que 45 minutes de jeu dans les jambes.

Nous ne croyons pas que les Britanniques soient dépossédés de façon absolument définitive du premier rang dans l'amateurisme mondial (rayon football). Tout dépendra de la façon dont ils auront pris la leçon. Les bons amateurs ne manquent pas Outre-Manche. Il suffira à la Football Association de les prendre et pas toujours dans les rangs des grands clubs de la Ligue professionnelle. La façon dont les Nicholas, Sloley, etc, se sont imposés prouve assez quelles ressources possèdent encore nos amis d'Outre-Manche pour peu qu'ils les recherchent sérieusement. En ce qui concerne le jeu même pratiqué, il fut excellent, d'une facile aisance, sans dureté, brillant même par moments. Le jeu est de même genre à celui des professionnels avec moins d'opiniâtreté, plus de souci de la forme et d'élégance. Il est toujours digne d'étude et fait honneur à ceux qui le pratiquent, même si les résultats ne répondent pas à l'effort produit.

Les Latins à l'honneur

Nous en arrivons, pour terminer, aux vainqueurs du tournoi, officiellement la Belgique, puis l'Espagne, aussi partiellement la France de par son apparition en demi-finale, c'est-à-dire, en somme, aux Latins. Nous connaissons tel de nos amis d'Outre-Quiévrain qui bondira en se voyant classé, lui Flamand pur sang, dans la race latine. Et pourtant, le jeu pratiqué par les Belges répondit entièrement à la démonstration des qualités distinctives de notre sang, avec certainement cette pondération paratielle qu'apportent également nos Nordistes par exemple, mais une différenciation absolue du football des autres races. La Belgique joua en nation latine, par sa fougue, son ardeur, la façon résolue dont elle se soucia peu des erreurs de détail pour revenir à l'assaut des lignes adverses. Elle triompha de l'Espagne nettement par sa technique supérieure. Mais face à la Hollande puis aux Tchèques, ce ne fut plus tant la maîtrise technique mais la valeur des hommes qui aboutit. L'application des qualités de vitesse dans l'attaque, de promptitude à la riposte dans la défense, furent au moins aussi caractéristiques que celles montrées par les Italiens, les Français, les Espagnols. La cause de supériorité totale fut l'adaptation plus intime d'une méthode qui plaça la Belgique, disciple du football professionnel anglais, devant l'Espagne et

Archivos relacionados con los poderes y la preparación

Esta segunda parte presenta archivos directamente relacionados con el Torneo olímpico de fútbol de 1924.

Para la FIFA y para sus asociaciones, el gran cambio se produjo entre mayo de 1920 y junio de 1921. El primer hecho determinante fue la renuncia de los ingleses, oficializada tres meses después, en agosto de 1920. La intención de la FA fue entonces arrastrar con ella a ciertas asociaciones europeas y crear una federación paralela. La estrategia cismática fracasó. Solo siguieron dócilmente las asociaciones británicas súbditas. El segundo hecho clave fue el Congreso olímpico de Lausana durante el cual Rimet y Seeldrayers, actuando en nombre de la FIFA, votaron en favor del ejercicio del poder deportivo y reglamentario olímpico por la federación internacional.

Los archivos de esta parte se dividen en dos categorías. La primera concierne la constitución de los poderes deportivos del torneo olímpico de fútbol de 1924; la segunda, la confección del reglamento y la ejecución de otras tareas ligadas a la organización técnica. Se verá que estos procesos marcaron el fin de los aspectos negativos de la resolución de Cristiania: confirmaron el rol conductor de la FIFA y pusieron fin a la rebaja amateurista. La acción de los poderes deportivos tuvo como punto culminante el trabajo del Tribunal de reclamos, órgano supremo del torneo, presidido por Rimet y compuesto por representantes de diferentes países afiliados a la federación internacional.

1. Tema de los poderes deportivos

Todos los archivos existentes coinciden en enunciar que los poderes deportivos que se ejercieron sobre el torneo de fútbol de 1924 fueron dos y solo dos: la FIFA y la 3FA. De estas dos entidades emanaron las diferentes comisiones delegadas para ejercer poderes específicos: la Comisión Técnica ante el COF; el Comité Consultivo de las leyes del juego; la Comisión Internacional de Arbitraje; y el Tribunal de reclamos.

Tres principios rigieron las relaciones entre estos organismos: seguir las orientaciones fijadas por la FIFA en Ginebra; trabajar en base a acuerdos; dividir el trabajo de modo a que los organismos internacionales se hicieran cargo de lo internacional y los nacionales de lo nacional. Dentro de este esquema, la 3FA actuó siempre como «asociación delegada», al servicio de Rimet. Así, lo que no pudo hacer una FIFA pobre, desacreditada, que salía apenas de la crisis suicida después de años de letargo, y que no era capaz de ambiciones a la altura de las posibilidades del fútbol, lo cumplió la 3FA, siempre con la bendición del presidente de la federación internacional.

No existe un solo dato indicando que pudo haber conflictos o discrepancias entre las diferentes partes salvo algunos roces entre Rimet y el COF en torno a asuntos secundarios de protocolo. Las relaciones entre la asociación francesa y la FIFA, así como las que se establecieron entre las diferentes comisiones, fueron de total armonía. Difícilmente podía ser de otra manera: Rimet era a la vez presidente de la FIFA, presidente de la 3FA, vicepresidente del COF (y a ese título, jefe de la comisión técnica) y presidente del Tribunal de reclamos, poder máximo del torneo.

Rimet vota en Lausana y anula resolución de Cristiania

La posición adoptada por Jules Rimet y Rudolph Seeldrayers en el Congreso Olímpico de Lausana de 1921 cerró la era de la tutela inglesa y marcó el fin de la rebaja amateurista. Borrando los aspectos negativos de la resolución de Cristiania, selló la victoria de la estrategia de los Mundiales olímpicos abiertos preconizada por Hirschman desde 1914.

El Congreso de Lausana fue democrático: un tercio de los votos para el Comité Olímpico Internacional; otro para los comités olímpicos nacionales; otro para las federaciones internacionales. El anexo I de las actas confirma la presencia del flamante presidente de la FIFA con un voto, y de su mano derecha, el belga Seeldrayers, con dos. En el anexo II figura la lista de los deportes discutidos con vistas a su eventual supresión. El fútbol fue reconducido por unanimidad y sin discusión.

Los congresistas votaron dos resoluciones mayores corroborando las decisiones adoptadas en 1914 en París. Transfirieron la totalidad de los poderes deportivos a las federaciones internacionales despojando de su vieja autonomía a los organismos deportivos nacionales; y establecieron que los únicos reglamentos válidos, aplicables sin restricción tanto en lo técnico como en materia de criterios de admisión de los atletas, serían los presentados por dichas federaciones o por estructuras delegadas.

«El marco de Lausana» rigió los torneos deportivos de los Juegos hasta el Congreso Olímpico de Berlín de 1930. *El voto del presidente de la FIFA en su favor significó que, en adelante, «todo lo decidido en toda materia relacionada con el torneo olímpico» por los organismos de poder o sus delegaciones contaría con el acuerdo explícito o implícito de la federación internacional y tendría valor de ley.*

(Documento transmitido por el Centro de Estudios Olímpicos)

Votes	NOMS	ADRESSES
1	Rimet (Football).	Fédération Française de Football Association, 15, Faub. Montmartre, Paris.
2	de Rio Branco (Brésil), (C.I.O.).	Ministre du Brésil, Bernerhof, Berne.
2	von Rosen, Clarence (C.I.O.). (Féd. Equestre Int.)	Vasby Villa, As, Suède.
1	Rosset (Poids et Haltères).	7, Rue de Ménilmontant, Paris.
2	Rousseau, Paul (France), (Cyclisme), Vice-Président.	14, Rue de Helder, Paris-9e.
1	Rubien, Frederick W. (Etats Unis.	Amateur Athletic Union of the U. S., 290, Broadway, New York.
1	Rudd (Sud-Afrique).	Trinity College, Oxford, England.
1	Scharroo, P. W. (Hollande), Secrétaire.	Kerkstraat, 4, La Haye, Hollande.
2	Seeldrayers, R. W. (Belgique), (Football), Secrétaire.	38, Rue du Prince Royal, Bruxelles.
1	Stenberg, R. (Finlande).	Skillnadsgatan, 11, Helsingfors.
1	Tisseau, Léo (Athlétisme).	5, Place de Wagram, Paris.
1	Tryffos, E. (Grèce).	Légation R. I. de Grèce, Jungfraustrasse, 3, Berne.
2	van Tuyll (Hollande), Bon (C.I.O.).	Vogelensang, Hollande.

ANNEXE II.

Le Comité International Olympique, dans sa session d'Anvers, a fixé comme suite la liste des questions déjà solutionnées par le Congrès des Comités nationaux tenu à Paris en 1914 et sur lesquelles il demande à celui de Lausanne d'émettre un nouvel avis.

Programme des Jeux :

Sports athlétiques : Concours de marche*. — Lutte à la corde*.

Sports Gymniques : Totalité du programme, excepté les poids et haltères.

Cyclisme : Courses sur piste*.

Sports de défense : Escrime : fleuret par équipes*.

Tir : Totalité du programme*.

Sports nautiques : Aviron : quatre rameurs de pointe avec barreur*; deux rameurs de couple sans barreur*.

Yachting : Totalité du programme*.

Jeux : Lawn tennis*. — Foot-ball*.

Sports facultatifs : Tous sports facultatifs*.

Les * désignent les sports dont la suppression complète a été proposée. Les programmes des sports d'hiver et des sports équestres sont réservés. Le programme de gymnastique est à revoir seulement, sa suppression n'entrant pas en discussion.

Rimet vicepresidente del Comité Ejecutivo del Comité Olímpico Francés

Apenas terminado el congreso olímpico en Lausana, el Comité Olímpico Francés nombró al Comité Ejecutivo encargado de la organización material, la programación general y la coordinación entre los diferentes deportes presentes en la Olimpiada de París.

Como lo señala la página 37 del Informe oficial de la Olimpiada, el organismo se componía de cuatro «cuerpos»: la directiva (*bureau*), los miembros (*membres*), los comisarios generales (*commissaires généraux*), y los representantes de los poderes públicos y de los ministerios ante el comité. Se destaca en la directiva la presencia de Jules Rimet que fue uno de los cuatro vicepresidentes junto a Joseph Genet (atletismo), Gaston Vidal (rugby) y Albert Glandaz (yachting).

El cuerpo de «miembros» reunía a los delegados designados por las asociaciones que, en Francia, regían los 17 deportes programados. Desde Lausana, los «miembros» tenían el deber de aplicar localmente las directivas y reglamentos generales fijados por sus respectivas federaciones internacionales. Figuran en la lista para el fútbol: Chevallier y Jevain, dirigentes de la Federación Francesa y miembros de la Comisión Técnica.

Se destaca la presencia de Frantz-Reichel, mano derecha de Coubertin desde la creación de los Juegos, amigo de Rimet, asiduo colaborador de la primera prensa oficial del fútbol francés, ocupando funciones al más alto nivel. Desde las encuestas internacionales de 1909, Coubertin había descartado cualquier tipo de reactivación del amateurismo y se oponía a toda idea de imponer definiciones «desde arriba». La presencia de Reichel aseguró un marco de gran liberalismo, incluso en las pruebas de atletismo que volvieron a ser abiertas y mundiales.

(Documento transmitido por el Centro de Estudios Olímpicos)

LE COMITÉ EXÉCUTIF

DES

JEUX DE LA VIIIE OLYMPIADE

Commissaire Général: Comte J. Clary.
Délégué du Gouvernement: M. Gilbert Peycelon.

BUREAU

Président : M. le Comte Clary.
Vice-Présidents: MM. Albert Glandaz, Gaston Vidal, J. Rimet, J. Genet.
Secrétaire général : M. Frantz- Reichel.
Trésorier général : M. Lucien Desnues.
Trésorier-adjoint : M. R.-M. Rolland.
Secrétaire International : M. A.-H. Muhr.

MEMBRES

MM.

Mericamp et Jurgenson (F. F. d'Athlétisme).
Chevallier, Jevain (F. F. de Football-Association).
E.-G. Drigny, J. Frerejacques (F. F. de Natation et de Sauvetage).
P. Rousseau, A. Bourdariat (F. F. de Boxe).
R. Lacroix (F. N. d' Escrime).
G. Brun (U. F. S. F. d' Aviron).
L. Breton, R. d' Arnaud (U. V. F.).
H. Wallet (F. F. de Law-Tennis).
D. Merillon et Lermusiaux (U. S. Tir de France).
C. Massieu (U. S. Nautiques françaises).
Hector (F. N. Sports Equestres).
A. Maucourt (F. F. Sports d'Hiver).
H. Cuénot (Club Alpin Français).
Christmann (U. S. Gymnastique de France).
Perroud (F. F. de Lutte).
J. Rosset (F. F. Poids et Haltères).
J. de Saint-Pastou (F. F. de Pelote Basque).
Mis de Polignac (C. I. O.)

COMMISSAIRES GENERAUX

Commissaire général sportif : M. Frantz-Reichel.
Commissaire général sportif adjoint : M. A.-H. Muhr.
Commissaire général administratif : M. L. Breton.
Commissaire général aux Arts et Relations extérieures : M. le Marquis de Polignac.
Commissaire général á la Propagande : M. P. Rousseau.

Président de la Commission du Budget : M. J. Genet.

REPRESENTANTS DES POUVOIRS PUBLICS
ET DES MINISTERES AUPRES DU COMITE

MM.

Henry-Paté (Haut-Commissaire á l'Education Physique)
J. de Castellane (Conseil Municipal).
M. Missoffe (Conseil Municipal).
Bonnal, (Conseil Général).
Delavenne (Conseil Général).
Chavany (Municipalité de Colombes).
Giraudoux (Ministère des Affaires Etrangères).
Rabate (Ministère de l'Agriculture).
Capitaine Simon (Ministère des Colonies).
M. Milhac (Ministère du Commerce).
Troisier (Ministère des Finances).
Général Echard (Ministère de la Guerre).
Lhopital (Ministère de l'Instruction Publique).
Mittelhauser (Ministère de l'Intérieur).
Capitaine de Frégate Monier (Ministère de la Marine)
Tollard (Ministère du Travail).
Joyant (Ministère des Travaux Publics).
Delpech (Sous-Secrétariat des P. T. T.).
Doumerc (Préfecture de la Seine).

Rimet activo miembro de la Comisión Mixta de Estudios

Los historiadores europeos del fútbol, los historiadores de la Federación Francesa, y hasta el propio Rimet en su libro *Historia maravillosa de la Copa del Mundo*, han pretendido negar la estrecha imbricación que existió durante todo el período de preparación de los Juegos de París entre una FIFA nuevamente francesa y un movimiento olímpico, francés desde el nacimiento, que vivía el último tramo del reino de Coubertin.

Entre 1921 y 1924, en tiempos en que no ganaba nada como Presidente de la FIFA, Rimet fue empleado por el movimiento olímpico. Cobraba como dirigente de la federación francesa gracias a los porcentajes sobre los partidos y a la venta de la prensa oficial, *France Football*, pero su asalariamiento más seguro durante aquél período, y el que le abrió la vía a una carrera remunerada posterior, entre 1931 y 1947, como presidente del Comité Nacional de Deportes (*Comité National des Sports*), lo obtuvo por su actividad en la Comisión Mixta de Estudios. La tarea de este organismo consistió en resolver todos los asuntos esenciales relativos a la organización general de los Juegos.

Dice el Informe Oficial:

«Fue el lamentable comienzo de las dificultades que posteriormente se agravaron debido a una serie de incomprensiones. Pese a ello, el Comité Olímpico Francés mantuvo durante largo tiempo esperanzas en el sentido de soluciones más felices, en particular a raíz de los trabajos de la Comisión de Estudio nombrada por el señor Autrand, prefecto del Departamento del Sena, encargada de estudiar con la municipalidad de París: 1. el proyecto de renovación del Estadio Pershing y su entorno, al igual que un proyecto de utilización deportiva de terrenos municipales de la zona provenientes del recorte de las fortificaciones; 2. Las cuestiones de orden técnico; 3. Las vías y medios administrativos y financieros; la circulación general y los medios de transporte. En esta Comisión, el Comité Ejecutivo del Comité Olímpico Francés estaba representado por el conde Clary, Jules Rimet, Glandaz, Paul Rousseau, Léon Breton, Muhr y Frantz-Reichel.»

(Documento transmitido por el Centro de Estudios Olímpicos)

Président du Conseil, à qui elle exposait les détails de son projet financier et comment elle en entrevoyait la réalisation. C'est au cours de cette entrevue qu'il était précisé que le Gouvernement accorderait une subvention de 20 millions, la Ville de Paris devant, pour sa part — résultats de pourparlers précédemment engagés — fournir le terrain et apporter une subvention de 10 millions.

Les Négociations avec la Ville de Paris

Tandis que les négociations étaient menées avec le Gouvernement, d'autres avaient été conduites près de la Ville de Paris.

Dès le 25 mai, en effet, avant le Congrès de Lausanne même, M. Le Corbeiller, Président du Conseil Municipal de Paris, avait reçu une délégation du Comité Olympique Français, ayant à sa tête son Président, le Comte Clary, audience au cours de laquelle M. Le Corbeiller avait exprimé tout le plaisir qu'il éprouverait à voir les Jeux accordés à la Cité aux destinées de laquelle il présidait alors. Au surplus il confirmait, dans une lettre, les déclarations faites au cours de cette entrevue, persuadé que, dès l'ouverture de sa session, le Conseil Municipal seconderait très efficacement les efforts du Comité Olympique Français sur les bases indiquées.

C'est ainsi que, dès le mois suivant, les troisième et quatrième Commissions du Conseil Municipal, celles qui s'occupent respectivement des travaux affectant les voies publiques et des Beaux-Arts, étaient saisies, à l'effet d'étudier la demande du Comité Olympique Français.

Le contact entre le Comité Olympique Français et l'Administration municipale était pris, comme il l'avait été avec le des Jeux, à moins d'être totalement modifié. Il apparaissait donc plus raisonnable de garder ce Stade pour les sociétés de l'Est de Paris et d'en édifier un nouveau, puisque pour les mêmes dépenses, Paris se trouverait doté de deux établissements sportifs.

Le choix s'arrêta ainsi sur les terrains de la Porte de Versailles, au sud de la capitale.

Extrêmement bien placés, en colline, ils auraient offert l'occasion d'un mouvement architectural remarquable, le Stade se dressant au centre du splendide panorama des coteaux verdoyants de Clamart, de Meudon, du déploiement de Paris et de ses monuments. Mais alors, le Conseil Municipal fut appelé à se prononcer, non pas sur un emplacement, mais à choisir entre deux emplacements, à la suite du rapport établi par M. Jean de Castellane, Président du Groupe Sportif du Conseil Municipal.

Sous l'empire des souvenirs que lui laissait l'éclat des Jeux Interalliés organisés par l'armée américaine et pour la célébration desquels le Stade Pershing avait été, dans un véritable tour de force, improvisé en quelques mois, le Conseil Municipal, insuffisamment averti des exigences des Jeux Olympiques, fixa son choix sur ce Stade par une délibération en date du 13 juillet 1921. Cette délibération mettait à la disposition du Comité Olympique Français le Stade Pershing et une subvention de 1 million de francs au lieu de escomptés.

Formation d'une commission mixte d'Etudes

Ce fut le regrettable début des difficultés qu'aggravèrent, par la suite, toutes sortes d'inexplicables malentendus. Toutefois, le Comité Olympique Français eut longtemps encore l'espoir de solutions plus heureuses et, notamment, à la suite des

travaux de la Commission Mixte que nomma M. A. Autrand, Préfet du Département de la Seine, en vue d'étudier, avec l'Administration de la Ville de Paris :

1° Le projet complet d'aménagement du Stade Pershing et de ses abords, pour la célébration des Jeux, en même temps que le projet de l'affectation aux exercices sportifs des terrains zôniers appartenant à la Ville et des terrains provenant du dérasement de l'enceinte fortifiée ;

2° Les questions d'ordre technique ;

3° Les voies et moyens au point de vue administratif et financier ;

4° La circulation générale et les moyens de transports.

Dans cette Commission, le Comité Exécutif du Comité Olympique Français était représenté par MM. le Comte Clary, Jules Rimet, A. Glandaz, Paul Rousseau, Léon Breton, A.-H. Muhr et Frantz-Reichel.

L'Administration Préfectorale avait désigné : MM. J. de Castellane, Fleurot, F. Latour, Lalou, Missoffe, Teneveau, Jousselin, Fernand-Laurent, Chérioux, représentant le Conseil Municipal de Paris.

MM. Malherbe, Directeur général des Travaux de Paris et du Département de la Seine ; M. Doumerc, Directeur de l'Extension de Paris ; Jayot, Directeur général de l'Inspection Générale et des Transports en Commun ; Morlé, Directeur des Affaires Municipales et du Contentieux ; Garnier, Directeur administratif des Services d'Architecture et des Promenades ; Bonnier, Inspecteur général des Services d'Architecture et d'Esthétique et de l'Extension de Paris ; Hermant, Architecte en Chef de la Ville de Paris ; Forestier, Conservateur du Secteur Ouest des Promenades ; Steffen, Conservateur du Secteur Est des Promenades, représentaient l'Administration Préfectorale.

Conformément à la décision du Préfet, cette Commission se divisait en deux Sous-Commissions dont l'une, la Sous-Commission technique, était présidée par M. Fleurot, à qui le Comité Olympique Français rend hommage pour l'impartialité, le dévouement, la sincérité avec lesquels il a dirigé les travaux de cette Sous-Commission, travaux qui devaient commander ceux de la Sous-Commission financière et des transports.

C'est précisément en se conformant au désir du Conseil Municipal : l'examen de l'aménagement du Stade Pershing, que la Sous-Commission technique, au cours de séances qu'elle tint en août, septembre, octobre et novembre, fut amenée à fixer à nouveau son choix sur les terrains du Parc des Princes à Auteuil. Elle y fut amenée par des considérations pratiques, des considérations économiques, des considérations d'avenir et surtout, et essentiellement, par le souci du plus grand succès des Jeux, tant au point de vue moral qu'au point de vue des intérêts financiers de la Ville de Paris. En effet, après de minutieux examens, elle n'hésita point, surtout lorsqu'elle eut appris que l'attribution des terrains du Parc des Princes au Ministère de l'Agriculture de résultait point de la loi, mais d'un accord révocable entre la Ville de Paris avec ce Ministère, — à demander que le Conseil affectât ces terrains d'Auteuil à la création de la Cité Olympique que le Comité Olympique Français voulait doter Paris. Toutefois, la Sous-Commission indiquait, qu'à défaut du Parc des Princes, les terrains de la Porte Dorée, avec emprise sur le domaine du Bois de Vincennes, lui paraissaient, à tous les points de vue, préférables au Stade Pershing, dont la transformation intégrale ne permettrait, en tout état de cause, qu'une adaptation qui ne répondrait jamais à ce qu'il était désirable de réaliser.

Entre temps, les services d'architecture de la Ville de Paris avaient étudié différents projets de Stades, soit en surface, soit en profondeur, et pour ces derniers, sur les suggestions du Commissaire sportif adjoint, M. A.H. Muhr. De même ils avaient étudié une transformation du domaine où se dressait le Stade Pershing, complètement rasé pour faire place à un nouveau Stade, encadré d'une piscine et d'un Stade de tennis.

Les moyens de transport avaient été également envisagés, tant en ce qui concernait les terrains d'Auteuil, que les terrains de la Porte de Vaugirard, que pour la Porte Dorée où le Stade Pershing.

C'est dans ces conditions que se tint, le 5 novembre, la réunion plénière de la Commission mixte Municipale pour se prononcer sur le rapport et les conclusions de la Sous-Commission technique. Elle décida :

1° D'adopter les conclusions de la Sous-Commission, c'est-à-dire en première ligne, le choix des terrains du Parc des Princes ;

2° A défaut, la désignation des terrains de la Porte Dorée pour l'édification de la Cité Olympique ;

3° Sur la proposition de M. Missoffe d'adopter purement et simplement la demande du Comité Olympique Français, qui était, dès l'origine : l'affectation, par la Ville de Paris, d'un terrain pour la construction des Stades Olympiques et d'une subvention de 10 millions.

En conséquence, la Ville renoncerait à se charger elle-même de la construction des Stades ; elle exigerait, purement et simplement, que les plans lui fussent soumis et les travaux conduits sous son contrôle.

Le Concours Architectural des Stades Olympiques

En attendant que le Conseil Municipal fût appelé à se prononcer sur ces délibérations, le Comité Olympique Français était invité à organiser un concours d'architecture sur invitations, à adresser aux différents architectes qui s'étaient, dans le passé, tout particulièrement intéressés à la construction des différents Stades de sports.

Les conditions de ce concours étaient exactement celles qui avaient été inscrites dans le rapport fait à l'intention des Services d'architecture de la Ville de Paris par le Secrétaire général du Comité Olympique Français.

Ce rapport exposait en détail la conception de la Cité Olympique qui devait comporter un stade athlétique pour 100.000 spectateurs et dont on avait envisagé l'utilisation des espaces libres sous les gradins pour l'aménagement de 2.000 chambres d'athlètes ; un stade de tennis, un stade nautique pouvant

Projet de M. Tronchet.
L'Entrée d'Honneur.

contenir chacun 15.000 spectateurs, une arène des sports de combat pour la boxe, l'escrime, la lutte, les poids et haltères, avec 5.000 places, un fronton de pelote basque pour la démonstration de ce sport inscrite au programme olympique.

Le concours stipulait d'autre part, que d'après le classement établi, il serait attribué aux projets choisis pour être réalisés, et à ceux, non retenus, mais qui comportaient des indications pouvant être utilisées, des primes allant de 10.000 à 5.000 fr., constituant un total de 80.000 francs.

Furent conviés à participer à ce concours, les archictectes dont voici les noms :

MM. Faure-Dujarric ; Brandon, Bard et Guillaume de Saint-Cyr ; Tronchet ; Loysel, Redon et Sue ; Hébrard et Dumail ; Marozeau : Blum et Brochon ; Hesse ; Humphreys et Cie ; Ferrier ; Boileau.

Invitación del Comité Olímpico Francés a 52 naciones

Como lo registra el Informe oficial en la página 62, *«el 23 de marzo de 1923 partió en dirección de las 52 naciones la invitación a participar en la octava Olimpiada obteniéndose 45 respuestas positivas. El texto fue establecido de acuerdo con el protocolo olímpico».*

La invitación decía así: *«Octava Olimpiada. París. 1924. Comité Olímpico Francés. 19 de marzo de 1923. Al señor Presidente del Comité Olímpico ... Señor Presidente, Habiendo designado el Comité Olímpico Internacional la ciudad de París como sede de la celebración de la Octava Olimpiada, el Comité Olímpico Francés tiene el honor de invitarlo a participar en los concursos y fiestas que tendrán lugar en esa ocasión del 4 de mayo al 9 de junio de 1924 para el rugby y el fútbol; del 23 al 28 de junio para el tiro; del 4 al 27 de julio para el atletismo y los otros deportes.»*

Luego de recordar la decisión adoptada en Lausana en 1921 por el Comité Ejecutivo del COI, el comunicado establecía pues una convocatoria expresa al campeonato de fútbol y la base de su calendario, indicándose que los encuentros culminarían a más tardar dos semanas antes de las pruebas de tiro y… ¡25 días antes de la ceremonia inaugural coincidente con el inicio de las competiciones atléticas! Como puede verse, no se ponía ninguna condición particular en materia de admisión de los atletas ni se mencionaba el tema del «amateur».

Las 52 naciones objetivamente invitadas a participar en el torneo de fútbol comprendían a la totalidad del mundo deportivo moderno menos Alemania, que tardaba en reintegrar la Sociedad de Naciones, y Rusia, que iniciaba el movimiento del Deporte rojo. Eran 27 países más que los que componían la FIFA, y el hecho histórico mayor fue entonces que dicha invitación, proveniente de la Ciudad Luz –se ve en segundo plano el escudo de París–, operó como un formidable llamado en favor del desarrollo del fútbol mundial. En un año, la FIFA pasó de 25 a 39 miembros.

(Documento transmitido por el Centro de Estudios Olímpicos)

L'INVITATION AUX NATIONS

C'est le 23 mars 1923 que partirent à l'adresse de 52 nations l'invitation de participer aux jeux de la VIIIe Olympiade et à laquelle 45 répondirent affirmativement.

Le texte en était établi conformément au protocole olympique. On en verra ici la reproduction.

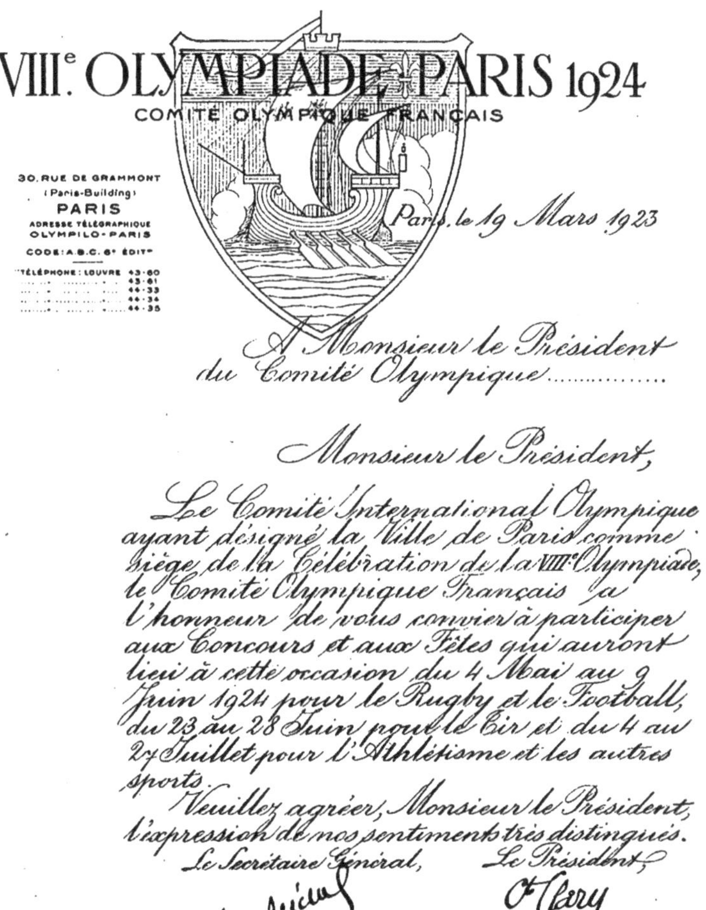

VIIIe. OLYMPIADE PARIS 1924

COMITÉ OLYMPIQUE FRANÇAIS

30, RUE DE GRAMMONT
(Paris-Building)
PARIS
ADRESSE TÉLÉGRAPHIQUE
OLYMPILO-PARIS
CODE : A.B.C. 6e ÉDIT^on^
TÉLÉPHONE : LOUVRE 43-60
43-61
44-33
44-34
44-35

Paris, le 19 Mars 1923

A Monsieur le Président
du Comité Olympique..................

Monsieur le Président,

Le Comité International Olympique ayant désigné la Ville de Paris comme siège de la Célébration de la VIIIe Olympiade, le Comité Olympique Français a l'honneur de vous convier à participer aux Concours et aux Fêtes qui auront lieu à cette occasion du 4 Mai au 9 Juin 1924 pour le Rugby et le Football, du 23 au 28 Juin pour le Tir et du 4 au 27 Juillet pour l'Athlétisme et les autres sports.

Veuillez agréer, Monsieur le Président, l'expression de nos sentiments très distingués.

Le Secrétaire Général, Le Président,

Frantz Reichel Cte Clary

Poderes deportivos del fútbol según el Informe olímpico oficial

El Informe oficial de la Octava Olimpiada es un vasto documento de 842 páginas divido en cinco secciones. La sección III «Organización de las reuniones y resultados» contiene los «Informes de las reuniones y pruebas» en los cuales se presentan *«Los Poderes Deportivos»*, los estadios y los ganadores, ciertas consideraciones generales y resúmenes de los encuentros. En esta página de la parte «fútbol» figura el plano del estadio principal, Colombes, una foto de la final, y la lista de los poderes que rigieron el torneo. Dichos poderes, tipografiados en negrita, fueron dos y solo dos: la FIFA y la federación francesa, ambos presididos por Jules Rimet. Como subconjunto de la 3FA figura la «Comisión Técnica del Fútbol del COF», que era en realidad una representación de la directiva de la federación francesa *«ante el COF»*.

Las otras estructuras son: el Tribunal de Reclamos, también presidido por Rimet, y la Comisión Internacional mencionada en el encabezamiento de la lista de árbitros, dirigida por el secretario de la 3FA y delegado de la FIFA ante la IFAB, Henri Delaunay. Como solicitado por el Congreso olímpico en Lausana, el Tribunal de reclamos fue designado por la FIFA y compuesto por miembros de la federación internacional. El Cuerpo Arbitral también fue seleccionado por la FIFA en base a las propuestas de las asociaciones nacionales. Se observa en la lista de jueces la presencia del austríaco Restchury cuya asociación, dirigida por el anti mundialista Hugo Meisl, no envió equipo.

Al igual que las otras asociaciones nacionales francesas encargadas de la organización práctica de las competiciones, la 3FA envió delegados al Comité Ejecutivo del COF. Como Rimet, presidente de la FIFA y de la 3FA, era también Vicepresidente del COF, puede decirse que la Comisión Técnica así representada era a la vez «de la FIFA, de la 3FA y del COF», y que por las tres puntas la mandó la misma persona.

El organigrama no menciona ningún poder olímpico. El torneo de fútbol de 1924 perteneció íntegramente a los dirigentes del fútbol que, en lo que se refiere a lo propiamente olímpico, se limitaron a aprovechar gratuitamente el marco y la muy prestigiosa convocatoria planetaria.

(Documento transmitido por el Centro de Estudios Olímpicos)

La foule sur les gradins du Stade de Colombes
le jour du match final.

Les Pouvoirs Sportifs

Fédération Internationale de Football Association

Président : M. J. Rimet.
Vice-Présidents : MM. J. Oestreys, G. Bonnet, L. Bozino.
Secrétaire général : M. C.-A.-N. Hirschman.

Fédération Française de Football Association

Président : M. J. Rimet.
Vice-Présidents : MM. R. Chevalier, E. Folliard, H. Jooris.
Secrétaire Général : M. Delaunay.

Commission Technique de Football
du Comité Olympique Français

Président : M. Jooris.
Vice-Président : M. Delanghe.
Secrétaire : M. Duchenne.
Membres : MM. Barreau, Chevallier, Delaunay, Fontaine, Jandin, Roux.

JURY D'APPEL DU TOURNOI

MM. Rimet (France), *Président de la F. I. F. A.* — Comte d'Oultremont (Belgique). — I.-M. Fisher (Hongrie). — Giovanni Mauro (Italie). — Ant. Johanson (Suède),

ARBITRES DESIGNES
PAR LA COMMISSION INTERNATIONALE

Autriche : M. Restchury.
Belgique : MM. Barette, Putz, Christophe.
Espagne : MM. Louis Colinas, F. Contreras.
Egypte : M. Youssof Mohamed.
France : MM. Slawick, Vallat, Henriot, de Ricard.
Hollande : MM. Mutters, Eymers, Van Zwieteren.
Hongrie : MM. Mikaly, Ivancois, Gero.
Italie : M. Scamoni.
Norvège : M. Andersen.
Pologne : MM, Obrubanski, Lusgarten.
Roumanie : MM. Herites et Cejnar.
Yougoslavie : MM. Fabris, Mazic Andria.

PLAN DU STADE DE COLOMBES.

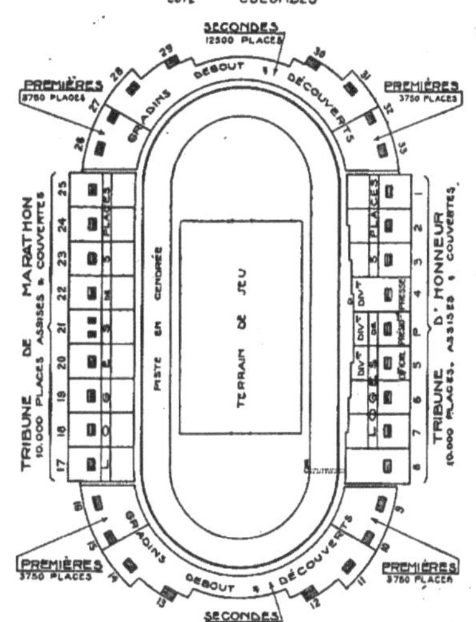

Dispositif des emplacements réservés
aux spectateurs.

Poderes deportivos del fútbol según el reglamento del torneo

Como en 1920, los reglamentos deportivos de los campeonatos disputados en la octava Olimpiada fueron publicados fuera del informe oficial, en boletines separados. El del fútbol lleva el título siguiente: «*Octava Olimpiada de París 1924. Comité Olímpico Francés. Football. Comité Ejecutivo. 30, rue de Grammont, 30 (Paris Building). Paris II*».

El reglamento se abre con la designación de los poderes deportivos: la FIFA y la 3FA, ambos presididos por Rimet. Las demás personalidades mencionadas eran todas figuras de la federación internacional: los vicepresidentes Louis Œstrup (Dinamarca), Gabriel Bonnet (Suiza) y Luigi Bozino (Italia); el secretario general, Carl Hirschman; y Henri Delaunay, secretario general de la federación francesa, presidente de la Comisión Consultiva de las leyes de juego, delegado de la FIFA ante la IFAB y presidente de la Comisión Internacional de Arbitraje.

El artículo 1 oficializa el sistema de delegación expuesto y aprobado en el Congreso de Ginebra: «*El control técnico del torneo de fútbol de la Octava Olimpiada se confía a una Comisión compuesta de la manera siguiente: Jooris, presidente; Delangle* [Delanghe], *vicepresidente; Duchenne, secretario; Jandin, Barreau, Roux, Delaunay, miembros; Chevallier, miembro del Comité Ejecutivo; Fontaine, adjunto al Comisario Deportivo.*» Como lo declara con exactitud el reglamento, era el organismo al cual los Poderes deportivos *confiaban el control técnico*, es decir, la programación, la propaganda y la designación de las ternas arbitrales.

(Documento disponible en la biblioteca digital Réro Doc)

III III FOOTBALL III III

DU 15 MAI AU 9 JUIN 1924

AU STADE DE COLOMBES et sur différents terrains de la Région Parisienne.

POUVOIRS SPORTIFS

"Fédération Internationale de Football Association"

Président : M. J. RIMET.
Vice-Présidents : MM. J. OESTREYS.
G. BONNET.
L. BOZINO.
Secrétaire général honoraire : M. C.-A.-N. HIRCHSMAN.

" Fédération Française de Football Association "

Président : M. J. RIMET.
Secrétaire général : M. DELAUNAY

RÈGLEMENT DU TOURNOI

ARTICLE I. — Le contrôle technique du tournoi de football de la VIIIe Olympiade est confié à une commission composée de la façon suivante :

MM. JOORIS, *président.*
DELANGLE, *Vice-président.*
DUCHENNE, *secrétaire.*
JANDIN. BARREAU, ROUX, DELAUNAY, *membres.*
CHEVALLIER, *membre du Comité Exécutif.*
FONTAINE, *adjoint au Commissariat Sportif.*

La FIFA asumió el poder olímpico (Congreso de Ginebra, 1923)

Después del Congreso de Cristiania de 1914, la FIFA no se reunió en asamblea plenaria hasta el encuentro de Ginebra, en mayo de 1923. El nombramiento de Rimet a la presidencia –provisorio en octubre de 1920, definitivo en marzo de 1921– llevó a una concentración declarada de poderes en manos de un triunvirato compuesto por Rimet, Hirschman y Seeldrayers. El grupo se fijó la estrategia de asumir el poder olímpico y hacer del campeonato internacional un espacio abierto a todos los futbolistas (amateurs, no amateurs y profesionales). La nueva orientación fue aprobada en Ginebra sin ninguna objeción de fondo.

Las páginas 6 y 7 de las actas del congreso registraron los debates sobre la conducción del torneo, iniciados en torno al sistema de competición. Se recuerda que en 1912 y 1920, se había organizado un campeonato anexo –consuelo en Estocolmo, con sistema Bergvall en Amberes–. Las asociaciones de España, Hungría, Francia, Finlandia, Holanda y Dinamarca propusieron diferentes competiciones paralelas o eliminatorias con el objetivo de que cada equipo disputara por lo menos dos encuentros y no se viera inmediatamente eliminado.

Pese a la avalancha de ideas de todo tipo, ilustrando un funcionamiento altamente centralizado, Seeldrayers dejó una sola opción: el «sistema de copa» clásico (*cup* inglesa) con todos los partidos eliminatorios a excepción del partido especial por el tercer puesto entre los dos semifinalistas derrotados. Argumentó que se disponía de poco tiempo –el fijado en la invitación del COF, a repartir con el rugby–, dejando vagamente abierta la posibilidad de un torneo consuelo, que no se disputó. Este resultado demuestra la jerarquía de poderes instaurada entre la FIFA, que fijó el marco, y la asociación francesa, que lo ejecutó.

Se observa también que en aquella época, en su empleo habitual y más estricto, el término «copa» designaba el sistema de competición de tipo FA *Cup*. Puede afirmarse por lo tanto, razonablemente, que 1924 fue una «copa» mundial controlada por cierta FIFA, una «*FIFA World Cup*».

(Documento transmitido por el Servicio de documentación de la FIFA)

The President declared that the reading of the letter was a question of impartiality.
The Ceskoslovenska Footballova Associace was admitted to membership.

Turkey. Turkia Idman Djémietleri Ittifaki.

After a declaration, that this Union was the national authority for football in the whole State of Turkey (European as well as Asiatic) the Turkia Idman Djémietleri Ittifaki was admitted to membership.

Lithuania. Lietuvos Sporto Lyga.

After information asked for by Switzerland (Bonnet), this Association was admitted to membership.

System for conducting Olympic Football Games at Paris 1924.

Spain (Astorquia) proposed that the competitors should be divided in 3 groups:

a. those who took part for the first time.
b. those eliminated at a former Olympiad.
c. those who were classified in the former Olympiad.

This proceeding would not require more than 6 dates and had the advantage that the teams not taking part in the preliminary rounds, could arrive later.

Sweden (Tisseau) was strongly in favour of applying the cup system; it was of opinion that all nations should be invited and that consequently a limitation of the number taking part in the proper Olympic Football Games was necessary; for 1924 it supported however the Norwegian proposal.

Belgium (Seeldrayers) was of opinion, that in order to simplify matters some principles ought to be fixed.

According to the Olympic Rules, it proposed that all matches for the 8th Olympiad should take place at Paris. — Carried.

The President remarked that the Congress was entitled to fix the principal lines, after which the Games should be conducted, but details should be left to the French Olympic Committee, at this point however the Congress had the right to express wishes.

Italy (Cavazanna) wished to fix the system and afterwards for how many days the tournament should last.

Belgium (Seeldrayers) pointed out, that the Bergvall system followed at Antwerp was a good system, but the time failed to carry it out properly, so it did not agree with the view of Italy.

Hungary (Fischer) should like to divide the competitors in two groups: group A, the best teams, group B, minor teams; a system which would require about 14 days.

Belgium (Seeldrayers) urged that it was impossible to classify the teams in best and minor ones.

It proposed that for 1924, that no system with a preceding classification should be used. Carried. (Spain, Hungary against).

Netherlands (Kips) remarked that it was a hard thing for teams, coming from far away, to be eliminated after having played only one match. It proposed to divide the competitors in small groups (for 24 competitors say 8 groups of 3). In each group all the teams would meet each other once, the group winners to play after cup system.

The Scandinavian proposal to follow the cup system in order to find out the first prize winner was then voted upon and carried (Hungary, Netherlands against.)

France (Delaunay) developed a system, whereby the losers of the proper competition (A) could go on in a loser's competition (B). The winner of competition B should play with the loser of the final of the A competition for 2nd and 3rd prize. This system could be carried out in a fortnight.

En 1923 la FIFA fijó el programa del Torneo olímpico de 1924

Las actas del Congreso de Ginebra registraron en la página 7 diferentes lineamientos generales impuestos por la dirección de la FIFA a las asociaciones, incluyendo claro está a la asociación francesa organizadora y a su futura Comisión Técnica encargada de programar los partidos.

En materia de premios: «*Se decidió unánimemente que el perdedor de la final obtendría el segundo premio y que los perdedores de las semifinales disputarían un encuentro para definir el tercer premio. Se expresó el deseo de que los equipos perdedores en los encuentros del torneo principal tengan la posibilidad de disputar un torneo consuelo. Aprobado por unanimidad.*»

En cuanto al calendario, como no podía ser de otra manera –las invitaciones con las fechas ya habían sido enviadas y Rimet ya había negociado con el rugby en el seno del Comité Ejecutivo del COF–, Seeldrayers aclaró desde el principio que «*la fijación de las fechas para los Juegos Olímpicos es prerrogativa del Comité Olímpico de la nación que organizó los Juegos. El congreso olímpico de Lausana dio poder a las federaciones internacionales para fijar las reglas generales, pero no para establecer las fechas.*» Pese a ello, se entablaron largas y penosas discusiones. Muchas asociaciones intentaron escapar a las obligaciones olímpicas con propuestas fuera de lugar y mucha mala voluntad, revelándose así el pésimo estado interno de la organización, la falta de seriedad y de responsabilidad de muchos. Otras contribuyeron más positivamente limitándose a advertir sobre cuestiones relativas al ritmo de los encuentros.

Resulta particularmente destacable el hecho de que el reparto ultracentralizado de los poderes entre COF (Rimet) y FIFA (Rimet) funcionó sin mayores dificultades: el COF fijó fechas tomando en cuenta que competían 17 disciplinas; la FIFA asumió los poderes y fijó las «reglas generales». Por «reglas generales» no deben entenderse «reglas vagas» sino «reglas fundamentales», principios que determinan los reglamentos en su esencia, lo que incluye también ciertos temas, deliberadamente ignorados para eludir oposiciones, como ser el amateurismo y el mundialismo.

(Documento transmitido por el Servicio de documentación de la FIFA)

Belgium (Seeldrayers) observed, that with this system in a competition of 32 teams the first prizewinner played 5 and the second and third prizewinner 6 or 8 matches.

Denmark (Oestrup) considered that playing every other day was not really football and that even 5 matches in 14 days was not sport. Luck played a great roll in such a tournament, so that it was not sure that the winner was indeed the best team. Why then not give the second prize to the loser in the final.

Finland (v. Frenckell) proposed that the losers in the first round should play between each other and the winner should be entitled to meet the loser of the final for 2nd and 3d prize.

Belgium (Seeldrayers) was of opinion, that each complicated system would not give satisfaction, it was necessary to look for simplicity, and the smallest evil; with regard to this point of view he recommended the ordinary cup system, whilst the losers should play for a consolation cup.

Italy (Cavazanna) observed that in the ancient Olympic Games the Greeks did not bother about 2nd and 3d prizes but only tried to find out the best as the champion. If teams are eliminated after only one game, there was no difference with international matches, where long travels were made only for one match.

It was then decided unanimously, that the loser in the final should get second prize and that the losers in the semi-finals should play for the 3rd prize.

The wish was expressed that the teams losing in the former rounds should be given an opportunity to take part in a consolation competition. — Carried unanimously.

Sweden (Tisseau) agreed with the Danish remark that 5 hard matches in 12 days were no football, so it intended to limit the number of competition in future Olympic Games, proposals should be placed on the agenda of the Congress in due time.

Dates for Olympic Football Games.

Belgium (Seeldrayers) urged that fixing the dates for the Olympic Games should be left to the Olympic Committee of the nation which organised the Games. The Olympic Congress at Lausanne gave only power to international federations to fix the general rules, not the dates.

Denmark (Oestrup) gave as its opinion, that in any case wishes could be expressed, it might be expected that these wishes should be carried out as far as possible. It recommended the month of June and considered all other periods inconvenient.

Belgium (Seeldrayers) brought forward the principle, that sports at the Olympic Games must be played under normal conditions for each sport in the country, which organises the Games, nobody would arrange waterpolomatches in the open air during wintertime. It considered the middle of May a period already too late for football with regard to climatic conditions in France.

Norway (R. Bergh) explained that in Norway football was generally started at the end of April, so it was impossible to be in form a fortnight later. It recommended to begin the Olympic Football Tournament on the first of June, in that case to Scandinavian teams only one month was left for training.

Roumania (Gebauer) should prefer to arrange the Olympic Football Games in the beginning of September.

A motion from the Scandinavian Associations expressing the wish to arrange the Olympic Football Games from 15—30 June was rejected. 25 votes for (Denmark, Norway, Finland, Spain, Roumania) 50 against (France, Switzerland, Italy, Netherlands, Belgium, Hungary, Sweden, Turkey, Czecko-Slovakia, Luxemburg), 5 votes blank (Poland).

After further exchange of views a motion from the Netherlands F. A. (Kips) to stop discussions and go on with the agenda was carried.

Before closing the morning session a telegram from the Minister of Uruguay was read.

En 1923 la FIFA se sustituyó a la IFAB

Los debates sobre las leyes del juego fueron un punto culminante del Congreso de Ginebra. En 1920, las asociaciones británicas se habían ido de la FIFA pensando generar un cisma mundial. Para acentuar la presión, excluyeron toda representación continental en el seno de la International Board (IFAB), organismo reconocido (aunque cuestionado) como único poder en materia de leyes de juego. Esta ruptura llevó a que la FIFA declarara, por primera y última vez en su historia, su independencia legislativa.

Las actas de Ginebra registraron ese momento especial en la página 9, bajo el título *«Comité Consultivo de las leyes del juego»* :

«Propuesta de la Comisión para entender el artículo 35 como sigue: "El Congreso anual nombrará un Comité Consultivo encargado de uniformizar la interpretación y la aplicación de las Leyes del Juego, y a un subcomité que asegurará la traducción correcta de estas leyes en varios idiomas. Este subcomité corregirá las traducciones al francés y al alemán de las Leyes del juego. Las traducciones a otros idiomas quedarán a cargo de las asociaciones interesadas. Las traducciones redactadas por el subcomité serán las únicas oficiales." El Secretario explicó que la tarea del Comité Consultivo debería ser dar su interpretación de las Leyes del Juego, de acuerdo con el espíritu de la IFAB, en aquellos casos en que se constaten interpretaciones o aplicaciones diferentes. Deberá además responder a las preguntas de las Asociaciones afiliadas con respecto a la interpretación y aplicación de las Leyes del Juego. [...] Francia (Delaunay) declaró que los árbitros tenían por misión aplicar las Leyes, mientras que el Comité Consultivo deberá considerar el asunto desde un punto de vista más legislativo.»

Esta última intervención abría la vía a un trabajo libre y creativo de interpretación que no excluía la posibilidad de aclarar los textos, aportar ajustes eventuales y modificando aspectos oscuros de la redacción inglesa. Permitía también introducir variantes específicas, pensadas para este campeonato en particular, como ser los tiempos de descanso y los sistemas de desempate.

(Documento transmitido por el Servicio de documentación de la FIFA)

Belgium (Seeldrayers) discussed the difficulties to fix the net gate of a match, several methods might be followed to come to the net receipts.

Spain (Iturribarria) wished that for each international match a fixed tax (say 50 or 100 dollars) should be paid to the Federation.

Switzerland (Bonnet) proposed that until the next Congress 1 ‰ of the gross gate of each international match (in the money of the country, in which it takes place) shall be paid to the Federation.

This resolution was carried.

Consultative Committee Laws of the Game.

Proposal of the Committee to read art. 35 as follows:

"The annual Congress shall appoint a Consultative Committee for the uniform interpretation and application of the Laws of the Game and a subcommittee to look after the correct translation of these Laws in the various languages.

This subcommittee fixes the French and German translations of the Laws of the Game. For translations into other languages the Associations concerned will be responsible. The translations fixed by this subcommittee shall be the only official ones."

The Secretary explained, that the task of the Consultative Committee should be to give their interpretation of the Laws of the Game, in accordance with the spirit of the International Board, in those cases in which it knew that a different interpretation or application was followed.

Furthermore it would answer questions from the affiliated Associations with regard to the interpretation and application of the Laws of the Game.

Italy (Cavazanna) reminded, that recently a private international Congress of Referees was held at Vienna, it proposed that the Committee, named at that meeting, should be nominated by the Congress as the referees were best acquainted with the practical difficulties in applicating the Laws.

Belgium (Seeldrayers) objected, wished that the Federation should keep the matter in its own hand and to nominate a new Committee.

Poland (Weyssenhoff) remarked that the international Congress of Referees was not an official one and should like that for next year such a Congress should be arranged by the Federation.

France (Delaunay) stated some confusion, the referees were the judges to applicate the Laws, whilst the Consultative Committee should consider the matter more from a legislative point of view.

It was unanimously decided that Baron de Laveleye should be the President of the Consultative Committee and that the Secretary should be ex-officio Secretary to the Committee.

The election for 4 members resulted as follows:

J. Mutters (Netherlands) 70, G. Mauro (Italy) 50, H. Meisl (Austria) 50, H. Delaunay (France) 45, Dr. F. Hauser (Switzerland) 35, A. Johanson (Sweden) 30, Herczog (Hungary) 15, Herites (Czecko Slovakia) 5 votes.

So the Consultative Committee was composed as follows:

President: Baron de Laveleye (Belgium).
Secretary: C. A. W. Hirschman.
Members: H. Delaunay (France).
G. Mauro (Italy).
H. Meisl (Austria).
J. Mutters (Netherlands).

Hubo una organización técnica: el balance

Este informe publicado el 20 de junio de 1924 en el semanario oficial de la 3FA, *France Football*, describe muy concretamente cómo la FIFA y la Federación Francesa ejercieron plena y libremente todos los poderes deportivos antes y durante el Torneo olímpico de 1924.

«Hubo una organización técnica en el Torneo Olímpico»

«La prensa en general ha elogiado ampliamente el éxito obtenido por el COF en la organización del Torneo de Fútbol Olímpico, pero no creo que haya expresado claramente al público que dicha organización comportaba también una dirección técnica y no la menos importante.

Tres comisiones asumieron la pesada responsabilidad de la organización técnica del torneo: un Tribunal de Reclamos nombrado por la FIFA, presidido por Jules Rimet y compuesto por los siguientes miembros [...]; la Comisión Técnica del COF, formada íntegramente por oficiales de la 3FA y presidida por Jooris; finalmente, una Comisión Internacional de Arbitraje presidida por Delaunay y compuesta por Gassman (Suiza), Meerum Tergwogt (Holanda), Goinbaut y Jandin. Estos tres organismos funcionaron, y si tuvieron dificultades, nadie lo percibió. [...]

La Comisión Técnica de organización funcionó durante casi seis meses elaborando primero el reglamento y después el calendario de la prueba, en conformidad con las decisiones del Congreso de la FIFA de Ginebra. La tarea del Tribunal de Reclamos fue más breve pero mucho más delicada puesto que tuvo que enfrentar los ataques de cierta cantidad de países eliminados. [...] Sin embargo, estas dificultades no se percibieron ni se rompió la armonía general. [...] ¿Quién sabe por otra parte lo que representa la carga de designar los árbitros y jueces de línea de los partidos de un Torneo como este? Las asociaciones habían dado a conocer la lista de sus mejores jueces internacionales y estos habían sido aprobados por la FIFA. Solo faltaba evidentemente designar a los directores del juego de los diferentes encuentros. Esto parece fácil a primera vista. Pero no fue así. Y sin embargo, en fin de cuentas, ningún juez fue rechazado o discutido.»

(Documento consultable en la Mediateca de la Federación Francesa de Fútbol)

l'International BOARD

is 1914, la Fédération Internationale de Fottball- ation n'était pas représentée à l'International Fottball- ation Board.

ait, aucune réunion de l'International Board n'eut lieu t les cinq années de guerre et les quatre Football ations britanniques ayant démissionné de la F.I.F.A. e de la guerre, ces démissions eurent pour corollaire uission des deux délégués de la F.I.F.A. à l'Inter- al Board.

éaffiliation des Associations Britanniques, prononcée dernier Congrès de la Fédération Internationale de ll-Association tenu à Paris, est un véritable bienfait Football universel et il n'est pas inutile de le rap- t de le souligner à nouveau.

ré les relations amicales maintenues entre les Asso- s de Football britanniques et la France et aussi avec nombre d'autres Associations Nationales, l'absence lien officiel était un danger permanent pour l'unité tball. Ce danger est maintenant écarté puisque les ations anglaises, créatrices de notre sport, ont repris u sein de la grande Fédération Universelle.

réintégration des Associations anglaises à la F.I.F.A. ir conséquence immédiate la représentation et la col- ion de la F.I.F.A. à l'International Board.

ainsi que M. Johanson, président de l'Association se de Football, et moi-même, désignés à cet effet par ier Congrès de la Fédération Internationale de F.A., l'honneur de représenter cette dernière, et partant les Associations continentales, à la séance de l'Inter- al Football Association Board tenue Samedi dernier, eures, au siège de la Football-Association, 42, Russell , à Londres.

une des quatre Associations britanniques était repré- par deux délégués en conformité du règlement, as- les Secrétaires des Associations respectives.

ickford, de la Football-Association, ouvrit la séance. s avoir rappelé la mémoire de M. Krump, doyen décédé au cours du dernier exercice, il fut question lifier le règlement de l'International Board en con- des engagements pris et pour permettre à la F.I. être représentée. Aucune objection ne fut formulée. iséquence des nouvelles dispositions, il fut décidé modification pour être adoptée devait réunir les cinquièmes des délégués présents tandis que l'an- cte prévoyait qu'aucune modification aux Lois du Jeu rrait être adoptée autrement qu'à l'unanimité des es présents.

mesure de courtoisie, le Board décide de se réunir prochaine à Paris, le second samedi de Juin.

rincipale question figurant à l'Ordre du Jour visait odification au règlement du hors jeu, proposition de ration Ecossaise.

dernière demandait la suppression dans le tracé du de la ligne médiane et son remplacement par le tracé x lignes marquées de chaque côté dans le sens de la à quarante yards des lignes de but. La Fédération se entendait que les hors jeu ne puissent être sifflés ns cette nouvelle surface de terrain comprise entre es de but et les nouvelles lignes tracées à quarante

is de nombreuses années cette question revient à du Jour de l'International Board et ne peut être car les autres Associations n'agréent pas à la pro- n écossaise. Les délégués irlandais suggèrent, à titre nsaction, l'essai de la proposition pour une année, es représentants britanniques et nous-mêmes objec- que les Associations n'avaient pas été consultées sur roposition transactionnelle et qu'il y avait lieu de sulter.

alors que le Board prit la décision de recommander sociations de considérer l'éventualité de l'application ggestions écossaises pour la saison 1925-26, et ce, à essai.

partiendra donc aux trois Associations Britanniques à la F.I.F.A. de formuler un avis définitif sur cette tion pour la prochaine réunion de l'I.B. fixée à Paris, prochain.

d'autre part décidé de modifier l'article 10 des règles et de permettre qu'un coup de pied de coin puisse nent amener un but.

édération Ecossaise proposait que le jeu ne soit pas lorsqu'un joueur est blessé, mais que le joueur soit sorti du terrain seulement au premier arrêt naturel du jeu La Football-Association d'Angleterre proposa que l'arbitre ait l'initiative d'apprécier l'opportunité d'arrêter le jeu au moment de l'accident ou bien au contraire au premier arrê naturel du jeu, le laissant ainsi libre d'apprécier de la gra vité de l'accident ou de sa sincérité. La proposition anglaise fut adoptée à l'unanimité, et le nouveau texte est ainsi conçu :

« Si, dans l'opinion de l'arbitre, un joueur a été sérieuse- « ment blessé, le jeu doit être arrêté, le joueur sorti du « terrain et le jeu repris. Si le joueur a été légèrement « touché, le jeu ne devra pas être interrompu jusqu'au « moment où le ballon aura cessé d'être dans le jeu. »

La Fédération anglaise proposait que pour tout coup franc accordé à la suite d'une infraction à l'article 9, les condi- tions de réparation du penalty-kick soient adoptées, à savoir qu'au moment de ce coup franc tous les joueurs devraient être placés à l'extérieur de la surface de réparation à l'ex- ception du gardien de but défendant. Il fut question à cette occasion d'agrandir la surface du penalty-kick plutôt que de satisfaire à la lettre de la proposition anglaise, mais plusieurs membres firent valoir la crainte d'une confusion pour les arbitres entre ce nouveau tracé éventuel, et les lignes de quarante yards proposées d'autre part par la Fé- dération Ecossaise. En résumé, l'étude de cette proposi- tion fut ajournée.

Il fut décidé de préciser à la loi 6 que le fait pour un joueur d'être en position hors-jeu ne constituait pas une faute, mais que la faute ne devrait être sifflée qu'autant que le joueur en position de hors-jeu interviendrait à l'égard d'un adversaire ou dans le jeu.

Il fut décidé, mais toujours sous forme de commentaire, et cette fois-ci à l'article 13, qu'un joueur pourrait s'informer près de l'arbitre du motif de sa décision, mais qu'en aucun cas il ne serait autorisé, par parole ou par action, à montrer son désaccord avec la décision de l'arbitre.

Il sera précisé à la Loi 16 que lorsqu'un joueur, sur une chandelle, touche la balle avant qu'elle ait pris contact avec le sol, l'arbitre devra accorder un coup de pied franc à l'équipe adverse. Cette disposition figurait déjà à la Loi 17 mais seulement par analogie aux infractions commises aux Lois 5, 6, 8 et 10.

Il a semblé utile de préciser la nécessité de ce coup franc dans le texte même de la Loi 16.

Aucune autre question ne fut traitée au cours de cette importante réunion.

La séance fut levée à midi. A une heure un déjeuner officiel réunissait tous les membres de l'International Board, et M. Pickford, qui présidait, ne manqua pas d'adresser à nou- veau des paroles de bienvenue et de courtoisie à l'égard des représentants de la F.I.F.A. et tout particulièrement au délégué français et à la France.

Il y eut au Tournoi Olympique une Organisation Technique

La Presse, en général, a bien vanté le succès remporté par le Comité Olympique Français dans l'organisation du Tournoi de Football Olympique, mais je ne pense pas qu'elle ait dit clairement au public que l'organisation du Tournoi comportait aussi une direction technique et non des moindres.

Trois Commissions assumèrent cette lourde responsabilité de l'organisation technique du Tournoi. Tout d'abord un Jury d'appel nommé par la F.I.F.A., présidé par M. Jules Rimet et ayant pour membres MM. Giovanni Mauro (Italie), Fischer (Hongrie), Comte d'Oultremont (Belgique) et Johan- son (Suède); puis la Commission technique du Comité Olym- pique Français formée entièrement d'officiels de la Fédé- ration Française de Football et présidée par M. H. Jooris; enfin une Commission Internationale d'arbitrage présidée par M. H. Delaunay et composée de M. Gassmann (Suisse), Meerum Terwogt (Hollande), Goinbaut et Jandin.

Ces trois organismes fonctionnèrent et s'ils eurent des dif- ficultés à résoudre nul ne s'en aperçut, car elles furent aplanies à la satisfaction générale.

Maintenant que le rideau est tombé sur le grand Tournoi Mondial, personne ne nous reprochera — espérons-le — de préciser qu'un certain nombre de machinistes et de metteurs en scène contribuèrent pour une large part à la magni- fique manifestation à laquelle tant de milliers de spectateurs applaudirent.

La Commission technique d'organisation a fonctionné pen- dant près de six mois, élaborant tout d'abord le Règlement, puis le calendrier de l'épreuve en conformité des décisions du Congrès de la F.I.F.A., à Genève.

La tâche du Jury d'appel fut de moindre durée, mais fut autrement délicate puisque les Membres qui la composèrent eurent à subir les assauts d'un certain nombre de pays éliminés. Nous savons la passion des réclamants, lors d'une contestation survenue au cours d'un match de Coupe de France par exemple; il est facile alors de se rendre compte de l'âpreté qu'apportent les Dirigeants d'un pays éliminé dans une aussi formidable compétition. Et pourtant rien ne transperça de ces difficultés à résoudre et à nul moment la bonne harmonie générale ne fut rompue, pas plus que l'équi libre et le parfait fonctionnement du mécanisme prévu.

Sait-on ce que représente encore, la charge de la désigna tion des arbitres et juges de touche des matches d'un parei Tournoi? Les Associations Nationales avaient fait connaître leurs meilleurs arbitres internationaux et ces arbitres avaient été approuvés par la F.I.F.A. Il ne restait plus évi demment qu'à désigner ces directeurs du jeu aux différente rencontres. Cela paraît tout simple à première vue, en fai il en est autrement, et pourtant nul arbitre ne fut finalemen récusé ou discuté. Nous avons bien entendu dire que l classe internationale de l'arbitrage n'était pas aussi élevé que celle des joueurs eux-mêmes, cela provient peut-être d ce que les arbitres, nationaux ou internationaux, sont voué à être éternellement décriés.

Il n'était peut-être pas inutile, en moins en notre organe de dire les sommes considérables d'efforts et le succès rem porté par ceux qui avaient charge de l'organisation tech nique du Tournoi de Football de la VIIIe Olympiade.

FRANCE-HONGRIE

Les nécessités de la mise en page de notre dernie numéro nous ont empêché de parler du match internationa disputé le 4 juin dernier au Havre entre les équipes repr sentatives de France et de Hongrie.

L'élimination de ces deux équipes aux quarts de finale c Tournoi Olympique, le désir des dirigeants des deux Féd rations nationales de rétablir les relations sportives inte rompues depuis 1914, amena très heureusement la concl sion de cette intéressante rencontre. Elle se déroula sur superbe terrain du Havre A. C. devant 6.000 spectateur ce qui peut être considéré comme un succès, si l'on souligr que le match eut lieu un jour de semaine à 5 heures l'après-midi et par un temps détestable, la pluie n'ayai pas cessé de tomber pendant toute la durée de la partie.

L'indisponibilité de certains joueurs obligea la 3F.A. apporter de profondes modifications dans l'équipe de Fran qui se présente ainsi formée :

But : Cottenet; arrières : Canthelou, Huot; demis : Jourd Domergue, Batmale; avants : Devaquez, Crut, Renier, Gro et Dufour.

Renier, blessé au cours de la première mi-temps, f remplacé, après le repos, par Chesnon, du F.C. Blida.

Malgré la pluie et le mauvais état du terrain, le mat fut très intéressant et notre équipe fournit une de ses pl belles parties de la saison. Elle fit jeu égal avec la redo table sélection hongroise, et c'est, croyons-nous, le plus b éloge que l'on puisse lui décerner. Le résultat fut longtem indécis, le but des Hongrois ayant été marqué en premiè mi-temps et notre équipe menaçant très sérieusement l buts de l'adversaire au cours de la deuxième partie du je Malgré tous ses efforts, elle ne put prendre en défaut solide défense hongroise et le match se termina sur la v toire de la Hongrie par 1 but à 0.

Le match fut excellemment dirigé par M. Herren, l'un d meilleurs arbitres de la Fédération Suisse.

Nous devons remercier très sincèrement le Havre A. C. son dévoué président, M. Schadegg, qui, en 48 heures, a sura l'organisation impeccable de cette belle rencontre.

A LA LIGUE LORRAINE

La Ligue Lorraine a tenu dimanche dernier 15 courant u assemblée générale et a notamment procédé au renouvel ment statutaire d'un tiers des Membres de son Conseil.

M. de Vienne, Président de la Ligue, figurait parmi l Membres sortants; il fut réélu à l'unanimité des voix, l présents étant au nombre de 140.

Le Nouveau Conseil élu procéda immédiatement à la fo mation de son Bureau et le distingué Président de la Lig Lorraine, Membre du Bureau Fédéral, fut pareillement ma tenu dans ses fonctions à l'unanimité des voix.

Toutes nos félicitations à M. de Vienne.

2. Tema del reglamento y otros preparativos

La Comisión Técnica del fútbol fue el organismo central en materia de reglamentación, programación y propaganda del torneo olímpico de 1924. Su actividad obedeció a las directivas que le dictó el Congreso de Ginebra y a los acuerdos que fueron estableciendo pragmáticamente los dirigentes de la Federación Francesa de Fútbol y el Comité Ejecutivo de la FIFA, bajo la misma batuta del doble presidente: Jules Rimet.

Los poderes legislativos funcionaron así: la FIFA dispuso vagos lineamientos votados en Ginebra; sobre esa base, Rimet y la Comisión Técnica elaboraron el reglamento, el calendario y la calificación del torneo, dándoles una orientación precisa, universalista y mundialista; durante el torneo, la acción del Tribunal de Reclamos de la FIFA, máxima autoridad política, dio pleno valor internacional a lo anteriormente definido.

France Football dio cuenta semana tras semana de las interacciones entre la FIFA y la Comisión Técnica, informando paso a paso sobre los preparativos. Las columnas de este medio, que constituyen el archivo principal, ilustran el hecho fundamental de que el reglamento del torneo de 1924, único contrato válido entre los dirigentes y los futbolistas, fue libremente elaborado por el fútbol sobre la base de los criterios aplicados por la FIFA de Rimet para los encuentros internacionales. Se verá a continuación que el proceso de elaboración reglamentaria fue libre y que respondió a la filosofía del abierto. Esta filosofía era la de la FIFA de Guérin, la de las asociaciones nacionales europeas en sus encuentros con Inglaterra y, sin lugar a dudas, la preferencia mayoritaria desde los Juegos Interaliados.

Designación de la Comisión Técnica del Fútbol

Esta es la página 3 del número 1 del semanario oficial de la Federación Francesa, *France Football*, publicado el 24 de agosto de 1923. En la columna de izquierda titulada «*Comunicados oficiales. 3FA. Directiva*», correspondiendo a la sesión del 30 de julio de 1923, figura la resolución denominada «*Juegos Olímpicos*». Dice así:

«El señor Jooris dio cuenta de la reunión que tuvo lugar el 25 del corriente en el COF entre los representantes de las federaciones a pedido del Comisariado deportivo de los Juegos. Conforme a la decisión adoptada en el transcurso de dicha reunión, la directiva nombra la comisión encargada de colaborar con el COF en la organización técnica del Torneo de fútbol de la 8.ª Olimpiada de la siguiente manera: Presidente, Jooris; Vicepresidente, Chevallier; secretario, Duchenne; miembros, Jandin y Barreau.»

El comunicado permite fijar con precisión la fecha de creación de la comisión. Confirma que fue creada libremente por la directiva francesa en el marco de sus reuniones oficiales y que la integraron exclusivamente miembros de dicha directiva. Corresponde destacar la manera en que el comunicado define el funcionamiento del COF como una «reunión entre los representantes de las federaciones», de carácter horizontal.

(Documento consultable en la Mediateca de la Federación Francesa)

et cela uniquement pour essayer de faire triompher les couleurs de leur chère société.

Et ce sera, soyons-en persuadés, une étape de plus dans le développement prodigieux du sport athlétique universel : le football.

COMMUNIQUÉS OFFICIELS

F. F. F. A

BUREAU

Séance du 30 Juillet 1923

Présidence de M. J. Rimet. Etaient présents : MM. Jooris, Caudron, Roux et de Vienne. Excusés : MM. Chevallier, Folliard et Bayrou. En congé : MM. Pillaudin, Jevain, Pochonet et Delaunay.

Le procès-verbal de de la dernière séance est lu et adopté.

Annuaire 192A-24. — Le Bureau étudie les différentes propositions émises en vue de la prochaine édition de l'annuaire fédéral 1923-24.

Journal Officiel. — Le Bureau prend acte de la décision prise par la Direction du Journal **Football et Sports** de cesser la publication de la partie officielle de la Fédération à partir du 1er août 1923. En conséquence, le Bureau prend toutes dispositions en vue de la publication prochaine d'un Bulletin Officiel de la 3 F. A.

Jeux Olympiques. — M. Jooris rend compte de la réunion tenue le 25 courant au C.O.F. par les représentants des Fédérations convoqués par le Commissariat Sportif des Jeux. Conformément à la décision prise au cours de cette réunion, le Bureau nomme comme suit la Commission chargée de collaborer avec le C.O.F. pour l'organisation technique du tournoi de football de la 8e Olympiade : Président, M. Jooris; Vice-Président, M. Chevallier; Secrétaire, M. Duchenne; membres, MM. Jandin et Barreau.

Demande de réintégration de l'U. S. Puimissonnaise. — Vu la nouvelle demande de l'U. S. Puimissonnaise, et après avoir pris acte des regrets et des excuses exprimés par le Président de l'U.S.P. au nom de son Comité, pour les termes employés dans sa lettre de démission, le Bureau décide de rétablir ladite société dans ses droits dès qu'elle se sera acquittée de sa cotisation fédérale 1923-24.

Changements de titres. — Vu l'avis favorable des Ligues intéressées, le Bureau autorise le changement de titre des sociétés suivantes : Club des Nageurs Footballeurs Parisiens en celui de Club des Nageurs Parisiens (Paris); U.S. Mézidonaise en Avenir de Mézidon.

Dissolutions de sociétés. — En accord avec les Ligues régionales concernées, le Bureau enrigstre la dissolution des sociétés ci-après : E.S. de Champvans-les-Dole (Bourgogne F.C.); la Gauloise de Reims; la Victorieuse de Neufchâtel, la Fraternelle de Montiornet (Nord-Est); l'Etoile Sportive Bastidienne (Sud-Ouest); U.S. de Noailly, U.S. de Chavanoz; U.S. de Pont-Evêque, C.S. de Renaison (Lyonnais); U.S. Dervoise (Nord-Est); La Montagnarde de Menet, l'A.S. de Veurdre, U.S. des Cheminots de Clermont, U.S. de Fours, Avant-Garde Riomoise, Amical Boulay Club de Thiers (Plateau Central).

Affiliations nouvelles. — Le Bureau prononce l'affiliation provisoire des Sociétés suivantes légalement constituées; 3460 Jeunesse sp. Saint-Eugénoise, Oran; 3461 Stade Gorguillon, La Gorgue (Nord); 3462 Ass. sp. Bourghelloise, Bourghelles (Nord); 3463 Et. sp. Sourds-Muets, Paris; 3464 Club sp. Marollais, Marolles (Oise); 3465 Et. sp. du Raincy (S.-et-O.); 3466 Hispania Club Oranais; 3467 F. Club Musulman, La Saïda (Oranie); 3468 F. Club Ameur-El-Ainois, Ameur-el-Ain (Alger); 3469 Union sp. Questembergeoise, Questemberg (Morbihan); 3470 Groupe sp. Couzennais, Couzon (Rhône); 3471 Union sp. d'Haumann-Bou-Hadjar (Oranie); 3472 Ath. Club Montmartrois (Paris); 3473 Club sp. Lillois, Lille; 3474 Sportive de Gafour (Tunisie); 3475 F. Club Accio Radical (Paris).

Le Secrétaire adjoint : R. DOSOGNE.

Séance du lundi 13 Août 1923.

Présidence de M. J. Rimet; présents : MM. Jooris, Bayrou, Roux, de Vienne et Delaunay; excusés : MM Chevallier, Folliard et Caudron; En congé : MM. Pillaudin, Jevain et Pochonet.

Le P. V. des séances des 30 juillet et 6 courant sont lus et adoptés.

Annuaire fédéral. — Le Bureau entend un représentant du fournisseur éventuel et élabore un texte définitif. Il est décidé que le contrat pourra être signé par le Président sur les bases établies par le Bureau.

Subvention. — Demande de la Ligue du Plateau Central. — Le Bureau est au regret de ne pouvoir accéder à la demande du Plateau Central, la subvention offerte devant être exclusivement affectée aux sociétés de cette Ligue ayant réalisé des améliorations d'aménagement sur leur terrain, suivant les directives données par le Ministère de la Guerre pour l'emploi de ce chapitre de la subvention gouvernementale.

Changement de titre et de siège social de la Ligue du Plateau Central. — Le Bureau homologue les nouveaux titre et siège social de cette Ligue proposés par l'assemblée générale extraordinaire du 22 juillet tenue à Moulins. Nouveau titre : **Ligue d'Auvergne**, nouveau siège social : **Moulins (Allier)**.

Litige Stade Rennais U.C. — Ligue de l'Ouest. — Le Bureau Fédéral; Prenant connaissance de la lettre du secrétaire de la L.O.F.A. en date du 11 courant; constatant qu'il ne peut juger en appel, la décision de la C.C. des Statuts et Règlements en vertu de l'article 48 des Règlements généraux; mais usant du droit d'évocation qui lui est conféré par l'article 11 du règlement intérieur et estimant qu'il est opportun d'user de ce droit en raison du caractère d'intérêt général du principe de la décision visée; attendu qu'il résulte de l'article 7 du règlement des Championnats de la Ligue de l'Ouest, que seuls ont le droit de descendre en série immédiatement inférieure, les clubs classés en dernier rang par suite du barrage intersérie ou ceux qui n'ont pas usé de leur droit en disputant une année le championnat de la série dans laquelle ils étaient classés; décide que le Stade Rennais, Champion de la Ligue de l'Ouest pour 1922-23 ne peut disputer les Championnats régionaux pour la saison 1923-24 que dans la division d'honneur; et qu'en conséquence la décision de la Commission des Statuts et Règlements en date du 10 courant est annulée.

Journal Officiel. — Le Bureau approuve le projet de contrat, établissant les conditions de création et de fonctionnement du journal de la Fédération sous réserve d'un additif précisant le format du dit journal, les caractères à employer et les interlignes.

Démission et radiation de Sociétés. — En accord avec les Ligues régionales concernées, les sociétés suivantes sont radiées des contrôles de la Fédération. — Abeille Sportive Stéphanoise, Saint-Etienne; Union Sportive Stéphanoise, Saint-Etienne; Union Sportive Saint-André-d'Apchon et Association Sportive de Saint-Bonnet-le-Château (Ligue du Lyonnais); Union Sportive Saint-Léon de Nancy et Football Club Lunévillois de Lunéville (Ligue de Lorraine); Union Sportive d'Anet (Ligue du Centre); Olympique Chocquois, à Chocques (Ligue du Nord).

Autorisations des matchs internationaux. — En accord avec les Fédérations Etrangères concernées, le Bureau autorise les matches ci-après :

Le 12 août 1923 : U.S. Colombier Fontaine contre 1re équipe Porrentruy (Suisse), à Colombier Fontaine;

Le 16 août 1923 : Olympique Lillois contre Racing Sporting Luxembourg, à Luxembourg;

Le 12 août, à Dickirch : A.S. Metz contre Young Boys Dickirch;

Le 26 août, à Tournai : Olympique Lillois contre F.C. Brugeois;

Le 26 août, à Anvers : Olympique de Paris contre Berrschot A.C.;

Le 19 août, à Porrentruy (Suisse), F.C. Mulhouse 1893 contre Jeunesse d'Arlon (Suisse).

Le 12 août, à Longlaville : Espérance F.C. Longlaville contre F.C. La Chaud de Fonds;

Le 15 août, à Longlaville : Espérance Longlaville contre Football Club red Boys de Differdange.

Le 19 août, à Esch-sur-Alz : Orne-Amneville contre Union sp. Esch-sur-Alz.

Le 19 août : Club Amical Messin contre U. S. Hollerich-Bonnevoie, sur le terrain de l'U. S. Hollerich.

Le 12 août : U. S. Forbach contre U. Sportive Luxembourg Hollerich, à Luxembourg;

Le 19 août : Espérance de Longlaville contre Fola d'Esch, à Longlaville ;

Le 26 août : U. S. Tourquenoise contre A. R. A. La Gantoise, à Tourcoing ;

Le 12 août : Sélection Valle Orne contre Simmering Vienne, à Moyeuvre ;

Le 19 août : Association Sportive de Strasbourg contre Stade Dudelange, à Dudelange ;

Le 15 août : U. S. Modane contre Torino F. C., à Modane ;

Le 2 septembre :F. C. Haguneau contre Red Boys Differdange, à Haguenau.

Affiliations nouvelles. — 3476, F. Club Espérance d'Elbeuf ; 3477, Société de Tir et de P. M. de Torpes-Boussières (Doubs) ; 3478, Sp. Club Saint-Pourcinois (Allier) ; 3479, Sp. Club Oranais; 3480, U. Sp. de Beuet (Vendée); 3481, Les Ecureuils de Deyries-Sablières (Bordeaux); 3482, Ass. Sp. de Malakoff-la-Tour (Seine); 3483, U. sp. Comis-la-Ville (Paris); 3484, U. sp. Sceycolaise (Haute-Saône); 3485, Ass. sp. Damparisienne (Jura); 3486, Ass. sp. Neunkirch (Moselle); 3487, Sp. Club Tamarisien (Tamaris) Goid; 3488, Am. sp. La Bruyère (Nord); 3489, Alliance de Dreux (Eure-et-Loir); 3490, Stade Saint-Michel (Epinal, Vosges); 3491, Club Athl. de Tour-la-Ville (Manche); 3492, U. sp. Sainte-Marie-aux-Mines (Haut-Rhin); 3493, Sp. Club Bourg-Achard (Eure); 3494, Am. sp. Parisienne (Paris); 3495, U. sp. Sauguaine (Haute-Loire); 3496, T. Club Hasisheim (Haut-Rhin); 3497, Eb. sp. Guiltancourt (Somme); 3498, U. sp. Montrieux (Loir-et-Cher); 3499, Sp. Club du 6e (Paris); 3500, Am. de Gevry (Jura); 3501 Et. sp. de Warens (Haute-Savoie); 3502, U. sp. du Nord (Paris); 3503, Bouira Sports (Algérie); 3504, F. Club Basséen (Nord); 3505, U. sp. Aixoise (Aube); 3506, Et. sp. Albertvilloise (Savoie); 3507, Grenoble Etudiants Club (Isère); 3508, La Jeanne-d'Arc de Belley (Ain); 3509, Société de Tir et de P. M. de Villersexel (Haute-Saône); 3510, Avant-garde Laïque de Fougères (Ile-et-Villaine); 3511, U. sp. Cysónnienne, Cysoing (Nord); 3512, Stade Loupéen, La Loupe (Eure-et-Loir); 3513, La Fraternelle de Soing (Haute-Saône); 3514, Légion Saint-Georges, à Ligny (Meuse); 3515, Union sportive « Haut-Pont », à Fontoy (Moselle).

Séance du lundi 20 Août 1923.

Présidence de M.-J. Rimet. Etaient présents : MM. Chevallier, Jooris, Bayrou, Roux, de Vienne, Delaunay. Excusés : MM. Folliard et Caudron. En congé : MM. Pillaudin, Jevain et Pochonet.

Le procès-verbal de la dernière séance est lu et adopté.

Litige A. S. F.-Basler S. C. Old Boys. — Le Bureau décide d'entendre, à sa prochaine séance, l'arbitre du match et un délégué de l'A. S. F.

Fusion du Racing-Club d'Alger et du Groupement Sportif Algérois. — Après une nouvelle étude du dossier, le Bureau, constatant que les deux clubs sont en règle avec la Fédération, qu'ils ont valablement décidé de leur fusion dans les délais prescrits, à

Tareas y composición de la Comisión Técnica (octubre de 1923)

Apenas designada, la Comisión técnica del fútbol desarrolló una intensa actividad. Esta es la página 5 del número 9 de *France Football*, publicado el 19 de octubre de 1923. En la columna de izquierda, abajo, figuran las actas de la reunión de la Comisión del 8 de octubre. El comunicado «*Comisión Técnica ante el COF*» dice así:

«*Presidencia del señor Jooris. Presentes: señores Delanghe, Barreau, Delaunay, Jandin, Roux, Duchenne. Asistió a la reunión el señor Caudron.*

Audición del señor Slavick. El señor Slavick, presidente de la comisión de árbitros, dio cuenta de una conversación con el señor Reichel y pidió precisiones a la comisión sobre el arbitraje durante la Octava Olimpiada. Expuso los deseos de que la comisión central de árbitros de la 3FA le envíe sus propuestas prácticas en cuanto a la recepción y documentación de los árbitros que actuarán en los Juegos, así como todas las sugerencias susceptibles de dar satisfacción a dichos jueces. [...]

Calendario olímpico. Los contraproyectos del señor Reichel, secretario de la Comisión Ejecutiva de la 8.ª Olimpiada, y del señor Verdyck, secretario de la comisión técnica de fútbol [se trata de la comisión belga que actuó en 1920], *serán reclamados a sus autores para estudio comparativo con el proyecto de la comisión, y ajuste definitivo.*

Reglamento del concurso de fútbol de la Octava Olimpiada. La comisión, después de haber leído y discutido el proyecto de reglamento de los señores Delanghe, Delaunay, Duchenne, adopta el proyecto con las modificaciones de detalle efectuadas. El reglamento será enviado al Comité Ejecutivo de la Octava Olimpiada para opinión antes de la promulgación definitiva. El secretario, Achille Duchenne.»

Como puede verse, se habla aquí de la comisión técnica «ante el COF». La elaboración del calendario aparece claramente como un trabajo colectivo. Se confirma la acción de Delaunay como redactor del reglamento y la transmisión del texto al Comité Ejecutivo del COF, es decir, a Rimet y a la FIFA, antes de su promulgación definitiva.

(Documento consultable en la Mediateca de la Federación Francesa)

Affiliations Nouvelles. — Le Bureau prononce l'affiliation provisoire des Sociétés suivantes régulièrement constituées. — 3.636 Ass. Sp. de Brebieres (Pas-de-Calais; — 3.637 Union Sportive La Saualaix (Tarn); — 3.638 Stade Unioniste Croisien à Croix (Nord); — 3.639 Ass. Sp. de Saintines (Oise); — 3.640 Sporting Club d'Allauch à Marseille; — 3.641 Sport Ath. War Graves F. Club; — 3.642 La Vedette de Boistherel (Orne); — 3.643 Les Sans-Peur à Paris; — 3.644 Club Ath. de Crouy (Aisne); — 3.645 Garibaldi; — Sports à Nice; — 3.646 Lux-Sports à Lux (Saône-et-Loire); — 3.647 Etoile Sp. Grenobloise à Grenoble (Isère); — 3.648 Union Sp. Saint-Jeoirienne à Saint-Jeoire-Prieuré (Savoie); — 3.649 Union Sportive Alsacienne à Orbais (Marne); — 3.650 Union Sp. Senonaise à Sens (Yonne); — 3.651 Aquitan Club à Bordeaux; — 3.652 La Varilhoise à Varilhes (Ariège). — 3.653 Union Sp. des Sapeurs Pompiers à Marseille; — 3.654 Les Francs-Tireurs de Saint-Sardos (Tarn-et-Garonne); — 3.655 Union Sp. de Graudris (Rhône); — 3.656 L'Energie de Vieux-Condé (Nord); — 3.657 La Concordia de Marcigny (Saône-et-Loire); — 3.658 Club Ath. de l'Est Lumière à Charenton; — 3.659 Union Sp. de Fontenay-le-Fleury.

COMMISSION CENTRALE DES ARBITRES

Séance du 11 octobre 1923

Présidence de M. Slawick. Présents : MM. Fourgous, de Ricard, Langres, Henriot, Jandin, Goinbaut. Absents : M. Van de Veegaete.

Le P.V. de la dernière séance est lu et adopté.

Ligue du Sud-Est. — La réclamation du S.C. Dracénois est transmise à la Commission des Arbitres de la Ligue du Sud-Est.

Ligue de Bourgogne F.C. — Lettre de M. Lequeux, de Dijon, transmise à la Commission des Arbitres de la Ligue.

Ligue du Nord-Est. — Lettre de M. Freyer, réponse faite par le secrétaire général.

Ligue du Sud-Ouest (Commission des Arbitres). — Bonne note est prise.

Ligue de Paris. — Lettre de M. Bourdery retournée à la Ligue de Paris.

Ligue d'Alsace. — Bonne note est prise.

La candidature de M. Collin, après étude du dossier, ne peut être prise en considération.

Lettre de M. Mesdach. — Réponse sera donnée par le secrétaire général.

Ligue de l'Ouest. — M. Labenne est convoqué le 20 octobre à Rennes à 14 heures au siège du Conseil National à l'effet de subir son examen théorique.

Ligue de Lorraine. — M. Van Bever est convoqué le 11 novembre à Metz à l'effet de subir son examen théorique et pratique.

M. Guillien est convoqué pour passer son examen théorique à la même date et au même lieu.

La Commission reçoit MM. Boisnard et Verdier (de Bordeaux), M. Puillet (de Lyon). M. d'Eaubonne (de Marseille).

La Commission procède à la désignation en dernière heure des arbitres suivants, pour les matches de Coupe du 14 courant, les arbitres précédemment désignés étant indisponibles.

Match n° 82 : M. Gresteau ; match n° 88 : M. Hill : match n° 53 : M. Buratte.

Le secrétaire : G. JANDIN.

COMMISSION TECHNIQUE PRES DU C. O. F.

Séance du lundi 8 octobre

Présidence de M. Henri Jooris. Etaient présents : MM. Delanghe, Barreau, Delaunay, Jandin, Roux, Duchenne. Assistait à la réunion : M. Caudron.

Audition de M. Slavick. — M. Slavick, président de la commission des arbitres, rend compte d'une conversation avec M. Reichel et adresse à la commission technique olympique des demandes de précision sur l'organisation de l'arbitrage aux Jeux de la VIIIe Olympiade. Il expose les vœux de la commission centrale des arbitres de la 3 F.A. MM. Jooris, Delaunay et Duchenne fournissent à M. Slavick les diverses précisions demandées. La commission technique olympique émet le vœu que la commission centrale des arbitres de la 3 F.A. lui fasse parvenir ses propositions d'ordre pratique quant à la réception, à la documentation des arbitres réunis à l'occasion des Jeux de Paris, et toutes suggestions qui lui paraîtraient propres à donner satisfaction aux officiels appelés à prendre la direction de rencontres. Elle remercie la commission centrale des arbitres de la 3 F.A. pour les avis déjà formulés.

Audition du capitaine Beaupuis. — M. le capitaine Beaupuis, de l'Ecole militaire de Joinville, est entendu.

Calendrier olympique. — Les contre-projets de M. Reichel, secrétaire de la Commission exécutive de la VIIIe Olympiade, et M. Verdyck, secrétaire de la Commission technique de football de la VIIe Olympiade seront réclamés à leurs auteurs pour étude comparative avec le projet de la commission et mise au point définitive.

Règlement du concours de football de la VIIIe Olympiade. — La commission, après lecture et discussion du projet de règlement de MM. Delanghe, Delaunay, Duchenne adopte le projet, tenu compte des modifications de détail effectuées. Le Règlement sera envoyé au comité exécutif de la VIIIe Olympiade pour avis avant promulgation définitive.

Le Secrétaire : Achille DUCHENNE.

LIGUE D'ALGER

Séance du 1er octobre 1923

La séance est ouverte à 18 h. 15, sous la présidence de M. Forconi, vice-président de la Ligue. Sont présents : MM. Niéri, Huss, Jougla, Boigeol, Seguin. Excusé : M. Rivet. En congé : MM. Poli, Zévaco. Assistent à la séance : MM. Peron, Rohmer et Javel, membres de la C. des F.

Procès-verbal de la dernière séance lu et adopté avec l'additif suivant : M. Niéri, président.

Procès-verbal de la C.A. du 26 septembre lu et adopté. M. Castaings est désigné comme membre de la C.A. en remplacement de M. Chareyre, indisponible.

Procès-verbal de la C. des F. du 24 septembre : lu et adopté en ce qui concerne la modification de l'article 6 des statuts, la C. F. est priée de se reporter au procès-verbal de l'assemblée générale extraordinaire du 7 juillet écoulé.

En ce qui concerne les suggestions du dernier rapport financier (versement en banque de l'excédent de la caisse, etc.), la question est transmise au trésorier.

Contrôle des recettes sur les terrains. — Les clubs propriétaires de terrains sont avisés que le Bureau de la Ligue donne pleins pouvoirs aux membres de la Commission des Finances (MM. Péron, Rohmer, Couchoud et Javel), pour tout ce qui concerne la vérification de l'organisation des matches et des recettes sur les terrains. Des pénalités très sévères seraient prises à l'encontre des clubs qui ne se mettraient pas à la disposition des dits membres ou qui feraient des difficultés pour leur donner tous les renseignements dont ils pourraient avoir besoin.

Prix des places sur les terrains. — Le Bureau de la Ligue fixe les prix d'entrée sur les terrains, pour les matches de championnat de division d'honneur, de la façon suivante :

Places debout gradins et populaires : 1 fr. 50 à 3 francs; places assises : 3 fr. à 5 fr.

Ces prix seront mis en vigueur à partir du dimanche 7 octobre

Il ne sera perçu ni délivré aucun supplément à l'intérieur des terrains.

Pour les matches de divisions inférieures, les prix seront fixés ultérieurement.

Ticket d'entrée sur les terrains. — Les propriétaires de terrain devront rendre au plus tôt au trésorier, M. Niéri, 32, rue Nizon, tous les tickets dont ils pourraient être encore détenteurs, d'autres tickets pour la saison 1923-24 leur seront fournis en échange.

Séance du 4 octobre 1923

La séance est ouverte à 18 h .15, sous la présidence de M. Forconi, vice-président de la Ligue. Présents : MM. Russ, Zévaco, Niéri, Poli, Boigeol, Seguin. Excusés : MM. Jougla et Rivet (malade). Assistent à la séance : MM. Rodriguez, Fronzy, Mayaud, Bourdoux, Athané, Beaucerf, Bessekri, Ruer, Santapau, Vota, Chollet.

Procès-verbal de la dernière séance lu et adopté.

Procès-verbal de la C. C. C. du 2 octobre : lu et adopté. Un bronze sera remis au caple, champion de 1ere série 1922-23.

Corerspondance. — Lettre de la Commission des Finances demandant divers renseignements : nécessaire fait.

Lettre de l'A. S. M. au sujet de l'objet d'art à remettre à son club, champion de la saison 1922-23 (deuxièmes équipes) : nécessaire sera fait.

Lettre de la Ligue de l'Ouest au sujet du Congrès 20 octobre 1923, à Rennes (invitation à déjeuner du délégué).

Lettre de l'A. S. M. adressant des remerciements au sujet de la remise par la Fédération d'un ballon pour son club.

Lettre de l'U. S. B. avisant qu'il met son terrain à la disposition de la Ligue, son emplacement se trouve situé à Blida, à proximité de la gare, face à l'usine à gaz. M. Riéra est désigné pour l'homologation du dit terrain qu'il devra visiter le dimanche 7 octobre au matin.

Lettre du S. C. B. demandant le renvoi de son match avec l'O. F. pour le dimanche 7 octobre. Refusé.

Lettre de M. Legasson demandant l'autorisation ainsi que pour M. Giroud (tous deux du F. C. E. A.) de signer une licence au Football-Club, Ameur-el-Ainais. Refusée. Art. 17 des règlements Cx de la Fédération.

Lettre et télégramme de la Ligue Tunisienne au sujet des sélections des 13 et 14 courant. Le secrétaire répondra.

C. C. C. — A l'unanimité (moins la voix du président de la C. A.) M. Fronzi est nommé présidenet de la C. C. C.

C. R. Q. — Le Bureau de la Ligue désigne MM. Moyan, Laguerre, de Magnin et Simon comme membres de la Commission des règlements et qualifications. Le secrétaire convoquera cette Commission pour le mercredi 10 courant.

Affaire Chollet. — Après avoir entendu le joueur Chollet, le Bureau de la Ligue lui inflige une suspension de trois mois pour le motif suivant : « A signé une licence à la M. C. A. alors qu'il était qualifié pour le C. S., licence n° 83.378, l'effet de la suspension partira à dater du 1er septembre 1923 et sera requalifié au C.S. le 1er décembre 1923.

Affaire Favre. — Licence demandée pour la M. S. A. refusée, conformément à l'art. 17 des statuts généraux. Cet équipier est régulièrement qualifié sous le n° 24.498.

Affaire Vadel. — La démission de l'équipier Vadel n'ayant pas été faite au R. C. M. C., conformément aux règlements, c'est-à-dire par carte-lettre recommandée, cet équipier est toujours qualifié pour le R. C. M. C., sous le n. 53.915. Une suspension de trois mois lui est infligée pour avoir signé une licence à l'U. S. F. E.

Comisión Técnica del fútbol con Rimet y pro FIFA

Las actas de la Comisión técnica, sesión del 27 de diciembre de 1923, fueron publicadas el 11 de enero de 1924, en el número 21 de *France Football*:

«Presidencia del señor Jooris. Presentes: señores Barreau, Chevallier, Delanghe, Delaunay, Duchenne, Fontaine, Jandin. Asistían : el señor Rimet, Vicepresidente del Comité Ejecutivo; el señor Gregoroff, miembro de la Comisión Olímpica de la 3FA.

Canchas. Después de leer las observaciones del Secretario tesorero de la FIFA, la Comisión, considerando que los límites de las canchas uniformemente fijados por ella en 110 x 70 metros entran en las dimensiones autorizadas por la International Board y permiten resultados perfectamente reglamentarios, mantiene su decisión primitiva. Arbitraje. La Comisión, después de leer las observaciones del Secretario tesorero de la FIFA, decide, de acuerdo con el pedido expresado, reservar a la FIFA la designación oficial de los jueces llamados a actuar en los Juegos de París. Las modalidades serán las siguientes: se pedirá una lista de árbitros a cada nación; las listas nacionales reunidas serán transmitidas a la FIFA; esta seleccionará los árbitros; estos se pondrán a disposición de la Comisión que, para cada encuentro, nombrará al juez central y a los jueces de línea que estime convenientes. [...]

Publicidad del Torneo Olímpico. La Comisión, considerando el lugar que se atribuye al Torneo de fútbol en el programa olímpico y la ausencia de información sobre el Congreso de la FIFA organizado al margen de estos Juegos en la publicidad realizada por el Comité Ejecutivo, lamenta que la importancia de la prueba de fútbol no sea debidamente subrayada.»

La incorporación de Rimet como «representante del Comité Ejecutivo del COF» significó la participación decisora de la FIFA. Se ve la interacción permanente entre la comisión y el «Secretario tesorero» Hirschman. El punto «Publicidad» demuestra que Rimet decidió «subrayar debidamente la importancia de la prueba» en nombre de la FIFA, pero vía la Comisión, atribuyendo a esta las tareas internacionales de propaganda y calificación que la federación internacional, carente de prensa, era incapaz de asumir.

(Documento consultable en la Mediateca de la Federación Francesa)

Emploi du temps de M. Griffiths. — La Commission complète le programme à fournir par M. Jooris); avril, mai, juin, comme antérieurement fixé. Janvier : Est (programme mis au point par M. Lévy); février (1-17) Sud-Est (Montpellier) (18-28), Sud-Ouest (Bordeaux); mars : Nord (programme à fournir par M. Jooris); avril ,mai, juin, comme antérieurement fixé.

Mission. — M. Duchenne se mettra en rapport le dimanche 6 janvier avec MM. Lévy et Griffiths pour mise au point des détails de la période de séjour de l'entraîneur dans l'Est.

Projets. — Il sera demandé aux Délégués du Comité de Sélection dans le Sud-Est et Sud-Ouest un programme définitif pour le mois de février.

Nord de l'Afrique. — La Commission prend connaissance de la correspondance échangée. Elle retient les dates des 13 avril, 20 avril et 21 avril pour trois rencontres pré-olympiques à jouer à Alger et Oran. Les Ligues d'Alger et d'Oran sont invitées à adresser d'urgence leurs projets sportifs et financiers.

Matches de Sélection (Métropole). — Les pourparlers en cours pour les matches de Strasbourg et du stade Pershing, seront continués.

Matches Post-Olympiques. — La Commission prend connaissance des réponses formulées par les Ligues consultées. Il sera accusé réception aux Ligues ayant répondu et leurs réponses seront classées. Les Ligues n'ayant pas encore répondu seront priées de

16

vouloir bien le faire d'urgence.

Circulaire aux pays participants. — Il sera écrit aux pays participants aux VIIIe jeux pour leur demander si éventuellement ils participeraient aux rencontres post-olympiques. en province, les 29 mai et 1er juin.

Centre de Joinville. — La Commission prend connaissance des décisions prises par le Haut-Commissaire à la Guerre quant à la centralisation des joueurs militaires à Joinville.

Achille DUCHENNE.

COMMISSION TECHNIQUE DE FOOTBALL DE LA VIIIe OLYMPIADE

Séance du 27 décembre 1923

Présidence de M. Jooris. — Présents : MM. Barreau, Chevalier, Delanghe, Delaunay, Duchenne, Fontaine, Jandin. — Assistaient à la séance : M. Rimet, Vice-Président du Comité Exécutif; M. Gigaroff, Membre de la Commission Olympique de la 3 F.A.

Terrains. — La Commission, après avoir pris connaissance des observations de M. le Secrétaire-Trésorier de la F.I.F.A., considérant que les limites des terrains de jeu uniformément fixées par elle à 110 mètres par 70 mètres, sont comprises parmi les mesures régulières indiquées par l'International Board, et propres à faciliter des résultats parfaitement réguliers, maintient sa décision primitive.

Arbitrage. — La Commssion, après avoir pris connaissance des observations de M. le Secrétaire-Trésorier de la F.I.F.A. décide, en accord, avec la demande par lui exprimée, de réserver à la F.I.F.A. la désignation officielle des arbitres appelés à officier pendant les jeux de Paris. Les modalités seront les suivantes : la liste des arbitres sera demandée à chaque nation, qui devra désigner les arbitres qu'elle propose, les listes nationales réunies seront soumises à la F.I.F.A., celle-ci retiendra les noms voulus. L'affectation des arbitres ainsi choisis sera réservée à la Commission technique, laquelle désignera à chaque rencontre l'arbitre et les juges de touche qu'elle estimera pouvoir officier.

Il sera demandé au Comité Exécutif ses intentions quant aux frais pouvant être occasionnés.

Publicité du Tournoi olympique. — La Commission, considérant la place donnée dans le programme olympique au Tournoi de Football, considérant d'autre part l'absence de toute indication relative au Congrès de la F.I.F.A. à l'occasion des Jeux, dans la publicité faite par le Comité Exécutif, exprime le regret que l'importance de l'épreuve de football ne soit pas suffisamment soulignée.

Le Secrétaire : Achille DUCHENNE.

LIGUE D'ALGER

Séance du 20 décembre 1923

La séance est ouverte à 18 h. 15 sous la présidence de M. Rivet, Président.

Sont présents : MM. Forconi, Huss, Fronzi, Mayaud, Seguin. — Excusés : MM. Niéri, Poli, Zévaco, Riéra.

P. V. de la dernière séance : Lu et adopté.

P. V. de la C.C.C. du 18 décembre 1923 : Lu et adopté.

P. V. de la C.A. du 19 décembre 1923 : Lu et adopté.

P. V. de la C.R.Q. du 19 décembre 1923 : Lu et adopté.

Convocation. — Le Président de l'E.S.A. est prié d'assister à la prochaine séance du bureau le jeudi 27 courant.

Pénalités pour carte manquantes. — Sont suspendus jusqu'à paiement des amendes qui leur ont été infligées par la C.R.Q. pour cartes manquantes à partir de ce jour, les clubs suivants : U.S.C.V.-E.S.A.-C.A.S.G.

Correspondance. — Lettre de l'A.S.B. au sujet de l'expédition des bordereaux de recettes sur son terrain : Le Secrétaire répondra.

Lettre de la Fédération au sujet d'équipiers premiers mobilisés. Le bureau prie les clubs de Division d'Honneur de vouloir bien faire parvenir au secrétariat au plus tard le 31 décembre dernier délai, les noms et adresses des équipiers premier actuellement sous les drapeaux, en vue de leur fair accomplir un stage à l'École de Joinville, par le Comité de Sélection de la Fédération.

Lettre du R.C.A. demandant l'autorisation d'organiser un match amical les 25 et 31 décembre 1923 : accordée.

M. Santapau, délégué de l'A.S.B. demandant la journée du 25 pour que son club puisse rencontrer le S.C.B.A. à Boufarik, le bureau l'accorde sous réserve de confirmation de la demande par lettre.

Tournois de l'U.S.B. et de l'A.S.S.E. — Ces deux clubs organisant un tournoi les 30 décembre 1923 et 1er janvier 1924. l'U.S.B. à Blida, l'Asse à Saint-Eugène, sont priés de faire parvenir au plus tôt au Secrétariat la somme de 20 francs conformément à l'art. 14 des règlements généraux de la Ligue.

Remerciements. — Le Bureau adresse ses plus vifs remerciements à M. le Maire de la ville d'Alger pour la subvention allouée à la Ligue.

Séance du 27 décembre 1923

La séance est ouverte à 18 h. 15 sous la présidence de M. Rivet, Président. — Présents : MM. Zévaco, Forconi, Huss, Fronzi, Riera, Seguin. — Excusés : MM. Nieri, May Ud.

Les P.V. de la dernière séance, de la C.C.C. du 25 décembre 1923, de la C.A. du 26 décembre 1923, de la C.R.Q. du 26 décembre 1923 sont lus et adoptés.

Affaire E.S.A. — Après avoir entendu M. Dahan Marius, secrétaire de l'E.S.A. le bureau ne peut que maintenir les décisions prises par la C.R.Q. En outre un dernier délai est accordé jusqu'au 1er janvier 1924 pour le règlement des amendes infligées.

Correspondance. — Lettre du N.S.C.E.B., expédiant deux mandats de 2 francs, montant de son amende doublée.

Lettre des Chemins de fer de l'Etat, répondant à une lettre circulaire, pris note.

Lettre de l'U.S.B. demandant l'autorisation de déplacer son équipe à Oran le 13 janvier 1925. Un match de sélection Alger-Oran devant avoir lieu ce jour-là le bureau ne peut donner l'autorisation, et profite de l'occasion pour prévenir les clubs de Division d'Honneur qu'aucune autorisation ne peut être donnée pour le déplacement de leur 1re et 2e équipes le jour d'un match de sélection organisé par la Ligue.

Lettre de la Ligue Oranaise informant le bureau que la composition de son équipe sélectionnée ne pourra être envoyée avant le 7 janvier. Pris note.

Lettre de la Fédération répondant à une lettre du secrétariat, au sujet d'un objet d'art qui lui avait été demandé. Pris note.

Lettre du N.S.C.E.B. expédiant le procès-verbal de vérification de la recette du match U.S.B.-N.S.C.E.B. à Blida le 23 décembre 1923. Transmise à la C.F.

Recettes sur le terrain du Stade municipal. — Une erreur dans le pourcentage sur la répartition des recettes ayant été faite sur les feuilles de recettes des maches des 21 octobre, 25 novembre et

Reglamento y Protocolo de los Juegos (primera parte)

El 28 de septiembre de 1923, *France Football* publicó en sus páginas 44 y 45 la primera parte de los «*Reglamentos y protocolo de la celebración de las Olimpiadas*», establecidos por el Comité Olímpico Internacional. Este largo texto, que no viene al caso traducir aquí, establece, en esta parte, el principio del nombramiento de un Comité Ejecutivo por el Comité Olímpico nacional organizador, garantizando la total libertad de acción del organismo. Fija también ciertas reglas protocolares entre las cuales se halla la fórmula oficial de la invitación, la cual, como ya se ha visto, no contiene alusión alguna al amateurismo.

Interesa destacar el siguiente comentario de la redacción de *France Football*: «*Este documento que fija las bases de las grandes manifestaciones deportivas internacionales es tan poco conocido del público que creemos oportuno darlo a conocer hoy a nuestros lectores. El Presidente-Fundador del Comité Olímpico Internacional, el Barón Pierre de Coubertin, no es un desconocido para los futbolistas puesto que en 1906 ofreció al CFI un magnífico escudo antiguo, que se convirtió en el Trofeo de Francia. Este objeto de arte es hoy la copa del Campeonato inter Cuerpos del Ejército que organiza la 3FA de acuerdo con el Ministerio de la Guerra.*»

Se entiende entonces que, en aquél tiempo, el fútbol francés mantenía una actitud de reconocimiento hacia Coubertin.

El CFI (Comité Francés Interfederal), fundado por Charles Simon, fue la primera forma de la Federación Francesa de Fútbol. Defendía una posición abiertamente favorable al profesionalismo popular, acorde con la de la FIFA («*Contrariamente a la USFSA que excluyó a varios clubes, el CFI está abierto a todas las asociaciones para que nadie sea privado de las ventajas que ofrece la FIFA*». Charles Simon, *Actas del Congreso de la FIFA de 1910*, Milán). Después de la USFSA, renunciante en 1908, el CFI representó a Francia ante la FIFA de 1910 a 1918. El «*Trophée de France*» era la ronda final centralizada del primer gran campeonato de Francia de fútbol. Se jugaba entre los ganadores de las ligas y campeonatos regionales de la época.

(Documento consultable en la Mediateca de la Federación Francesa)

Mon excellent ami Henri Jocris n'eut pas de peine à me convaincre de l'excellence de sa cause et, avec plusieurs de mes collègues, je déposai la proposition, aujourd'hui devenue la loi qui interprète définitivement le texte de 1919 et assure à nos sociétés sportives le droit à la réparation totale.

Il est donc avéré désormais que les « Sociétés de gymnas- « tique et de préparation militaire, ainsi que les sociétés « musicales et sportives, ont droit aux frais supplémentai- « res pour leurs appareils, instruments, vêtements et équi- « pements détruits par les faits de guerre. »

Rien, on le voit n'a été oublié : en appelant l'attention des sociétés sportives sinistrées sur cette nouvelle disposition législative, et en les invitant à en bénéficier, je tenais à leur dire toute la joie que nous avons éprouvée, mes collègues et moi, de témoigner à ceux qui se dévouent, corps et âme, à nos jeunes gens, nos sentiments de reconnaissance et d'admiration.

René LEFEBVRE
Député du Nord, délégué à la Commission des Régions libérées à la Commission des Finances.

RÈGLEMENTS & PROTOCOLE

de la Célébration des Olympiades Modernes et des Jeux Olympiques Quadriennaux

Alors que nous approchons de la célébration de la VIII° Olympiade et que la 3.F.A. se présente déjà activement de l'organisation du Football à ces Jeux en même temps qu'à la participation française au Tournoi, il nous semble d'un réel intérêt de publier ci-après le Règlement et le Protocole des Jeux Olympiques. — Ce document qui fixe les assises des grandes manifestations sportives internationales est peu connu du public, et nous croyons opportun de le faire connaître aujourd'hui à nos lecteurs.

Le Président-fondateur du Comité International Olympique, le Baron Pierre de Coubertin, n'est pas un inconnu des footballers puisqu'il dota en 1906 le C.F.I. d'un magnifique bouclier ancien, qui devint le Trophée de France. Cet objet d'art est aujourd'hui le challenge du Championnat Inter Corps d'Armée qu'organise la 3.F.A. en accord avec le Ministère de la Guerre.

« Le Comité International Olympique ayant fixé en temps voulu, conformément à ses prérogatives constitutionnelles, le lieu de la célébration de la prochaine Olympiade (fixation qui, à moins de circonstances extérieures exceptionnelles, doit intervenir au minimum trois ans à l'avance), en confie l'organisation au Comité Olympique national du pays auquel appartient la cité désignée. Ce Comité peut déléguer le mandat qui lui est ainsi confié à un Comité spécial d'organisation constitué par ses soins et dont les dirigeants correspondent dès lors directement avec le Comité International. Les pouvoirs du Comité spécial expirent en ce cas, avec la période des Jeux.

EPOQUE ET DUREE DES JEUX OLYMPIQUES

« Les Jeux Olympiques doivent de toute nécessité avoir lieu au cours de la première année de l'Olympiade qu'ils sont destinés à célébrer (donc en 1924 pour la VIII°, 1928 pour la IX°, 1932 pour la X°, etc.). Sous aucun prétexte ils ne peuvent être ajournés à une autre année. Leur non célébration de l'Olympiade et entraîne l'annulation des droits de la cité désignée et du pays auquel cette cité appartient.

« Ces droits ne peuvent en aucun cas être reportés sur l'Olympiade suivante.

« L'époque de l'année à laquelle doivent se tenir les Jeux Olympiques n'est pas déterminée et dépend du Comité organisateur qui s'inspire autant que possible du désir des pays participants.

« La durée des jeux ne doit pas excéder quatre semaines et si possible trois semaines. Toutes les épreuves doivent être enfermées dans ce laps de temps.

ENCEINTE OLYMPIQUE

« Les épreuves doivent avoir lieu dans la ville désignée, au Stade ou dans les environs les plus proches. Exception ne peut être admise que pour les sports nautiques dans le cas où une nécessité géographique l'imposerait. La Cité désignée ne peut jamais partager son privilège avec une autre pas plus qu'il n'est permis d'annexer ou de laisser annexer aux Jeux Olympiques des manifestations étrangères à leur objet.

PREROGATIVES ET DEVOIRS DU COMITE ORGANISATEUR

« Pour tout ce qui concerne les arrangements techniques des Jeux Olympiques, le Comité organisateur doit demeurer aussi libre que le permettent les accords intervenus à cet égard entre les Comités Olympiques nationaux et les Fédérations internationales aux Congrès de Paris de 1914 et de Lausanne de 1921.

« Le Comité organisateur est tenu d'observer les dits accords; il est seul responsable de leur observation. Il doit veiller à ce que les diverses branches de sports (athlétiques, gymniques, équestres, nautiques, de défense) soient placées sur le même pied et que les unes ne se trouvent pas favorisées par rapport aux autres. Il doit veiller de même à l'organisation des cinq concours d'art (architecture, peinture, sculpture, musique et littérature) qui font partie intégrante de la célébration de l'Olympiade.

INVITATIONS ET FORMULAIRES

« Les invitations à participer aux Jeux adressées par le Comité organisateur à tous les pays en général et, en premier lieu, à ceux dans lesquels fonctionnent des Comités Olympiques nationaux régulièrement constitués. Ces invitations sont conçues en ces termes : « Le Comité International Olympique ayant désigné la ville de... comme siège de la célébration de la... Olympiade le Comité organisateur des Jeux Olympiques de 19... a l'honneur de vous convier à participer aux concours et aux fêtes qui auront lieu à cette occasion à... du... au... »

« Tous les documents (invitations, listes d'engagements, cartes d'entrée, programmes etc.) imprimés au cours des Jeux ainsi que les insignes distribués doivent porter comme en-tête le chiffre de l'Olympiade célébrée, en même temps que le nom de la ville où on la célèbre (par exemple : V° Olympiade, Stoc holm 1912, — VII° Olympiade, Anvers 1920, etc.).

DRAPEAUX

« Dans l'enceinte du Stade ainsi que dans toutes les enceintes Olympiques, le drapeau Olympique doit être abondamment mêlé aux drapeaux des nations concurrentes (1). Un drapeau Olympique de grandes dimensions doit flotter pendant les jeux au Stade à un mât central où il est hissé au moment de la proclamation de l'ouverture des Jeux et d'où il est descendu quand la clôture en est prononcée.

« Toute victoire définitive est saluée d'autre part par l'ascension à un mât similaire du drapeau de la nation à laquelle appartient le vainqueur. L'hymne national de cette nation est alors jouée par la musique et l'assistance l'écoute debout.

(1) Le Drapeau Olympique est à fond blanc sans bordure ; il porte au centre cinq anneaux enlacés : bleu, jaune, noir, vert, rouge ; l'anneau bleu en haut et à droite. Le modèle utilisé aux Jeux d'Anvers est le modèle réglementaire.

(A suivre)

COMMUNIQUÉS OFFICIELS

AVIS IMPORTANT

Le Bureau fédéral informe les sociétés affiliées n'ayant pas acquitté leur cotisation fédérale 1923-24 (18 fr.) qu'elles seront suspendues à la date du 30 courant et rayées des épreuves officielles dans lesquelles elles se sont engagées (Championnat régional et Coupe de France). — Article 3 des Règlements Généraux.

F. F. F. A

BUREAU

Séance du Lundi 24 Septembre 1923.

Présidence de M. J. Rimet. Etaient présents : MM. Jooris, Pilaudin, Bayrou, Caudron, Roux et Delaunay. Excusés : MM. Chevallier, Folliard, Pochonet et de Vienne. En congé : M. Jevain.

Le P.V. de la dernière séance est lu et adopté.

Courrier. — Lettre de M. Gautier-Chaumet.

Litige Basler Old Boys. — Le Bureau entend MM. Frisier, du Red Star, Rippert et Lenglet, de l'A.S.F. Ayant enregistré l'avis des deux clubs, le Bureau leur demande de le lui confirmer par lettre, afin d'en transmettre le texte à l'Association suisse.

Situation des Petites A. — Après avoir entendu M. Vieillard, il est admis que les « Petites A » devront, pour prendre part à des épreuves officielles régionales, s'affilier régulièrement à la Fédération et que pareillement les joueurs de ces Sociétés devront être titulaires de la licence fédérale.

France-Angleterre. — Le Président rend compte de la décision prise par le Comité exécutif du C.O.F. par laquelle le Stade Pershing sera mis, à titre exceptionnel, à la disposition de la 3 F.A. pour le 10 mai. Cette dernière s'étant néanmoins engagée à demander à la F.A. le changement de date du match, il est décidé d'adresser dès maintenant cette demande à la Football

Reglamento y Protocolo de los Juegos (segunda parte)

France Football prosiguió la publicación de los «Reglamentos y protocolo» de los Juegos Olímpicos en su número 8 del 19 de octubre de 1923. El punto interesante de esta parte, presentado en la rúbrica *«Ceremonia de apertura»*, se relaciona con el juramento olímpico.

«Inmediatamente después, se efectúa un llamado de trompetas y un tiro de cañón, mientras que la bandera olímpica es izada en el mástil central, como se indica más arriba, y se liberan las palomas (cada una de ellas con una cinta en el cuello del color de una de las naciones participantes). Luego de lo cual, los coros ejecutan una cantata. Si hay una ceremonia religiosa, ese es el momento de realizarla. Si no, se procede enseguida al juramento de los atletas. Uno de ellos, perteneciente al país en donde se organizan los Juegos, va hasta el pie de la tribuna de honor, llevando en la mano la bandera del país, rodeado por los abanderados de todos los otros países, que forman un semicírculo allí donde estaban antes los Comités. Pronuncia entonces en voz alta el siguiente juramento, al cual se asocian los demás atletas levantando el brazo derecho: "Juramos que nos presentamos a los Juegos Olímpicos como competidores leales, respetuosos de los reglamentos que los rigen y deseosos de participar con espíritu caballeresco por el honor de nuestro país y la gloria del deporte».

En sucesivas declaraciones formuladas años después, intentando contrarrestar creencias tenaces que persisten hasta hoy, Coubertin aclaró el significado del famoso rito. El 27 de agosto de 1936 declaró a André Lang de *Le Journal*: «No me haga reír con la querella del amateurismo. No hay amateurismo ni lo hubo jamás, como no hubo tampoco la más mínima alusión a este asunto en el juramento olímpico que yo redacté». Y una semana después, al cotidiano *L'Auto*: «Se me ha reprochado a menudo, y siempre erróneamente, la pretendida hipocresía del juramento olímpico. [...] Pido al juramento una sola cosa, la lealtad deportiva».

(Documento consultable en la Mediateca de la Federación Francesa)

sur les Spectacles

sons précédentes, l'exonération de la taxe était délivrée sur demande par M. le Mi- pour les organisations directement assu- rations Nationales et par les généraux bdivisions pour les Ligues et les Sociétés. rvenu dans cette question en exigeant préalable soit formulée près des Contri-

la Cour de Cassation, par un arrêt du cassé le jugement de la Cour d'Appel it prononcée en faveur de l'Automobile- ur non-paiement de la taxe d'Etat, avec omobile-Club de France n'avait pas fait u'elle organisait et près de l'Administra- tions directes, la déclaration préalable rnier paragraphe de l'article 92 de la loi

u de différentes régions que des contrô- tions avaient l'intention d'exiger de nos ration préalable sur papier timbré pour ons hebdomadaires qu'elles organisaient. léral a tenu à demander conseil et appui igné à M. le Haut Commissaire que nos iquer publiquement le football tous les les recettes qu'elles réalisent servent développement du sport et de l'éducation ıot, qu'elles n'ont aucun but commercial. nous ajouté, si la déclaration sur papier istration des Contributions directes est it-il pas possible d'obtenir de cette admi- e déclaration puisse être faite une fois s Sociétés en début de saison, le carac- et du spectacle étant en effet permanent er d'un dimanche à l'autre. 1. le Haut Commissaire à la Guerre a bien ocat près de M. le Ministre des Finances, -après copie de la lettre qu'il a reçue de Finances, fixant officiellement les condi- r satisfaire à l'administration des Contri-

DES FINANCES
ôle des Administrations
le l'Ordonnancement.

Le Ministre des Finances
à M. Henry Paté, Haut Commissaire
à la Guerre (Education physique,
Sports, Préparation militaire).

SPECTACLES

e du 13 septembre 1923, n° 2210, EP vous ppeler mon attention sur la pétition ci- a Fédération Française de Football Asso- ation demande que ses Sociétés soient e au début de l'année sportive une seule rait valable pour toutes les réunions de

le vous faire connaître que la déclaration 92 de la Loi du 25 juin 1920 a été impo- urs de spectacles, afin que le fisc ait con- résentations organisées. ninistration ne voit aucun inconvénient à ration Française de Football Association pour chaque réunion, sauf à la Société à chaque saison, une déclaration relatant le périodique des diverses réunions de

ngement, pour quelque motif que ce soit, nsi tracé, une déclaration modificative effectuée. »

vent donc comme par le passé adresser énéraux commandant la subdivision dont ur l'obtention de l'exonération de la taxe

autre part, suivant les instructions de Finances et pour satisfaire à l'article 92 1920, adresser une déclaration à l'Admi- tributions directes dès le début de la pré- latant les dates ou les séries périodiques s qu'elles doivent organiser pour 1923-24. n sera donnée aux Contributions, et en ormalité, que nous avons pu fort heureu- nos Sociétés pourront bénéficier comme xonération de la taxe d'Etat.

RÈGLEMENTS & PROTOCOLE

de la Célébration des Olympiades Modernes et des Jeux Olympiques Quadriennaux

(Suite)

CEREMONIE D'OUVERTURE DES JEUX OLYMPIQUES

« Le souverain ou Chef d'Etat qui doit proclamer l'ouverture des Jeux Olympiques est reçu à l'entrée du Stade par le Président du Comité International qui présente ses collègues et par le Président du Comité organisateur qui présente les siens. Les deux Comités conduisent le souverain ou Chef d'Etat et les personnes qui l'accompagnent à la tribune d'honneur où il est salué par l'exécution de l'hymne national du pays, joué ou chanté. Aussitôt après commence le défilé des athlètes. Chaque contingent en tenue de sport doit être précédé par une enseigne portant le nom du pays correspondant et accompagné de son drapeau national (les pays figurant par ordre alphabétique). Ne peuvent prendre part au défilé que les participants aux Jeux à l'exclusion de tout groupe étranger à leur objet.

« Chaque contingent ayant accompli le tour du Stade vient se ranger sur la pelouse centrale en colonne profonde derrière son enseigne et son drapeau, faisant face à la tribune d'honneur. Le Comité International et le Comité organisateur se placent alors dans l'arène, en demi cercle, devant cette tribune et le Président du Comité organisateur, s'avançant, prend la parole et lit un bref discours qu'il termine en demandant au souverain ou Chef d'Etat de vouloir bien proclamer l'ouverture des Jeux. Celui-ci se lève et dit : « Je proclame l'ouverture des Jeux Olympiques de... célébrant la... Olympiade de l'ère moderne ». Aussitôt une sonnerie de trompettes se fait entendre et le canon tonne tandis que le drapeau Olympique est hissé au mât central ainsi qu'il a été indiqué plus haut et que s'opèrent un lâcher de pigeons (chaque pigeon portant au cou un ruban aux couleurs d'une des nations concurrentes); puis des chœurs exécutent une cantate. S'il y a une cérémonie religieuse, c'est à ce moment qu'elle doit intervenir (1). Sinon il est procédé aussitôt à la prestation du serment des athlètes. L'un d'eux appartenant au pays où ont lieu les Jeux s'avance au pied de la tribune d'honneur, tenant en main le drapeau du pays et entouré par les porteurs de tous les autres drapeaux nationaux rangés en demi-cercle à la place qu'occupaient précédemment les Comités. Il prononce alors à haute voix le serment suivant, auquel tous les athlètes s'associent en levant le bras droit : « Nous jurons que nous nous présentons aux Jeux Olympiques en concurrents loyaux respectueux des règlements qui les régissent et désireux d'y participer dans un esprit chevaleresque pour l'honneur de nos pays et la gloire du sport. »

« Les chœurs se font entendre à nouveau puis le défilé des athlètes se reproduit en sens inverse pour leur sortie du Stade.

« La cérémonie étant ainsi terminée, les concours peuvent commencer aussitôt à moins que cet après-midi d'ouverture ne soit consacré à des exercices gymniques ou à quelque spectacle approprié.

DISTRIBUTION DES PRIX

« Le Comité organisateur la règle au mieux des possibilités. Elle peut être sectionnée en plusieurs fois s'il est nécessaire. De toutes façons il est désirable que les lauréats s'y présentent personnellement et en tenue de sport.

CEREMONIE DE CLOTURE DES JEUX OLYMPIQUES

« La cérémonie doit avoir lieu au Stade à l'issue des derniers concours. La clôture est proclamée du haut de la tribune d'honneur par le Président du Comité International (ou celui de ses collègues qui le remplace) en ces termes : « Au nom du Comité International Olympique, après avoir offert au... et au peuple... (noms du Chef d'Etat et de la nation) aux autorités (nom de la ville) et aux organisateurs des Jeux le tribut de notre profonde gratitude, nous proclamons la clôture des concours de la... Olympiade et, selon la tradition, nous convions la jeunesse de tous les pays à s'assembler dans quatre ans à... (2) (nom de la ville désignée) pour y célébrer avec nous les Jeux de la... Olympiade. Puissent-ils se dérouler dans l'allégresse et la concorde et puisse de la sorte le flambeau Olympique poursuivre sa course à travers les âges pour le bien d'une humanité toujours plus ardente, plus courageuse et plus pure. Qu'il en soit ainsi.

« Aussitôt les trompettes sonnent. Le drapeau Olympique descend du mât central salué par cinq coups de canon et les chœurs chantent la cantate finale. En même temps le Président du Comité International, dans la tribune d'honneur, remet au maire de la ville le drapeau Olympique en satin brodé donné en 1920 par le Comité belge et qu'il a reçu des mains du représentant de la ville où ont eu lieu les précédents Jeux. Ce drapeau doit être conservé au palais municipal jusqu'à l'Olympiade suivante.

PRESEANCES

Aucune ambassade spéciale ne doit être acceptée par le pays organisateur à l'occasion des Jeux. Pendant toute la durée des Jeux la préséance appartient aux membres du Comité International, aux membres du Comité organisateur, aux Présidents des Comités Olympiques nationaux et aux Présidents des Fédérations Internationales. Ils composent le Sénat Olympique auquel reviennent les premières places après le Chef de l'Etat et son entourage.

ARTS ET LETTRES

Les manifestations artistiques et littéraires susceptibles d'être organisées au cours des Jeux et en rapport avec leur objet sont indéterminées. Il est désirable qu'elles soient nombreuses, que notamment des conférences publiques aient lieu et que, d'autre part, les œuvres présentées aux concours d'art et admises par le Jury à concourir soient exposées au Stade ou dans le voisinage. »

(1) Ce fut le cas à la V° Olympiade (Stockholm 1912). A la IV° (Londres 1908), la cérémonie eut lieu le surlendemain à Saint-Paul. A la VII° (Anvers 1920), elle eut lieu le matin de l'ouverture à la cathédrale et fut présidée par S.E. le Cardinal Mercier.

(2) Au cas où la désignation n'est pas encore intervenue, le nom de la ville est remplacée par les mots « au lieu qui sera ultérieurement désigné ».

DANS LE LYONNAIS

La continuation des championnats de Direction d'Honneur donna lieu contrairement aux prévisions à une grosse surprise. L'Amicale des Charpennes, dont nous signalons la belle tenue en face des Terreaux, battant nettement l'Union Amicale du 1er Arrondissement. Plus nettement que ne l'indique le score de 4-3 puisque 10 minutes avant le time final l'A. C. menait par 4-1. Par contre le F. C. I. ne put que réussir le match nul en face des Aexélistes... ce qui confirme en tous points l'excellente performance de ces derniers devant les L. O. U. S. Le F. C. L. chez qui l'absence de demi-centre se fait sentir joue au-dessous de sa valeur et devra travailler ferme s'il veut conserver le titre enlevé de haute lutte l'an dernier.

FRANCE FOOTBAL

A Vie raison nement le matc Dans dier de tre de sera ur grande

L'Ina

Dima Stade guère f partant cette i qui opp respond gramm belle d S. S. t à 3 a réunior sidée assisté qués d de not de la 3 M. A droit à mise e le Spo Stade Dans MM. allocut

Le R et dix fêtes d C. A. S 1er jan lui res contrer seignen

La importa conclu matche Cette Les désireu Footbal MINGO S. W.

Revel terrain Adres Revel

Instrucciones del Comité Olímpico Francés

El 21 de agosto de 1923, el número 2 de *France Football* publicó en su página 13 «*Las instrucciones oficiales del Comité Ejecutivo del* COF» que completan los reglamentos y protocolos anteriormente presentados, en particular sobre el tema del ejercicio del poder olímpico. La importancia de estas instrucciones se halla en el punto «*Disposiciones generales*», que establece las únicas directivas olímpicas relacionadas con la admisión de los atletas. Expresa lo siguiente:

«*El Torneo de Fútbol Asociación se organizará siguiendo un mecanismo que será función de la cantidad de equipos y cuya exposición se enviará separadamente a los Comités Olímpicos Nacionales. Cada equipo vestirá los colores de su país. Si dos equipos, designados por el sorteo para enfrentarse, tienen colores idénticos o que se parecen a tal punto que generan confusión, uno de los dos jugará con una camiseta que el Comité Olímpico Francés elegirá y proveerá.*

Cada equipo podrá cambiar a sus jugadores de un partido a otro de acuerdo con la lista de suplentes declarada.

Cada partido durará una hora y media con un descanso máximo de 5 minutos. En caso de empate, se jugará un alargue de media hora dividido en dos tiempos de quince minutos con un descanso de 5. Si pese a ello el encuentro sigue empatado, se jugará de nuevo en día y hora que fijará la Comisión de fútbol. Los encuentros se disputarán en el Estadio [Estadio Olímpico de Colombes] *a excepción de ciertos partidos de las eliminatorias que podrán realizarse en las canchas de París o de la región parisina elegidas por el Comité Ejecutivo.*»

Como se ve, las instrucciones se limitan a aspectos deportivos secundarios y cuestiones técnicas de poca importancia, en realidad fijadas por Rimet. No se hace mención alguna al tema del amateurismo.

(Documento consultable en la Mediateca de la Federación Francesa)

Un Coach et Trainer

La 3 F.A. s'est assuré le précieux concours d'un entraîneur pour les six mois qui précèderont les Jeux Olympiques. Son choix s'est fixé sur M. Griffiths, international d'Outre-Manche et éducateur de premier ordre. M. Griffiths, après ses retentissants succès comme joueur professionnel, s'est fixé sur le continent comme entraîneur.

Au cours de ces dernières années il fut l'entraîneur du Be Quick, de Hollande et de l'U.S. Saint-Gilloise, qui furent respectivement champions de Hollande et de Belgique. C'est à partir du 1er décembre que M. Griffiths sera notre hôte. Il fera un stage de plusieurs semaines dans les grands centres du football français.

LE TOURNOI DE FOOTBALL AUX JEUX OLYMPIQUES

Nous publions ci-après les instructions officielles du Comité Exécutif du C.O.F. concernant les engagements et les récompenses au Tournoi international de football :

« La liste générale des sports et des épreuves auxquels participera chaque nation sera reçue jusqu'au 3 avril 1924.

La liste des engagements nominatifs par épreuve sera reçue jusqu'au 24 avril 1924.

Les modifications aux engagements nominatifs seront reçues jusqu'au 5 mai 1924.

Nombre maximum d'engagés : l'équipe de 11 joueurs par nation et 11 remplaçants.

PRIX :

1er prix : Diplôme à l'équipe gagnante; médaille olympique en vermeil et diplôme à chaque membre de l'équipe.

2e prix : Diplôme à l'équipe classée seconde; médaille olympique en argent et diplôme à chaque membre de l'équipe.

3e prix : Diplôme à l'équipe classée troisième; médaille olympique en bronze et diplôme à chaque membre de l'équipe.

DISPOSITIONS GÉNÉRALES

Le Tournoi de Football Association est organisé suivant un mécanisme qui sera fonction du nombre de concurrents et dont l'exposé sera expédié séparément aux Comités Olympiques Nationaux.

Chaque équipe portera les couleurs de son pays. Si deux équipes désignées par le sort pour se rencontrer ont des costumes identiques ou se ressemblant au point d'amener une confusion, l'une des deux jouera dans le costume que le Comité Olympique français décidera et fournira.

Chaque équipe a le droit de changer de joueurs d'un match à l'autre en prenant parmi les remplaçants nommément indiqués.

Chaque match durera une heure et demie avec un repos de 5 minutes maximum.

En cas de match nul, la partie sera prolongée d'une demi-heure (deux mi-temps de 15 minutes avec un repos de 5 minutes). Si, malgré cela, le match reste nul, on le jouera à nouveau aux jour et heure fixés par la Commission de Football Association.

Les matches se joueront au Stade, à l'exception de certains matches éliminatoires qui pourront se jouer sur des terrains de Paris et de la région parisienne choisis par le Comité Exécutif.

NOTA

Les règles de ce sport sont celles de la Fédération Internationale de Football Association.

En cas de contestation sur l'interprétation de ses règles, le texte anglais seul fait foi. »

Les sports d'hiver seront pratiqués pour le compte des Jeux, du 25 janvier au mardi 5 février 1924, le programme du rugby se déroulera du 3 mai au 19 mai, celui du football du 15 mai au 9 juin, tandis que la période athlétique proprement dite ira du 23 juin au 28 juillet.

Pour ce qui concerne notre sport, 24 jours avaient été retenus en prévision d'un tournoi avec repêchage, mais le Congrès de la F.I.F.A., à Genève a décidé de s'en tenir au système de Coupe, c'est-à-dire aux éliminations définitives. Toutefois un match entre les perdants des demi-finales permettra de décerner le 3e prix prévu au règlement olympique. Ce système très simple aura pour avantage de ne prévoir pour 32 équipes que 6 jours de matches et un séjour pour les vainqueurs d'une quinzaine de jours. Ainsi le tournoi olympique pourra être terminé à fin mai 1924.

Rappel de l'Article 9 du Règlement des Terrains

Un grand nombre de Sociétés viennent d'adresser à la Fédération, en vue de la prochaine saison et particulièrement de la Coupe de France, la demande d'homologation de leur Stade. La plupart de ces demandes ne sont pas revêtues de l'avis de la Ligue Régionale intéressée ni non plus accompagnées du plan du terrain. Nous croyons bien faire en rappelant à ce sujet l'article 9 du Règlement de l'homologation des terrains.

CONDITIONS D'HOMOLOGATION

Art. 9. — Les demandes d'homologation de terrain devront être adressées par le club à sa Ligue Régionale et comprendre un rapport détaillé et obligatoirement un plan du terrain dressé par un géomètre à l'échelle de 0.005 par mètre. A charge par la Ligue de faire suivre le dossier avec avis motivé à la Fédération qui, seule, a qualité pour prononcer l'homologation.

Bibliothèque Fédérale

Statuts et règlements. — La sixième édition des statuts et règlements de la 3 F.A. vient de paraître. Cette brochure, indispensable à tous les clubs comprend : 1° le nouveau texte des statuts, tel qu'il a été adopté par le Ministère de l'Intérieur et le Conseil d'Etat; 2° les règlements généraux, mis en forme conformément aux modifications apportées par les derniers Conseils Nationaux de la Fédération; 3° le règlement intérieur; 4° le statut scolaire et universitaire; 5° le statut corporatif; 6° la division de la France en Ligues régionales; 7° le règlement des terrains.

Cette intéressante brochure est mise en vente au siège de la 3 F.A. au prix de 1 franc ou franco au prix de 1 fr. 25.

Règles du jeu. — Cette brochure comprend, outre les notes explicatives, la traduction des termes dont il est fait usage, l'équivalence des mesures anglaises en mesures métriques, le vocabulaire anglais des footballeurs, le plan coté du terrain de jeu, et l'explication de nombreux cas d'off-side.

Ce fascicule est mis en vente au prix de 0 fr. 75 ou 1 franc franco.

Insigne fédéral. — La fédération vient de faire exécuter un insigne portant ses initiales sur fond émaillé tricolore. D'un goût excellent par sa simplicité, cet insigne est destiné à tous les membres de la grande famille que constitue maintenant la 3 F.A. : joueurs et dirigeants des clubs et les Ligues.

Tous pourront porter l'insigne à la boutonnière puisque la 3 F.A. le met en vente au prix modique de 1 fr. 75, 2 francs franco.

Affiches fédérales. — La 3 F.A. met en vente une très belle affiche fédérale pour annonce de match, au prix de 1 fr. 75 l'une, port en sus.

Cette affiche artistique est tirée en trois couleurs et est de grandes dimensions : 120×160.

Diplômes. — La saison est terminée, les vainqueurs des épreuves officielles : Championnats régionaux toutes sé-

---

Proyecto de calendario por Delanghe

El congreso de la FIFA reunido en Ginebra en 1923 había delegado la tarea de elaborar el calendario definitivo del torneo a la Comisión Técnica. Esta es la primera versión, imaginada por Maurice Delanghe, publicada en la página 21 del número 3 de *France Football*, el 7 de septiembre de 1923. Partía de una participación de 32 equipos, A a P (16) y A' a P' (16').

Escribió el dirigente francés:

«De acuerdo con las instrucciones de la FIFA y del COF, esta competición debe desarrollarse en París, disputarse por eliminatorias (como la Copa de Francia) y durar como máximo 16 días. Debe observarse además obligatoriamente un reposo de 48 horas entre cada vuelta. Este es pues el proyecto de calendario previsto para 32 equipos.»

Delanghe explicó su iniciativa evocando su experiencia personal: *«Desde hace cuatro años formo parte de la directiva de la Comisión de la Copa de Francia. Me especialicé en la elaboración de calendarios, y pensé que sería útil preparar un trabajo que someteré en la próxima reunión de la Comisión Técnica».*

Las tachaduras a lápiz están en el original archivado en la biblioteca de la federación francesa. Los días programados por Delanghe eran: *samedi* (sábado), *dimanche* (domingo), *mercredi* (miércoles), *samedi, dimanche, mercredi, jeudi* (jueves) y *dimanche.* Una particularidad del programa finalmente ejecutado fue que se jugaron dos partidos por el tercer puesto entre Suecia y Holanda, el domingo 8 (1 a 1) y el lunes 9 (3 a 1) justo antes de la final. Los días 28 y 30 se enfrentaron dos veces Suiza y Checoslovaquia (1 a 1 y 1 a 0). Holanda jugó tres partidos seguidos: el 6 contra Uruguay, el 8 y el 9 contra Suecia. La final se jugó el 9, lunes de Pentecostés, día feriado, último día posible según las fechas fijadas por el COF en la invitación.

(Documento consultable en la Mediateca de la Federación Francesa)

Le Football aux Jeux Olympiques

L Bureau de la 3 F. A. vient de nommer la Commission technique de Football-Association des Jeux Olympiques.

Ceci indique que nous entrons dans la période active de la préparation du Grand événement sportif qui doit avoir lieu à Paris en 1924.

Ayant l'honneur d'appartenir à cette Commission technique j'ai cru de mon devoir d'élaborer un projet de calendrier pour le Tournoi de football.

En effet, depuis quatre ans que je fais partie du Bureau de la Commission de la Coupe de France, je me suis spécialisé dans l'élaboration des calendriers et j'ai pensé à préparer, un travail que je soumettrai à la prochaine réunion de la Commission technique du C.O.F.

D'après les instructions de la F.I.F.A. et du C.O.F., cette compétition doit avoir lieu à Paris, se disputer par élimination (comme la Coupe de France) et ne durer que 16 jours. De plus, il faut obligatoirement observer un repos minimum de 48 heures entre chaque tour.

Voici donc un projet de calendrier prévu pour 32 équipes engagées. (Si le nombre de 32 n'est pas atteint on procédera comme pour notre Coupe, à un tirage au sort pour désigner les exempts du 1er tour).

32 ENGAGÉS	A	B	C	D	E	F	G	H	I	J	K	L	M	N	O	P
	A'	B'	C'	D'	E'	F'	G'	H'	I'	J'	K'	L'	M'	N'	O'	P'

TERRAINS : T. 1 — T. 2 — T. 3 — T. 4 — T. 5 — T. 6

Tour	Jour	Terrain et heure	Match	Gagnant	Classement		
1er tour	~~Samedi~~ Dim.	T. 1 de 2 h. 30 à 4 h.	A contre A'	gagnant A	2 équipes classées	8 class.	16 équipes classées
		— de 4 h. à 5 h. 30	B — B'	— B			
		T. 4 de 2 h. 30 à 4 h.	C — C'	— C	—		
		— de 4 h. à 5 h. 30	D — D'	— D			
		T. 5 de 2 h. 30 à 4 h.	E — E'	— E	—		
		— de 4 h. à 5 h. 30	F — F'	— F			
		T. 6 de 2 h. 30 à 4 h.	G — G'	— G	—		
		— de 4 h. à 5 h. 30	H — H'	— H			
	~~Dimanche~~ Lundi	T. 1 de 2 h. 30 à 4 h.	I contre I'	gagnant I	—	8 class.	
		— de 4 h. à 5 h. 30	J — J'	— J			
		T. 2 de 2 h. 30 à 4 h.	K — K'	— K	—		
		— de 4 h. à 5 h. 30	L — L'	— L			
		T. 4 de 2 h. 30 à 4 h.	M — M'	— M	—		
		de 4 h. à 5 h. 30	N — N'	— N			
		T. 6 de 2 h. 30 à 4 h.	O — O'	— O	—		
		— de 4 h. à 5 h. 30	P — P'	— P			

REPOS minimum : 48 heures = Lundi, Mardi.

Tour	Jour	Terrain et heure	Match	Gagnant	Classement	
2e tour	~~Mercredi~~ Jeudi	T. 1 de 2 h. 30 à 4 h.	A contre B	gagnant A	—	8 équipes classées
		— de 4 h. à 5 h. 30	C — D	— C		
		T. 3 de 2 h. 30 à 4 h.	E — F	— E	—	
		— de 4 h. à 5 h. 30	G — H	— G		
		T. 4 de 2 h. 30 à 4 h.	I — J	— I	—	
		— de 4 h. à 5 h. 30	K — L	— K		
		T. 6 de 2 h. 30 à 4 h.	M — N	— M	—	
		— de 4 h. à 5 h. 30	O — P	— O		

REPOS minimum : 48 heures = Jeudi, Vendredi.

Tour	Jour	Terrain et heure	Match	Gagnant	Classement
3e tour	~~Samedi~~ Dim.	T. 4 de 4 h. à 5 h. 30	A contre C	gagnant A	4 équipes classées
		T. 6 —	E — G	— E	
	~~Dimanche~~ Lundi	T. 1 —	I — K	— I	
		T. 2 —	M — O	— M	

REPOS minimum : 48 heures = Lundi, Mardi.

Tour	Jour	Terrain et heure	Match	Gagnant	Classement
4e tour	~~Mercredi~~ Jeudi / ~~Jeudi~~ Vendredi	T. 1 de 4 h. à 5 h. 30	A contre E	gagnant A	2 équipes classées
		— —	I — M	— I	

REPOS minimum : 48 heures = Vendredi, Samedi.

Tour	Jour	Terrain et heure	Match	Gagnant	
5e tour Finale	Dimanche (Lundi)	T. 1 de 2 h. 30 à 4 h.	E — M	— E	**Troisième**
		T. 1 de 4 h. à 5 h. 30	A — I	— I	**Vainqueur**

Ce projet de calendrier permet à un spectateur de voir onze matches et aux compétiteurs de pouvoir assister à de nombreux matches des équipes concurrentes.

Il permet aussi de n'utiliser que 4 terrains au minimum (1) et ceci est précieux, étant donné que Paris compte peu de Stades aménagés pour de telles rencontres.

Je vous soumets ce projet de calendrier, chers lecteurs, Toutes vos suggestions seront utiles pour aider notre Commission à élaborer le calendrier définitif.

M. DELANGHE.

(1) *La Commission essayera de trouver au moins 6 terrains de jeux de 110×70 ayant des installations confortables pour les joueurs et les spectateurs.*

Designación de los redactores del Reglamento

Estas actas de la reunión de la Comisión técnica publicadas en el *France Football* del 14 de septiembre de 1923 presentan ciertas informaciones de interés.

«Presidencia del señor Jooris. Presentes: señores Delanghe, Delaunay, Duchenne, Roux. Chevallier, del Comité Ejecutivo, asiste a la reunión; disculpados: señores Barreau y Jandin.

Vicepresidencia: la Comisión decide proponer a la Directiva [de la 3FA] *la nominación del señor Delanghe. Reglamento del torneo: Delanghe, Delaunay y Duchenne son designados como redactores. Campos de juego. Se solicitarán informaciones complementarias al Estadio Bergeyre y al Parque de los Príncipes. Folleto de propaganda. La Comisión decide publicar en dicho documento el reglamento y el calendario del Torneo, y eventualmente las reglas de juego y la composición de la Comisión.*

Fecha del Torneo. La Comisión decide enviar al COF *el calendario que acaba de establecer y pedirle la fecha de apertura considerando que la realización del programa adoptado requiere solo 15 días y debe comenzar un sábado. Tribunal de Reclamos. Después de un intercambio de puntos de vista sobre el tema, se decide solicitar la opinión de la* FIFA. *Se pedirán también informaciones a la Unión Real Belga.»*

Desde setiembre pues, Delaunay integró la Comisión y contribuyó a establecer el nexo con la FIFA. Las actas ratifican que la redacción del reglamento estuvo en manos de los dirigentes del fútbol francés, bajo la tutela de Delaunay, que era el especialista de la FIFA en materia de leyes. Se destaca el tema del «folleto de propaganda». Luego de consultado Rimet, la Comisión abandonó la idea de crear un documento específico y optó por hacer del semanario oficial francés el mencionado «folleto de propaganda» del «Torneo Mundial».

(Documento consultable en la Mediateca de la Federación Francesa)

Strasbourg; 5. U.S. Belfortaine; 6. C.A. Messin; 7. Stade Déodath; 8. A.S. Remiremont; 9. U.S. Lunéville; 10. A.S. Excursionnistes Lyonnais; 11. Rhone Sportif; 12. Amiens A.C.; 13. R.C. Arras; 14. Stade Roubaisien; 15. J.S. Desvroise; 16. Star Club Caudrésien; 17. S.C. Rémois; 18. Stade Compiégnois; 19. F.C. Dieppois; 20. F.C. Rouen; 21. Stade Malherbe Caennais; 22. S.S.J.B. Angers; 23. Armoricaine de Brest; 24. Stade Nantais; 25. Stade Briochin; 26. Stade Français; 27. S.O. Est; 28. J.A. St-Ouen; 29. U.S.A. Clichy; 30. A.F. Garenne-Colombes; 31. U.A. 16e; 32. V.G.A. St-Maur; 33. Stade Raphaelois; 34. S.O. Montpellier; 35. S.A. Provençaux; 36. A.S. Cannes; 37. Antibes Olympiques; 38. S.C. Bastidienne; 39. Section Burdigalienne; 40. A.S. Cherbourg Stella; 41. U.S. Laon; 42. U.S. Sedan; 43. Bordeaux Etudiants Clubs; 44. A.S.P.T.T. Bordeaux.

CALENDRIER DU 1er TOUR ELIMINATOIRE
14 *octobre* 1923

Les matches auront lieu sur le terrain du Club premier nommé. Le Coup d'Envoi à 14 heures précises :

Coup d'envoi à 14 heures précises :

1 V. S. de Sens, contre Stade J. M. de Troyes.
2 R. C. Bourguignon, contre A. S. Audincourtoise.
3 R. C. Franc-Comtois, contre E. S. de Grandvillars.
4 R. C. Chalonnnais, contre U. S. Beaunoise.
5 A. de la J. Auxerrcise, contre Standart Ath. Club.
6 F. C. de Valognes, contre U. S. Equeurdrevillaise.
7 Groupe Sp. Cherbourgeois, contre Stade St-Lois.
8 C. S. Coutançais, contre Stade Grandvillars A. C.
9 Stade Havrais, contre A. L. de Deville- les-Rouen.
10 U. S. Fécampoise, contre Amicale Louis Vauquelin, Rouen.
11 Sotteville F. C., contre Etoile des Deux Lacs.
12 U. S. Stéphancise, contre C. A. St-Aubinois.
13 Groupe Sportif de Canteleu, contre Amicale de Malaunay.
14 A. S. de Trouville-Deauville, contre Stade Ath. du Nord-Est.
15 A. S. du Centre, contre Stade Pessacais.
16 A. S. de Châteauroux, contre S. N. du Loiret.
17 A. S. Orléanais, contre A. S. des Transports.
18 C. S. des Terreaux, contre S. C. Forézien.
19 U. S. d'Annemasse, contre U. S. St-Bruno.
20 A. C. Stéphanois, contre U. S. de Pont-de-Cherruy.
21 S. C. de Grenoble, contre A. des Charpennes.
22 F. C. Thononais, contre U. A. des A. E. de E. L. du 1er arr.
23 Scouts Gapensais, contre U. S. de Modane.
24 A. S. Roannaise, contre Eveil de Lyon.
25 Concordia F. C. de Bellegarde, contre F. C. de Lyon.
26 A. S. Morézienne, contre C. S. Lyonnais.
27 C. O. St-Chamonais, contre C. des Nageurs de Lyon.
28 A. S. Messine, contre C. S. Mars 05 Bischeim.
29 S. U. Lorrain, contre A. S. Sarreguemines.
30 U. L. Moyeuvre-Grande, contre F. A. Illkirch Graffenstaden.
31 U. S. Forbach, contre F. C. de Strasbourg.
32 U. S. Spinalienne, contre S. S. U. Hagendange.
33 Sportive Thionvilloise, contre F. C. Nancéen.
34 R. C. Strasbourg, contre U. S. de Toul.
35 S. S. Mulhouse-Dornach, contre S. S. la R. Petite-Rosselle.
36 F. C. Haguenau 1900, contre C. S. Stiring Wendel.
37 S. C. Schiltigheim, contre C. S. Orne 19 Amnéville.
38 F. C. St-Louis 1911, contre A. Montbéliard-Sochaux.
39 E. C. de Tourcoing, contre U. S. Roubaisienne.
40 Amicale des Arts de Roubaix, contre U. S. Auchelloise.
41 F. C. de Roubaix, contre Carabiniers de Billy-Montigny.
42 Stade Heninois, contre C. A. Delezenne Roubaix.
43 A. C. Cambrésien, contre Olympique St-Quentin.
44 S. C. de Douai, contre E. S. de Bully.
45 U. S. de Pérenchies, contre Stade Béthunois.
46 J. S. Armentiéroise, contre C. S. de Calais.
47 C. A. S. G. de Lille, contre C S. de Watten.
48 S. C. St-Pol-sur-Mer, contre U. S. Neuxoise.
49 Arras Olympique, contre C A. de Péronne.
50 Olympic S. C. Boulonnais, contre E. S. d'Amiens.
51 Stade Amienois, contre V. C. Beauvoisien.
52 Olympique S. C. Boulonnais, contre Denain Athlétique.
53 S. C. Fivois, contre S. C. Lourchois.
54 R. C. Lensois, contre U. S. Bruaysienne
55 S. C. Abbevillois, contre C. S. de Neuilly.
56 S. U. Chaumontais, contre La Prolétarienne de Romilly.
57 U. S. Troyenne, contre S. C. Chalonnais.
58 F. C. Mohonnais, contre S. S. Parc Pommery.
59 Stade St-Justois ,contre U. S. de Ham.
60 C. A. Vrignois, contre A. S. Haumontoise.
61 U. S. Chantilly, contre C. A. Montrouge.
62 A. S. Creil-Nogent, contre C. S. Château-Thierry.
63 Standart de Montataire, contre Groupe S. de Marissel.
64 U. S. Romillonne, conte Paribas A. C.
65 Gallia Club de Soissons, contre U. S. d'Asnières.
66 U. S. O. Brestoise, contre La Démocrate St-Pierre-Quilbignon.
67 Stade Lesnevien, conte E. St-Laurent-de-Lambezellec.
68 C. S. Fougerais, contre Stade Lavallois.
69 U. S. Beauregard-de-Laval, contre Avant-Garde d'Angers.
70 Lorent Sport, contree A. C. de la Loire.
71 La Mellinet de Nantes, contre S. C. de l'Ouest.
72 Stade Quimpérois, contre V. Vannetais U. S.
73 U. S. du Mans, contre U. S. Orléanaise.
74 A. S. des Cheminots Rennais, contre Drapeau de Fougères.
75 E. S. de Juvisy, contre C. A. d'Etampes.
76 S. C. Français, contre F. C. de Creснes
77 C. A. XIVe, contre A. A. S. de Fresnes.
78 S. C. de Choisy-le-Roi, contre U. S. Athis-Mons.
79 U. S. Maisons-Laffite, contre S. S. Courageuse de Romilly.
80 Rueil A. C., contre A. V. S. Auxerroise.
81 C. O. de Billancourt, contre S. C. Langeais.
82 U. S. Gennevilloise, contre U. S. Meudonnaise.
83 Paris Star, contre C. A. Boulonnais.
84 P. U. C. contre Sté Ed. Ph. Alsacienne-Lorraine Paris.
85 U. A. Intergadz-Arts, contre Espérance Drouaise.
86 C. d'Encouragement aux Sports, contre C. A. du Rosaire.
87 C. A. d'Ivry, contre Lutécia S. C.
88 S. S. A. Parisienne, contre C. A. Dionysien.
89 S. C. U. de France, contre Club Scéen
90 U. S. du Marais, contre E. S. du Raincy.
91 C. A. d'Enghien, contre U. S. Pontoisienne.
92 Cosmopolitain Club, contre Stade Olympique d'Ermont.
93 Football Club Dionysien, contre A. S. Montmorency.
94 Villemomble Sport, contre C. A. Montreuillois.
95 U. S. Cazérienne, contre C. A. S. G. Bordeaux.
96 Stade Montois, contre Bagnères-Luchon Sports.
97 Red Star C. A. de Limoges, contre Cenon Sports.
98 U. A. de Cognac, contre Caudéranaise et Amicale réunies.
99 Floirac Club, contre S. A. U. de Limoges
100 S. V. et A. de Ruelle, contre Bordeaux A. C.
101 Sport A. Bordelais, contre S. C. d'Angoulême.
102 C. A. Béglais, contre S. C. Monségurais.
103 S. A. Arcachonnais, contre Les Girondins.
104 Revel Sports, contre R. C. Agathois.
105 Etoile Carmausine, contre Gallia C. Lunellois.
106 Red Star Club d'Alais, contre U. S. Marseillaise.
107 Stade Ste-Barbe Grande-Combe, contre S. C. Montpellierain.
108 S. C. Marseille, contre International F. C. Nice.
109 Phocée Club Marseille, contre R. C. de Cannes.
110 Gymnaste Club de Nice, contre C. A. S. G. Marseille.
111 O. Menton et Cap Martin, contre S. C. Victor-Hugo Marseille.
112 U. S. Sommiéroise, contre C. A. Marseille.
113 F. C. de Montpellier, contre U. C. Vergezoise.
114 S. C. Dracénois, contre Avant-Garde Gauloise de Nice.
115 C. A. S. Thiernois, contre F. C. Moulinois.
116 A. S. des Ateliers de Vauzelles, contre S. C. Montcellien.

Le Secrétaire : SESQUIÈRES.

COMMISSION TECHNIQUE PRÈS DU C. O. F.

Présidence de M. Jooris. Etaient présents : MM. Delanghe, Delaunay, Duchenne, Roux. M. Chevalier du Comité exécutif assiste à la séance. Excusés : MM. Barreau et Jandin.

Vice-Présidence. — La Commission décide de proposer au Bureau la nomination de M. Delanghe.

Règlement du Tournoi. — MM. Delanghe, Delaunay et Duchenne sont nommés rapporteurs.

Calendrier. — Après un échange de vues, le projet présenté par M. Delanghe est adopté à l'unanimité.

Désignation des Terrains. — Des renseignements complémentaires seront demandés au Stade Bergeyre eu au Parc des Princes.

Matière d'une brochure de propagande. — La Commission décide de faire figurer dans cette brochure le règlement et le calendrier du tournoi, et éventuellement les règles du jeu ainsi que la composition de la Commission.

Date du Tournoi. — La Commission décide d'adresser au C. O. F. le calendrier établi par elle, et de lui demander la date d'ouverture en tenant compte que le calendrier adopté ne nécessite qu'un délai de quinze jours pleins, devant commencer un samedi.

Jury d'appel. — Après un échange de vues sur cette question et la nationalité des arbitres, il est décidé de demander avis à la F. I. F. A. Des renseignements seront en outre demandés à l'Union Royale Belge.

Prochaine réunion. — La Commission décide de se réunir lundi prochain, à 6 h. et demie, et de provoquer une réunion de la Commission de Préparation Olympique, pour 7 heures.

Le Capitaine Beaupuis sera convoqué à cette dernière réunion concernant le tirage du film.

Le Secrétaire : DUCHENNE.

LIGUE DE BOURGOGNE F.C.

ASSEMBLÉE GÉNÉRALE EXTRAORDINAIRE
Tenue à Dijon, le 12 août 1923.

L'Assemblée est ouverte à 9 heures 30 par M. Rimet, Président de la F. F. F. A., assisté de M. Jevain, Président de la Ligue de Paris, M. Dosogne, Secrétaire adjoint de la F. F. F. A., et M. Bourgeois, de la Commision des Règlements et Qualifications de la F. F. F. A.

M. Rimet prononce une allocution dans laquelle il expose les raisons qui l'ont décidé à venir présider l'assemblée de Bourgogne-Franche-Comté. Il dit son désir de voir les éléments bourguignons et franc-comtois se souder intimement et coopérer à la grande tâche fédérale.

M. Rimet propose à l'assemblée de ratifier en bloc les décisions de l'assemblée du 17 juin, décisions qui furent prises à l'unanimité des 89 clubs représentés. Cette assemblée fut, par la suite, annulée en raison du préavis de convocation insuffisant (8 jours au lieu de un mois).

M. Rimet accorde la parole à M. Dreyfus Pierre (Belfort), qui fait un long exposé du projet de réorganisation de la Ligue établi par M. Béranger.

La discussion prenant une tournure nuisible à la rapidité du travail, M. Rimet propose à l'assemblée d'établir un Bureau. Le président invite l'assemblée à ratifier la nomination du Bureau élu le 17 juin.

Reglamento del Torneo de fútbol de 1924 en France Football

El 1.º de febrero de 1924, en las páginas 214 y 215 de su número 24, *France Football* publicó el Reglamento del Torneo de fútbol redactado por la Comisión, previamente enviado a Rimet («al Comité Ejecutivo del COF») y aprobado por la cúpula de la FIFA. Se ve aquí la primera parte, que es la más importante, en la cual se establece todo lo relacionado con las *«Inscripciones y calificaciones de los jugadores»*. Los artículos III y IV exponen en totalidad los criterios de admisión anotados en el «contrato», únicos susceptibles de sustentar reclamos en la materia.

«Artículo III. Las Naciones participantes invitadas por el COF podrán anotar un solo equipo. Las inscripciones deberán llegar al COF antes del 3 de abril de 1924. Cada Nación podrá inscribir hasta 22 jugadores. La lista de las inscripciones nominativas de los jugadores será aceptada por el COF hasta el 24 de abril de 1924 y las modificaciones eventuales en estas inscripciones hasta el 5 de mayo de 1924.

Artículo IV. Cada país está invitado a dar a conocer el nombre y la calidad de su delegado deportivo oficial. Este delegado será el único calificado para representar a su País y deberá disponer de plenos poderes como representante de su Comité Olímpico.»

Como puede constatarse, el reglamento no mencionaba –ni siquiera para negarlo– el tema del amateur-profesional, limitándose las prescripciones a los aspectos puramente administrativos. Ignorar totalmente el tema del amateurismo: eso era lo propio de un reglamento inequívocamente abierto.

(Documento consultable en la Mediateca de la Federación Francesa)

D'autres arbitres britanniques sont venus diriger des matches internationaux : ils n'ont pas tous eu le même succès. Je n'en veux, comme preuve que l'insuccès qu'a eu — et bien à tort d'ailleurs — auprès du public français, M. le Capitaine Walton, lors de France-Norvège, cette année, au Parc des Princes. Cependant M. Walton dirigea parfaitement la rencontre, mais hélas! la France fut battue...

Et puis... « Nul n'est prophète en son pays », n'est-ce pas?

Evidemment ces lignes sont écrites par un arbitre : il est de toute logique me direz-vous, que je soutienne les intérêts de la corporation. Ce n'est pas tout ce que j'ai cherché à faire, c'est surtout pour essayer de recruter parmi les lecteurs de *France-Football* et les spectateurs dominicaux, quelques personnes de bonne volonté pour venir dimanche prochain... ou un autre, diriger les matches de leur sport favori.

Evidemment, évidemment, les arbitres ne sont bons à rien, mais tout de même je suis heureux et fier d'être encore des leurs.

Mais non! bonnes gens! la vérité est beaucoup plus simple.

A quoi servirait ce journal si ce n'était pas à dire, à traduire, à claironner, le sentiment élevé et les brillantes qualités morales (dont il faut faire état plus aujourd'hui qu'hier) qui ont toujours animé et qui animent encore nos arbitres, qu'ils soient régionaux, interrégionaux, fédéraux voire même internationaux. Faites-leur donc entièrement confiance.

Ce sont des consciencieux.

Ils sont beaucoup mieux instruits en tout cas, que beaucoup de spectateurs et que certains critiques dévorant de l'arbitre sans arrêt, n'hésitant même pas à les inviter à la retraite, à les « limoger » en quelque sorte.

C'est un comble.

Non! Je termine en ayant le courage de proclamer qu'une des conditions essentielles du recrutement, et sans doute aussi du relèvement de la qualité des arbitres, c'est la cessation immédiate de toute politique antiarbitrale.

Et, malgré les grincheux, les illuminés et les critiques de tout poil et de toute plume, j'ose déclarer :

Sans arbitres, pas de salut!!

Gabriel JANDIN (*arbitre fédéral*).

LA COUPE

Le Triomphe d'un Huitième de Finale

La veille du grand match qui devait opposer le Red Star Club, Champion de France, au F.C. de Cette Finaliste 1922-23, la Cannebière et ses environs immédiats étaient en pleine effervescence. C'est que tout ce que compte Marseille de sportifs, de sportsmen, voire même, de sportswomen ne s'entretenaient que des chances des deux antagonistes.

Les Bureaux de location ne cessaient de délivrer des tickets, à tel point qu'on dut réserver pour le dimanche quelques centaines de places pour les spectateurs qui devaient venir des grandes villes languedociennes.

En effet, de nombreux trains spéciaux avaient été formés à Cette, Nîmes, Montpellier, d'autres devaient venir de Cannes et même des Cévennes pour assister au grand match.

Dès les premières heures du dimanche, ces supporters enthousiastes, mais harassés, défilaient dans les grandes artères de la cité phocéenne. Le spectacle était vraiment curieux, car un bon nombre d'entre eux étaient munis de filet contenant leurs provisions.

De longues files montaient vers le magnifique terrain de l'O.M., hélas malheureusement trop petit pour contenir une telle affluence.

A une heure de l'après-midi et alors que le coup d'envoi du match ne devait être donné qu'à 2 heures 1/2, toutes les places étaient prises. Plusieurs milliers de ces supporters qui avaient pourtant tant mérité pour voir la recontre, se virent refuser l'accès au stade.

La police fut impuissante, en différents endroits des barrages d'agents furent enfoncés. Des murs avoisinants et le toit de plusieurs maisons furent pris d'assaut par les vagues populaires. Le record de l'affluence établi lors du match France-Italie fut largement battu et pourtant il ne s'agissait, n'est-ce pas, que d'un huitième de Finale de la Coupe de France. Aucun reproche n'est à formuler aux dévoués organisateurs, car les services de la location, des contrôles et de police, avaient été assurés avec une parfaite compétence par MM. Abelly, Crémieux et Miribel.

Comment pourrait-on nier le succès de la Coupe de France, même avec les imperfections qu'on lui connaît, quand on a vu pareil spectacle à l'occasion d'un huitième de finale!

Vital COURCIER.

Le Football quand même !

Malgré la grève du rail en Angleterre, la League a fait jouer tous ses matches samedi dernier. Les spectateurs prirent d'assaut les tubes, les autobus et tramways. De nombreux services supplémentaires furent organisés pour satisfaire aux circonstances. C'est ainsi que le fameux ground de Chelsea reçut une foule considérable, venue spécialement pour applaudir Huddersfield.

Ces résultats ne doivent pas surprendre, car le football, en dépit des grèves, ne chôme jamais outre-Manche. Lors des événements sanglants en Irlande, les matches de football furent les seuls spectacles autorisés, et même recommandés par la police.

Le football « pacificateur » est un titre qu'on ne lui connaissait pas encore!

Jeux Olympiques

TOURNOI DE FOOTBALL

Règlement du Tournoi

ARTICLE I. — Le contrôle technique du tournoi de football de la VIIIe Olympiade est confié à une commission composée de la façon suivante :

MM. **Jooris**, président.
Delangle, Vice-président.
Duchenne, secrétaire.
Jandin, Barreau, Roux, Delaunay, membres.
Chevallier membre du Comité Exécutif.
Fontaine, adjoint au Commissaire Sportif.

REGLES DU JEU

ARTICLE II. — Les règles du jeu seront celles de l'International Board pour 1923-24. En cas de contestation sur l'interprétation de ces règles, le texte anglais seul fera foi.

ENGAGEMENTS ET QUALIFICATIONS DES JOUEURS

ARTICLE III. — Chaque Nation participante invitée par le C. O. F. ne pourra engager qu'une seule équipe.

L'engagement devra parvenir au C.O.F. avant le 3 avril 1924. Chaque Nation pourra faire inscrire vingt-deux joueurs.

La liste des engagements nominatifs des joueurs sera reçue par le C.O.F. jusqu'au 24 avril 1924 et les modifications à ces engagements jusqu'au 5 mai 1924.

ARTICLE IV. — Chaque Pays est invité à faire connaître le nom et la qualité de son délégué sportif officiel. Ce délégué sera seul qualifié pour représenter son Pays et devra être muni de tout pouvoir de son Comité Olympique.

SYSTEME DU TOURNOI

ARTICLE V. — Le tournoi aura lieu par tours éliminatoires; la composition de tous les matches sera obtenue par tirage au sort.

Les vainqueurs du premier tour éliminatoire se rencontreront, suivant le même principe, également par tirage au sort et ainsi de suite. L'équipe gagnant le dernier match par l'élimination successive des concurrents sera classée première; l'équipe battue en finale sera classée seconde. Une rencontre supplémentaire opposera les deux battus des demi-finales, le vainqueur sera classé troisième et le vaincu quatrième.

Si le nombre des compétiteurs est exactement de 8, 16 ou 32, il n'y a pas lieu de prévoir d'exempts au premier tour éliminatoire. Les exempts, s'il y a lieu, seront dési-

Explicaciones de Delaunay sobre el carácter abierto del Torneo

El 8 de febrero de 1924, una semana después de dar a conocer el reglamento del Torneo olímpico de fútbol, Delaunay, principal redactor del texto, explicó sus fundamentos en un editorial publicado en *France Football*, titulado *«Las asociaciones de fútbol afiliadas a la Federación Internacional de Fútbol Asociación»*.

Traducimos aquí los pasajes decisivos.

«Cierta cantidad de Federaciones Internacionales controlan a la vez el deporte amateur y profesional, como las Federaciones de fútbol asociación, de lawn-tenis, de equitación, de ciclismo y de levantamiento de pesas. Otras dirigen y controlan solamente el deporte amateur. Es el caso del atletismo, remo, boxeo, esgrima, hockey sobre hielo, lucha, natación, patinaje, esquí, tiro de caza, gimnasia. Finalmente, algunas federaciones como la aeronáutica, el tiro y la vela no se ocupan de ninguna manera de amateurs y de profesionales sino que agrupan a todas las asociaciones sin distinción de calificaciones.

De hecho, hasta el día de hoy, la propia FIFA controla directamente el deporte del fútbol sin preocuparse de la calidad de amateur o de profesional de los elementos que lo componen. Las asociaciones nacionales tienen plena libertad para calificar a sus jugadores o a sus clubes como amateurs o como profesionales. La FIFA no interviene para nada en dichas calificaciones que son prerrogativa de las asociaciones nacionales. En cambio, desde el punto de vista internacional, los encuentros son libres entre amateurs y profesionales. Tan es así que Bélgica, Francia y muchos otros países han jugado contra el equipo de Inglaterra sin preocuparse jamás de su composición.»

El texto corrobora el carácter totalmente abierto del Torneo de 1924 y recuerda que desde siempre, en los Juegos Olímpicos, ciertas disciplinas como la vela o el tiro admitieron masivamente a sus profesionales. Expone una vez más la relación entre la FIFA, organismo director, y la Comisión Técnica ejecutora. Ilustra muy bien el rol jugado por Delaunay, mucho más como experto internacional universalista que como secretario francés.

(Documento consultable en la Mediateca de la Federación Francesa)

1re Année. — N° 25

8 Février 1924

Hebdomadaire publiant l'officiel de Football de la Fédération Française Association

Reconnue d'Utilité Publique par Décret du 4 Décembre 1922

Siège Social : 22, RUE DE LONDRES — PARIS IXe

SECRÉTAIRE GÉNÉRAL : H. DELAUNAY 22, RUE DE LONDRES, PARIS IXe	Abonnement Annuel au 1er Juin de chaque année 12 francs	ADR. TÉLÉGR. : CEFI-PARIS TÉLÉPHONE : CENTRAL 72-44

Toute la Correspondance relative à la Rédaction et à l'Administration doit être adressée au Secrétaire Général.

LES ASSOCIATIONS DE FOOTBALL affiliées à la Fédération Internationale de Football Association

La Fédération Internationale de Football Association instituée à Paris en 1904 est de beaucoup la plus importante des Fédérations internationales. Son Président est M. J. Rimet, Président de la 3 F.A. Il est assisté de trois Vice-Présidents : MM. J. Oestrup (Danois), J. Bonnet (Suisse) et L. Bozino (Italien). Le Secrétaire-Trésorier de la F.I.F.A. est M. C. A. W. Hirschman, à Amsterdam.

Le sport du football étant de beaucoup le plus pratiqué sur le continent et le plus populaire de tous les jeux et sports athlétiques, il est tout naturel que la Fédération groupant les Association nationales de Football des différents pays soit le plus puissant organisme sportif international.

En effet la F.I.F.A. compte à ce jour 35 Associations affiliées. Il y a lieu d'ajouter que sous peu les quatre Football Associations britanniques viendront grossir cet effectif et le porteront à 39.

Les autres Fédérations internationales de quelque importance suivent avec un effectif sensiblement moindre C'est ainsi que la Fédération internationale athlétique amateur dont le siège est en Suède et dont le Président est M. Edstrom compte 25 Fédérations. L'Union Cycliste Internationale groupe 23 Unions ou Fédérations. La Fédération Internationale des Sociétés d'Aviron ne groupe que 9 pays. La Fédération Internationale de Boxe Amateur compte 16 Associations nationales affiliées. La Fédération Internationale de Natation Amateur en compte 24. L'effectif de la Fédération Internationale de Gymnastique dont le siège est à Anvers et le Président M. Cuperus, de nationalité belge, est de 15 Fédérations. La Fédération Internationale de Law-Tennis ne groupe que 12 pays, bien que ce sport, il est vrai, plutôt aristoratique, soit assez répandu.

En d'autres sports, comme le tir, l'Union Internationale de Tir compte 17 pays affiliés et la Fédération Internationale de Tir de Chasse 9. Le Président de la première est M. Merillon (France) et le Président de la seconde, le comte Clary (France). L'Association Internationale des Automobiles-Clubs reconnus a un effectif de 23 Automobiles-Clubs. Son siège est à Paris et son Président, le baron de Zuylen (France). Enfin la Fédération Aéronautique Internationale groupe 24 pays, son siège est aussi à Paris. Elle a pour Président, le prince Roland Bonaparte (France).

De la statistique ci-dessus il est facile de déduire que la F.I.F.A. est au tout premier rang des organismes sportifs internationaux.

Il y a lieu d'ailleurs de souligner encore que certains sports dans certains pays ne sont pratiqués que par une infime minorité, tandis que le sport du football est dans chaque pays, le jeu athlétique le plus populaire et celui aussi dont les réunions provoquent les assistances les plus considérables.

A son dernier Congrès tenu à Genève aux Fêtes de la Pentecôte de 1923, le Congrès de la F.I.F.A. a nommé deux Commissions, l'une dite Comité Consultatif des Lois du Jeu et ainsi composée : Président : le baron de Laveleye (Bruxelles); Secrétaire : M. C. A. W. Hirschman (Amsterdam); Membres : MM. H. Delaunay (Paris), G. Mauro (Milan), H. Meissl (Vienne) et J. Mutters (La Haye). La seconde Commission d'Etude de la Définition de l'amateur. Elle est composée de MM. R. W. Seeldrayers (Bruxelles), le Dr F. Hauser (Bâle) et Reidar Bergh (Kristiania).

Un certain nombre de Fédérations Internationales contrôlent à la fois le sport amateur et professionnel telles que les Fédérations du Football Association, de Lawn-Tennis, de l'Hippisme, du Cyclisme et de l'Halterophile. D'autres Fédérations Internationales ne dirigent et contrôlent que le sport amateur. C'est ainsi que pour l'Athlétisme, l'Aviron, la Boxe, l'Escrime, le Hockey sur glace, la Lutte, la Natation, le Skating, le Ski, le Tir de Chasse et la Gymnastique, les Fédérations ne s'occupent que du sport amateur. Enfin quelques Fédérations comme l'Aéronautique, l'Automobile, le Tir et le Yachting ne s'occupent nullement des amateurs et des professionnels, mais groupent toutes les Associations sans distinction de qualification.

D'ailleurs, jusqu'à présent, la F.I.F.A. contrôle elle-même le sport du football sans se préoccuper de la qualité d'amateur ou de professionnel des éléments qui la composent. Les Associations Nationales ont toute liberté pour qualifier leurs joueurs ou leurs clubs en amateur et professionnel. Elle n'intervient en rien dans ces qualifications qui sont le fait des Associations Nationales elles-mêmes. Par contre, au point de vue international, les rencontres sont libres entre amateurs et professionnels. C'est ainsi que la Belgique, la France et de nombreux Pays, ont rencontré l'Equipe d'Angleterre sans se préoccuper de sa composition.

Pour terminer cette étude comparative tout à l'avantage de notre grand sport national et international, il convient de rappeler que le prochain Congrès de la F.I.F.A. tiendra ses assises à Paris les 24 et 26 mai prochain. Il y a tout lieu de croire que le nombre de Pays représentés sera considérable en raison de la coïncidence de ce Congrès avec le tournoi de Football des Jeux Olympiques.

Souhaitons que ce Congrès renforce l'autorité de ce puissant organisme pour la plus grande diffusion du football par le monde et qu'aussi les quatre Associations britanniques reprennent rang à la F.I.F.A. pour l'unité et la bonne harmonie de notre sport.

H. D.

Francia contra profesionales ingleses

La portada de *L'Auto* del 17 de mayo de 1924 confirma plenamente las afirmaciones del editorial de *France Football* citado precedentemente. En partido internacional preparatorio, el equipo de Francia enfrentó a un seleccionado de Inglaterra de profesionales. Escribió Gauthier-Chaumet en un artículo bastante derrotista:

«El primer encuentro internacional de nuestra temporada se jugará hoy en Pershing. Francia-Inglaterra. Los profesionales ingleses van a dar una lección a nuestros tricolores antes de los Juegos». Y más adelante:

«Es esta tarde que se jugará, sobre el magnífico césped del Estadio Pershing el gran encuentro anual Francia-Inglaterra, apoteosis de la temporada internacional de la 3FA, que precede al Torneo de los Juegos Olímpicos que se jugará dentro de pocos días... [...] Desde hace dos años, Inglaterra nos envía a su equipo representativo, de modo que veremos hoy en el equipo de ultramancha a ocho profesionales que pertenecen a los mejores equipos de la primera división y a tres amateurs que por sus trascendentes cualidades obtuvieron el honor de llevar los colores nacionales. ¿Qué hará el equipo de Francia ante esta brillante coalición?».

La crónica está totalmente en lo cierto si se adopta el punto de vista oficial inglés. Pero es históricamente reductora si se considera que el seleccionado británico que intervino en los Juegos en 1908, 1912 y 1920, compuesto por supuestos *England's Amateurs*, contaba con núcleos importantes de jugadores profesionales, que pasaban a estatuto amateur solo puntualmente, o que manteniendo su estatuto amateur, cobraban en sus clubes como accionistas o por reparto de recaudaciones y cachés.

Tampoco era amateur el equipo francés, que a excepción de Dubly y Salvano, reclutaba en el FC Cette y el Red Star de Rimet, dos clubes profesionalizados desde 1910. Durante la década del veinte, la 3FA aceptó la remuneración del jugador, pero como no existía liga profesional y el viejo campeonato de la FSAF había desaparecido, se limitó a establecer categorías (A y B), sin definir estatutos y oficializando una total mixidad.

(Documento consultable en la Mediateca de la Federación Francesa)

L'Auto

AUTOMOBILE • AÉRONAUTIQUE • CYCLISME

ATHLÉTISME • BOXE • FOOTBALL • NATATION • TENNIS • AVIRON • ESCRIME • SPORTS FÉMININS

Le numéro : 15 centimes

25e ANNEE. — N° 8.554. — QUOTIDIEN

Samedi 17 Mai 1924

ABONNEMENTS :

	Six mois	Un an
SEINE et SEINE-&-OISE	24 »	46 »
DÉPARTEMENTS et ALGÉRIE.	25 »	48 »
ÉTRANGER (Union postale)........	45 »	83 »

On s'abonne sans frais dans tous les Bureaux de poste.

La ligne de demis française

PARACHINI (F.C. Cette) — DOMERGUE (F.C. Cette) — BONNARDEL (Red Star)

Le premier match international de football de notre saison se joue aujourd'hui à Pershing

FRANCE-ANGLETERRE

Les professionnels anglais vont donner une leçon à nos tricolores avant les "Jeux"

Les équipes

Equipe anglaise. — But : Taylor (Huddersfield town F.C.) ; arrières : Lucas (Liverpool F.C.), Mort (Aston Villa) ; demis : F. H. Ewer (Casuals F.C.), Wilson (Sheffield Wednesday F.C.), Blackburn (Aston Villa F.C.); avants : Thornewell (Derby County), S. G. J. Earle (Clapton F.C.), V. W. T. Gibbins (Clapton F.C.), Storer (Derby County F.C.), Tunstall (Sheffield United).

Equipe française. — But : Chayriguès (Red Star) ; arrières : Baumann (C.A.S.G.), Gravier (F. C. Cette) ; demis : Bonnardel (Red Star), Domergue (F.C. Cette), Parachini (F.C. Cette) ; avants : Devaquez (Olympique), Salvano (F.C. Blida), Nicolas (Red Star), Gross (Red Star Strasbourg), Dubly (F.C. Roubaix).

×

C'est cet après-midi, sur la superbe pelouse du Stade Pershing que se déroulera le grand match annuel France-Angleterre. Cette rencontre constitue réellement l'apothéose de la saison internatio-

La défense française

GRAVIER (F.C. Cette) — CHAYRIGUES (Red Star) — BAUMANN (C.A.S.G. Paris)

nale de la F.F.F.A. et précédant de quelques jours le tournoi des Jeux Olympiques, constitue le prologue digne de ce tournoi fameux. Inutile de s'étendre longuement sur l'intérêt de ce match, tous les sportifs l'attendent chaque année avec une légitime impatience.

Depuis deux ans, l'Angleterre nous envoie son équipe représentative, et c'est ainsi que nous verrons aujourd'hui dans l'équipe d'outre-Manche, huit professionnels appartenant tous aux meilleurs clubs de première division et trois amateurs que leurs qualités transcendantes ont désignés à l'honneur de porter les couleurs nationales. Que fera l'équipe de France contre cette brillante coalition? Nous devons certes nous contenter d'espoirs modestes, mais nous pouvons compter sur le courage et aussi la valeur de nos équipiers.

Notre défense où brille tout particulièrement Chayriguès doit nous donner confiance et ce sera un spectacle de premier ordre que de voir notre trio défensif essayer d'arrêter les attaques savantes des « forwards » britanniques. Notre ligne intermédiaire constitue la grande force de notre « team ». Nous connaissons la haute valeur de notre centre Domergue et ses deux voisins Bonnardel et Parachini, complètent heureusement la ligne des demis.

Aussi bien en attaque qu'en défense, tous les trois sauront se mettre à la hauteur de la circonstance.

En attaque, trois joueurs émergent, le centre Nicolas et nos deux rudes ailiers Dubly et Devaquez.

Devaquez a toujours joué remarquablement contre l'Angleterre, aujourd'hui encore il est certain qu'il donnera force travail à la défense anglaise. Dubly, à l'autre aile, prouvera une fois de plus qu'il est toujours notre meilleur extrême gauche. La soudaineté de ses offensives surprendra plus d'une fois le demi et l'arrière chargés de le marquer. Nicolas est celui de nos joueurs qui jouera le plus en faveur de nos couleurs. Son inspiration, sa science du jeu, et sa technique imprimeront à notre équipe une facture de jeu de la meilleure école. Boyer prendra la place d'intérieur droit qui avait primitivement été attribuée à Salvano. C'est incontestablement préférable pour notre « team », le capitaine de l'Olympique de Marseille étant de toute évidence supérieur à l'Algérien. S'il veut s'en donner la peine, Boyer est susceptible d'être un des meilleurs joueurs du camp français. A l'intérieur gauche, nous verrons une fois de plus Gross — l'Alsacien avait donné de belles espérances au cours du match remporté par la France sur la Belgique, mais par la suite il ne tint pas ce qu'il paraissait devoir devenir. — On l'essaye à nouveau, que fera-t-il? Espérons que nos sélectionneurs ont eu raison de lui faire confiance.

(Voir la suite en rubrique football.)

AUTOMOBILE

60 VÉHICULES DE COURSE disputeront demain TOUL-NANCY

la 1re épreuve de ville à ville organisée depuis onze ans

UN LOT DE GRANDS « AS » ET DE GRANDES MARQUES

Il va se disputer demain, en France, une course d'automobiles de ville à ville, sur une route nationale, une course qui rappellera les légendaires épreuves d'il y a 20 ans : c'est Toul-Nancy.

Avec une belle audace, l'Automobile Club Lorrain — qui caresse l'espoir de voir, en 1925, le Grand Prix de l'A.C.F. se dérouler à Nancy — l'a conçue et réalisée. Il a fourni, pour l'organisation, un effort considérable, réfectionnant entièrement le parcours, établissant de bout en bout des barrages de protection, érigeant de vastes tribunes, installant partout des lignes téléphoniques, préparant des fêtes somptueuses...

Et naturellement, toutes les plus grandes marques vont y être représentées, tous les « as » du volant seront au départ. De Delage à Peugeot, de Talbot à Bugatti, en passant par Bignan, Ballot, Chenard-Walcker, Montier, Georges Irat, C.A.P.-Janvier, Corre-La Licorne, Ariès, Amilcar, Sénéchal, Morgan, etc., tout le monde a répondu : « Présent ! » ; et du côté motocycliste, Terrot, Gillet, Koehler-Escoffier, Indian, Saroléa, Stella, ont tenu également à être dans la bataille.

Il y a, entre Toul et Nancy, 16 kil. 500. Au début du parcours, on trouve un petit raidillon de 100 mètres à 6 0/0, puis c'est ensuite une longue ligne droite, presque plate, coupée seulement de deux virages à grand rayon, qui ont été d'ailleurs convenablement relevés et que l'on pourra aborder à 120 à l'heure. On ne traverse qu'une seule agglomération : Gondreville.

Quelles vitesses va-t-on pouvoir réaliser ? Les uns disent 160 à l'heure, d'autres vont jusqu'à 180 !... Ce qui est certain, c'est que le 150 sera largement dépassé, et que le record de l'Allemand Joerns (8 min. 12 s.) sera pulvérisé, même par les motos !... Il y a au moins 6 ou 7 voitures qui peuvent prétendre à semblables performances : la Delage de Divo, d'abord; puis la Peugeot de 4 litres, la C.A.P.-Janvier de Pagniez, la Talbot de Bourlier, la Bignan de Marie, la Montier-Spéciale, la Bugatti... C'est entre elles, à notre avis, qu'il faut chercher celle qui fera le meilleur temps de la journée.

En motos, la victoire semble devoir revenir à Gaudet, le champion de Terrot qui, dimanche, triomphait à Tours dans la course de côte de l'Alouette. Sa 350 cmc. atteint, dit-on, le 140 à l'heure : c'est coquet...

L'historique de l'épreuve

Toul-Nancy s'est couru une seule fois, en 1913, le 20 juillet. Le vainqueur fut Joerns qui, sur sa grosse Opel, avait couvert la distance à 120 k. 731 à l'heure. La course avait remporté un succès formidable : on avait estimé à près de 100.000 personnes la foule qui assistait à l'épreuve.

Que sera-ce demain !...

(Voir la suite en rubrique Automobile.)

Allô ! Allô !

M. Warwick Wright (...S.T.D....ce qui veut dire consortium Sunbeam-Talbot-Darracq, dont M. Warwick Wright est l'agent général en Angleterre), vient de passer commande d'une conduite intérieure Weymann; il aime, pour les voitures vites, les carrosseries fermées, silencieuses, légères et durables, articulées et indépendantes du châssis.

Il vient de se tenir à New-York une exposition française, qui fut un excellent moyen de propagande pour notre production nationale; elle eut, d'ailleurs, un gros succès.

Succès aussi pour la limousine de luxe Renault 1924; c'est un chef-d'œuvre de construction, qui a fait l'admiration de tous les Américains.

Les coureurs de Bordeaux-Paris, soucieux de ne pas se laisser abattre par la défaillance, ont confié à la

KOLA VANGHE

le soin de leur rendre toute leur énergie et toute leur puissance au moment opportun.

LES GRANDES ÉPREUVES CYCLISTES DE "L'AUTO"

"LE JOUR DE GLOIRE EST ARRIVÉ...

Ce soir, à 19 heures, les meilleurs routiers qualifiés s'aligneront aux Quatre-Pavillons, à Bordeaux, dans

LE 30e BORDEAUX-PARI

UNE BATAILLE FORMIDABLE EN PERSPECTIVE

Alavoine, Tiberghien, Thys, Mottiat, Sellier, Jacquinot, Francis Pélissier, Bottecchia L. Buysse, Dejonghe et Frantz, contre Emile Masson, le vainqueur de 1923.

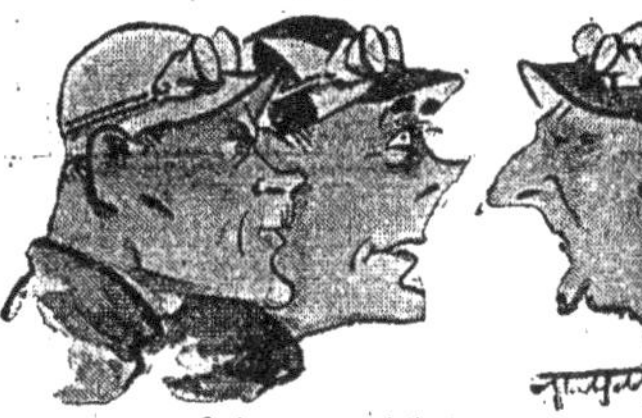

Quatre « as » engagés dans Bordeaux-Paris

DEJONGHE — F. PELISSIER — ALAVOINE — MOTTIAT

LA TRENTIÈME

Pour la trentième fois en trente-trois ans, Bordeaux-Paris va se courir et passionner les masses. Trente-trois ans ! Comme cela nous reporte loin en arrière, et, cependant, comme il nous semble à nous, les vieux, que c'est encore d'hier que date l'éclosion du sport cycliste provoquée par la célèbre course audacieusement conçue et mise sur pied par le *Véloce Sport* illustré aux destinées duquel présidaient alors Paul Rousseau, Jaegher et Maurice Martin.

Il en est ainsi pourtant, et, tout à l'heure, nous allons voir aux prises, sur le long ruban qui sépare la capitale du Sud-Ouest de notre admirable Paris, les champions actuels qu'abrité derrière son demi-siècle passé d'existence, l'ingénieur anglais G. P. Mills, toujours sur la brèche, et toujours lancé à fond dans la fabrication du cycle, suivra avec une émotion intense, heureux d'avoir été le premier à faire comprendre aux foules que la bicyclette est

Puis, changement de décor, joie, allég enthousiasme : Constant Huret, le prodi phénomène du grand fond, a abattu le kilomètres derrière voitures automobiles, peu plus de 16 heures et demie. L'hom été mirobolant. Une épaule luxée, un ouvert, il a, malgré cinq chutes, effect parcours, et le voilà au Parc, lamen mais triomphant et exhalant en une p continue toutes les souffrances qu'il a rées : « Ne me touchez pas ! ne me to pas ! »

Et le film se déroule toujours, et, se bles à de grands vainqueurs, défilent t tour les Fischer, les Lesna, les Aucout les Augereau, les Wattelier, les Cadoll tous, et notamment le dernier nommé, de 20 ans à l'époque, ont accumulé pro sur prouesses.

Puis c'est le puissant Vanhouwaert q tifie les ambitions de la sportive Bel puis c'est cet invraisemblable Trousselie fait Bordeaux-Paris en 17 h. 42, entraîne lement par de simples « bicyclistes ».

Et toujours de nouveaux champions s vèlent qui viennent confirmer que Mills a lement accompli un extraordinaire tou force.

Emile Georget, Faber, Mottiat, Dema crivent ensuite leur nom au palmarès; la guerre terminée, l'épreuve-type retrou médiatement tout son éclat.

Et c'est Henri Pélissier qui s'envole léans pour triompher tout seul. Et c'e vieux Christophe qui s'accroche comm sauvage pour enlever la palme deux a suite. Et c'est Francis Pélissier, et Masson, mais tout cela s'est passé si mais tout cela est encore si récent, qu demande s'il est bien vrai que le temps si vite, s'il est exact qu'il y a trente-tro que Mills arrivait à la porte Maillot a culotte de touriste, ses yeux morts, sa pendante et sa position tellement en s qu'elle en est demeurée légendaire !

En résumé, Bordeaux-Paris est la vieille de toutes nos courses et nous a tort de ne pas nous glorifier de la poss notre calendrier, mais elle est toujours vive, alerte, et c'est toujours avec joie nous la voyons revenir chaque année.

Et, cette fois encore, comme c'est la tume depuis la création de l'épreuve, j

Francia contra profesionales importados

Pocos días antes del inicio del Torneo olímpico de París, la 3FA organizó su última Jornada Preolímpica. El equipo de Francia A enfrentó a los profesionales ingleses de Clapton Orient (1 a 1) y el seleccionado de Francia B a los «Extranjeros de Francia» (victoria de los locales 5 a 2).

La crónica de *France Football* anunció lo siguiente:

«A las 14 horas, el equipo de Francia B (Espoirs) jugará contra la mejor selección de extranjeros que operan en Francia. Se conoce el valor de jugadores como Barnes, Hewit, Balyu, Puddfoot, Kramer, Berndston, etcétera, que formarán un once de primer orden. A las 15 y 45, el equipo de Francia A se encontrará con el excelente equipo profesional de Clapton Orient que, para la circunstancia, jugará reforzado, y que se presenta como capaz de brindar una excelente demostración de fútbol, del nivel practicado por los profesionales ingleses.»

El detalle del equipo de «Extranjeros de Francia» revela la participación de futbolistas ingleses, belgas, italianos, y de unos cuantos suizos (algunos integrantes de la selección que llegó a la final), que jugaban contratados por clubes como Rouen, Cette, Havre, Lunel, Levallois y la US Suisse. Ilustra perfectamente la amplia difusión del fútbol pago en todo el territorio francés.

Esos equipos que importaban jugadores extranjeros desde principios de siglo, pagaban también salarios a los buenos futbolistas locales. La exposición abierta y declarada de jugadores profesionales extranjeros del campeonato francés, colegas de los igualmente remunerados titulares del equipo de Francia (A o B), muestra claramente que en aquella época la profesionalización se vivía como un proceso natural y positivo, y que a la inversa de lo que sucedía en Inglaterra, se tenía un alto concepto del futbolista que recibía un salario.

(Documento consultable en la Mediateca de la Federación Francesa)

1re Année. — N° 36 — 25 Avril 1924

FRANCE FOOTBALL

Hebdomadaire publiant l'officiel de la Fédération Française de Football Association

Reconnue d'Utilité Publique par Décret du 4 Décembre 1922

Siège Social : 22, RUE DE LONDRES — PARIS IX·

SECRÉTAIRE GÉNÉRAL : H. DELAUNAY, 22, RUE DE LONDRES, PARIS IX·

Abonnement Annuel au 1er Juin de chaque année 12 francs

ADR. TÉLÉGR. : CEFI-PARIS — TÉLÉPHONE : CENTRAL 72-44

Toute la Correspondance relative à la Rédaction et à l'Administration doit être adressée au Secrétaire Général.

AVANT LES JEUX OLYMPIQUES

LA JOURNÉE PRÉ-OLYMPIQUE

Organisée par la F. F. F. A., Dimanche 27 Avril, à 14 heures, au Stade Pershing

1. — *A 14 heures :* **Equipe de France B** *contre* **Etrangers de France.** — *Arbitre : M. BOURDERYE.*

2. — *A 15 h. 45 :* **Equipe de France A** *contre* **Clapton Orient F. C.** — *Arbitre : M. VALLAT.*

La finale de la Coupe de France a marqué la clôture de la saison officielle du football national. Mais le calendrier international est loin d'être épuisé, puisqu'il nous reste : France-Angleterre, le 17 mai et le Tournoi de la VIIIe Olympiade qui commencera le 25 mai.

La Commision de Préparation Olympique de la 3 F.A. a établi au début de la saison un programme judicieux et rationnel qui verra son aboutissement dimanche prochain au stade Pershing. Deux fortes équipes comprenant véritablement l'élite du football français seront opposées à deux excellentes sélections étrangères.

A 14 heures, l'équipe de France B sera opposée à la meilleure sélection des étrangers opérant en France. On connait la valeur de ces joueurs qui ont noms : Barnes, Hewit, Balyu, Puddfoot, Kramer, Berndston, etc., qui formeront un onze de tout premier ordre.

A 15 h. 45, l'équipe de France A rencontrera l'excellente équipe professionnelle de Clapton Orient, qui pour la circonstance sera renforcée et s'annonce capable de fournir une admirable démonstration du football tel qu'il est pratiqué par les pros anglais. C'est pour nous, un régal toujours nouveau de voir à l'œuvre ces virtuoses du ballon rond et nous pouvons être assurés que Clapton Orient ne faillira pas à la tradition. Précisons en effet qu'il ne s'agit pas pour les Britanniques d'une ballade comme nous en avons eu des exemples déjà, ils savent qu'ils auront devant eux la meilleure sélection française et qu'ils devront s'employer à fond pour éviter de subir un échec.

Voilà donc bien deux matches parfaitement équilibrés, qui ne seront peut-être pas disputés avec l'acharnement qui illustra les matches décisifs de la Coupe, mais qui, par contre, nous permettront d'assister à un beau jeu.

LES EQUIPES

Premier match

Equipe des Etrangers de France. — (Maillot rouge.) — But : Barnes (F.C. Rouen); arrières : Hewit (F.C. Cette), Buzza (O. Lillois); demis : Ita (Havre A.C.), Balyu (R.C. Rouen), Willy (F.C. Rouen); avants : Cornelius (F.C. Cette), Puddfoot (V.C. Vergèze), Kramer (G.C. Lunel), Bernston (G.C. Lunel), Bédouret (R.C. France). Remplaçants : Gillis (Club Français), Romano (Levallois), Ruesch (U.S. Suisse), Hafner (U.S. Suisse).

Equipe de France B. — (Maillot bleu.) — But : Cottenet (Olympique); arrières : Thirion (C.A. Vitry), Canthelou (F.C. Rouen); demis : Huvier (S.O. Est), Ca assu (O. Marseille), Thedié (Amiens A.C.); avants : Isbecque (R.C. Roubaix), Schoettel (A.S. Strasbourg), Commieu (F.C. Saint-Just), Bloquel (S.C. Abbeville), Dufour (Olympique).

Deuxième match

Clapton Orient F.C. — (Maillot blanc, triangle vert.) — But : Wood; arrières : Tonner, Rosier; demis : Dixon, Townrow, Archibald; avants : Smith, Waile, Bennox, Bliss, Hannaford.

Equipe de France A. — (Maillot bleu.) — But : Chayguès (Red Star); arrières Baumann (C.A.S.G.), Gravier (F.C. Cette); demis : Parachini (F.C. Cette), Domergue (F.C. Cette), Bonnardel (F.C. Cette); avants : Devaquez (Olymp.), Gross (R.S. Strasbourg), Renier (Havre A.C.), Crut (Olymp. Marseille), Dubly (R.C. Roubaix).

Réserves des deux équipes A et B : Capprennier, B. Lehoble, Hugues, Jourda, Fejean, Dupoix, Accard, Macquart, Boyer.

L'ORGANISATION

Le premier match commençant à 14 heures précises, les portes ouvriront à 13 heures. Le service spécial d'autobus fonctionnera à partir de midi 30 de la porte extérieure de Vincennes au Stade.

Le rendez-vous des joueurs est fixé à midi 30, à l'angle du Faubourg Montmartre et des grands Boulevards, où un autobus spécial les attendra pour les conduire au Stade.

Prix des places : Loges : 15 fr.; Tribune : 12 fr.; Premières : 8 fr.; Secondes : 5 fr.; Populaires : 3 fr.

Explicitación de la admisión de los profesionales por la FIFA

El 13.er Congreso de la FIFA tuvo lugar del 24 al 28 de mayo de 1924, al margen del Torneo olímpico de fútbol. Fue mundial, con 78 representantes de 27 países entre los cuales se contaban Egipto, Irlanda Libre, Estonia, Letonia, Lituania, Perú, Turquía, Uruguay y Estados Unidos. Los británicos, que habían reintegrado la federación a fines de 1923, no enviaron delegados.

Por primera vez se trató el tema de la profesionalización. En Ginebra, Seeldrayers se había comprometido a presentar un informe sobre el amateurismo, y así lo hizo. El texto preconizaba administrar el proceso de profesionalización sin rechazarlo, siguiendo el ritmo de cada país, y autorizando transitoriamente el pago de salarios «de compensación» a los amateurs. Defendía la política abierta de la FIFA, que aceptaba mezclar a los jugadores amateurs y profesionales en los *matches* internacionales, como sucedía en el *British Home Championship.*

La discusión no dio lugar a decisiones efectivas. Los dirigentes de los países centrales expusieron su desemparo ante la profesionalización galopante que desestabilizaba los clubes locales. El húngaro Fisher «*dijo que su país* [era] *probablemente el mayor exportador de jugadores y solicitó la adopción de una decisión inmediata entendiendo que había llegado el momento*». El equipo de Hungría presente en París contó con una mayoría de futbolistas que jugaban o habían jugado en clubes extranjeros.

Hirschman anotó el siguiente comentario: «*Cada dirigente de cada asociación nacional conocía perfectamente el problema y había estudiado la cuestión desde hacía años sin necesidad del Informe de la Comisión. Se pidió el voto de medidas tendientes a modificar la situación actual, pero solo a nivel de principios. Hubo muchas confesiones, y lo que todos sabían ahora era que en el Torneo Olímpico de Fútbol los equipos puramente amateurs iban a alinear cantidad de profesionales.*» Sobre 22 jugadores franceses anotados, 20 vivían del fútbol. Cifras semejantes o superiores se alcanzaban en las formaciones de Hungría, Suiza, Bélgica, Holanda, Italia y España.

(Documento transmitido por el Servicio de documentación de la FIFA)

Mr. BERGH should like to have a vote upon the question, it was necessary to do something and he did not see the necessity of studying again the question.

Switzerland (HENNINGER) reminded that at the Geneva Congress a Commission was instituted to fight professionalism and it seemed as if there was now only one way to do so: its recognition. It wished to have the matter deferred one year.

Its opinion was that professional football was no longer sport and should like to see the question studied in order to give every Association an opportunity to explain more amply its opinion.

U. S. America (PEEL) urged that it was not necessary to discuss professionalism, what had been proposed by the Commission was in the interest of honesty and decency in sport, it was the question how to kill sham-amateurism, therefore he asked to vote on the 3 first paragraphs.

Mr. SEELDRAYERS did not agree that the Commission had been nominated in order to fight professionalism. The point from which the Geneva Congress started was the fact that there existed of lot of sham-amateurism and it wished to take measures to have such dishonest state of conditions ceased.

There were several points of views in this question. There was the opinion of Mr. HENNINGER and some french writers, who advised to leave professionalism alone, it would kill itself. Others thought that professional sport itself was a good thing, but this was not the opinion of the Congress.

The third point of view believed it extremely dangerous to leave professionalism to itself on account of one's duty and responsibility towards youth. It was necessary to prevent young men under pretext of football taking part in true fair exhibitions. In England professional sport was clean and on the field the professional players were sportsmen.

If professionalism would not be controlled by the Federation, herds of anarchy and dissolution of the sporting spirit would be created.

It was not necessary to study the question another year, every leader of a National Association took notice and studied the matter not since receiving the report but since years. It was not asked to vote for measures modifying the actual situation but simply for a principle. Since confessions have been made, everybody knows that in the Olympic Tournament pure amateur teams will meet many professionals.

The first named have accepted the position because the question had not yet been solved, but if to-day the principles were not voted, the Federation would run the danger of seeing countries, wishing to maintain amateurism taking other measures for self-defence.

France (DELAUNAY) suggested to read "recognise" amateur and professional sport in stead of "govern" amateur and professional sport.

Austria (MEISL) seconded the 3 first paragraphs proposed by the Commission, it saw a great advantage if having the matter settled by the Federation in order to help Associations which were not powerful enough to enforce their point of view. Now they could point to the decision taken by a superior authority.

Denmark (OESTRUP) wished to have expressed in the principles that the Federation promotes amateur sport and controls professional sport, in order to make it clear that if the Federation controlled professional sport it was only in order to safeguard it from the excesses of professionalism.

Hungary (FISCHER) said that this country had probably the greatest export of players and wished that a decision should be taken, it was now the last moment to take measures.

U. S. America (Peel) considered the Federation the governing body for the world, its language should be clear and distinct, the National Associations then would be glad to obey.

Archivos relacionados con la calificación oficial

Se entiende por «calificación» el nombre de bautismo que se le da a una competición y que determina el título que se pone en juego. Es «oficial» si la proponen poderes deportivos oficiales y la difunden medios oficiales. Se presentan aquí archivos que emanan de tres publicaciones oficiales.

En primer lugar, de *France Football*, semanario de la 3FA, que antes y durante el torneo de 1924 funcionó como órgano de expresión de los poderes deportivos, bajo la batuta del omnipresente multipresidente Jules Rimet. Este dirigente hizo posible que en las columnas de la prensa francesa coincidieran las voces vanguardistas, beneficiándose de la fuerza material y del poder propagandístico de la asociación líder de aquél momento, la 3FA. Como se ha podido apreciar compulsando archivos antecedentes, en los momentos pioneros de una obra deportiva, la calificación es también una manera de marcar un camino, de elevar el desarrollo, de favorecer el progreso y de generar una dinámica imparable. Indudablemente, el mundialismo del Rimet de ese momento cumplió ese rol.

Se verá en segundo lugar el documento clave del fútbol uruguayo, *el informe oficial de la delegación de la asociación*, que adhirió naturalmente al mundialismo reinante, y que, con su victoria en la cancha, lo consolidó.

Finalmente se expondrán pasajes del *informe oficial olímpico* en los cuales estalló el mundialismo de los fundadores en el marco del gran balance que precedió a la renuncia de Coubertin.

1. France Football

En 1924, la 3FA agrupaba 20 ligas, 15 en territorio metropolitano y cinco coloniales en África del norte. Cubría una vasta geografía de tres millones y medio de kilómetros cuadrados –toda Francia continental, Córcega, Argelia, Marruecos y Túnez–, 400 mil practicantes y un público aficionado de cantidad equivalente. En ese marco, *France Football,* que era semanal, oficial y se imponía a los clubes por abono obligatorio, constituyó un fenómeno publicitario sin equivalente.

Completando esta difusión, cada liga regional poseía su propia prensa, generalmente multideportiva, que se vendía por abono obligatorio a los jugadores afiliados y también libremente en los quioscos. Sus columnas reprodujeron lógicamente la línea mundialista de la dirección federal.

France Football imprimía como mínimo un ejemplar por club –es decir, cuatro mil unidades–, pero el tiraje real era muy superior, dado que muchos de los 100 mil futbolistas licenciados y de los 20 mil dirigentes tenían su suscripción individual. El precio anual era bajo –equivalente a dos entradas de tribuna popular–, y el título atractivo: un contenido exclusivamente futbolístico, completo y fiable.

Durante el torneo olímpico, *France Football* fue ampliamente difundido a nivel de la prensa internacional presente en las tribunas. Sus portadas mundialistas irradiaron así en el mundo entero. Funcionó entonces como el «folleto de propaganda» de la Comisión Técnica, de Rimet y de la nueva FIFA francesa. Su calificación –«Torneo Mundial»– fue masivamente retomada por la prensa deportiva francesa y suiza.

La FIFA mundial en 1924

El 8 de febrero de 1924, *France Football* publicó este mapa del mundo con las 35 asociaciones que, en ese momento preciso, formaban parte de la FIFA. En las Islas Británicas solo figura Irlanda Libre con el número 16, pese a que el proceso de readmisión de las otras cuatro asociaciones (Inglaterra, Escocia, Irlanda y Gales) había sido confirmado el 23 de diciembre de 1923 por el Comité de urgencia.

El mapa permite visualizar la mundialización de la federación internacional, acelerada por la perspectiva de la Olimpiada en la «Ciudad Luz». Se observa la alta concentración de asociaciones en Europa con el ingreso de los países bálticos, Estonia, Lituania y Letonia; la presencia de la FIFA en casi todo el territorio norteamericano (Canadá y los Estados Unidos); la incorporación de la mitad de América del sur (casi toda la Confederación Sudamericana incluyendo al país-continente, Brasil); la afiliación de la zona más libre de África (Egipto y Sudáfrica); y las indicaciones de Turquía y de Rusia (que seguía formalmente afiliada) en el continente asiático.

Días antes del inicio del torneo de París, el congreso de la FIFA oficializó la afiliación de las asociaciones de Indias holandesas, Australia y Siam (Irak). Con 42 asociaciones de todos los continentes (incluyendo a Oceanía) la FIFA se impuso –de lejos– como la federación deportiva más extensa del mundo. Por otra parte, mientras que en las otras federaciones cada país afiliado aportaba apenas un puñado de sociedades, en la FIFA, atrás de cada asociación nacional se contaban cientos y miles de clubes.

La FIFA de 1924 era objetivamente mucho más mundial que la de 1914 cuando, tomando en cuenta las flamantes incorporaciones de Argentina, Canadá, Chile y Estados Unidos, y considerando al fútbol de los Juegos como proyección de su propia realidad, el congreso de Cristiania poclamó oficialmente que los futuros torneos olímpicos serían «campeonatos del mundo». En ese aspecto claramente positivo, la irreversible atestiguación pronunciada antes de la Gran Guerra, se vio notablemente consolidada.

(Documento consultable en la Mediateca de la Federación Francesa)

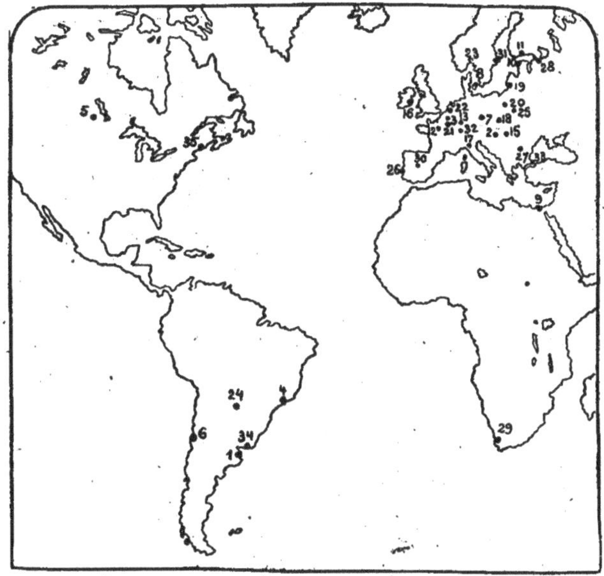

LÉGENDE

1. *République Argentine.* — Asociacion Argentina de Football : Office Buenos-Ayres, Calle Suipacha, 1069.
2. *Autriche.* — Oesterreichischer Fussball Verband : Hugo Meisl, Vienna I, 7 Annagasse.
3. *Belgique.* — Union Royale des Sociétés de Football Association (1895). Koninklijke Belgische Voetbalbond : A. Verdijck, 14, rue Guimard, Bruxelles.
4. *Brésil.* — Confederaçao Brasileira de Desportos. Office : Rio de Janeiro, Pavilhao Mourisco, Avenida Rio Branco 134.
5. *Canada.* — Dominion of Canada Football Association, Samuel Davidson, Winnipeg, 303 Inksler Building.
6. *Chili.* — Asociacion de Futbol de Chile : Norberto L. de Guevera, Valparaiso. Casilia n° 1154.
7. *Tchécoslovaquie.* — Ceskoslorenska Footballova Associace : Ferd. Scelnost, Prague VII, Simackova ul. 24.
8. *Danemark.* — Bansk Boldspil Union (18 May 1889) : Sv. Krarup, Copenhagen, ?o Frederiksgerggade.
9. *Egypte.* — Egyptian Football Association : Moh. Youssof, Cairo, P. O. Box 1785.
10. *Esthonie.* — Easti Jalgpalli Lift : W. Fiskar, Revel, Pikk tan 47.
11. *Finlande.* — Suomen Palloliitto (1907) : Kaarlo Sainio, Helsingfors, 10 Gordelgata.
12. *France.* — Fédération Française de Football Association : H. Delaunay, Paris (9e), 22, rue de Londres.
13. *Allemagne.* — Deutscher Fussboll Bund : G. P. Blaschke, Kiel, 24 Danische strasse.
14. *Grèce.* — En instance d'affiliation.
15. *Hongrie.* — Magyar Ladbarugok Szovetsége : Ir. M. Fischer, Budapest VIII, 63 Rakoczy ut.
16. *Irlande* (Etat libre). — Oumann Peile Saorstatt Eireenn : J. A. Ryder, Dublin, 45 Middle Abbay Street.
17. *Italie.* — Federazione Italiana Giucoo des Galcio (1898) : E. de Merchi, Turin, 9 Via Carlo Alberto.
18. *Yougoslavie.* — Jugoslavenski Nogometni Savez : J. Schoossberger, Zagreb, Haulikove ul. 4.
19. *Lethonie.* — Latvijas Futbola Savieniba : P. Buzaror, Riga, Marias iela 5.
20. *Lithuanie.* — Lietuvos Sporte Lyga : Stepas Carbacauskas. Kaunas, Duoneleicio g-ve 42.
21. *Luxembourg.* — Fédération des Sociétés Luxembourgeoises de Sports Athlétiques (1908). Office : Luxemburg, 2, boulevard de la Foire.
22. *Hollande.* — Nederlandsche Voetbalbond (8 Decembre 1889) : A. Staal, The Hague, 21 Van de Spiegelstraat.
23. *Norvège.* — Norges Fotballforbund (30 April 1902) : P. Chr. Andersen, Kristiania, St. Olavsgate 23 II.
24. *Paraguay.* — Lige Paraguaya de Football : Dr. Enrique L. Pinho, Asuncion, Calle Ayolas 373.
25. *Pologne.* — Polski Zwiazek Pilki Noznej : Adam Obrubanski, Krakow, ul. Stolarska 6.
26. *Portugal.* — Uniao Portuguese de Football : Raul Nunes, Lisbon, Rua dos Retrozeiros 125.
27. *Roumanie.* — Federatiunea Societatilor do Sport din Romania. Office : Bucarest, 6 Strada G. Clemenceau (Fosta Corabiei).
28. *Russie.* — Vserossysky Futtbollnyi Soiuz : Georges Duprroa. Petrograd, National Library.
29. *Sud Africain.* — South African Football Association (1892) : J. R. Wheeler, Capetown, Box 199, t. a. Soccer, Capetown.
30. *Espagne.* — Real Federacion Espanola de Football (29 septembre 1913) : J. Carcia Cernuda, Madrid, 27 Calle Alberto Aguilera.
31. *Suède.* — Svenska Fotboll Forbundet : Ant. Johanson, Stockholm, 3 Kungsholms Hamnplan, t. a. Fotboll, Stockholm, télégraph Rikstelef 12413.
32. *Suisse.* — Schweizerischer Fussball und Athletik Verband. Association Suisse de Football et d'Athlétisme. Office : K. Gassmann, Zürich, 44 Bleicherweg.
33. *Turquie.* — Turkia Idman Djémiétléri Ittifaki: Sirri Fazil Bey, Galata-Constantnople, Abid Han N. 23/34.
34. *Uruguay.* — Asociacion Uruguaya de Football. Office : Montevideo, (Cordon).
Avenida 18 de Julio 1484, t. a. Football, télégraph la Uruguaya, 217
35. *Etats-Unis d'Amérique.* — United States Football Association (5 April 1913) : T. W. Cahill, New-York City, 126 Nassaustreet.

BOITE AUX LETTRES

Sous cette rubrique, nous insérons chaque semaine, les réponses aux demandes de renseignements que voudront bien nous adresser nos abonnés, dirigeants ou joueurs des sociétés affiliées.

Nous précisons que nous ne publierons que des renseignements ayant un caractère général et documentaire, à l'exclusion formelle de tous ceux concernant des questions personnelles ou étant susceptibles de provoquer des polémiques.

Les lettres devront être signées, porter l'adresse complète du signataire et les initiales auxquelles il sera répondu.

F.C. Sioniste-Tunis. — A notre avis, si la Commission qui a pris la décision n'a pas précisé : « match perdu par forfait », mais a seulement déclaré « match perdu », ce dernier doit compter comme un match perdu sur le terrain.

P.C. Paris. — Le Tournoi Olympique de football se disputer pour éliminatoires successives et sans repêchage, sur le mode de la Coupe d'Angleterre et de la Coupe de France. Cette décision fut prise par le dernier Congrès de la F.I.F.A., tenu à Genève en juin 1923.

R.C. Strasbourg. — L'avis de la Ligue ne peut être donné que si le changement de résidence est effectué dans un rayon de plus de 50 kilomètres. Si cette condition n'est pas remplie, le joueur ne peut changer de société quel qu'en soit le motif.

S.C. Blois. — Le prochain match international est le match l'ancienne L.F.A. (Ligue de Football Association). Cette dernière était une Fédération ne régissant que le football et dont les statuts prévoyaient d'ailleurs la création d'Associations régionales. Elle était affiliée au C.F.I.

S.C. Blois. — Le prochain match intenational est le match

Carácter oficial de France Football

Esta es la portada del primer número del nuevo semanario de la federación francesa, *France Football*, que salió el 24 de agosto de 1923, diez meses antes del Torneo olímpico. Bajo el nombre del periódico, esta indicación: «*Boletín semanal oficial de la Federación Francesa de Football Association*». El editorial cuenta la historia de la prensa de la asociación francesa y explica por qué se trata de «*Una nueva etapa*»:

«*Hará pronto cuatro años –el 4 de octubre de 1919 exactamente– que salió el primer número de* Football-Association *que publicaba lo oficial de la Federación Francesa. Este diario ya no aparecerá más. Nuestro primer deber al anunciar el nacimiento de nuestro nuevo órgano* France Football *es expresar nuestra gratitud a los predecesores por los sacrificios que consintieron espontáneamente al aportar a nuestra joven 3FA, primera federación por deporte, el diario que le era indispensable para afirmar su vitalidad y desarrollar su propaganda. En el momento de su creación, la situación financiera de la 3FA era precaria. Las ideas, al igual que las instituciones, por más bellas que sean, no pueden desarrollarse si no tienen a su disposición los medios materiales indispensables. Y hace cuatro años, no habríamos podido editar un diario de fútbol por nuestros propios medios. Por eso fue que la revista* Sporting *se hizo cargo y durante ese período aseguró la responsabilidad financiera de la prensa de la 3FA. No queremos olvidar a los amigos de la primera hora y antes de presentar nuestra nueva publicación queremos expresarles nuestro reconocimiento y el voto de que nuestra colaboración no se vea definitivamente cortada.*»

Prosigue la redacción:

«France Football *es propiedad de la 3FA. Todo el texto, los artículos de opinión, informaciones, comunicados oficiales, están sometidos a nuestro control o emanan de nosotros mismos.*»

(Documento consultable en la Mediateca de la Federación Francesa)

1re Année. — N° 1

24 Août 1923

FRANCE FOOTBALL

F.F.F.A

Bulletin hebdomadaire officiel de la Fédération Française de Football Association

Reconnue d'Utilité Publique par Décret du 4 Décembre 1922

Siège Social : 22, RUE DE LONDRES — PARIS IXe

SECRÉTAIRE GÉNÉRAL : H. DELAUNAY 22, RUE DE LONDRES, PARIS IXe

Abonnement Annuel au 1er Juin de chaque année 12 francs

ADR. TÉLÉGR. : CEFI-PARIS

TÉLÉPHONE : CENTRAL 72-44

Toute la Correspondance relative à la Rédaction et à l'Administration doit être adressée au Secrétaire Général.

UNE NOUVELLE ÉTAPE

Il y aura quatre années bientôt — exactement le 4 octobre 1919 — paraissait le premier numéro de **Football-Association** publiant l'officiel de notre Fédération Française. Ce journal vient de cesser de paraître.

Notre premier devoir, en annonçant la naissance de notre nouvel organe **France-Football** sera d'exprimer notre gratitude à nos prédécesseurs pour les sacrifices qu'ils ont consentis spontanément en apportant à notre jeune 3 F. A., première fédération par sport, le journal qui lui était indispensable pour affirmer sa vitalité et poursuivre sa propagande. A son origine, la situation financière de la 3 F. A. était précaire. Les idées comme les institutions, même les plus belles, ne peuvent se développer qu'autant qu'elles ont à leur disposition les moyens matériels indispensables. Or, il y a quatre années, nous n'aurions pas pu éditer un journal de football par nos propres moyens. C'est alors que la Revue **Sporting** prit à sa charge et pendant ce cycle d'années, la responsabilité financière de l'organe de la 3 F. A. Nous ne voulons point oublier nos amis de la première heure et avant de présenter notre nouvelle feuille nous les assurons de notre reconnaissance tout en exprimant le vœu que notre collaboration ne soit pas définitivement rompue.

France-Football est la propriété de la 3 F. A. ; tout le texte : articles d'opinion, informations, communications officielles, etc... est placé sous son contrôle ou assuré directement par ses soins. Tous les footballers, dirigeants ou joueurs sont invités à collaborer à leur journal dans la mesure de la place disponible et sous la réserve d'exclure de ses colonnes toutes polémiques intestines ou critiques présentées sous une forme discourtoise ou battant systématiquement en brèche le principe de l'autorité nécessaire au bon fonctionnement de notre action fédérale. Par contre, notre tribune est ouverte à toute étude technique, documentaire ou d'intérêt général. Notre but est de réaliser l'union entre les éléments de la 3 F. A. et d'utiliser la force qui en résultera au succès de l'œuvre commune. En fait, la partie « rédactionnelle », faute de place, nous sera, au début, un peu limitée, et nous nous efforcerons d'abord de satisfaire aux demandes d'insertion des procès-verbaux de nos vingt ligues régionales et de leurs multiples commissions. Nous prions même nos correspondants de bien vouloir aider à notre tâche en rédigeant leurs procès-verbaux ou communiqués à insérer sous la forme concrète de décisions, afin de permettre l'insertion de toute la copie officielle, tant celle de la Fédération proprement dite que celle des Ligues.

En résumé, de même que la Fédération doit être au meilleur sens du mot la « maison commune » des footballers, nous tâcherons à faire en toute indépendance de **France-Football** le journal du Football Français.

C'est sous ces auspices et ce titre-programme qu'il se présente à vous avec le confiant espoir d'être bien accueilli et soutenu par tous ceux qui ont quelque affection pour notre Sport national.

France-Football.

PROPOS D'OUVERTURE

Il est assez piquant de constater que l'ouverture de la saison de football coïncide avec celle de la chasse. C'est d'ailleurs à peu près le seul point de comparaison qui existe entre ces deux sports. Bref, vers la fin de ce mois la presque totalité des footballeurs de France se seront remis au travail et l'on peut dire que le 2 septembre sera pour eux le jour de l'ouverture. Déjà ils fourbissent leurs armes, visitent leurs garde-robes, complètent leur équipement.

Ce sont là des joies préliminaires qu'il nous est encore permis de goûter en France, car nous possédons jusqu'à nouvel ordre une trêve du football. Il n'en est pas de même dans tous les autres pays. Voyez l'Espagne, par exemple. L'Espagne ne désarme jamais. Au plus fort de la canicule ses équipes persistent à jouer. Je vous laisse le soin de juger si cela est ou non un plaisir. Tout récemment la Tchéco-Slovaquie jouait un match international avec la Roumanie. Et d'ici la fin du mois, si je ne m'abuse, l'Allemagne doit rencontrer la Finlande. Craignons la contagion.

Il est sans doute regrettable que les soccers européens tendent de plus en plus à ignorer l'été qu'ils honoreraient tout aussi bien en pratiquant les sports athlétiques. Mais franchement est-ce bien à nous de le leur reprocher amèrement? Nous connaissons trop la séduction de la balle ronde pour ne pas faire preuve d'indulgence à l'égard de ses fidèles irréductibles. Je sais bien qu'il y a le surentraînement... Oui, on dit cela. Mais je crois bien que c'est encore un préjugé à mettre avec les autres. Nous en reparlerons au mois de juin prochain, lors des Jeux Olympiques. Nous verrons alors si l'Espagne et la Tchéco-Slovaquie sont surentraînées.

Et puisque nous parlons de Jeux Olympiques, soulignons que ce sont bien là encore propos d'ouverture. La saison qui va commencer constituera en effet pour toutes les nations du globe une vaste préparation à ce championnat du monde.

France-Football vient donc au monde à un moment particulièrement opportun. Il naît sous le signe des Jeux Olympiques comme vous et moi naissons sous le signe du Tropique, de la Balance ou des Gémeaux. Ce signe sera-t-il propice? Nous n'avons pas, pour le savoir, consulté les pythonisses, les tireuses de cartes, les mages ou les augures qui manient les viscères des bêtes prédestinées. Mais il nous semble que naître dans de telles conditions est un brevet de longévité.

On ne saurait, en tous cas, concevoir désormais le peuple innombrable des soccers français sans son journal corporatif. Celui-ci n'est pas le premier du genre. Bien avant la guerre nous possédions un petit journal bleu qui chanta nos balbutiements et nos espoirs naissants. Et, la guerre à peine terminée, un autre journal **Football et Sports** nous était offert, car le besoin créait l'organe. Et si **France-Football** surgit aujourd'hui, c'est que **Football et Sports** disparaît.

Pertenencia de France Football al presidente de la FIFA, Jules Rimet

En 1997, poco antes del Mundial organizado en Francia, *L'Équipe* publicó un lujoso libro en dos tomos denominado *L'Équipe La Copa del Mundo.* En el prefacio redactado por Jacques Goddet, fundador de *L'Équipe*, se lee este pasaje:

«Después de la guerra mundial, yo mismo entablé una amistad con estos dos personajes [Henri Delaunay y Jules Rimet]. *Cuando di vida a nuestro querido* L'Équipe, *en 1946, mantuve la útil colaboración de quien era el miembro más activo de la Federación Francesa* [Delaunay]. *Y compré al hábil maniobrero que era Jules Rimet y que andaba siempre sin plata, el* France Football *oficial -que le pertenecía personalmente-, el cual era en aquella época un magro boletín de la federación, solo reservado a los clubes franceses por abono obligatorio. Mis compañeros de* L'Équipe *lo transformaron entonces en el gratificante semanario que conocemos hoy.».*

El dato importante es el hecho de que *France Football* pertenecía en propio a Jules Rimet. Goddet se refiere con un desprecio bastante injusto a la época oficial del semanario. Ignoraba probablemente que no hubo ni hay en el mundo asociaciones nacionales de fútbol capaces de producir una prensa semanal de este tipo, que cubría el territorio de un imperio, publicaba lo oficial de una veintena de ligas, informaba con exactitud administrativa y brindaba resultados de decenas de campeonatos de diferente nivel, presentando además una cobertura pertinente de lo internacional, la evolución de las leyes de juego, etcétera.

La asociación francesa cumplió la proeza de editar durante 23 años, sin interrupción, cada semana, un boletín que, pasando por los clubes -4 mil en 1924, 6 mil en 1946-, llegaba a centenas de miles de jugadores y dirigentes. Fue sin duda una de las grandes obras del mencionado «miembro más activo».

(L'Équipe, La Coupe du Monde, 1930-1970, Tomo 1)

Les choses furent encore plus difficiles à mettre en place. La Coupe du Monde initiale avait été audacieusement attribuée à ce pays des merveilles qui venait d'apparaître au firmament footballistique, l'Uruguay (lequel fêtait cette année-là le centenaire de sa constitution). Et cela sans qu'on réfléchisse : il fallait à l'époque, au total, plus de deux mois pour y participer. On frôla le ratage complet lorsqu'on se trouva devant le refus quasi général des fédérations européennes de se lancer dans pareille aventure. Les efforts et l'influence de Jules Rimet finirent par décrocher l'adhésion de quatre nations européennes en tout ! La Belgique, la Roumanie, la Yougoslavie et, bien entendu, celle de la France.

Seulement, donc, treize nations participantes. Victoire historique, totalement justifiée, du pays dont les artistes joueurs avaient servi de détonateur, et qui au surplus avait eu le courage (sinon l'imprudence...) d'assumer cette historique première. 1934, ce fut la France. 1938, l'Italie. L'horrible irruption de l'hitlérisme et le drame planétaire qui s'ensuivit ne parvinrent pas à étouffer le tournoi fraternel dans la chaleur duquel s'affrontent, depuis 1950, les nations du monde entier pour se disputer avec toute leur âme le trophée rococo du vainqueur.

Ce fut l'honneur de *L'Auto,* l'ancêtre de *L'Equipe,* de soutenir les efforts et les idées de ceux qui se battirent pour installer et toujours renforcer l'épreuve magistrale. Les relations avec Jules Rimet souffraient pourtant quelque peu de l'attitude dominante que celui-ci prenait volontiers, tandis que, habilement, Desgrange continuait à accorder les petites « piges » à Henri Delaunay pour les informations (et confidences...) que celui-ci acceptait de téléphoner de temps à autre à la rédaction du journal.

Je me suis moi-même, après la tourmente mondiale, lié d'amitié avec l'un et l'autre de ces deux personnages. Quand j'eus donné vie à notre cher *L'Equipe,* en 1946, je maintins l'utile collaboration de celui qui était le membre de plus en plus agissant de la Fédé française. Et je rachetais à l'habile manœuvrier qu'était Jules Rimet, toujours quelque peu impécunieux, le *France Football* officiel – qui lui appartenait en propre – lequel n'était à l'époque que le maigrichon bulletin de la Fédération, uniquement réservé aux clubs français par abonnement obligatoire. Les équipiers de *L'Equipe* en ont fait l'hebdomadaire gratifiant que l'on connaît.

La France, tout entière unie dans un remarquable effort constructif, a traversé ces dernières années quelques péripéties politiques et triomphé des difficiles problèmes préparatoires. Elle s'est dotée d'un outil prestigieux, son Stade de France – dont l'avenir s'avère difficile, si l'on ne parvient pas à placer son exploitation dans la logique du système (l'activité permanente du championnat)...

Il faut, en tout cas, que cette France ardente du ballon profite de l'occasion exceptionnelle pour parfaire son palmarès, jusqu'ici assez mince, dans cette épreuve au sommet. Notre pays de création ne vient en effet qu'au dixième rang du palmarès globalisé de la Coupe du Monde, dont le podium à travers le temps est logiquement occupé par le Brésil, l'Allemagne et l'Italie, placés à ses côtés sur les deux autres marches.

En tout cas, cette Coupe du Monde de fin de siècle se présente opportunément comme une vraie chance historique pour rendre au premier des sports du monde la logique et la clarté des sélections vraiment représentatives, leur décence et leur âme.

JACQUES GODDET

Primer anuncio de campeonato del mundo: agosto de 1923

La ya expuesta página 1 del primer número de *France Football* reviste una importancia histórica particular: en su segundo editorial, *«Palabras inaugurales»*, emitió el primer anuncio del campeonato mundial, que constituyó a la vez una forma de convocatoria propia y un acompañamiento de la convocatoria olímpica:

«Volveremos a hablar de estas cosas en junio próximo, en ocasión de los Juegos Olímpicos. Veremos entonces si es verdad que España y Checoslovaquia se entrenan excesivamente. Y ya que hablamos de los Juegos Olímpicos, subrayemos que también estas son palabras inaugurales. En efecto, la temporada que va a empezar constituirá para todas las naciones del globo una vasta preparación a ese campeonato del mundo. France Football *nace pues bajo el signo de los Juegos Olímpicos como usted y yo nacemos bajo el signo de Capricornio, Libra o Géminis. ¿Acaso este signo nos será propicio? No consultamos a las pitonisas, a las que echan cartas, a los magos o a los oráculos que manejan las vísceras de los animales sagrados. Pero nos consta que nacer en tales condiciones es un certificado de longevidad».*

«Ese campeonato del mundo» era el campeonato olímpico de fútbol de 1924, considerado aquí como el campeonato del mundo por excelencia porque partía *de la invitación a todas las naciones del globo* y era hijo del movimiento olímpico. En agosto de 1923, los dirigentes franceses ya estaban convencidos de que, esta vez, el campeonato «mundial de expectativa» se convertiría en «campeonato del mundo verdadero», y eso por una razón muy simple: desde el congreso de Ginebra, se tenía la certeza de que Uruguay y los Estados Unidos enviarían un equipo.

El texto permite entender por otra parte, que los dirigentes franceses y los dirigentes de la FIFA de la época, siguiendo la perspectiva solicitada en 1914 por Hirschman y sus amigos, consideraban que la organización del Mundial de fútbol en el marco olímpico era una chance, un hecho totalmente positivo, que volvía inútil imaginar otra opción, y no como se dijo años después, una alternativa despreciable.

(Documento consultable en la Mediateca de la Federación Francesa)

1re Année. — N° 1

24 Août 1923

Bulletin hebdomadaire officiel de la Fédération Française de Football Association

Reconnue d'Utilité Publique par Décret du 4 Décembre 1922

Siège Social : 22, RUE DE LONDRES — PARIS IXe

SECRÉTAIRE GÉNÉRAL : H. DELAUNAY 22, RUE DE LONDRES, PARIS IXe	Abonnement Annuel au 1er Juin de chaque année 12 francs	ADR. TÉLÉGR. : CEFI-PARIS TÉLÉPHONE : CENTRAL 72-44

Toute la Correspondance relative à la Rédaction et à l'Administration doit être adressée au Secrétaire Général.

UNE NOUVELLE ÉTAPE

Il y aura quatre années bientôt — exactement le 4 octobre 1919 — paraissait le premier numéro de **Football-Association** publiant l'officiel de notre Fédération Française. Ce journal vient de cesser de paraître.

Notre premier devoir, en annonçant la naissance de notre nouvel organe **France-Football** sera d'exprimer notre gratitude à nos prédécesseurs pour les sacrifices qu'ils ont consentis spontanément en apportant à notre jeune 3 F. A., première fédération par sport, le journal qui lui était indispensable pour affirmer sa vitalité et poursuivre sa propagande. A son origine, la situation financière de la 3 F. A. était précaire. Les idées comme les institutions, même les plus belles, ne peuvent se développer qu'autant qu'elles ont à leur disposition les moyens matériels indispensables. Or, il y a quatre années, nous n'aurions pas pu éditer un journal de football par nos propres moyens. C'est alors que la Revue **Sporting** prit à sa charge et pendant ce cycle d'années, la responsabilité financière de l'organe de la 3 F. A. Nous ne voulons point oublier nos amis de la première heure et avant de présenter notre nouvelle feuille nous les assurons de notre reconnaissance tout en exprimant le vœu que notre collaboration ne soit pas définitivement rompue.

France-Football est la propriété de la 3 F. A. ; tout le texte articles d'opinion, informations, communications officielles, etc... est placé sous son contrôle ou assuré directement par ses soins. Tous les footballers, dirigeants ou joueurs sont invités à collaborer à leur journal dans la mesure de la place disponible et sous la réserve d'exclure de ses colonnes toutes polémiques intestines ou critiques présentées sous une forme discourtoise ou battant systématiquement en brèche le principe de l'autorité nécessaire au bon fonctionnement de notre action fédérale. Par contre, notre tribune est ouverte à toute étude technique, documentaire ou d'intérêt général. Notre but est de réaliser l'union entre les éléments de la 3 F. A. et d'utiliser la force qui en résultera au succès de l'œuvre commune. En fait, la partie « rédactionnelle », faute de place, nous sera, au début, un peu limitée, et nous nous efforcerons d'abord de satisfaire aux demandes d'insertion des procès-verbaux de nos vingt ligues régionales et de leurs multiples commissions. Nous prions même nos correspondants de bien vouloir aider à notre tâche en rédigeant leurs procès-verbaux ou communiqués à insérer sous la forme concrète de décisions, afin de permettre l'insertion de toute la copie officielle, tant celle de la Fédération proprement dite que celle des Ligues.

En résumé, de même que la Fédération doit être au meilleur sens du mot la « maison commune » des footballers, nous tâcherons à faire en toute indépendance de **France-Football** le journal du Football Français.

C'est sous ces auspices et ce titre-programme qu'il se présente à vous avec le confiant espoir d'être bien accueilli et soutenu par tous ceux qui ont quelque affection pour notre Sport national. **France-Football.**

PROPOS D'OUVERTURE

Il est assez piquant de constater que l'ouverture de la saison de football coïncide avec celle de la chasse. C'est d'ailleurs à peu près le seul point de comparaison qui existe entre ces deux sports. Bref, vers la fin de ce mois la presque totalité des footballeurs de France se seront remis au travail et l'on peut dire que le 2 septembre sera pour eux le jour de l'ouverture. Déjà ils fourbissent leurs armes, visitent leurs garde-robes, complètent leur équipement.

Ce sont là des joies préliminaires qu'il nous est encore permis de goûter en France, car nous possédons jusqu'à nouvel ordre une trêve du football. Il n'en est pas de même dans tous les autres pays. Voyez l'Espagne, par exemple. L'Espagne ne désarme jamais. Au plus fort de la canicule ses équipes persistent à jouer. Je vous laisse le soin de juger si cela est ou non un plaisir. Tout récemment la Tchéco-Slovaquie jouait un match international avec la Roumanie. Et d'ici la fin du mois, si je ne m'abuse, l'Allemagne doit rencontrer la Finlande. Craignons la contagion.

Il est sans doute regrettable que les soccers européens tendent de plus en plus à ignorer l'été qu'ils honoreraient tout aussi bien en pratiquant les sports athlétiques. Mais franchement est-ce bien à nous de le leur reprocher amèrement? Nous connaissons trop la séduction de la balle ronde pour ne pas faire preuve d'indulgence à l'égard de ses fidèles irréductibles. Je sais bien qu'il y a le surentraînement... Oui, on dit cela. Mais je crois bien que c'est encore un préjugé à mettre avec les autres. Nous en reparlerons au mois de juin prochain, lors des Jeux Olympiques. Nous verrons alors si l'Espagne et la Tchéco-Slovaquie sont surentraînées.

Et puisque nous parlons de Jeux Olympiques, soulignons que ce sont bien là encore propos d'ouverture. La saison qui va commencer constituera en effet pour toutes les nations du globe une vaste préparation à ce championnat du monde.

France-Football vient donc au monde à un moment particulièrement opportun. Il naît sous le signe des Jeux Olympiques comme vous et moi naissons sous le signe du Tropique, de la Balance ou des Gémeaux. Ce signe sera-t-il propice? Nous n'avons pas, pour le savoir, consulté les pythonisses, les tireuses de cartes, les mages ou les augures qui manient les viscères des bêtes prédestinées. Mais il nous semble que naître dans de telles conditions est un brevet de longévité.

On ne saurait, en tous cas, concevoir désormais le peuple innombrable des soccers français sans son journal corporatif. Celui-ci n'est pas le premier du genre. Bien avant la guerre nous possédions un petit journal bleu qui chanta nos balbutiements et nos espoirs naissants. Et, la guerre à peine terminée, un autre journal **Football et Sports** nous était offert, car le besoin créait l'organe. Et si **France-Football** surgit aujourd'hui, c'est que **Football et Sports** disparaît.

Propaganda: número 41 de France Football

El 25 de abril de 1924, *France Football* publicó el artículo *«El Torneo Mundial de Fútbol de la Octava Olimpiada»*. Las inscripciones de los equipos habían cerrado tres semanas antes. Con la lista completa en mano, se procedió el 17 de abril al sorteo de la ronda preliminar y a la programación de los partidos de la primera vuelta. La importancia de este texto, emitido en momentos en que muchos delegados internacionales se hallaban en París, radica en que por primera vez se empleó la calificación mundialista oficialmente adoptada por los organizadores: *«Torneo Mundial»*.

La crónica se abre con esta declaración:

«Entramos en el período activo del gran Torneo que dentro de un mes reunirá en París a 23 naciones por el título de Campeón del Mundo». Y prosigue así: *«El Comité Olímpico francés procedió el jueves último 17 del corriente a la primera ceremonia de la organización, y no la menos importante, puesto que se trataba del sorteo que debía designar a los nueve exentos y a los catorce equipos que debían participar en la primera vuelta. Numerosos delegados extranjeros habían sido enviados por su federación nacional para asistir a esta reunión conducida por Rimet, presidente de la* FIFA*. Después de algunas palabras de bienvenida del señor Rimet, una discusión se entabló en torno a la cuestión de Irlanda. El Comité Olímpico Francés recibió en efecto la inscripción de dos equipos de esta nación, uno de los cuales pertenece al nuevo Estado Libre. El tema será definido por el Comité Olímpico Internacional. Siguió luego la ceremonia del sorteo y los 23 cartones con el nombre de cada nación fueron solemnemente sacados de la urna bajo la atenta vigilancia de los señores Rimet, Reichel y Muhr.»*

Uruguay terminaba su gira por España y el equipo de los Estados Unidos se aprestaba a embarcar. La confirmación del carácter verdaderamente Mundial del Torneo abrió la vía a la calificación mundialista oficial. Se contaron entonces 23 participantes, registrándose a los pocos días la defección de Portugal y la anulación del partido Portugal vs Suecia.

(Documento consultable en la Mediateca de la Federación Francesa)

Le Tournoi mondial de Football de la VIIIe Olympiade

Nous entrons dans la période active de l'organisation du Tournoi fameux qui, dans un mois, réunira, à Paris, vingt-trois nations, pour le titre de Champion du Monde.

Le Comité Olympique français a procédé, jeudi dernier 17 courant, à la première cérémonie de l'organisation, et non la moins importante, puisqu'il s'agissait du tirage au sort qui devait désigner les neuf exempts et les quatorze nations devant participer au premier tour.

De nombreux délégués étrangers avaient été envoyés par leur Fédération Nationale pour assister à cette réunion, présidée par M. Rimet, président de la Fédération internationale de Football-Association. A ses côtés, nous avons noté la présence de MM. Frantz Reichel, Allan Muhr, du C. O. F.; Jooris, Roux, Jandin, Duchenne, de la Commission technique, et les représentants des nations engagées :

MM. Malis (Belgique), Vassilieff (Bulgarie), Don José Berrauda (Espagne), Love (Esthonie), Desogne (France), Coucke (Hollande), de Ambro (Hongrie), Mac Dewit (Irlande), Stépas Garbacaukas (Lithuanie), Tisseau (Suède), Gassmann (Suisse).

Après quelques paroles de bienvenue de M. Rimet, une discussion s'engagea sur la question de l'Irlande. Le C.O.F. a, en effet, reçu de cette nation l'engagement de deux équipes, dont l'une du nouvel Etat libre. La question sera réglée par le Comité international Olympique.

Enfin s'ouvrit la cérémonie du tirage au sort, et les vingt-trois cartons, portant le nom de chaque nation, furent solennellement jetés das l'urne, sous l'attentive surveillance de MM. Rimet, Reichel et Muhr.

Ce fut notre Président, M. Rimet, qui eut l'honneur de tirer un à un les noms des nations engagées, et nous n'avons pas besoin d'ajouter qu'à ce moment, plus d'un cœur battait.

On procéda d'abord au tirage des neuf nations exemptes au premier tour, et les délégués français entendirent appeler huit nations étrangères, quand, enfin, M. Rimet, tirant le neuvième carton, annonça : **France!** Sourires dans le camp français!

La liste des neuf exempts s'établit donc comme suit :

Hollande, Roumanie, Bulgarie, Irlande, Luxembourg, Belgique, Egypte, Lettonie, France.

On procéda ensuite au tirage au sort des matches du premier tour, lesquels sont fixés comme suit :

Le 25 mai :

Réunion n° 29. — Espagne contre Italie, à 15 h. 30, au Stade de Colombes.

Réunion n° 83. — Suisse contre Lithuanie, à 14 h. 30. Etats-Unis contre Esthonie, à 16 h. 15.

Ces deux rencontres, au Stade Pershing.

Réunion n° 84. — Tchéco-Slovaquie contre Turquie, à 15 h. 30, au Stade Bergeyre.

Le 26 mai :

Réunion n° 30. — Yougoslavie contre Uruguay, à 15 h. 30, au Stade de Colombes.

Réunion n° 87. — Hongrie contre Pologne, à 17 heures, au Stade Bergeyre.

Réunion n° 38. — Portugal contre Suède, à 17 heures, au Stade de Paris, à Saint-Ouen.

Les numéros des réunions seront seuls inscrits sur les cartes d'invitation.

Le tirage au sort n'a pas été trop brutal, sauf, cependant, en ce qui concerne le match Espagne-Italie, qui constituera véritablement le clou de ce premier tour. Ce sera un véritable régal de voir, à Paris, ces deux grandes équipes latines aux prises. On peut, évidemment, regretter que l'une de ces deux nations soit appelée à être définitivement éliminée du Tournoi dès le premier jour; mais il faut bien se dire qu'à part quelques rares exceptions, tous les matches présenteront une importance considérable, du fait de la valeur des nations engagées.

Le tirage au sort, pour le deuxième tour, aura lieu le lundi 26 mai, à 19 heures, au siège du C.O.F., 30, rue de Grammont.

Nous serons fixés, ce jour-là, sur les chances de la France d'arriver aux épreuves décisives du Tournoi.

Nous prions nos abonnés de vouloir bien, pour chaque changement d'adresse, nous envoyer l'une des dernières bandes de leur journal, en l'accompagnant de 0 fr. 50 en timbres-poste.

Aux Secrétaires de Clubs • Aux joueurs

Texte des Nouveaux Règlements Généraux concernant les

Qualitications et Licences

pour la prochaine saison

Qualifications et licences.

Art. 7. — Un joueur peut être membre de plusieurs clubs de la 3 F.A. et de ses Associations reconnues, mais il ne peut, au cours de la même saison, pratiquer le football que pour un seul club, celui pour lequel il sera **qualifié**. En aucun cas, un joueur licencié ne pourra pratiquer le football dans une Société non affiliée ou n'appartenant pas à une Association reconnue sous peine du retrait de sa licence.

Le siège du club et la résidence effective du joueur doivent être obligatoirement situés sur le territoire de la même Ligue régionale sauf pour le cas prévu au dernier paragraphe du présent article. Exceptionnellement, un militaire pourra rester qualifié à son club d'origine ou se faire qualifier pour un club dont dépend sa ville de garnison, de même un militaire démobilisé pourra se faire licencier pour un club de sa résidence civile; si son incorporation n'entraîne pas un changement de Ligue, le joueur sera soumis aux conditions du § 6 du présent article.

Un militaire changeant de club, suivant les dispositions ci-dessus devra informer préalablement le Club quitté de son intention d'y cesser la pratique du football, et cela par carte-lettre recommandée.

Un militaire n'ayant jamais été licencié peut choisir soit un club de sa garnison, soit un club de sa résidence civile.

Ce joueur aura, en outre, la faculté de changer de résidence civile, mais seulement en se conformant aux prescriptions de l'article 17.

Quand le changement de domicile d'un joueur civil ou la mutation d'un joueur militaire entraîne un changement de Ligue régionale, le joueur, après avoir démissionné de son ancien club par carte-lettre recommandée, peut être qualifié pour un club de la Ligue régionale où il a fixé sa nouvelle résidence. Exceptionnellement, ce changement peut s'opérer en cours de saison.

Un joueur changeant de résidence, un militaire changeant de garnison, ou un militaire démobilisé dans un rayon de plus de 50 kilomètres sur le territoire d'une même Ligue régionale, pourra, en cours de saison, être qualifié pour un club de sa nouvelle résidence. Les autorisations avec avis motivé nécessaire et indispensable du Bureau de la Ligue régionale et du club intéressé, devront être fournies à la Fédération en même temps que la nouvelle demande de licence. Les conditions de résidence sont celles existantes, au moment de la signature de la licence.

Un joueur changeant de résidence peut rester licencié pour son club, quelle que soit sa nouvelle résidence, à condition qu'il n'ait jamais été licencié que pour ce club à la 3 F.A. Cette qualification sera accordée après une déclaration préalable à la C.C. des Statuts et Règlements, et avis de la Ligue intéressée.

Art. 8. — Un joueur non à jour de ses cotisations dans le club pour lequel il est licencié ne pourra signer une demande de licence pour un autre club.

Tout joueur en retard dans le paiement de ses cotisations sera, du 1er au 15 mai de chaque année, mis en demeure par son club et par lettre recommandée, d'acquitter ses cotisations en retard. Le club ne pourra réclamer plus d'une année de cotisations.

Notification sera faite par les culbs au Bureau de la Ligue régionale des joueurs non en règle dans le paiement de leurs cotisations. Cette notification sera faite par lettre recommandée à la date du 1er juin. Passé cette date, le joueur dûment averti et ne s'étant pas acquitté de sa dette par « mandat-carte » ne pourra être licencié que pour son ancien club.

Un joueur n'ayant pas été mis en demeure de s'acquitter, conformément au présent article, sera considéré comme étant à jour de ses cotisations.

Art. 9. — Pour pouvoir prendre part à un match, match organisé par la Fédération, les Ligues régionales ou les clubs affiliés, à un match international ou interrégional, tout joueur devra être titulaire d'une licence fédérale régulièrement établie au millésime de l'année courante.

Ne pourront prendre part aux matches officiels d'équipes premières que les joueurs titulaires de la licence A. La licence A est constituée par l'apposition d'une vignette spéciale perforée sur la licence ordinaire.

La licence A est attribuée de plein droit à tout nouveau joueur ou à tout joueur qualifié pour le même Club la saison précédente

Toutefois, les joueurs changeant de club en juin et les joueurs changeant de club en cours de saison (changement de résidence à plus de 50 kilomètres ou changement de Ligue régionale) ne pourront obtenir la licence A qu'après douze mois de présence à leur nouveau club. Ces derniers joueurs (joueurs ayant changé de club) ne pourront demander et obtenir automatiquement que la licence fédérale ordinaire ne donnant pas droit de jouer en équipe première.

Exceptionnellement, la C.C. des Statuts et Règlements pourra, sur demande motivée et après enquête, accorder la délivrance de la licence A avant le délai de douze mois.

Propaganda: número 41 de France Football

La portada del número 41 del 30 de mayo de 1924 reviste una importancia histórica notable. Fijó la identidad gráfica de la calificación mundialista que aparece en las portadas de *France Football* como encabezamiento de los programas oficiales y que constituye una forma central de la propaganda comparable a los afiches que se utilizaron a partir de 1930.

Puede observarse al mismo tiempo en el comentario editorial cómo los redactores manejaron una serie de términos y expresiones que dieron cuenta del extraordinario hecho que vivían en directo: el surgimiento del primer Mundial de fútbol.

«*La fecha que todos los futbolistas esperaban desde hace ya varios años llegó por fin: el domingo pasado 25 de mayo, el Torneo de Fútbol de la Octava Olimpiada se abrió con los primeros* matches *eliminatorios. Los jugadores y dirigentes de 22 naciones inscriptas están actualmente en nuestros muros.*» Y más adelante: «*Podemos decir sin temor a exagerar, que pasamos en estos momentos horas inolvidables. Tenemos el privilegio de ver sobre nuestros* "grounds" *parisinos, a la elite de los futbolistas del mundo entero, y cada día nos aporta un encuentro sensacional, cada minuto nos aporta emociones inolvidables.*»

El encuentro de la elite de los futbolistas del mundo entero: he aquí una clarísima definición de lo que es un Mundial supremo. Observamos al pasar que, como ocurrió con todos los documentos de la época, no hubo referencia alguna al amateurismo. La «momia» pareció entonces definitivamente enterrada.

(Documento consultable en la Mediateca de la Federación Francesa)

1re Année. — N° 41 30 Mai 1924

Hebdomadaire publiant l'officiel de Football de la Fédération Française Association

Reconnue d'Utilité Publique par Décret du 4 Décembre 1922

Siège Social : 22, RUE DE LONDRES — PARIS IXe

SECRÉTAIRE GÉNÉRAL : H. DELAUNAY, 22, RUE DE LONDRES, PARIS IXe

Abonnement Annuel au 1er Juin de chaque année 12 francs

ADR. TÉLÉGR. : CEFI-PARIS — TÉLÉPHONE : CENTRAL 72-44

Toute la Correspondance relative à la Rédaction et à l'Administration doit être adressée au Secrétaire Général.

LES JEUX OLYMPIQUES

Le Tournoi Mondial de Football

CALENDRIER DES QUARTS DE FINALE

Dimanche 1er Juin. — FRANCE contre URUGUAY, réunion n° 34, à 16 h., au Stade de Colombes. Arbitre : M. EYMERS (Hollande).
EGYPTE contre SUEDE, réunion n° 94, à 16 h., au Stade Pershing. Arbitre : M. SLAWICK (France).

Lundi 2 Juin. — ITALIE contre SUISSE, réunion n° 95, à 18 h., au Stade Bergeyre. Arbitre : M. MUTTERS (Hollande).
IRLANDE contre HOLLANDE, réunion n° 88, à 18 h. au Stade de Paris, à St-Ouen. Arbitre : M. RETCHURRY (Autriche)

La date que tous les footballers attendent depuis plusieurs années est enfin arrivée : dimanche dernier 25 mai, le Tournoi de Football de la VIIIe Olympiade, s'est ouvert par les premiers matches éliminatoires. Les joueurs et les dirigeants des 22 nations engagées sont actuellement dans nos murs, et à l'heure où nous écrivons ces lignes, beaucoup d'entre eiles ont eu l'amertume de connaître la défaite. Suivant le système adopté pour le Tournoi, les nations battues étant définitivement éliminées, l'amertume s'aggrave de cette circonstance, qu'elles ne reparaîtront plus en matches officiels sur nos terrains de France.

Toute la Presse a relaté abondamment les premières rencontres, et les a commentées comme il le fallait. Nous ne reviendrons pas en détail sur les émotions que nous avons vécues, nous nous bornerons seulement à saluer ici les équipes éliminées, en insistant sur ce fait, qu'elles doivent trouver une consolation en égard à la valeur de leur vainqueur. Les résultats à ce jour s'établissent comme suit :

POUR LES ELIMINATOIRES

Italie bat Espagne	1 à 0
Etats-Unis battent Esthonie	1 à 0
Suisse bat Lithuanie	9 à 0
Tchécoslovaquie bat Turquie	5 à 2
Uruguay bat Yougoslavie	7 à 0
Hongrie bat Pologne	5 à 0

Etaient exempts : France, Hollande, Lettonie, Roumanie, Egypte, Irlande, Bulgarie, Belgique, Suède et Luxembourg.

POUR LES HUITIEMES DE FINALES

France bat Lettonie	7 à 0
Hollande bat Roumanie	6 à 0

Ainsi qu'il résulte du tableau ci-dessus, la France s'est qualifiée pour les quarts de finales qui commenceront dimanche 1er juin. Notre équipe s'est présentée sur le terrain du Stade de Paris avec un peu d'appréhension, en raison de l'ignorance où nous étions de la valeur de notre adversaire : la Lettonie. On avait dit que nos adversaires étaient de la valeur de l'Esthonie qui a résisté si brillamment à l'équipe des Etats-Unis. Cependant dès les premières minutes du Jeu, il est apparu que notre équipe avait une supériorité manifeste et qu'elle allait prendre la direction de la partie. C'est en battant la Lettonie par 7 buts à 0 que la France a terminé son premier match. Nous aurions tout lieu de nous réjouir de ce résultat, si notre joie n'était ternie par un accident malheureux survenu à l'un de nos meilleurs éléments, notre arrière Baumann.

A l'heure où nous écrivons ces lignes, nous ne savons pas encore s'il lui sera possible de reprendre sa place, pour la prochaine sortie de l'équipe de France.

Nous pouvons dire, sans être taxés d'exagération que nous passons en ce moment des heures inoubliables. Nous avons le rare privilège de voir sur nos « grounds » parisiens, l'élite des footballers du monde entier, et chaque jour nous apporte une rencontre sensationnelle, chaque minute nous apporte des émotions inoubliables.

Avant de parler des rencontres qui vont suivre, nous nous en voudrions de ne pas accorder une mention toute spéciale au match Italie-Espagne, qui dimanche sur le Stade Olympique de Colombes a vu la victoire de l'Italie. Les 30.000 spectateurs qui ont suivi cette rencontre sensationnelle seront d'accord avec nous, en disant que ce match nous a fait vivre une minute tragique, celle où l'arrière Vallana qui s'était avéré comme le meilleur joueur sur le terrain, par sa science, sa sûreté, son brio remarquable, a, d'un coup malheureux, expédié la balle dans ses propres filets, anéantissant ainsi les espoirs que depuis quatre années l'Espagne nourrissait : d'atteindre l'ultime rencontre du Tournoi Olympique. Ce fut tout d'abord de la stupéfac-

Propaganda: número 42 de France Football

Siguiendo la línea publicitaria fijada en los números anteriores, la calificación del torneo olímpico como «Torneo Mundial» fue nuevamente destacada el 6 de junio en la portada del número 42 de *France Football*. Como lo ilustran los siguientes pasajes, los editorialistas volvieron a machacar de mil maneras sus conceptos mundialistas:

«*Desde hace diez días vivimos instantes maravillosos, que a nosotros futbolistas, nos transportan verdaderamente hacia un país de sueños. Desde el comienzo del Torneo en efecto, cada día nos aporta la cuota de emoción de un espectáculo nunca visto en París y que quizá no volveremos a ver jamás. Es una prueba sin precedentes en la historia del deporte, este choque entre 22 naciones, choque de razas, demostración de las características propias de cada país, en una palabra, un torneo extraordinario en el cual cada acto está cargado de enseñanzas.* [...] *Nuestra alegría sería sin límites si no habría pasado sobre este cuadro magnífico una sombra: Francia derrotada y definitivamente eliminada de la prueba mundial.*»

Y más adelante: «*Agradezcamos aquí a todos estos maravillosos atletas venidos de los confines del mundo para darnos una demostración de su propio juego, darnos lecciones de voluntad, energía y coraje, y que nos habrán ayudado poderosamente en nuestra tarea de organización deportiva y más particularmente, en el desarrollo, éxito y prosperidad de nuestro deporte favorito, demostrando así que el fútbol puede ser calificado como deporte universal.*»

Las fórmulas «*sin precedentes en la historia del deporte*» y «*calificado como deporte universal*» apuntaban a afirmar la superioridad del mundial abierto del fútbol sobre los mundiales reservados del atletismo, punto central de la propaganda de Rimet. Las cifras de público, las recaudaciones y los reglamentos lo confirman: el fútbol fue más que los mundiales de la pista, convirtiéndose entonces, indiscutiblemente, en la prueba reina de los Juegos Olímpicos.

(Documento consultable en la Mediateca de la Federación Francesa)

1re Année. — N° 42. 6 Juin 1924

Hebdomadaire publiant l'officiel de la Fédération Française de Football Association

Reconnue d'Utilité Publique par Décret du 4 Décembre 1922

Siège Social : 22, RUE DE LONDRES — PARIS IXe

Secrétaire Général : H. DELAUNAY 22, Rue de Londres, Paris IXe	Abonnement Annuel au 1er Juin de chaque année 12 francs	Adr. Télégr. : CEFI-PARIS Téléphone : CENTRAL 72-44

Toute la Correspondance relative à la Rédaction et à l'Administration doit être adressée au Secrétaire Général.

LES JEUX OLYMPIQUES

Le Tournoi Mondial de Football

CALENDRIER DES DEMI-FINALES

SUÈDE contre SUISSE, Jeudi 5 Juin, à 17 h. 30, au Stade de Colombes
URUGUAY contre Hollande, Vendredi 6 Juin, à 17 h. 30, au Stade de Colombes

Depuis dix jours, nous vivons des instants merveilleux et qui, pour nous footballers, nous transportent véritablement comme dans un pays de rêve. Depuis le commencement du Tournoi en effet chaque jour nous apporte sa part d'émotion à un spectacle encore jamais vu à Paris, et que nous ne reverrons peut-être jamais.

C'est une épreuve sans précédent dans l'histoire du sport, que ce choc de 22 nations, choc de races, démonstration de toutes les caractéristiques propres à chaque pays, en un mot, tournoi extraordinaire dont tous les actes sont riches en enseignement.

La grande foule, non seulement parisienne, mais encore provinciale et étrangère, s'en est rendu compte, et c'est en masse qu'elle se rend à tous les matches, quelque soit le jour où ils se disputent.

Dimanche dernier notamment, tous les records de recettes ont été battus, puisque le total réalisé à Colombes et à Pershing, atteint le chiffre formidable de 321.000 francs. Quant aux autres rencontres de la semaine qui se disputent généralement au Stade Bergeyre, la moyenne des recettes encaissées peut être évaluée à 75.000 francs. C'est là, la plus belle démonstration de la grande popularité de notre sport favori, et il n'est pas exagéré de dire, que le Tournoi de la VIIIe Olympiade, aura encore amené au Football d'innombrables adeptes.

Notre joie serait sans limite, si une ombre n'était passée sur ce tableau magnifique : La France battue et définitivement éliminée de l'épreuve mondiale. Le sort nous avait désigné contre l'Uruguay, en un match comptant pour les quarts de finale. Une fois de plus, les 40.000 spectateurs qui se pressaient sur l'immense Stade Olympique, ont pu admirer la souple et fine maîtrise des Urugayens contre lesquels nos représentants n'ont pu qu'opposer une résistance honorable, au cours de la première mi-temps. Certes nous attendions mieux de notre équipe de France. Depuis de longs mois, nous nous étions soigneusement préparés dans avouons-le, le secret espoir de voir, le jour de la finale, le pavillon français annoncer solennellement aux foules, la victoire de la France. Il est vrai de dire, que nous ne connaissions pas nos adversaires, ces mystérieux joueurs Sud-Américains dont la réputation n'avait pas encore traversé l'Océan.

Dès la première sortie à Paris des Sud-Américains, toutes les compétences s'accordèrent pour pronostiquer leur victoire finale. C'est assez dire, que nous nous sommes rendu compte de la tâche écrasante qui incombait à nos nationaux, mais nous avions gardé malgré tout, le secret espoir de voir se réaliser le miracle. L'indisponibilité de notre arrière Baumann a amené une modification de dernière heure, Domergue prenant la place de Baumann, et Batmale occupant la place de demi-centre. Cette modification a certainement amené un déséquilibre dans notre équipe. La cohésion n'a pu s'établir, et devant la maîtrise admirable de nos adversaires, nos tricolores ont pu résister seulement pendant 45 minutes. Cependant le début de la seconde mi-temps fut encore à notre avantage, mais les Urugayens forçant leur allure remontèrent le terrain, et par des shots précis, rapides, spontanés, marquèrent successivement 3 buts contre notre équipe désorganisée. Il faut reconnaître que le meilleur a gagné, et puisque le sport est basé sur cette formule, nous devons nous incliner de bonne grâce, et trouver là, la consolation de notre échec. Enfin consolons-nous encore, en pensant que les belles démonstrations du jeu de football auxquelles nous avons assisté, permettront à nos jeunes joueurs d'en tirer profit.

Les grands matches vont se dérouler au cours de cette semaine au Stade de Colombes, matches qui dépasseront en importance tous ceux que nous avons vus jusqu'ici. Jeudi la Suède que nous avons tant admirée, lors de sa rencontre avec la Belgique, et la Suisse qui s'est montrée digne des meilleurs, et dont les joueurs se sont couverts de gloire, en battant la redoutable Tchécoslovaquie et les Italiens,

Apoteosis

Con su edición del 13 de junio, *France Football* cerró la cobertura de los partidos del Torneo Mundial de la Olimpiada de París. El título «*Apoteosis*» merece toda nuestra atención. El término será utilizado primero por Gamblin en *L'Auto*, reiterado por Rimet en este *France Football*, y retomado por el presidente de la FIFA el 30 de julio de 1930 en la carta de felicitaciones que envió al Presidente de la Asociación Uruguaya de Fútbol, Raúl Jude (*«Mi querido presidente: El torneo por la Copa del Mundo termina en apoteosis.»*)

El editorial reitera el permanente discurso mundialista de los dirigentes franceses: *«Esta jornada del 9 de junio de 1924 marcará una fecha gloriosa en la historia deportiva francesa y en la historia mundial del fútbol.»*

Se lee también entre líneas un homenaje a todos los fundadores del fútbol francés y a los creadores franceses de la FIFA:

«Por hoy digamos solamente que todos los pioneros del fútbol francés, todos los que desde hace 15 o 20 años lucharon para desarrollarlo, sin desanimarse jamás, hallaron en esta manifestación que alcanzó niveles de apoteosis, la más bella recompensa a sus infatigables esfuerzos. Fue efectivamente la consideración oficial del fútbol que no habríamos imaginado jamás en el transcurso de una fiesta más hermosa, en un marco más radiante».

(Documento consultable en la Mediateca de la Federación Francesa)

1re Année. — N° 43

13 Juin 1924

Hebdomadaire publiant l'officiel de la Fédération Française de Football Association

Reconnue d'Utilité Publique par Décret du 4 Décembre 1922

Siège Social : 22, RUE DE LONDRES — PARIS IXe

SECRÉTAIRE GÉNÉRAL : H. DELAUNAY 22, RUE DE LONDRES, PARIS IXe

Abonnement Annuel au 1er Juin de chaque année 12 francs

ADR. TÉLÉGR. : CEFI-PARIS
TÉLÉPHONE : CENTRAL 72-44

Toute la Correspondance relative à la Rédaction et à l'Administration doit être adressée au Secrétaire Général.

LE TOURNOI OLYMPIQUE DE FOOTBALL

L'APOTHÉOSE

L'URUGUAY, Champion Olympique de Football

LE CLASSEMENT

1. Uruguay. — 2. Suisse. — 3. Suède. — 4. Hollande.

Devant 60.000 spectateurs, réalisant le chiffre formidable de 517.000 francs de recette, au milieu d'un enthousiasme débordant, dans le cadre magnifique du Stade Olympique de Colombes, s'est déroulée la Finale du prodigieux Tournoi de Football de la VIIIe Olympiade.

Cette journée du 9 juin 1924, marquera une date glorieuse dans l'histoire sportive française et dans l'histoire mondiale du football.

La presse toute entière a chanté l'incomparable succès du Tournoi, tout a été dit et redit sur les derniers matches, et plus particulièrement sur la Finale, mais nous sommes certains que pas un des 60.000 spectateurs qui se pressaient lundi sur les gradins du Stade immense ne nous démentira lorsque nous dirons que le lyrisme le plus élevé paraît terne au regard de la réalité.

De toutes ces magnifiques rencontres auxquelles nous avons pu assister, on pourra tirer de nombreux et utiles enseignements. Mais l'heure n'est pas venue de les étudier ici, car les acclamations bourdonnent encore dans nos oreilles, et nous avons encore dans les yeux la vision du triomphe. Plus tard, quand nous aurons pu nous recueillir et faire revivre dans notre esprit les phases qui, dans tel ou tel match, ont plus particulièrement retenu notre attention, nous pourrons disserter sur les caractéristiques du jeu fourni par les équipes et en tirer des conclusions utiles pour nous-mêmes.

Pour aujourd'hui disons seulement que tous les pionniers du football français, tous ceux qui depuis 15 ou 20 ans ont eu la foi dans le succès, la popularité de notre sport et qui luttèrent pour le développer, sans se décourager jamais, tous ceux-là, ouvriers de la première heure, ont trouvé dans cette manifestation qui prit le caractère d'une apohéose, la plus belle récompense de leurs inlassables efforts. Ce fut bien, en effet, la considération officielle du football que nous n'aurions jamais imaginé au cours d'une fête plus belle, dans un cadre plus radieux.

Quel dommage seulement, pour nous Français, que notre équipe nationale n'ait pas été là ! Notre joie eut été complète. Consolons-nous en pensant que c'est notre vainqueur qui est resté imbattu, et que c'est bien incontestablement la meilleure équipe qui a gagné.

Les demi-finales, disputées jeudi et vendredi, ont donné lieu à des luttes splendides. Ce fut d'abord la Suisse qui triompha de la Suède par 2 buts à 1, déroutant ainsi presque tous les pronostics. La victoire des Helvètes fut méritée, car si leur jeu ne fut pas supérieur à celui des Suédois, ils firent preuve, par contre, d'un tel courage et de tant de décision qu'ils donnèrent l'impression de surclasser leurs adversaires. La deuxième demi-finale nous réservait une surprise. La Hollande qui jusque là n'avait pas fait grande impression, opposa une telle résistance aux Uruguayens que ceux-ci, un moment baissèrent de pied et l'on eut l'impression qu'ils allaient être éliminés, mais ils se reprirent et finalement un penalty leur permit de s'assurer la victoire.

On sait que pour la troisième place la Hollande et la Suède jouèrent deux matches, le premier n'ayant donné aucun résultat, malgré les prolongations. Lundi en lever de rideau de la Finale, la Suède domina assez nettement son adversaire et s'assura la troisième place du tournoi en battant la Hollande par 3 buts à 1.

Enfin ce fut la grande finale, tant attendue et lorsque les deux équipes pénétrèrent sur le terrain saluées par les hymnes nationaux et les acclamations, le spectacle fut vraiment grandiose. Sous le soleil, sur ce beau tapis vert qu'est le terrain de jeu, entouré par les tribunes imposantes aux riantes couleurs bleu et or pleines à craquer d'une foule enthousiaste les 22 athlètes suisses et uruguayens s'alignèrent à 16 h. 30 sous les ordres de l'arbitre français Slawik. Nous ne retracerons pas ici les phases de la partie, elles ont été décrites amplement par la presse toute entière. Quand l'arbitre siffla la fin, l'Urugay était vainqueur par 3 buts à 0.

On procéda alors à la cérémonie prévue par le protocole olympique : les deux équipes s'alignèrent face au mât olympique et tandis que la musique militaire exécutait l'hymne

Consejo Nacional de la federación francesa

El Consejo Nacional de la 3FA se reunía cada año con representantes de todas las ligas afiliadas y miembros de la directiva federal. El 13 de junio de 1924, en el número 43 de *France Football*, la federación francesa publicó las actas de su Consejo Nacional del 31 de mayo.

Como puede leerse en las primeras líneas, estuvieron representadas 16 ligas entre las cuales las ligas coloniales de Constantina y Túnez. Rimet no participó en la sesión de la mañana *«retenido por el Tribunal de Reclamos olímpico»*.

El Consejo transmitió en el voto titulado *«Felicitaciones»* las siguientes apreciaciones: *«El Consejo Nacional registra con la más viva felicidad la reelección de Jules Rimet, presidente de la 3FA, a la presidencia de la FIFA. El Consejo se complace en transmitir sus felicitaciones unánimes y le asegura nuevamente las más vivas simpatías de los dirigentes y jugadores de la Federación Francesa. El Consejo se complace igualmente en registrar la brillante elección a la International Board del señor Delaunay, secretario general de la 3FA, cuya competencia y devoción son justamente alabadas por todos los clubes y ligas.»*

De la sesión de la tarde (p. 394), presidida y abierta por Jules Rimet, se destaca el voto final:

«Voto. El Consejo aprueba por aclamación el siguiente voto presentado por los señores Badel, Gauthier-Chaumet, Rabouin y Dreyfus: en el momento en que el equipo nacional asume la pesada y gloriosa tarea de defender nuestros colores en el torneo mundial de los Juegos Olímpicos llevando con él la esperanza de todos los futbolistas franceses, el Consejo de la Federación Francesa de Fútbol Asociación expresa la confianza en su valentía legendaria para forzar la victoria.»

Francia jugó al día siguiente contra Uruguay en Colombes ante 45 mil espectadores.

(Documento consultable en la Mediateca de la Federación Francesa)

CONSEIL NATIONAL

du 31 Mai 1924, en la Salle de la Société de Photographie

La séance est ouverte à 9 h. 15 sous la Présidence de M. E. Folliard, vice-président.

Etaient présents : MM. Jooris, vice-président; Pillandin, trésorier; Bayron, Caudron, Jevain, Pochonet, Roux et de Vienne, membres du Bureau; Delaunay, secrétaire général; Dosogne, secrétaire adjoint; MM. Duchesne (Alsace); Thévenin (Auvergne); Konrad et Dreyfus (Bourgogne, Franche-Comté); Gautier-Chaumet, Duquesne et Bizouard (Centre); Rohling (Constantine); Poinsignon (Lorraine); Prévost et Condemine (Lyonnais); Garrigou (Midi); Delanghe, Bouillet et Jouvenaux (Nord); Mernier et Maillet (Nord-Est); Desjardins, Mestre et Vidieu (Normandie); Rabouin, Collin, Cancel, Cailleau, du Kreiay et de Sonis (Ouest); Barreau et Dufeu (Paris); Abelly, Abbal, H. Bayron et Cremieux (Sud-Est); Brard et Lagardère (Sud-Ouest), et Jandin (Tunisie). Excusés : MM. Chevallier, vice-président; Flennian (Nord), Sesquières (Midi), Simmin (Nord-Est); Eloy (Normandie).

M. Folliard excuse M. Rimet, retenu au Jury d'appel Olympique et décide de procéder à l'appel des délégués.

1° **P.-V. de la dernière séance.** — Aucune objection n'étant formulée, le P.-V. de la dernière séance est adopté.

FELICITATIONS. — M. Desjardins dépose le vœu suivant : **Le Conseil National enregistre avec le plus vif plaisir la réélection de M. Jules Rimet, Président de la 3.F.A. à la Présidence de la F.I.F.A. Le Conseil est heureux d'adresser à M. J. Rimet des félicitations unanimes et de l'assurer une fois de plus des plus vives sympathies des dirigeants et joueurs de la Fédération Française.**

Le Conseil est également très heureux d'enregistrer la brillante élection à l'International Board de M. Deaunay, secrétaire général élection à l'International Board et M. Delaunay, secrétaire général de la 3.F.A. dont la compétence et le dévouement sont justement loués par tous les culbs et les ligues.

La lecture de ce vœu est marquée de vifs applaudissements.

M. Delaunay remercie l'Assemblée, et sur la proposition de M. Folliard, il est décidé de remettre la lecture de l'ordre du jour, concernant M. Rimet au moment de son arrivée.

2° **Dans toutes les décisions du Bureau fédéral et des Commissions, le nombre de voix pour ou contre ces décisions serait inscrit dans le procès-verbal (vœu de la Ligue de l'Ouest)**; M. Folliard explique que ce vœu n'émane pas de la Ligue de l'Ouest.

Chaumet développe les avantages de cette proposition pensant qu'ainsi les cotisations seraient plus facilement recouvrables et que pour les demandes d'affiliation les Ligues servant d'intermédiaires, elles auraient toutes facilités pour faire connaître leur avis motivé.

M. Bayron, rapporteur du Bureau combat la proposition, il déclare que la Fédération est une association de sociétés et que les affiliations comme les cotisations doivent lui parvenir directement.

MM. Abelly et Desjardins appuyent le point du vue du Bureau.

M. Gautier Chaumet se déclare convaincu par les arguments des précédents orateurs et retire la proposition de la Ligue du Centre.

Après un échange de vues sur l'envoi des statuts fédéraux aux sociétés nouvelles, le Bureau passe à l'ordre du jour.

5° **Nomination des vérificateurs aux comptes.** — M. Bouillet propose M. Jouvenaux, M. Garrigou propose M. Sesquières et M. de Vienne, M. Poinsignon.

Le Président fait remarquer que le règlement ne prévoit la nomination que de deux vérificateurs aux comptes. M. de Vienne prenant acte de l'ordre d'inscription des candidats, déclare retirer la candidature de M. Poinsignon, tout en la réservant pour le prochain exercice.

MM. Jouvenaux et Sesquières sont nommés vérificateurs des comptes 1923-24.

6° **Le vainqueur de la Coupe de France rencontrera officiellement le champion de l'Afrique du Nord dans un match obligatoire (vœu des Ligues nord-Africaines)**;

M. Folliard donne la parole à M. Delaunay comme interprète des Ligues Nord-Africaines en précisant que le Bureau n'a pas pris position sur la question.

M. Delaunay développe les revendications des Ligues Nord-Africaines membre de la 3 F.A. au même titre que les autres clubs et Ligues de la Métropole.

M. Barreau estime la réalisation du match annuel impossible dans la crainte que le titre de vainqueur de la Coupe soit mis en jeu.

M. Desjardins appuie la demande des Ligues Nord-Africaines au nom de l'égalité fédérale.

MM. Roux, Gautier-Chaumet et Delanghe combattent la proposition, ces deux derniers proposent d'autre part un match entre les sélections métropolitaine et nord-africaine.

M. Delaunay propose l'ordre du jour suivant : « **Le Conseil National adopte le principe d'un match annuel entre les vainqueurs respectifs de la Coupe de France et du Championnat de l'Afrique**

Adresse aux Associations Britanniques. — Le vœu ci-après présenté par M. Desjardins est adopté à l'unanimité : « **Le Conseil National de la 3F.A. exprime sa satisfaction de la réintégration des Associations Britanniques à la F.I.F.A. et leur exprime sa cordiale sympathie** ».

Le président déclare la séance levée et fixe la réunion de l'après-midi à 14 heures.

SEANCE DE L'APRES-MIDI

La séance est ouverte à 14 h. 15 par M. J. Rimet.

Sont en outre présents : MM. Chevallier, vice-président. Pouillaude (Nord-Est); Courcier (Oranie); Jack, Rigal et Seurin (Paris).

Arbitres honoraires. — Après lecture du projet de statut le Président signale les difficultés d'application, ajoutant que la question ne fut pas complètement étudiée par le Bureau.

Après un échange de vues auquel prennent part MM. Dreyfus, Slawik Abelly le Conseil décide de renvoyer la question pour étude complémentaire, étant entendu qu'elle reviendra au Conseil pour homologation.

Coupe de France. — M. Bayron demande au Conseil d'étudier, avant de passer l'examen du projet de règlement pour la saison 1924-25, le projet qu'il a établi en vue d'instituer un championnat de France. M. Rabonin s'élève contre cette proposition que les Ligues régionales n'ont pas eu le temps matériel d'étudier et demande le passage à l'ordre du jour.

M. Abelly estime qu'il est impossible de différer l'étude du règlement de la Coupe pour 1924-25, mais demande au Conseil de nommer une Commission chargée d'étudier le principe de la compétition nationale pour la saison 1925-26.

Le Président estime que la proposition de M. Abelly n'a pas un caractère d'urgence, et qu'elle devrait venir à l'ordre du jour d'un prochain conseil, dans la forme prévue par les statuts.

Après une nouvelle discussion, le passage à l'ordre du jour est voté à l'unanimité moins une voix (M. Bayrou).

Le Président donne la parole à M. Gautier-Chaumet rapporteur de la Commission de la Coupe.

L'article premier est adopté à l'unanimité.

Art. 2. — M. Gautier expose que la Commission a reçu de la Ligue du Nord-Est une proposition tendant à revenir à la formation d'une commission dont les membres seraient exclusivement nommés par le Bureau.

M. Pochonet développe et soutient la proposition du Nord-Est.

Ont parlé en faveur de la proposition : MM. Roux, Prévost, Pouillaude, Lagardère et Maillet.

Ont parlé contre : MM. Desjardins, Bayron, Gautier-Chaumet, Rabouin et Bouillet.

M. Thévenin demande que les frais de voyage des délégués des Ligues à la Commission de la Coupe soient supportés par la Fédération.

L'article 2 tel qu'il est présenté par la Commission et maintenant le statu quo est adopté par 68 voix contre 29 et 12 abstentions.

La proposition de M. Thévenin est renvoyée pour étude à la Commission des Finances.

M. Desjardins propose un additif à l'article 2 tendant à rendre les décisions de la Commission sans appel sauf en ce qui concerne les infractions au règlement.

M. de Vienne rappelle les textes du règlement intérieur de la Commission et des Règlements généraux donnant pouvoir au Bureau fédéral de juger en appel toutes les décisions de la Commission.

M. Folliard se déclare défenseur de la représentation des Ligues à la Commission, mais rappelant l'article 52 des Règlements généraux demande le maintien en toute circonstance du principe des deux juridictions.

M. Gautier, soutient le point de vue de M. Desjardins.

Cette proposition, mise aux voix, est repoussée.

Art. 3. — M. Bayron demande qu'une précision soit apportée à la disposition du règlement relative aux épreuves officielles régionales.

Après un échange de vues, l'additif présenté par M. Bayron et amendé par MM. Seurin et Folliard est adopté. Ce texte est ainsi conçu : « **Le 1er août, les Ligues régionales devront faire connaître à la Commission de la Coupe celle de leurs épreuves officielles dont les règlements seront déposés à la 3F.A. et qui comptera pour l'application de l'article 14, premier paragraphe.** »

M. Bayron propose que l'avant-dernier paragraphe de l'article 3 soit modifié comme suit : « Les clubs à recrutement national ne pourront pas présenter dans leur équipe plus de trois joueurs étrangers de pays membres de la Société des Nations. **En ce qui concerne les joueurs des pays n'appartenant pas à la Société des Nations, seul le Bureau Fédéral pourra les autoriser à participer à l'épreuve**, et ces joueurs de nationalité étrangère, etc... » (le reste sans changement).

Cette proposition est adoptée à l'unanimité, ainsi que l'ensemble de l'article 3.

Les articles 4, 5 et 6 sont adoptés.

Art. 7. — M. Bayron propose qu'en principe tous les matches se jouent alternativement sur les terrains des clubs en présence.

M. Desjardins se déclare de l'avis contraire.

Après un échange de vues auquel prennent part MM. Delaunay et Gautier-Chaumet, le Conseil adopte l'article 7 tel qu'il est proposé.

Art. 8. — L'article est adopté sous réserve d'une discussion relative aux dimensions des terrains. La proposition suivante, présentée par M. Delaunay, est adoptée à l'unanimité : « **Les matches auront lieu sur des terrains reconnus réguliers par les Ligues régionales et dont les dimensions minima seront 95 x 55. A partir de la compétition propre, les matches ne pourront avoir lieu que sur des terrains homologués par la Commission fédérale des terrains et mesurant au moins 100 x 65.** »

Les articles 9, 10, 11, 12 et 13 sont adoptés.

Art. 14. — Sur observation de M. Bayron, le premier alinéa de l'article 14 est établi comme suit : « Les joueurs devront être régulièrement qualifiés pour leur club, il ne pourront participer aux matches de la Coupe que pour un seul club. **De même ceux qui auront joué pour un club un match comptant pour l'épreuve officielle prévue au paragraphe 2 de l'article 3, ne pourront jouer pour un autre club les matches de la Coupe.** »

L'article 14, comportant cet additif, mis aux voix, est adopté.

Art. 15. — Adopté.

Art. 16. — M. Slawik demande la suppression au 3e paragraphe des mots : « à partir des 1/8 de finale en aucun cas ». Le Conseil approuve cette suppression et l'article 16 est adopté.

Le Conseil adopte les articles 17 à 28 inclus.

Art. 29. — Le Conseil adopte l'article proposé jusqu'à la disposition relative au partage de la recette des matches de la compétition propre.

M. Desjardins demande que pour les matches nuls à rejouer, la part de la recette nette revenant aux clubs soit exclusivement partagée entre les deux participants.

M. Dreyfus suggère, pour les matches nuls à rejouer, que les 30 % prévus aux autres matches pour la masse du tour soient versés à la Fédération.

Après le vote de la clôture, le texte présenté par la Commission est adopté par 74 voix contre 28 et une abstention.

M. Abelly demande que la 3F.A. abandonne 5 % de sa part au profit des Ligues régionales intéressées aux différents matches.

Après un échange de vues et les explications du trésorier, M. Abelly déclare retirer sa proposition. Les articles 31 et 32 sont adoptés. Il en est de même de l'ensemble du Règlement.

Affiliation définitive des Sociétés nouvelles. — Sur proposition du Bureau, le Conseil national, en conformité de l'article 4 des statuts, prononce l'affiliation définitive des sociétés provisoirement affiliées par le Bureau depuis le Conseil du 23 février dernier, à savoir des numéros 3838 à 3942, soit 105 sociétés nouvelles.

Vœu. — Le Conseil vote par acclamation le vœu ci-après, présenté par MM. Badel, Gautier-Chaumet, Rabouin et Dreyfus : **« Au moment où l'équipe nationale assume la lourde et glorieuse tâche de défendre nos couleurs dans le tournoi mondial des Jeux Olympiques, portant avec elle l'espérance de tous les footallers français, le Conseil de la Fédération française de Football Association lui exprime sa confiance en sa vaillance légendaire pour forcer la victoire. »**

La séance est levée à 7 h. 15.

Le Secrétaire général : H. DELAUNAY.

2. Posiciones oficiales uruguayas

Los dirigentes orientales que acompañaron al equipo de fútbol en París publicaron en 1926 su *Informe de la delegación de la Asociación Uruguaya de Football. Memoria y finanzas correspondiente al año olímpico.* El encabezamiento de la tapa expresa: «*Uruguay Campeón de Football Mundial*».

El documento narra los preparativos, la gira por España, y la campaña olímpica. La biblioteca de la FIFA en Zurich posee un ejemplar. Los investigadores europeos lo conocen. La importancia del Informe radica en que expresa la posición oficial de la asociación ganadora, sustento de las dos primeras estrellas de la camiseta celeste. El mundialismo del documento no es una reivindicación. Retoma simple y deportivamente el mundialismo de los organizadores, de la asociación vanguardista francesa, y de Rimet, adhiriendo con cultura a la lógica olímpica del «mundial verdadero». Desde el punto de vista del Campeón de América, no había otra alternativa que identificar el encuentro contra los mejores de Europa como de «nivel mundial».

Incluimos también en esta parte correspondencias entre el embajador uruguayo Enrique Buero y los dirigentes de la AUF, que figuran en el libro *Negociaciones Internacionales*, editado en 1932 en Bruselas. Buero era entonces un muy respetado vicepresidente de la FIFA. Dos años antes de publicar dicha obra, había salvado el Mundial de Montevideo, reactivando la convocatoria abandonada por la federación internacional y obrando en fin de cuentas como presidente oficioso del fútbol mundial.

Informe oficial: Uruguay Campeón de Fútbol Mundial

Esta es la tapa del Informe oficial establecido por la delegación uruguaya presente en París en 1924. Expresa inequívocamente: *«Uruguay Campeón de Football Mundial»*, lo que equivale a decir «Uruguay Campeón Mundial de Fútbol».

El documento publicado en 1926 fue enviado a la FIFA que no vio objeción alguna a las indicaciones de la asociación afiliada. La caracterización del equipo uruguayo como «campeón de fútbol mundial» concuerda evidentemente con la calificación que dieron los organizadores: «torneo mundial de fútbol».

No puede resultar insensata ni oficiosa una calificación que los vencedores se atribuyen limitándose a hacer eco a la propuesta deportiva de los organizadores. *Suponiendo que la AUF hubiera procedido de otra manera, presentando al equipo uruguayo solo como campeón olímpico, esto habría significado objetivamente, por un lado, la rebaja del torneo por retracción del mundialismo intercontinental anunciado, y por otro, el rechazo de la calificación específicamente brindada por los poderes propios del fútbol, dos hechos contrarios a la cultura sudamericana de un fútbol continentalizado y organizativamente separado de los demás deportes.* Es evidentemente el derecho y también el deber de la asociación ganadora expresar con orgullo la calidad del título que obtuvo.

Resulta particularmente importante entender que si se abandona el término «mundial», la designación del campeonato que se jugó pierde todo carácter «propiamente» futbolístico. Así, en aquél contexto olímpico, el agregado del término «mundial» fue la manera de afirmar la independencia del fútbol, de dar cuenta de la existencia del fútbol internacional, y por ende de la FIFA; la única forma de marcar, dentro mismo de los Juegos, el inicio, objetivamente cumplido, del «mundial propio».

(Documento consultable en Uruguay y en la biblioteca de la FIFA)

URUGUAY

CAMPEÓN DE FOOTBALL MUNDIAL

LA OLIMPIADA DE PARÍS DE 1924

INFORME DE LA DELEGACIÓN DE LA ASOCIACIÓN URUGUAYA DE FOOTBALL

MEMORIA Y FINANZAS

CORRESPONDIENTE AL AÑO OLÍMPICO

MONTEVIDEO
Talleres Gráficos ROSSI
Miguelete 1457
1926

Los uruguayos se adjudican el campeonato mundial

En esta página del Informe, los delegados uruguayos formularon el mundialismo de diferentes maneras, como una expresión natural y banal referida a la fiesta propiamente futbolística.

El título presenta la prueba olímpica como *«campeonato mundial»* y más adelante se alude a la *«magna victoria»*. En el texto, el informe describe el impecable estado de ánimo del equipo robustecido por un fuerte apoyo del entorno y por la muy diplomática actuación de la delegación, que antes del encuentro decisivo depositó una corona de flores en la tumba del soldado desconocido. Se destaca el párrafo final que señala el cierre de la venta de localidades y «el acierto» de la Casa bancaria Exprinter que había distribuido banderitas uruguayas por millares.

(Documento consultable en Uruguay y en la biblioteca de la FIFA)

La final. - Antes de cumplir la etapa decisiva la Delegación deposita una corona de flores en la tumba del soldado desconocido. - Tarde de gloria. Gesto caballeresco de los jugadores suizos. Los uruguayos que realizaron una brillante perfomance, se adjudican el campeonato mundial. Significación y trascendencia de la gran victoria.

Nos acercamos entonces a la etapa decisiva. Las horas que la precedieron fueron de intensa preocupación para todos. Los Suizos —a quienes habíamos tenido ocasión de admirar y de ver cómo en meritorio y valiente esfuerzo fueran eliminando a competidores de la talla de los Checoeslovacos, los Suecos y los mismos Italianos— serían nuestros rivales en la prueba final. Sin embargo, el optimismo no se alejó un momento del espíritu de nuestros jugadores, y apoyados en él se dispusieron a enfrentar al temible y caballeresco adversario. A robustecer esa voluntad de vencer contribuyó la visión de aquel pueblo que esperaba ansioso del otro lado del océano, y como un mandato imperioso resonaron en todos los corazones las emocionantes invocaciones trasmitidas por la onda telegráfica. Nuestro digno Presidente, el doctor Narancio, había prometido que traeríamos el laurel olímpico, y dispuestos estaban todos los integrantes del equipo a prodigar sus mayores energías y sus máximos entusiasmos para que no fuera vana la palabra empeñada por el gestor indiscutible de la magna victoria.

Pero, antes de llegar a esa hora decisiva debíamos un homenaje que no podíamos dejar de cumplir. París nos había acogido con la más franca de las hospitalidades e iba a brindarnos la oportunidad de hacer vibrar muy alto el nombre de la patria. En el encanto de una bella mañana nos pusimos camino de París, llegamos a la Legación —donde nos esperaba la colonia uruguaya—, y de allí nos dirigimos al Arco del Triunfo, para depositar en la Tumba del Soldado Desconocido la corona que con perfumadas rosas de Francia habían tejido las blancas manos de Mme. Pain y arrojar sobre la fría losa y junto al sagrado fuego perennemente encendido, los puñados de flores cogidos en el parque del delicioso retiro de Argenteuil. Acaso aquel que dormía allí era un atleta caído gallardamente como en los campos de juego, de cara al sol y jadeante el corazón, estremecido de coraje.

Cuando el lunes nueve llegamos a Colombes, ya se había clausurado la venta de localidades y vanamente miles de personas pugnaban por entrar. Muchas de aquellas personas lucían pequeñas banderitas uruguayas, que la Casa Exprinter había tenido el singular acierto de distribuir por millares. En las tribunas no había lugar para un espectador más, y el as-

La Asociación, campeón del mundo

Esta página del informe presenta tres puntos importantes.

1) El título *«la Asociación, campeón del mundo»*, que resume en términos propiamente futbolísticos el orgullo de la conquista. 2) El tema del *«triunfo moral»* que significó *«el solo hecho de la participación uruguaya»*. 3) La evocación de la participación de Uruguay como la primera presencia del fútbol sudamericano en el Viejo Continente.

Las dificultades previas a la partida, es verdad, se acumulaban: divisiones a nivel de la Confederación Sudamericana; derrota de la política de compromiso y marginalización consecuente de los dirigentes uruguayos en Sudamérica; cisma entre la AUF y la Federación Uruguaya de Football (FUF); composición de un seleccionado debilitado por la reducción del vivero; oposición fuerte de una parte de la opinión y de la prensa que consideraba costoso y absurdo ir a París para perder desde el primer encuentro; finalmente, los altos costos que implicaba un muy largo viaje más una estadía que se presentaba como particularmente estirada.

El proyecto de gira por España establecido entre Buero y los dirigentes ibéricos fue la primera victoria moral. La arrasadora performance celeste en tierras de la madre patria, la segunda. Las recaudaciones obtenidas, la tercera. La posibilidad de financiar la mudanza al Château de Argenteuil, la cuarta. La constitución de una verdadera hinchada de franceses (unas 10 mil personas, dice Petrone), la quinta.

En cuanto a la participación pionera de Uruguay junto a los Estados Unidos, Turquía y Egipto, contribuyó de manera brillante al nacimiento del mencionado *«campo footballístico mundial»*. Corresponde recalcar sin embargo que, aunque desde aquél torneo de 1924 hasta hoy, el encuentro mundial futbolístico por excelencia lo simboliza el choque entre Europa y Sudamérica, el nacimiento del «campo mundial» se debió en buena medida al voluntarismo pionero de la superpotencia deportiva estadounidense que envió un cuadro de fútbol por primera vez en 1919, y reiteró su esfuerzo cinco años después.

(Documento consultable en Uruguay y en la biblioteca de la FIFA)

Envío de un team a Estados Unidos y Méjico

A raíz de la brillante actuación de nuestros footballers en Europa, la Asociación fué invitada a enviar un team a la república de Méjico. La Asociación no pudo deferir a esa honrosa invitación; pero, deseosa de contribuir a realizar la manifestación de cordialidad deportiva internacional promovida por los amigos de Méjico, les hizo saber que su gestión sería encarada, con la intención de realizarla, en la oportunidad en que una representación de la Asociación hará, en 1925, una gira por Estados Unidos de Norteamérica.

Gira a Perú y Chile

A invitación del Circolo Sportivo "V. Emmanuele", de Lima, la Asociación envió a Perú a un team de jugadores combinados, que jugó también, al regresar, en varias ciudades de Chile. La gira resultó francamente favorable a los intereses del football americano y a los prestigios de la Asociación, pues nuestro team reveló ser digno de las tradiciones de nuestro football y de nuestra caballerosidad, así como merced a la gira fueron afianzadas las relaciones con los deportistas del Perú y Chile, y robustecida la Federación de este último país, que tiene en sus manos la bandera del respeto a los principios internacionales.

La Asociación, campeón del mundo

El hecho culminante de la temporada de 1924, que será memorable en los anales del football nacional y americano, lo constituyó la victoria del team de la Asociación Uruguaya de Football en la Olimpiada de París. Habría sido, sin duda, un triunfo moral de una gran trascendencia en el mundo deportivo, el solo hecho de la participación del deporte sudamericano en la Olimpiada, que por primera vez entraba a rivalizar, en el campo footballístico mundial, con los más afamados teams de la F. I. de F. A. El

Campeón de campeones

Refiriéndose al cisma que vivía el fútbol uruguayo, el Informe oficial de la AUF destaca en esta página la *«vitalidad de nuestra Asociación que mandó a sus bravos footballers a París a pesar de la pusilanimidad de los derrotistas, de los sarcasmos de los enemigos y del incalificable sabotaje de quienes, con la pretensión de defender los prestigios del deporte nacional, se opusieron a que Uruguay ascendiese, del humilde plano de un sector deportivo cualquiera, al plano de campeón de campeones.»*

El texto prosigue señalando que *«en el hecho de que* [la Asociación] *venciese tantos y tan difíciles obstáculos, desde los materiales a los psicológicos, estaba implícita la intuición de la victoria, que sin la energía moral empleada en franquear las fronteras que se pretendiera cerrar al vuelo triunfal del team campeón del mundo, este no habría podido ser lo que fue».*

Lo interesante de este pasaje es que explica las condiciones pioneras del nacimiento del primer Mundial desde el punto de vista de quienes desplegaron el máximo sacrificio. No fue una decisión cómoda que implicaba viajes cortos y baratos en tren con regreso asegurado inmediatamente después del primer partido perdido. Fue un proyecto incierto, pronunciado en un momento histórico determinado, no porque se volviera fácil sino porque se planteó el desafío de vencer obstáculos crecientes. En ese sentido, la intensa gira por España, que con nueve partidos a lo largo de 34 días en alojamientos rústicos de cinco ciudades, permitió financiar el viaje, puede ser definida como una fase previa de «fútbol-sacrificio».

Nótese para terminar estas frases: *«La Asociación obtuvo a la vez dos victorias de incalculables proyecciones: la de Uruguay, que entregó entonces su nombre a la admiración universal; y la de América, afirmada gloriosamente en el certamen de los elegidos. La trascendencia excepcional de este episodio fue perfectamente aquilatada por todos, dentro y fuera de fronteras».* Destaca el surgimiento «en directo» del «mundo futbolístico» y la aparición, por primera vez, de una opinión futbolística mundialista mundialmente unificada.

(Documento consultable en Uruguay y en la biblioteca de la FIFA)

simple gesto de desafiar todos los riesgos y de vencer todos los obstáculos, de índole deportiva los unos, de carácter financiero los otros, acreditó desde luego la vitalidad de nuestra Asociación, que mandó a sus bravos footballers a París a pesar de la pusilanimidad de los derrotistas, de los sarcasmos de los enemigos y del incalificable sabotage de quienes, con la pretensión de defender los prestigios del deporte nacional, se opusieron en realidad a que el Uruguay ascendiese, del humilde plano de un sector deportivo cualquiera, al plano de campeón de los campeones. Tal fué la primera victoria de la Asociación. Y bien puedo decir, ante este episodio que de tan singular manera acreditó la pujanza de la Asociación, que en el hecho de que ésta venciese tantos y tan difíciles obstáculos, desde los materiales a los psicológicos, estaba implícita la intuición de la victoria, que sin la energía moral empleada en franquear las fronteras que se pretendiera cerrar al vuelo triunfal del team campeón del mundo, éste no habría podido ser lo que fué: un equipo que aunó, a los méritos deportivos excepcionales, la fuerza realizadora de los predestinados a vencer.

La campaña de nuestro team no tuvo un eclipse. Podría sintetizarla en la frase cesárea:

" Vini, vidi, vinci."

Ni un fracaso sombreó sus victorias. Y primero en España y luego en París, los jugadores de la Asociación fueron maestros en la técnica del juego, sin descender jamás a ser alumnos en la caballerosidad. Por lo que, merced a lo uno y a lo otro, la Asociación obtuvo, a la vez, dos victorias de incalculables proyecciones: la del Uruguay, que entregó entonces su nombre a la admiración universal, y la de América, afirmada gloriosamente en el certamen atlético de los elegidos.

La trascendencia excepcional de este episodio deportivo fué perfectamente aquilatada por todos, dentro y fuera de fronteras. Desde luego por nuestro pueblo, que decretó, por su soberana voluntad, día de fiesta el de la llegada de los campeones al solar nativo, ofreciéndoles un homenaje de tal fervor admirativo, que jamás lo fué mayor en ninguna circunstancia. Pagó así nuestro pueblo, con una exteriorización de simpatía inolvidable, las deleitosas emociones recibidas, en las etapas de la gira triunfal, del team que supo ser mejor que todos los que le enfrentaran.

Buero y las Olimpiadas Mundiales

Esta es la página 12 del libro *Negociaciones Internacionales* publicado por el vicepresidente de la FIFA, Enrique Buero, en 1932. El texto forma parte de la larga *«Nota del Ministro Buero al Ministro de Relaciones exteriores confirmando el telegrama enviado desde Ginebra el 22 de mayo de 1923 y comunicando a la Asociación Uruguaya de Fútbol que el Congreso afilió provisoriamente al Uruguay»*.

El rol de Buero en la participación uruguaya de 1924 fue decisivo en dos aspectos: tramitó personalmente la afiliación de Uruguay a la federación internacional presentándose ante el congreso de Ginebra y tratando directamente con Rimet; y al margen de este encuentro, como lo describe el documento, sentó las bases de un contrato con cuatro federaciones españolas para el financiamiento de una gira de la selección celeste que finalmente permitió resolver los obstáculos materiales, pagar los pasajes en barco y cubrir parte de los gastos de la larga estadía en Argenteuil.

Dice Buero: *«En resumen: la gira por España de nuestros jugadores podría producir un minimum alrededor de 10 mil pesos de nuestra moneda; cantidad que en manera alguna se invertiría en los gastos de viaje por la Península. Quedaría un fuerte remanente que podría aplicarse a satisfacer parte de los gastos que demandará el envío de nuestros jugadores a Europa a efecto de tomar parte en las Olimpiadas Mundiales, haciendo posible esta concurrencia que de otra manera sería difícil financiar.»*

La fórmula *«Olimpiadas Mundiales»* se refería no a la Olimpiada en general sino específicamente al fútbol. Para Buero, la AUF se aprestaba a disputar el título de «campeón olímpico mundial».

(Negociaciones internacionales, *Bruselas 1932)*

realizadas las Olimpiadas o antes, a voluntad de los uruguayos; además entregan el 50 % de los beneficios sobrantes, que podrán alcanzar a 5 o 7,000 pesetas esta última cantidad es contingente; no asi la primera que es absolutamente fija, cualquiera sea el número de los concurrentes a los dos partidos.

2º La Federación de Bilbao abona al equipo uruguayo una suma fija: 15,000 pesetas. En cualquiera de las dos proposiciones, el team uruguayo que intervendría tendrá que ser el mejor; y si a causa de los reglamentos internacionales no le es posible al team denominarse Uruguay, aceptan jugar con el « combinado Montevideo » o con cualquier otra denominación. Reclaman tambien la preferencia entre los partidos a jugarse en España; pues es grande el entusiasmo que existe entre los vascos para jugar nuevamente con los uruguayos de quienes tienen gratos recuerdos: no ocurriendo asi con los jugadores y el público de otros paises...

La Federación Regional de Cataluña está tambien vivamente empeñada en jugar con los uruguayos. Ofrece a este efecto pagar de 10,000 a 12,000 pesetas por dos partidos en los que intervenga el Combinado uruguayo.

Por su parte los delegados de las Federaciones de Valencia, Sevilla y Madrid, formulan a su vez el ofrecimiento de abonar 8,000 pesetas cada una de ellas, por dos partidos a jugarse en las respectivas Ciudades.

En resumen : la gira por España de nuestros jugadores podría producir como minimum alrededor de 10,000 pesos de nuestra moneda; cantidad que en manera alguna se invertiría en los gastos de viaje por la Península. Quedaría un fuerte remanente que podria aplicarse a satisfacer parte de los gastos que demandará el envio de nuestros jugadores a Europa a efecto de tomar parte en las Olimpiadas Mundiales, haciendo posible esta concurrencia que de otra manera seria difícil financiar.

Podrá parecer extraño a Vuestra Exelencia que insista en esta clase de informaciones, pero en atención al enorme interés que despierta en Europa todo lo relacionado con los deportes y campeonatos, no trepido en afirmar a V. E. que una victoria del equipo uruguayo en las Olimpiades de 1924 tendria una gran repercusión en el mundo sportivo al que hoy en dia estan vinculados todos los politicos y hombres dirigentes de estas viejas sociedades.

Para el caso de que la Asociación tenga interes en comunicarse

Defensa de los campeones mundiales

La «nota» de Buero al Ministro de Relaciones Exteriores se inicia en la página 22 de *Negociaciones Internacionales*. Su contenido central se aclara en el siguiente pasaje de la página 24, no reproducido en este trabajo:

«El señor Gabriel Bonnet, diputado, Presidente de un club local de fútbol y Vicepresidente de la FIFA, dijo entre otras cosas: "Nuestro equipo nacional ha ido a París simplemente, sin haber hecho escala en estaciones balnearias y sin haber tomado parte, pago por cualquier mecenas, en numerosos matchs de entrenamiento. Nuestro equipo está compuesto por verdaderos amateurs, que luchan por el sport, por el honor de su club y el honor de su país." [...] La cátedra no se resigna a confesar su total ignorancia respecto de las cosas que ocurren fuera de las fronteras de Europa, y de ahí viene a insinuar pérfidamente, como explicación de la "revelación" uruguaya, el carácter profesional de sus jugadores.»

El documento adjunto completa el análisis de Buero: *«Bien pudiera ser que las propuestas que han inundado a los dirigentes de nuestro equipo durante la estada de éste en Francia, hayan sido formuladas con el secreto propósito de crear un argumento decisivo para calificar como profesionales a los campeones mundiales, cuyo triunfo indiscutido y resonante ha producido muchos escozores entre los equipos de las naciones vencidas».*

El tema quedó en declaraciones. El reglamento no se oponía a la participación de los profesionales y la consideración de cualquier gira como sinónimo de turismo profesionalista era una extrapolación de las prácticas inglesas. Los suizos no protestaron ante el Tribunal de reclamos de Rimet ni podían hacerlo: su selección era una de las más profesionalizadas del torneo: el Servette FC de Bonnet, cuyos jugadores eran todos asalariados, constituyó la base del conjunto, que completaron profesionales «evidentes» que jugaban contratados en clubes extranjeros.

La importancia del episodio es doble: *marcó el inicio de la devaluación del título mundial uruguayo e ilustró la utilización por los europeos de un «amateurismo de intimidación» sin ningún fundamento legal.*

(Negociaciones internacionales, *Bruselas 1932)*

Por más injustificado que encontremos por nuestra parte tal afirmación (que no se ha hecho hasta ahora por la prensa, salvo una veladísima insinuación de un diario suizo a que mas adelante me referiré) es lo cierto que el propósito que se tenía de hacer una gira por varios paises de Europa (Austria, Hungria, Suiza, Dinamarca, Belgica, Portugal, etc.), para jugar en dichas localidades prévia concertación de las condiciones pecuniarias, -haria sospechosa la situación de amateur de cada uno de nuestros jugadores.

En efecto, no se concibe que personas que obtienen sus recursos de su trabajo en las distintas actividades, puedan abandonar sus ocupaciones no sólo por dos o tres meses sino por cinco, seis o por un año.

Claro está que a las múltiples preguntas que en tal sentido se me hicieron en el seno del Congreso y fuera de él, yo contestaba aludiendo a la circunstancia de ser empleados públicos la mayoria de los jugadores, por lo que el pais mismo estaba interesado en facilitar la actuación de sus representantes deportivos, concediéndoles amplias licencias con sueldo.

Pero evidentemente tal argumentación no parecia decisiva.

Con motivo de proyectarse la gira por algunos paises de la Europa Central, creo que habria sido necesario valerse de verdaderos empresarios (como en el caso de Viena), — pues no era justo que para acreditar el carácter de amateur de nuestros jugadores, estos fueran tan liberales que facilitaran simplemente a los clubs locales la oportunidad de ganar mucho dinero.

Pues bien; la intervención de tales intermediarios, podria dar origen tambien a algun malentendido, — y bien pudiera ser que les propuestas con que han inundado a los dirigentes de nuestro equipo, durante la estada de éste en Francia, hayan sido formuladas con el secreto propósito de crear un argumento decisivo para calificar como profesionales a los campeones mundiales, cuyo triunfo indiscutido y resonante, ha producido naturalmente muchos escozores, entre los equipos de las naciones vencidas.

Para que se juzgue lo justificado de mis aprehensiones, debo señalar a V. E. un dato interesante.

A raiz del encuentro del lunes entre los equipos Suizo y Uruguayo, — los jugadores helvéticos regresaron a sus respectivos cantones. En Ginebra se les hizo una recepción oficial, a la que

3. Campeonato del mundo según los dirigentes olímpicos

La Octava Olimpiada fue un punto culminante en la historia de los Juegos: se cumplían treinta años del restablecimiento de la gran fiesta deportiva; Coubertin había anunciado su partida después de la edición de París; la Guerra había quedado atrás; el evento volvía a manos liberales francesas; el Barón podía imponer su universalidad, enterrando lo más profundamente posible «la momia del amateurismo»; y en el marco de un *boom* del espectáculo popular (cine, música, deporte), en medio de la euforia planetaria de los «Años Locos», la capital francesa era el centro del Mundo.

La receta del éxito fue la conjunción de dos factores. Por un lado, la voluntad de los fundadores franceses de alcanzar el nivel máximo, atrayendo a los «mejores atletas» del mundo entero, y sobreentendiendo en los reglamentos, como en 1900, que no se excluirían categorías. Por otro, el aflujo masivo de deportistas no europeos, fundamento mismo de la mundialización. En 1896, en Atenas, participaron 230 europeos y 16 extraeuropeos (15 americanos); en 1900, 1131 europeos y 91 extraeuropeos (81 americanos); en 1920, 2188 europeos, 461 extraeuropeos (363 americanos); en 1924, 2325 europeos, 679 extraeuropeos (513 americanos).

1924 fue pues, para los fundadores, Coubertin y su mano derecha, Frantz-Reichel, la hora de la culminación y de un balance que pudo resumirse en pocas palabras: casi todos los grandes campeonatos olímpicos fueron campeonatos mundiales. Y eso tanto en las disciplinas medibles: atletismo y natación, con muchos récords del mundo, como en los juegos atléticos colectivos: polo, fútbol y waterpolo.

Para Coubertin, los Juegos de 1924 fueron y debían ser Campeonatos Mundiales

En su Prefacio del Informe oficial de la Octava Olimpiada titulado *«Espíritu ferviente en cuerpo musculoso»*, Pierre de Coubertin estableció el siguiente balance: *«Después de los Juegos de la 7.ª Olimpiada (Amberes, 1920), recuerdo haber expresado el voto de una universalidad más completa, una universalidad más absoluta. Después de esta 8.ª Olimpiada es el intelectualismo lo que me preocupa. Estos últimos Juegos, pese al buen y meritorio esfuerzo intentado para revestirlos de arte y pensamiento, fueron finalmente demasiado "campeonatos del mundo". ¡Y claro que tienen que serlo! Los atletas que llegan de todos los rincones de la Tierra tienen todo el derecho a pretender una organización lo más irreprochable posible.»*

¿Qué quiso decir el fundador de los Juegos con esta frase complicada? Por un lado, que la mundialidad y la universalidad se habían alcanzado prácticamente en todos los deportes, que en casi todos los deportes se habían realizado «campeonatos del mundo» con reglamento abierto, en particular en el fútbol y en la natación, y que tenía que ser así. Por otro, que el aspecto «puramente» deportivo (calificación mundialista y atribución de títulos mundiales) había cubierto «demasiado» la mística específicamente «griega» de los Juegos, desplazándose así, según él en exceso, de la «fiesta» olímpica hacia la fiesta deportiva.

Fue lo que anotó Maurice Pefferkorn en su libro *Football alegría del mundo* refiriéndose a la final entre Uruguay y Suiza: *«En realidad, era una especie de misticismo y de exaltación sentimental lo que guiaba a los 55 mil espectadores hacia Colombes al anuncio de que un título de campeón del mundo estaba en juego»*. «El misticismo y la exaltación» pasaban pues de la fiesta olímpica a la competición, cubriéndose el tradicional ceremonial unitario con el alboroto de los resultados que dividen a los hombres en vencedores felices y perdedores desgraciados.

Así, quienes niegan hoy el carácter mundial del Torneo de fútbol de 1924, punto culminante de los Juegos de París, adhieren, sin saberlo, radicalizándola hasta el absurdo, a la nostalgia griega del Barón.

(Documento disponible en la librería de la fundación LA84)

MENS FERVIDA IN CORPORE LACERTOSO

Huit olympiades : trente-deux ans. . . un long espace de temps pour l'individu, mais combien bref du point de vue de l'histoire ! Suffisant, pourtant, à donner confiance en la durée d'une institution pour autant que cette institution s'affirme en progrès constant à travers la dite période.

C'est ici le cas.

Nul, mieux que leur fondateur, ne peut évoquer le panorama des Jeux Olympiques modernes depuis le jour où la série en fut inaugurée dans le Stade d'Athènes. Leur célébration successive atteste une montée lente mais certaine. Il importe seulement qu'à la satisfaction légitime causée par la réussite vienne s'ajouter le sentiment des défectuosités dont le redressement s'impose. En disant cela, je ne songe aucunement aux améliorations réalisables dans le domaine technique ; il y a là de l'inépuisable. En des manifestations de pareille envergure, toujours des détails clocheront; toujours on trouvera quelque chose à amender; toujours on voudra ((faire mieux)), et on y tendra, mais je parle des caractéristiques fondamentales de l'olympisme.

Après les Jeux de la VIIe Olympiade (Anvers 1920), je me souviens d'avoir exprimé le vœu d'un universalisme encore plus complet, encore plus absolu. Après ceux de la VIII" Olympiade, c'est l'intellectualisme qui éveille mon souci.

Les derniers Jeux, malgré le bel et méritoire effort tenté pour les revêtir d'art et de pensée, sont demeurés trop ((Championnats du monde)). Il faut, certes, qu'ils le soient. Les athlètes, venus de tous les coins de la terre, ont droit de prétendre à une organisation aussi irréprochable que possible. Mais il faut autre chose à côté : la présence des génies nationaux, la collaboration des muses, le culte de la beauté, tout l'appareil qui convient au puissant symbolisme qu'incarnaient, dans le passé, les Jeux Olympiques et qu'ils doivent continuer de représenter aujourd'hui, Ceux qui viendront auront à s'employer au choix des formules désirables. Notre tâche, à nous autres, a été d'indiquer la route.

C'est ainsi que les Jeux Olympiques seront ce qu'ils doivent être et seulement cela : la fête quadriennale du printemps humain, mais d'un printemps ordonné et rythmé dont la sève demeure au service de l'Esprit.

Pierre de Coubertin

Los mejores equipos del mundo entero

En el texto «*El éxito de los Juegos de París*» publicado en la página 68 del Informe olímpico oficial, Frantz-Reichel, primer Comisario general deportivo, exaltó de diferentes maneras lo que fue para él el rasgo distintivo mayor de la Olimpiada de París: el triunfo del mundialismo. Su demostración se basó en el manejo de tres argumentos: presencia de los mejores; encuentro entre América y Europa; performances nunca vistas. Y se apoyó en el punto 11 de los votos de 1894, fundamental y algo olvidado: «Que en cada país se proceda antes de la época de los Juegos a pruebas eliminatorias susceptibles de designar, para que participen, *solo a los verdaderos campeones en cada tipo de deporte.*»

«Cuarenta y cinco naciones vinieron a París de todas partes del mundo y con ellas cerca de 6 mil atletas cuya única preocupación fue combatir por el honor y la gloria de su país. La pista y los terrenos para los concursos del Estadio Atlético permitieron que se batieran seis récords del mundo, los 400 y 10 mil metros llanos, el triple salto, el salto largo, y las dos carreras de relevos, 400 y 1600 metros. [...] En el Estadio de Tourelles, los récords del mundo de natación de 1500 metros libres hombres, 100 metros libres y espalda damas, 800 metros relevo hombres y 400 metros relevo damas también fueron batidos.

¿No cabe al mismo tiempo celebrar los resultados obtenidos en otros deportes? Nadie olvidara el espléndido y magistral torneo de fútbol asociación en el cual participaron los mejores equipos del mundo entero. Por primera vez, el fútbol de América del Norte y Sur se medían con el fútbol europeo. Y el prodigioso torneo de waterpolo con sus 14 naciones. Y el polo a caballo que reunió en una final emocionante a los dos mejores equipos del universo: Estados Unidos y Argentina.»

(Documento disponible en la librería de la fundación LA84)

Le succes des Jeux de Paris

Le Comité Olympique Français avait sollicité du Comité International Olympique la mission de célébrer les Jeux de la VIII' Olympiade à Paris, en 1924. L honneur était grand, mais périlleuse était la tâche. Force lui fut donc, dès que ce glorieux privilège lui fut accordé, dàpporter à cette célébration tout lèclat désirable, afin de répondre à la confiance qu àvaient placée en lui, les 19 nations assemblées en 1921, au Congres de Lausanne.

La préoccupation dominante du Comité Olympique Français fut, en sìnspirant des devoirs définis par le Protocole, de placer sur le même pied dégalité, les différentes branches de sports et les concours dàrt qui font partie intégrante de la célébration de lòlympiade.

Cette tâche était rendue singulièrement difficile, en raison de la multitude dèpreuves nées des 21 sports Olympiques et concours dàrt inscrits au programme de 1924. Il croit pourtant y être parvenu, parce qu il a appliqué ses efforts à obtenir que lòrganisation administrative aussi bien que l òrganisation matérielle et technique de chacun d èux soit lòbjet dùne méthodique et égale préparation;

*
* *

Si le Comité Olympique Français s èn tenait uniquement aux résultats sportifs enregistrés, il est évident que ce ne serait pas glorifier outre mesure les Jeux de Paris que de constater lèclat incomparable qui a marqué leur célébration. Mais làccueil chaleureux réservé à son invitation ne fut-il pas aussi un des facteurs importants de ce succès?

Quarante-cinq nations y avaient répondu avec un empressement cordial. Cétait presque la totalité des nations du globe. Il est bien permis au Comité Olympique Français d èn tirer quelque fierté pour la France qu il représentait car, aussi bien, a-t-il conscience dàvoir ainsi apporté sa contribution à l èdification du monument olympique.

Quarante-cinq nations sont ainsi venues à Paris de toutes les parties du monde et avec elles près de 6.000 athlètes qui nàvaient dàutre souci que de combattre pour l honneur, pour la gloire de leur pays.

A ces athlètes, le Comité Olympique Français s èst ingénié à procurer des terrains, des stands, des bassins, un matériel dignes de leur valeur, par sa scrupuleuse observation des prescriptions techniques édictées par les réglements internationaux. Cèst ainsi que la piste et les terrains de concours du Stade Athlétique permirent de battre 6 records du monde, ceux de 400 et 10.000 mètres plat, le triple saut, le saut en longueur, et les deux courses de relais de .400 et 1.600 mètres.

Quinze fois aussi les records olympiques furent égalés ou battus. Ceux de 100, 200, 400, 1.500, 5.000 et 10.000 mètres plat ; le 3.000 steeple, le 400 mètres haies, le 3.000 mètres par équipes, les 400 et 1.600 relais, les sauts en longueur, à la perche, le triple saut, le lancement du disque. Certains furent battus plusieurs fois, tel le 400 mètres plat qui a été descendu trois fois sucessives.

Au Stade des Tourelles, les records du monde de natation de 1.500 mètres nage libre Messieurs, d e 100 mètres nage libre et sur le dos Dames, le 800 mètres relais Messieurs et 400 mètres relais Dames, ont été battus.

Les records olympiques de 100 mètres, 400 mètres, 1.500 mètres nage libre, 200 mètres brasse Messieurs; 100 mètres, 400 mètres nage libre, 100 mètres sur le dos, 200 mètres brasse Dames, 800 mètres relais et 400 mètres relais Messieurs et Dames ont été, à maintes reprises égalés ou battus.

Il est évident que dans le domaine du record, la qualité de làthlète joue un rôle primordial mais une répétition aussi mathématique de performances exceptionnelles n èst-elle pas remarquable et n à-t-elle pas témoigné de la valeur des installations mises à la disposition des athlètes olympiques.

Nỳ a-t-il pas lieu encore, de célébrer les résultats obtenus dans dàutres sports. Nul n òubliera le splendide et magistral tournoi de football-association auquel participèrent les plus belles équipes du monde entier représentant 23 nations

Pour la première fois, le football de l Àmérique du Nord et du Sud étaient aux prises avec le football européen. A quelles luttes ardentes, remarquables, donnèrent lieu les multiples rencontres de ce tournoi.

Quelle révélation fut le rugby américain et quelle surprise fut pour le monde entier la tenue de son équipe qui se révéla comme capable de tenir tête et de vaincre les plus fameuses équipes.

Et le prodigieux tournoi de water-polo avec ses 14 nations. Et celui de polo à cheval qui mit aux prises dans une finale émouvante les deux plus belles équipes de l Univers : celle des Etats-Unis et celle de l Àrgentine.

Lèxtraordinaire tournoi de lutte offrit le spectacle d ùne impressionnante phalange d àthlètes aux structures puissantes, le tournoi dèscrime opposa les plus fines lames du fleuret, de lèpée et du sabre; le tournoi de poids et haltères auquel ne peut être comparé aucun tournoi du passé et enfin le concours hippique qui avait réuni un lot des plus intrépides et des plus fins cavaliers du monde.

*
* *

Il est encore un autre facteur qui a bien témoigné du succès des Jeux de Paris et celui-là, il a aussi sa valeur, c èst lèmpressement, lènthousiasme, l àssiduité quàpporta une foule nombreuse et si variée dans ses éléments à suivre des spectacles qui se manifestaient quotidiennement sous les formes les plus diverses de làctivité sportive.

Un tableau énumèrera plus loin, dans ses détails, le mouvement des spectateurs dans chacune des enceintes Olympiques. La lecture des chiffres, en dépit de leur apparente sécheresse, sera édifiante.

Pour lìnstant, je crois n èn devoir citer que quelques-uns : 578.599 spectateurs ont suivi les réunions qui se sont échelonnées pendant le cours de juillet 1924 et pendant les tournois rugby et de football.

Les recettes, aux différents stades, ont été de 5.423.184 fr. ; une seule réunion, celle de la finale du tournoi de football-association, a totalisé 516.575 francs.

Je mèn tiendrai à ce simple énoncé en ajoutant, pourtant, quìl témoigne bien du passionnant intérêt qu à soulevé parmi les masses conquises aujourd hui à la beauté du geste, de l èffort, le spectacle olympique si noble, si émouvant par le caractère ardent, qui atteint parfois au tragique, des luttes auxquelles se livrent si totalement les athlètes.

*
* *

Ce nèst pas sans quelque émotion que je mesure, aujourdhui, la distance, parcourue depuis le Congrès de Paris, il y a 30 ans, qui décida de la rénovation des Jeux Olympiques modernes, et auquel j èus lhonneur de participer : rénovation bientôt suivie de la célébration de la Première Olympiade, à Athènes oìt, ćette fois, je luttais comme concurrent pour les couleurs de mon pays.

Depuis, lìdée a cheminé à travers le monde et, trente ans après la cérémonie de la Sorbonne, me voici appelé à nouveau, avec mes collègues du Comité Olympique Français, à vivre intensément la célébration de la VIII " Olympiade à laquelle 4.5 nations viennent de participer. Cette unanimité n èst-elle pas, en vérité, la preuve que les Jeux Olympiques jouent maintenant un rôle de premier plan dans les relations entre les nations? Par le contact qu ils créent entre les jeunesses de tous les pays, ils contribuent à développer cette atmosphère de cordialité qui apprend aux hommes à mieux se connaître d àbord, puis à mieux sèstimer, ce à quoi les Jeux de Paris, par l ènorme mouvement quìls ont suscité, auront puissamment aidé.

Ne serait-ce là que l ùnique résultat auquel ils auraient abouti que le Comité Olympique Français aurait conscience dàvoir travaillé avec profit.

Frantz-Reichel.

Archivos relacionados con la calificación por los contemporáneos

Se entiende aquí por «contemporáneos» al público informado del fútbol, a la tribuna, a los periodistas, a los deportistas, a la masa de los dirigentes, en otros términos, a la «opinión» del fútbol. La manifestación de la opinión de los contemporáneos aparece principalmente en la prensa. La prensa formaliza y fija la opinión de los contemporáneos del fútbol, impulsa una expectativa que gana las tribunas de tal modo que estas saben tanto como los jugadores qué título se está jugando.

Para los deportes populares como el ciclismo y el fútbol que tienen que movilizar mucho «público-testigo», la constitución de una opinión contemporánea y la oficialización de una calificación son dos fenómenos imbricados. Así, la naturaleza de muchos campeonatos fue solicitada y determinada por la opinión antes de su oficialización por los dirigentes.

En 1924, el problema fue determinar si el campeonato olímpico «potencialmente mundial» se convertía en «verdaderamente mundial». La formación de la opinión mundialista fue un proceso prudente. En 1914, el «campeonato del mundo» apareció en los papeles. En 1919, se esbozó entre campo de juego y campo de batalla. En 1920 se impuso un «mundialismo de expectativa» en la vanguardia europea. En 1924, esta vanguardia anunció el «mundial verdadero». La dinámica del torneo, con la final entre Europa y América, y la victoria de Uruguay, lo confirmó a la vez que «mundializó» a la opinión que lo sustentaba extendiéndola a América.

1. La prensa francesa

La «opinión de los contemporáneos» en su relación con la calificación del torneo de fútbol de 1924 tuvo como centro de propagación la prensa deportiva francesa. La legitimidad de este origen es quíntuple: el campeonato se jugaba en Francia; los Juegos olímpicos eran franceses por su origen y su dirección; la FIFA era francesa por su origen y su dirección; los organizadores eran franceses; estos calificaban la prueba como mundial. Ninguna otra opinión estaba más fundada que la francesa para confirmar el hecho histórico de que el campeonato olímpico de fútbol, «su campeonato», se volvía verdaderamente mundial.

En Francia, la opinión del fútbol fue moldeada por una prensa deportiva de muy amplia difusión, orientada ideológicamente por ex futbolistas, técnicos y dirigentes que gravitaban en el entorno de la 3FA y de la FIFA, y que ejercían como periodistas. Se destacaron dos grandísimas figuras: Gabriel Hanot, visionario en la materia y alma de *Le Miroir des Sports*; y Lucien Gamblin, mano derecha de Rimet, conceptor de la propaganda universalista, redactor del informe de mayo en *Très Sport* y de múltiples artículos mundialistas publicados en *L'Auto*.

Los archivos de la prensa deportiva francesa muestran que la calificación mundialista y universalista del campeonato de fútbol de 1924 fue un fenómeno masivo, sano y generoso. La negación de estos documentos por los historiadores allegados a la FIFA marca la diferencia entre la historia real y la historia oficial manipulada. Implica, además del arrebato deportivo contra el vencedor, una rebaja del pasado francés.

Vamos a asistir al primer verdadero Campeonato Mundial de fútbol

Lucien Gamblin, amigo personal de Rimet, miembro de la 3FA, capitán histórico del Red Star que ganó tres Copas de Francia (1921, 1922 y 1923), fue el «campeón» elegido por el lujoso mensuario *Très Sport* para redactar un informe de 12 páginas sobre el fútbol en la Octava Olimpiada. Su trabajo fue publicado en la edición del mes de mayo. En las páginas 18 y 19, Gamblin expuso una serie de argumentos que son los mismos que manejamos hoy: muchos países, muchos continentes, campeonato abierto (universal), una FIFA mundial, y todo eso junto *por primera vez.*

«El fútbol es el deporte universal. Si hay un deporte que merece que se lo denomine así es el fútbol. Y los Juegos Olímpicos de 1924 consagrarán dicha universalidad. En efecto, vamos a asistir a un verdadero campeonato del mundo de fútbol, el primero jamás organizado. Se inscribieron veintitrés naciones en el torneo de París. Veintitrés naciones que representan a Europa, Asia, América y África, puesto que la selección francesa va a extenderse a sus jugadores africanos».

Y más adelante: *«El fútbol es ahora tan importante desde el punto de vista social, ocupa tanto lugar en la existencia de millones de individuos que no es para nada sorprendente que suscite múltiples observaciones y controversias atractivas, y que se salga un poco de la técnica pura para entrar cada día más en lo que podríamos llamar literatura, que no es otra cosa que el análisis de la vida corriente, dado que el día en que la práctica del fútbol se extenderá a todos está cerca.»*

El texto mundialista de Gamblin integra dos conceptos: el de «primer» mundial y el de mundial «verdadero». Ambos destacan, esta vez con absoluta certeza, el momento histórico pleno que se viviría.

(Documento consultado y reproducido en la biblioteca de la FFF)

L'avant détourne le
ballon pour tâcher de
l'envoyer à un partenaire

LES VIRTUOSES DU… TÊTE AU FOOTBALL

Le football est, par définition, le jeu de la balle au pied. Mais de… tique de ce sport, le jeu de tête a une grande importance. Les balles hautes, qui ne peuvent pas être captées avec le pied, le sont par le … Certains arrivent à posséder un jeu de tête absolument remarquable de force et de précision. Un footballer qui ne sait pas jouer avec la t… joueur incomplet, dont la valeur est très limitée. Le coup de tête peut atteindre la puissance d'un absol… cision égaler celle du coup de pied.

LE FOOTBALL EST L… SPORT UNIVERSEL

S'il est un sport qui mérite bien d'être ainsi dénommé, c'est le football. Et les Jeux olympiques de 1924 consacreront cette universalité. Nous allons, en effet, assister à un véritable championnat du monde de football, le premier qui soit organisé.

Vingt-trois nations sont en effet engagées dans le tournoi de Paris. Vingt-trois nations qui représentent l'Europe, l'Asie, l'Amérique et l'Afrique (puisque la sélection française va s'étendre à nos joueurs nord-africains).

Voici, par ordre alphabétique, la liste des pays participants :

Belgique.	Lettonie.
Bulgarie.	Lithuanie.
Égypte.	Luxembourg.
Espagne.	Pologne.
Esthonie.	Portugal.
États-Unis.	Roumanie.
France.	Suède.
Hollande.	Suisse.
Hongrie.	Tchécoslovaquie.
Irlande.	Turquie.
Italie.	Uruguay.
	Yougoslavie.

Ainsi nous verrons les mêmes règles de jeu appliquées par les tempéraments différents des races les plus diverses. Car, si l'on joue au football par tout le monde avec les mêmes principes et les mêmes réglementations, chaque pays, chaque race apporte dans la pratique de ce sport magnifique les qualités, mais aussi les défauts dont la nature l'a dotée.

Nous verrons les Italiens ardents et inconstants, les Espagnols impétueux et fiers, les Français spontanés et inégaux, les Hongrois précis et raides, les Turcs consciencieux et lourds, les Américains adroits et présomptueux, les Polonais appliqués et changeants, les Hollandais classiques et lents, les Tchéco-Slovaques habiles et coléreux, les Belges réguliers et trop confiants, les Suisses rapides et brouillons, et tous animés du merveilleux désir de vaincre qui transfigure les plus ternes, les moins adroits et les rend capables des plus admirables efforts.

Ah ! ceux qui veulent philosopher sur le football auront là une occasion unique d'exercer leurs qualités d'analystes. Ils pourront discuter à perte de vue sur les possibilités des diverses races, les prédispositions de chacune à la pratique du jeu de la balle ronde. Des papiers amphigouriques seront écrits sur l'avenir de telle ou telle nation dans notre sport, dans le sport... Et que l'on ne prenne pas ces mots sous ma plume comme une critique ironique. Non. Le football est maintenant tellement important du point de vue social, il occupe une telle place dans l'existence quotidienne de millions

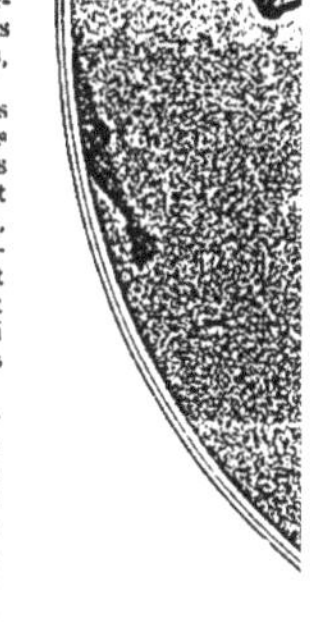

Les avants se servent … ou pour essayer de mar…

Famoso artículo de Gabriel Hanot

El artículo más famoso jamás escrito sobre un partido de fútbol fue publicado por Gabriel Hanot en la página 375 del semanario *Le Miroir des sports* el 12 de junio de 1924. El título largo y pedagógico es típico de este autor: *«Es sin lugar a dudas el mejor de los 22 equipos que ganó el formidable campeonato del mundo de balompié».*

La crónica se caracteriza por la aplicación del técnico francés en su voluntad de entender el accionar de los *players* celestes, y por la comparación que hizo entre el juego de los uruguayos y el de los profesionales ingleses, que condujo a la adopción por el fútbol francés de un nuevo modelo a seguir.

«La principal cualidad de los vencedores es un virtuosismo maravilloso en la recepción, el control y la utilización de la esfera. Los uruguayos tienen una técnica tan completa que, corriendo en pos de la pelota o avanzando con ella y dribleando, disponen del tiempo necesario para mirar qué posición ocupan los adversarios y los compañeros de equipo. Estos no se quedan quietos esperando el pase; se desmarcan, se alejan del adversario, se colocan de modo a facilitar la tarea del portador de la pelota, y a recuperar cómoda y eficazmente el balón cuando llega a sus pies. A la impecable técnica, se agrega pues, en los uruguayos, una clarividencia táctica. Los sudamericanos tienen el pie seguro y la vista libre. Van y vienen por la cancha desenrollando su ovillo, tejiendo una tela cuyo centro es el arco adverso».

«Los profesionales ingleses son excelentes geómetras, notables agrimensores. El paralelogramo de las fuerzas no tiene ningún secreto para ellos, que juegan cuadrado, articulado, con rigor y rigidez. Los uruguayos son gente flexible, discípulos del espíritu de fineza más que del espíritu de la geometría.» Y más adelante: *«Ante estos finos atletas que son, comparados con los profesionales ingleses, lo que los caballos árabes son comparados con los percherones, los suizos parecieron desconcertados y molestos.»*

(Documento consultable en Gallica, Bibliothèque Nationale de France)

L'URUGUAY VAINQUEUR DU TOURNOI OLYMPIQUE DE FOOTBALL

C'EST BIEN LA MEILLEURE DES 22 ÉQUIPES QUI A GAGNÉ LE FORMIDABLE CHAMPIONNAT DU MONDE DE BALLON ROND

Après quinze jours de matches passionnants, qui ont produit une recette totale de 1.800.000 francs et attiré au stade olympique de Colombes, comme sur les stades annexes, un chiffre de 280.000 spectateurs, le tournoi des vingt-deux nations a pris fin. Il ne viendra à l'idée de personne de prétendre que ce n'est pas la meilleure équipe qui a gagné. L'adversaire de l'Uruguay aurait pu, au lieu de la Suisse, être la Suède, la Hollande, l'Italie, l'Espagne, voire la France, si tous nos joueurs étaient animés d'idéal sportif et de dignité personnelle. Mais, en tout cas, l'Uruguay aurait été l'autre finaliste. Aucun de ceux qui ont vu la belle équipe sud-américaine en action ne contestera une telle affirmation. Quel plus bel éloge pourrait-on faire de la valeur des Urugayens ?

La principale qualité des vainqueurs est une virtuosité merveilleuse dans la réception, le contrôle et l'utilisation du ballon. Les Urugayens ont une technique tellement complète, qu'en courant au-devant de la balle, ou même en la maitrisant, puis en la dribblant, ils disposent du loisir nécessaire pour regarder la position occupée par adversaires et partenaires. Ceux-ci, de leur côté, ne restent pas immobiles à attendre la passe ; ils se démarquent, ils s'éloignent de l'adversaire, ils se placent de manière à faciliter la tâche de leur coéquipier et à se servir aisément, efficacement du ballon, si le précieux objet leur parvient.

A l'impeccable technique s'ajoute donc, chez les Urugayens, une tactique clairvoyante. Les Sud-Américains ont le pied sûr et l'œil dégagé. Ils vont et viennent sur le terrain, déroulant leur écheveau, tissant leur toile, dont le centre est le but de l'équipe opposée.

Les professionnels anglais sont d'excellents géomètres, de remarquables arpenteurs. Le parallélogramme des forces n'a pour eux aucun secret. Ils jouent carré, articulé, avec rigueur et raideur. Les Urugayens sont gens souples, disciples de l'esprit de finesse plutôt que de l'esprit de géométrie. Ils ont poussé à la perfection, et parfois jusqu'à la floriture, l'art de la feinte, de l'esquive, du changement de pied, des pivotements du corps, des renversements de sens de course. Mais ils savent aussi jouer droit, directement, immédiatement. Ils ne sont pas uniquement des jongleurs de ballon, des prestidigitateurs, des bateleurs. L'alerte que leur donna la Hollande, battue par 2 buts à 1, après avoir mené à la mi-temps par

ROMANO (au fond) ET OBERHAUSER SAUTENT

1 à 0 et perdu un but sur penalty, leur fut une utile leçon, un sévère rappel à l'ordre et comme un avertissement céleste. Les Urugayens, qui sentirent passer, vendredi, le vent de la défaite, se le tinrent pour dit.

On le vit bien dimanche. Ils jouèrent serré et tendu, en dehors de toute fantaisie, uniquement en vue du résultat. Ils laissèrent là leurs valses-hésitations, leurs effets pour la galerie. Ils créèrent un beau football, élégant certes, mais, en même temps, varié, rapide, puissant, effectif. Leurs deux premiers buts furent réussis en force, grâce à la pénétration et au shot de Petrone et de Cea ; le troisième est dû à un heureux coup de tête de Romano, qui se tenait, sur corner, démarqué.

Devant ces fins athlètes, qui sont aux professionnels anglais — et je me réserve de revenir sur ce point — comme des chevaux arabes par rapport à des percherons, les Suisses parurent déconcertés et gênés. Ils eurent des réactions vives et dangereuses pour l'adversaire ; ils foncèrent à grande allure dans le camp opposé, ils donnèrent de résolus coups de boutoir à la défense urugayenne ; toutefois, cette équipe, qui avait fourni, contre les Tchèques, les Italiens et les Suédois, son plein rendement, fournit, à plus d'une reprise, l'impression de n'être pas embrayée, de tourner et, par moments, de s'emballer à vide. Elle manqua de coordination, d'unité, de mesure. On vit l'ailier droit Ehrenbolger se replier, au centre du terrain, jusque près de ses buts ; Abegglen poursuivit les avants adverses jusque derrière sa ligne d'arrières. Quel rôle sérieux et continu pouvait-on attendre d'une formation d'avants ainsi désorganisée et qui joua pendant presque tout le match, non pas en disposition rectiligne, mais en zigzags ? L'équipe suisse fut débordée par un adversaire transcendant et ne parvint pas à retrouver son assiette. Seuls, Raymond, grâce à l'opportunité, à la décision et à l'adresse de ses interventions, et Schmiedlin, en raison de son courage, s'élevèrent au-dessus de la médiocrité.

Les Urugayens, au contraire, furent nombreux à se distinguer. Les deux arrières : Nasazzi et Arispe, le demi-centre Vidal, les avants Petrone, Scarone, Cea et Romano.

Plus encore que le total des points marqués, la comparaison du nombre des joueurs cités dans l'une et dans l'autre équipes indique avec netteté que les Uruguayens menèrent le train, fournirent le grand labeur et détinrent le ballon.

Gabriel Hanot.

L'ÉQUIPE DE L'URUGUAY, GAGNANTE DU TOURNOI OLYMPIQUE DE FOOTBALL DE LA VIIIe OLYMPIADE, A PARIS

De gauche à droite : Cea, Vidal, Romano, Scarone, Nasazzi (cap.), Mazali, Urdinaran, Ghierra, Petrone, Andrade, Tomasina.

Cuatro continentes según Le Miroir des Sports

Esta doble página forma parte del número 204 de *Le Miroir des Sports* publicado el 29 de mayo de 1924. El título, típico de Gabriel Hanot, es todo un argumento: *«La apertura del Torneo Olímpico de Fútbol. 50 mil espectadores asistieron a los cuatro partidos inaugurales de la grandiosa prueba que disputan 22 naciones de Europa, Asia, África y América.»*

Expresa perfectamente la tarea de forja de la opinión mundialista encarada por los expertos franceses que constituían, en ese momento, la vanguardia del fútbol internacional. Se trataba de explicar al público que el campeonato olímpico de fútbol, que había sido en 1920 «un mundial de expectativa», un mundial en el papel, se había convertido desde los primeros partidos disputados el 25 de mayo, en «mundial verdadero», en mundial en la cancha, entre equipos de cuatro continentes.

La ronda eliminatoria correspondiente a la apertura había opuesto a Italia vs España, Checoslovaquia vs Turquía (Asia), Suiza vs Lituania, y Estonia vs Estados Unidos (América). Las fotos ilustran principalmente el encuentro entre Italia y España en Colombes, cuyo resultado fue considerado como una sorpresa.

(Documento consultable en Gallica, Bibliothèque Nationale de France)

LA "PREMIÈRE" DU TOURNOI OLYMPIQUE DE FOOTBALL

50.000 SPECTATEURS ONT ASSISTÉ AUX QUATRE MATCHES D'INAUGURATION DE LA GRANDIOSE ÉPREUVE QUE DISPUTENT 22 NATIONS D'EUROPE, D'ASIE, D'AFRIQUE ET D'AMÉRIQUE

La seule surprise fut la défaite de l'Espagne par l'Italie, au stade de Colombes. Les autres résultats de la journée furent: Tchéco-Slovaquie bat Turquie par 5 buts à 2, au stade Bergeyre; Suisse bat Lithuanie par 9 à 0 et États-Unis éliminent d'extrême justesse Esthonie par 1 à 0, au stade Pershing.

LE GARDIEN TURC DÉTOURNE DE JUS

EN DE PRA (en blanc) PLONGE SUR LE BALLON

ZAMORA DÉGAGE DES POINGS; A SA GAUCHE, PASARIN

LA DÉFENSE ITALIENNE, MASSÉE DEVANT SON BUT, REPOUSSE LE BALLON

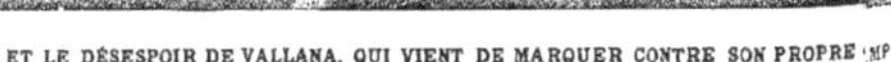

A ET LE DÉSESPOIR DE VALLANA, QUI VIENT DE MARQUER CONTRE SON PROPRE CAMP

UN AVANT AMÉRICAIN SHOOTE; MAIS LE GARDIEN ESTHONIEN VA BLOQUER LE BALLON, GRACE A UN PLONGEON

Succès

Les
me
do
géograph
effet, fig
le tourn
Lettonie
breux fu
l'atlas —
exactem
savons
sont sit
savons
balleurs
Dima
la prod
Yankees
mérité
tiques,
robustes
football
étaient
América
peu n'
d'adress
athlétiq
joueurs
Jeu de
vous? C'
toutefoi
les qual
rain, sa
ni leur
Les A
réussi s
fois un
mais ma
dû utili
faciles
Avan
au footb
le team
sité de
la lour
Suisses
choses

L

C'
pique
Slovaqu
malgré
quelque
à mieux
des « p
des sho
servent
peuven
leur ta
aux d
ment a
c'est d
Mais
refasse
ment p
Si l'é
nique
possède
est, cer
quelque
pourrai
Croissa

El primer Torneo Mundial de Fútbol comenzará mañana

L'Auto , ancestro de *L'Équipe*, era en 1924 el primer cotidiano deportivo de Francia, de Europa, quizá del Mundo. En 1923 su tiraje alcanzó un promedio de 277 mil ejemplares por día, y en 1924, picos de 400 mil ejemplares durante los Juegos y el *Tour de France*. Como lo indica la portada, cubría todos los deportes importantes, incluyendo los «deportes femeninos», y principalmente automóvil, aeronáutica y ciclismo. Esto significa que el mundialismo que difundieron sus columnas no llegó solamente a la opinión futbolística: se impuso a nivel de toda la opinión deportiva francesa.

El número 8 561 del 24 de mayo de 1924 retomó en primera plana la calificación oficial pronunciada por los organizadores, agregando el término «primer», introducido por Gamblin:

«El primer Torneo Mundial de Fútbol comenzará mañana en París».

La fórmula elegida ilustra perfectamente la incidencia de la propaganda oficial en la forja de la opinión. Demuestra a la vez que la propaganda de la 3FA fue exitosa, aceptada y multiplicada por la dirección de *L'Auto*, y en consecuencia, seguida por el público.

La nota sobre el congreso de la FIFA confirma la sistematicidad de la argumentación mundialista dominante alimentada por una dinámica imparable: *«La FIFA agrupa en efecto a 42 naciones afiliadas que provienen de todas partes del mundo. El fútbol es verdaderamente el deporte universal. Este congreso deberá pronunciarse definitivamente sobre las afiliaciones de Irlanda Libre, Perú, Bulgaria, Indias Holandesas, Australia y Grecia. Procederá a la readmisión de las cuatro naciones de Gran Bretaña.»*

(Documento consultable en Gallica, Bibliothèque Nationale de France)

Rédaction, Administration, Publicité:
10, rue du Faubourg-Montmartre
PARIS (9e)

TÉLÉPHONE
1re ligne........ CENTRAL 27-68
2e ligne........ CENTRAL 28-12
3e ligne........ CENTRAL 28-56
4e ligne........ BERGÈRE 40-14
5e ligne........ BERGÈRE 52-82
6e ligne.. INTER SPÉCIAL 9-13

Adresse Télégraphique: Vélauto-Paris
DEUX FILS SPÉCIAUX

Directeur-Rédacteur en chef:
HENRI DESGRANGE

L'Auto

AUTOMOBILE • AÉRONAUTIQUE • CYCLISME

ATHLÉTISME • BOXE • FOOTBALL • NATATION • TENNIS • AVIRON • ESCRIME • SPORTS FÉMININS

Le numéro : 15 centimes

25e ANNEE. — N° 8.561. — QUOTIDIEN

Samedi 24 Mai 1924

ABONNEMENTS :

	Six mois	Un an
SEINE et SEINE-&-OISE........	24 »	46 »
DÉPARTEMENTS et ALGÉRIE.	26 »	48 »
ETRANGER (Union postale)......	43 »	83 »

On s'abonne sans frais dans tous les Bureaux de poste.

L. Rotard

CONTES DE « L'AUTO »

L'armée des Grecs ant brûlé ses tentes monta sur des nefs

carillon d'une église toute proche annonça ...re heures d'avant minuit. Il ne dormait ... Assis dans son lit, le dos à l'oreiller, il ..., dans le noir de la chambre, résonner ...eures...

...compta. Puis, il se leva, doucement, sans ..., en retenant son souffle et en travaillant ...on corps pour que les craquements du ...ier fussent discrets.

...r le plancher, ses pieds firent geindre les ... de bois mal jointes. Il lui sembla que ... qui ne vivait pas s'éveillait comme pour ...guer contre son acte.

...pendant, venant de la chambre à côté, la ...iration régulière de son père et de sa mère, ...dormaient. Il s'habilla, dans le noir, à tâ... Et comme son acte était prémédité, il ...va facilement ses effets qu'il avait rangés ...manière à les avoir à portée de la main. ...Il serra ses chaussures sous son bras gau..., parce qu'en chaussettes, le bruit de ses ...serait imperceptible.

...tourna le bouton de la porte de sa cham... qui donnait dans celle de ses parents. La ...re, qu'il avait huilée, joua, sans grince... Pourtant, malgré ses précautions, la ... qu'il ouvrait progressivement, par à-... sembla s'éveiller et poussa un gémisse... qui lui parut interminable. Il lâcha tout ...a l'oreille... Son cœur battait si fort qu'il ...tendait les battements comme le tic-tac ... horloge très ancienne...

...e glissa entre la porte et le chambranle ... dans la chambre où dormaient ses pa... Il ne respira plus. Le parcours, jusqu'au ...ile, semblait ne vouloir pas finir. Le chat ... frotter contre ses jambes, gentiment, ...ula. Alors, furieux, il lui envoya un coup ...d, et l'animal, surpris, bondit sur un ...e et renversa un bibelot, qui tinta.

...l'église toute proche, la demie de onze ... tomba dans le silence de la nuit...

⁂

...is, il était dehors. Il referma la lourde ...de l'immeuble et respira un grand coup. ...uit, toute noire, semblait sa complice. Il ... un moment, collé au mur, dans l'attente. ...sa à tout ce qu'il venait de faire et il fut ...é de tant d'audace. Puis, il mit ses chaus...

...fin, il se dirigea vers l'endroit qui avait ...choisi. Il suivit une rue, deux rues, trois ... et parvint, en rasant les murs, sur une ... où un homme célèbre, statufié, avait l'air ... dans le silence. Ce quartier désert se ...ait à merveille à cette équipée.

...arrière un kiosque à journaux, il distingua ... ombres. Il soupira d'aise en constatant ... étaient au rendez-vous. Il alla vers eux. ... serrèrent les mains, sans un mot, puis, ... qui semblait être le chef prit la direction ...allèrent.

...silence ils suivirent une large avenue ... d'arbres et comme la nuit était fraîche, ...ctivement, ils relevèrent le col de leur ...

...s'ingéniaient à ne pas faire de bruit. Sans ... pourquoi, ils marchaient sur la pointe ...s pieds. Après une demi-heure de marche ...vinrent à la Seine. Ils prirent les quais, ... gauche, et marchèrent dans le sens de ...

...a, ils arrivèrent. L'un d'eux se présenta ... guichet, et contre une somme d'argent ...venait trois tickets.

...entrèrent...

⁂

...salle était immense, avec des endroits ...eux et des coins de ténèbres. Une cu... produisit. Il y eut bagarre sur la piste ... que le speaker bedonnant annonça des ...séances. Les coudes sur la barre d'ap...is regardaient le spectacle. Une voix ...sans qu'on sût bien d'où : « Hardi P'tit ... ». D'autres voix, qui appartenaient à des ... que l'obscurité mangeait, répétèrent : « Hardi P'tit Louis ». Et la ronde infernale ... clama la foule.

...la pelouse, des femmes en toilette de ... papotent aux côtés d'hommes en smo... La ronde continue...

...petit jour pointe. Les gradins populaires ...garnissent. Alors, tous les trois, décident ...tir et ils refont en sens inverse le même ...

... Ce qui me tracasse — dit l'un — c'est ...mposition en dl'Enéide qui n'est pas ter... On nous a demandé d'expliquer l'his...

Miss Mabelle Hughes, de Clapham (Londres), sauteuse, joueuse de hockey et de tennis, qui prend part au concours de beauté ouvert aux sportives anglaises.

NOTRE CHAMPIONNAT AUTOMOBILE DES ARTISTES

Toutes les vedettes du théâtre et du music-hall ont joué, hier, délicieusement au Parc des Princes, un rôle inédit : celui "d'As" du volant !

VICTOIRES D'YVONNE CURTI ET DE GEORGES MILTON

Gros succès pour cette initiative de l'Auto, comme vous le dira mon camarade Benoist, et journée qui soulève pas mal de réflexions. En premier lieu, la nature des épreuves qui servaient à déterminer le classement favorisait les carrosseries ouvertes et avantageait certaines petites voitures.

D'une façon générale, les constructeurs comme les conducteurs se sont élégamment tirés des multiples difficultés du championnat. En marche avant, tout s'est bien passé ; pour la marche arrière, nous avons eu une exécution pleine de fantaisie pour Gaby Montbreuse et pleine d'émotions pour Abbine : dans un cas comme dans l'autre, on pouvait le prévoir. L'examen technique a donné lieu à un certain nombre de réponses inattendues, parfois, assez surprenantes ; dans ce concours, Gaby Montbreuse fut reine et nous ne lui connaissions

Mlle PAULETTE DORISSE

NATATION

Pour entraîner l'équipe de France réunion pré-olympique ce soir à la piscine de la Gare

Le Comité de Paris de la F.F.N.S. a établi un beau programme, et ce soir, à partir de 21 heures, les meilleures unités de Tourcoing, de Nice, d'Alsace et de Paris, auront à cœur de confirmer leur valeur.

Les épreuves seront très ouvertes, notamment le 200 et le 400 mètres nage libre. Dans le 200 mètres, nous notons un lot très relevé de concurrents, qui doivent par suite de leur valeur sensiblement égale, faire de cette épreuve une des plus émotionnantes de la soirée. Il sera curieux de suivre la course de Horny, du S.C.U.F., qui sera l'outsider.

PADOU

Si Padou prend part aux 400 mètres, la victoire lui reviendra, en son absence, Vannereau s'adjugera sans doute la première place devant Zeibig, de Strasbourg, et Pauloe, de Paris, très près.

Robeyrol, Klein, Le Driant, dans les 400 mètres ; Mlles Lebrun, Pellegry, Protin dans le 100 mètres dames, et les meilleurs joueurs français de water-polo, en un match Tourcoing-Paris, assureront également le succès d'une réunion que tous les amateurs de natation ne voudront pas manquer.

(Voir la suite en rubrique Natation.)

AUTOMOBILE

Trente et une voitures - toutes américaines - dans le Grand Prix d'Indianapolis

La grande course sur piste que donne, chaque année, le 30 mai, l'autodrome d'Indianapolis, a réuni, comme toujours, un remarquable lot de concurrents ; il ne saurait en être autrement d'une épreuve à laquelle s'attache un aussi grand renom et qui est royalement dotée d'un nombre respectable de dollars.

Le règlement est le même qu'en 1923 : la course mettra donc aux prises les plus rapides « deux litres » de piste, à l'établissement desquelles de nombreux constructeurs se sont maintenant consacrés aux Etats-Unis. Citons en particulier : Durant, Miller, Duesenberg, Studebaker.

Les plus célèbres champions américains seront aux prises : J. Murphy, Tom Milton, Fengler, Joë Boyer, Wonderlich, Eddie Hearne, Ira Vail, Durant, Bennett Hill, Earl Cooper, Hartz, etc... Le Français Antoine Mourre, actuellement en Amérique, courra. Ralph de Palma, frappé récemment de disqualification, ne sera pas au départ.

A remarquer l'abstention complète, cette année, des maisons européennes. La date du Grand Prix d'Indianapolis ne leur permet pas, en effet, de faire un pareil déplacement, alors qu'elles sont en pleine préparation pour le Grand Prix d'Europe.

Voici la liste des engagés :

LES JEUX OLYMPIQUES

Le premier TOURNOI MONDIAL DE FOOTBALL commencera demain à Paris

LE MATCH ESPAGNE - ITALIE SERA LE CLOU DE LA JOURNÉE

Etats-Unis-Esthonie, Suisse-Lithuanie et Tchécoslovaquie-Turquie seront, aussi, intéressants.

Le premier tour du Tournoi olympique mettra aux prises les équipes de l'Espagne et de l'Italie. Ce match désigné par le tirage au sort est, on peut l'affirmer, un de ceux auxquels on prête le plus d'intérêt. En effet, les deux adversaires, jouissent dans le monde du football d'une excellente réputation.

Les Espagnols ont cette saison encore accompli de jolies performances. Il est vrai que les équipes transpyrénéennes sortent peu de leur pays et profitent généralement de l'avantage qu'il y a à jouer sur le sol natal. Mais cela n'enlève rien au mérite et à la virtuosité des joueurs qui, comme Zamora, Samitier, Piéra et autres Meana sont d'une classe exceptionnelle et dignes des grands footballers britanniques.

Les Italiens ont, eux aussi, une grande confiance dans leur équipe. La forme de leurs joueurs est superbe, et le match nul qu'ils obtinrent contre l'Espagne, à Milan, au cours de l'actuelle saison, leur permet d'espérer franchir le cap du premier tour.

La partie s'annonce comme devant être disputée avec une énergie farouche.

×

La Suisse, qui compte au nombre des favoris, rencontrera la Lithuanie. Nous connaissons peu l'équipe de cette nation et son exhibition sera un

SAMITIER
capitaine de l'équipe d'Espagne

sujet de curiosité pour notre public. Les Etats-Unis espèrent fermement reproduire le succès remporté par leur équipe de rugby dimanche dernier ; ils auront comme adversaire l'Esthonie au « onze » solide et appliqué.

La Tchécoslovaquie, dont l'équipe fut finaliste à Anvers, recevra le choc du « onze » de Turquie. Les Tchèques sont de rudes adversaires, beaucoup les voient vainqueurs du Tournoi ; affirmeront-ils leurs prétentions? C'est probable, mais de nombreux spectateurs voudront se rendre compte de la forme actuelle de la brillante équipe qui comprend dans ses rangs des joueurs comme Kada et Pelj. — L. G.

LE XIIIe CONGRÈS DE LA F.I.F.A.

La Fédération Internationale de Football réunit aujourd'hui à Paris les délégués des 42 nations qui lui sont affiliées.

M. Jules Rimet va ouvrir aujourd'hui, à 14 h., au siège de l'Automobile Club, 6, place de la Concorde, le 13e Congrès de la plus puissante Fédération Internationale.

La F.I.F.A. groupe, en effet, 42 nations affiliées, appartenant à toutes les parties du monde. Le football est vraiment le sport universel.

Ce Congrès aura à se prononcer définitivement sur l'affiliation des Fédérations de l'Etat libre d'Irlande, du Pérou, de Bulgarie, des Indes Hollandaises, d'Australie et de Grèce.

LE DERNIER RADIATEUR DE NOTRE CONCOURS

a paru le 23 mai.

MAIS...

N'envoyez aucune solution, aucune coupure de l'Auto avant la publication du Bulletin récapitulatif d'envoi des solutions, qui paraîtra dans l'Auto.

jeudi prochain

2.500 FRANCS DE PRIX

Au 1er......	500 fr.	Au 4e.......	100 fr.
Au 2e.......	300 fr.	5e au 12e.	50 fr.
Au 3e.......	200 fr.	13e au 32e.	25 fr.

LAWN-TENNIS

Le Stade Français et le Léopold Club de Bruxelles s'affrontent aujourd'hui

Aujourd'hui, sur les courts du Stade Français (Parc de la Faisanderie, Saint-Cloud) a lieu un match interclub qui oppose notre grand club parisien et le Léopold de Bruxelles.

L'an dernier, le Stade avait été battu en Belgique. Cette année, le club de Saint-Cloud espère prendre sa revanche, bien que la lutte s'annonce très vive. Washer, de Laveleye, Botfort, Nisot, Lammens et Triest ; Mmes de Borman et Storms, défendront les couleurs jaune, rouge, noir, tandis que les couleurs tricolores auront pour soutiens Lacoste, Poulin, Aron, R. Barlas, Legendre, Persin, Guillemot, Blanc, Roche ; Mlles Bourgeois, Descleees, Passemard. Voici l'ordre des jeux :

14 h. : Guillemot-D. Laurent c. Lammens-Triest ; Nisot-Botfort c. Blanc-Roche. — 15 h. : De Laveleye c. Poulin ; Mme de Borman c. Mlle Chamelet ; Mme Storms c. Mlle Bourgeois. — 16 h. : Triest c. Persin ; Washer-Mme de Borman c. R. Barlas-Mlle Chamelet ; Nisot c. Aron. — 17 h. : R. Barlas c. Botfort ; Lacoste contre Washer ; Mme Storms-de Laveleye c. Mlle Passemard-Passemard. — 18 h. : Lacoste-R. Barlas c. Washer-de Laveleye ; Lammens c. Guillemot ; Mmes Storms et de Borman c. Mlles Bourgeois-Chamelet.

Allô ! Allô !

Tout récemment, dans une des plus grandes villes de France, séance de boxe, un dimanche, en matinée — soyons précis. Un des boxeurs, un Corse, se plaint de recevoir trop fréquemment des coups bas :

« — Qu'en pensez-vous? » demande l'arbitre aux juges.

Silence désapprobateur.

« — Moi, je le disqualifierai, persiste l'arbitre; enfin, puisque ce n'est pas votre avis... » Cependant, les coups bas persistent, et celui qui s'en estime la victime, quitte froidement le ring. Chacun de s'émouvoir. L'arbitre court après le fugitif, qui ne veut plus rien savoir; le public s'indigne, l'arbitre hésite, l'adversaire s'assied paisiblement, des conciliabules s'organisent, on convoque les intéressés au milieu d'un invraisemblable charivari. Enfin, l'arbitre escalade le « tapin » :

« — Mesdames, Messieurs! Le combat va reprendre : les deux adversaires se sont mis d'accord... ».

Ah, soleil! soleil!

Que la France, où se disputent les J.O., édite des timbres à cette occasion, rien de plus naturel. Mais les autres nations! Eh

bien, l'Esthonie nous fournit cette preuve touchante d'aide et de sympathie.

Merci à ces amis lointains et sûrs.

LA BOXE A PARIS

Contre Danny Frush Criqui veut prouver qu'il peut rencontrer à nouveau Johnny Dundee

Une semaine nous sépare encore du match qui, le 1er juin, sur le ring de Buffalo, opposera Eugène Criqui, ex-champion du monde, à l'Anglais Danny Frush, un des meilleurs poids plume du monde.

Criqui, pour sa rentrée, aurait pu aussi bien rencontrer un adversaire moins dangereux. Les foules seraient venues avec le même enthousiasme voir combattre l'ex-champion du monde. Mais Criqui a voulu, en matchant un adversaire de grande classe, prouver à ses admirateurs qu'il n'a rien perdu de ses qualités et que sa main douloureusement blessée au cours de son match avec Hébrans avait récupéré toute sa vigueur.

Depuis deux mois Criqui a repris l'entraînement. D'abord aux environs d'Oran où il prépara

Criqui et ses entraîneurs font de la course à pied

Ascensio pour son combat contre Hébrans et ensuite à Montigny-les-Cormeilles, à une vingtaine de kilomètres de Paris, où nous l'avons vu dans une forme splendide fournir un travail merveilleux contre ses entraîneurs Ascensio, Marin, Poutes et ...rtakoff, sous l'œil attentif du dévoué Robert Eudeline.

La rencontre du 1er juin est d'une importance capitale pour Criqui. On peut dire, sans être taxé d'exagération qu'elle fixera les possibilités de Criqui à revendiquer un droit à une revanche avec Johnny Dundee.

Si vainqueur, Criqui aura prouvé qu'il est toujours digne de revendiquer le trophée mondial de sa catégorie.

Si vaincu, il devra abandonner toute idée de revanche avec son vainqueur des Polo Grounds.

Ce qu'est Danny Frush

L'Anglais Danny Frush fait partie des quelques poids plume de classe pouvant prétendre disputer leurs chances contre des hommes tels que Dundee ou Jack Bernstein.

Agé de 25 ans, Danny Frush boxe depuis 1917, époque à laquelle il s'attribua des victoires sur Mike Honeyman, Joe Conn, Fred Jonis, etc. Depuis cette époque, Frush a continué à s'imposer comme un des meilleurs pugilistes à son poids. Il bat notamment en 1920 Tommy Noble, en 1921 Al. Shubert et ne connaît dans tout son record que deux défaites par knock-out infligées par Kilbane et Johnny Dundee. Ses autres victoires de date plus récente sont obtenues sur Bill Handley, Johnny Curley, Jim Cartlodge, Phil Born et Billy Matthews qu'il envoya une dizaine de fois au plancher.

Puissamment bâti, Frush fait grosse impression. Son style, autant que j'ai pu en juger au cours de son entraînement est celui d'un battant qui doit chercher le résultat dans le combat à demi-distance, grâce à ses moyens physiques et à son punch.

Sa silhouette est à peu près celle de Criqui, mais moins fine...

De tout ceci il ressort que Danny Frush est un des rares poids plume qui puisse actuellement mettre Criqui en échec, comme pouvait le faire Johnny Kilbane. — A. D.

LES GRANDES EPREUVES SUR ROUTE

Le Tour de France Cycliste de "l'Auto"

(22 juin-20 juillet 1924. — 18e année.)

QUELQUES COMMENTAIRES SUR LE RÈGLEMENT

L'Auto del 25 de mayo: fiesta universal, olímpica, mundial

La portada de *L'Auto* del 25 de mayo combina tres calificaciones que manejará el diario a lo largo de toda la prueba: «Torneo Olímpico», «Torneo Mundial» y «Fiesta Universal». El título expresa: *«La Fiesta Universal del fútbol. El Estadio de Colombes verá hoy enfrentarse a España contra Italia. El Torneo Olímpico debuta hoy. Se hallan representadas 22 naciones.»*

El artículo *«La pelota redonda»* se abre con esta avalancha de expresiones fuertes: *«Es hoy el primer acto de la epopeya que debe certificar el colosal y magnífico desarrollo del deporte-rey, del deporte universal. Hemos batallado larga y duramente todos los amigos del fútbol para tratar de convencer a aquellos que no creían en su éxito. Nuestra revancha ante las incomprensiones es este primer Torneo Mundial de fútbol, hijo pródigo de las precedentes competiciones olímpicas.»*

El fútbol es designado como «deporte-rey», lo que quiere decir superior al atletismo. Los autores suman las calificaciones complementarias, resolviendo fácilmente un tema que algunos pretenden presentar hoy como un complicado caso de lógica excluyente: 1924 fue olímpico, mundial y universal, las tres cosas a la vez. Olímpico porque se desarrolló dentro de los Juegos Olímpicos convocado por el COF, y puso en juego automáticamente un título olímpico. Mundial porque participaron 22 naciones de cuatro continentes, realizándose así, «verdaderamente», el mundialismo que cobija toda prueba olímpica, y porque se impuso una calificación oficial mundialista establecida libremente por los Poderes Deportivos del fútbol. Universal porque, contrastando con los campeonatos reglamentariamente reservados a los amateurs (atletismo, natación, etcétera) o a ciertos sectores sociales (vela, esgrima, tenis), el torneo de fútbol se presentó inequívocamente como un deporte popular, democrático y abierto a todos sin ninguna discriminación.

(Documento consultable en Gallica, Bibliothèque Nationale de France)

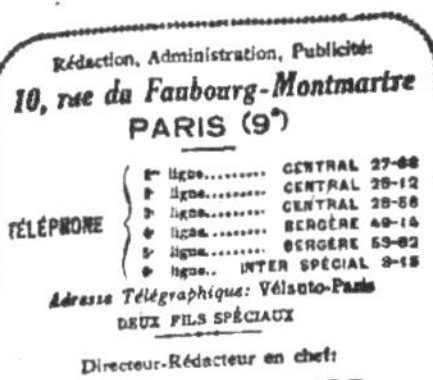

L'Auto

AUTOMOBILE · AÉRONAUTIQUE · CYCLISME

ATHLÉTISME · BOXE · FOOTBALL · NATATION · TENNIS · AVIRON · ESCRIME · SPORTS FÉMININS

Le numéro : 1
25e ANNÉE. — N° 8.50
Dimanche 25
ABONNEM

LA FÊTE UNIVERSELLE DU FOOTBALL

Le Stade de Colombes verra aujourd'hui l'Espagne et l'Italie aux prises

LE PORTIER ESPAGNOL
Zamora, qui est justement considéré comme un des meilleurs « keepers » du monde

LE DERBY LATIN

L'Espagne devrait battre l'Italie, mais cette dernière nous a habitués à des surprises

Des quatre rencontres d'aujourd'hui, il est indéniable que la plus importante est celle qui mettra aux prises les équipes de l'Espagne et de l'Italie. Le jeu espagnol nous est assez familier et, jusqu'ici l'équipe de France n'a pu mettre à son actif aucun succès sur le « onze » national transpyrénéen, bien au contraire, car nous fûmes, à chaque fois, nettement battus.

Nous n'avons pas non plus à nous féliciter des résultats obtenus contre l'équipe nationale italienne. Pourtant, là, les scores sont moins nets en faveur de nos vainqueurs.

Est-ce à dire que l'Espagne est supérieure à l'Italie et obtiendra la victoire cet après-midi ?? Nous ne pouvons affirmer pareille opinion, et la raison nous donne raison, car les deux équipes se sont rencontrées cette saison et la partie se termina sans résultat, chaque équipe ayant marqué ... Il est vrai que le match eut lieu sur terri-

LE TOURNOI OLYMPIQUE débute aujourd'hui

22 NATIONS Y SONT REPRÉSENTÉES

L'INFANT DON GONZALO
fils du roi d'Espagne, est déjà un fanatique du football. Le voici donnant le coup d'envoi d'un grand match.

LE PROGRAMME D'AUJOURD'HUI

Au Stade de Colombes :
15 h. 30 : **Espagne-Italie.**

Au Stade Pershing :
14 h. 30 : **Suisse-Lithuanie.**
16 h. 15 : **Etats-Unis-Esthonie.**

Au Stade Bergeyre :
17 h. 00 : **Turquie-Tchécoslovaquie.**

La balle ronde !

C'est aujourd'hui le premier acte de l'épopée qui doit attester le colossal et magnifique essor du Sport-Roi, du sport universel.

Nous avons longuement et durement bataillé, tous, les amis de la balle ronde, pour essayer de convaincre ceux qui ne voulaient pas croire à son succès.

Et c'est notre revanche aux incompréhensions, que ce premier tournoi mondial du football, enfant prodige des précédentes compétitions olympiques.

Ce sont les événements qui, plus éloquents que nous ne pouvions l'être, vont démontrer qu'à côté de tous les sports individuels, méthode d'amélioration physique des individus, il y a le football, sport d'équipe, méthode d'éducation sociale des collectivités.

« Elégance morale », a dit un jour M. Jules Rimet. Oui, élégance morale, discipline librement

QUELQUES « AS » ITALIENS
Burlando, demi-centre ; Baloncieri, inter droit ; Magnozzi, inter gauche

ETATS-UNIS ?...

L'équipe du Nouveau-Monde nous est aussi inconnue que celles d'Esthonie et de Lithuanie

La Suisse, dont le « onze » s'est, cette saison, couvert de gloire, aura cet après-midi, comme adversaire, l'équipe de la Lithuanie.

Nous connaissons la valeur du « team » helvète, qui pratique un jeu vite, ardent et d'une bonne valeur scientifique, et qui comprend parmi ses joueurs des individualités de tout premier ordre, tels les Raymond, Schmiedlin, Pache, etc...

Les Lithuaniens nous sont complètement inconnus. Les résultats qu'ils obtinrent contre les Esthoniens et les Polonais permettent de les comparer à ces derniers. Aussi, croyons-nous à la victoire des Suisses, qui doivent être considérés comme susceptibles d'aller très loin dans le Tournoi.

×

L'équipe américaine de football aura pour adversaire le « onze » de l'Esthonie. Avouons que cela sera du nouveau pour nous que d'assister à ce match.

Les Américains, que nous vîmes en 1910 au

LA BOXE A PARIS

Le match Criqui-Frush est une demi-finale du championnat du monde des poids plume

Le match Criqui-Danny Frush est, en quelque sorte, une demi-finale du championnat du monde des poids plume, l'un et l'autre des deux adversaires qui seront aux prises le 1er juin à Buffalo pouvant en effet revendiquer le droit de défier Johnny Dundee.

C'est assez dire toute l'importance de cette rencontre, qui est bien actuellement une des plus intéressantes qu'il soit possible d'organiser en Europe.

Criqui et Danny Frush le comprennent si bien, que leur préparation pour ce match est des plus sévères.

A Montigny-les-Cormeilles, loin de la cacophonie des bruits de la capitale, de la multiplicité de ses images, dans un site merveilleux, Criqui a établi ses quartiers d'entraînement où, sous l'œil vigilant de Robert Eudeline, il achève de se mettre en forme. Son travail est éblouissant ; ses entraîneurs : Poutet, Artakoff, Marin et Ascensio, se succèdent devant lui sans répit, chacun lui donnant la réplique durant deux rounds, souvent menés à toute allure. La séance d'entraînement terminée, Criqui se repose sous les ombrages de son jardin. Devant lui, à perte de vue, c'est une symphonie verte, que tache de rouge par endroits les toits des villages, et là, dans le calme reposant de la campagne, il nous dit sa confiance dans l'issue du match du 1er juin... Il nous dit ses espoirs... ses projets : battre Frush et se retrouver en face de Johnny Dundee pour disputer à nouveau le championnat du monde des poids plume...

« — Et la forme ? » lui demandons-nous.
« — Parfaite. »
« — Et la main gauche ? »
« — Aussi solide que la droite... de sa fracture, je ne conserve plus que le souvenir. » Et Criqui

DANNY FRUSH S'ENTRAINE

nous montre son poing nerveux, musclé, dont l'aspect, si près de notre mâchoire, a quelque chose d'impressionnant...

Kid Ted Lewis contre Piet Hobin

Un autre grand match est également épinglé au sensationnel programme du 1er juin à Buffalo. Il opposera Kid Ted Lewis, champion d'Angleterre des poids mi-moyens, à Piet Hobin, champion de Belgique de la même catégorie.

AUJOURD'HUI, A 14 H. 30, AU PARC

Sérès, Miquel, Grassin, Ganay, dans le Prix Ch. Brécy, sur 80 kil.

Cette belle épreuve internationale va aussi nous donner ... Championnat de France, en opposant à Sérès trois des ... à son maillot tricolore.

Le match national amateurs : MICHARD contre CUGNOT

La belle réunion mise sur pied pour aujourd'hui par la direction du Parc des Princes ne déparera certainement pas la collection des superbes matinées sportives auxquelles nous a habitués la grande piste d'Auteuil, dont les vastes dimensions se prêtent si bien à la parfaite régularité des grandes épreuves du demi-fond derrière moteurs ou de la vitesse pure.

C'est, en effet, à une magnifique course de demi-fond avec entraînement par grosses motocyclettes et à un match national de vitesse — qui mérite vraiment le qualificatif de Grand Match — que nous allons assister cet après-midi, et l'intérêt d'actualité de ces deux épreuves est tel, qu'il n'est pas excessif de prévoir à cette véritable réunion de gala le plus légitime des succès.

À QUI LA PAL...

Sérès, Grassin, Ganay, Miq...

Le Prix Charles Brécy

Du nom d'un stayer français réputé, qui eut souvent l'occasion de se distinguer sur cette même piste du Parc des Princes, l'épreuve d'aujourd'hui va opposer, sur 80 kilomètres, six « As » parmi les plus cotés actuellement dans le demi-fond international :

Georges Sérès, champion de France ;
Jules Miquel, champion d'Hiver ;
Paul Suter, champion du monde ;
Emile Aerts, vainqueur du Prix Brécy 1923 ;
Robert Grassin, qu'on a si justement surnommé le « Petit Prodige » français,
et *Gustave Ganay*, le populaire et réputé crack marseillais.

Avec six « As » semblables, la bataille ne peut manquer d'être des plus acharnées et, par là même, intéressante à suivre de bout en bout.

Acharnée, elle le sera, nous l'avons dit, parce que l'épreuve présente cette particularité de mettre en présence, à huit jours du championnat de

LA CIRCULATION

Les Automobiles à l'octroi

En attendant la suppression de l'octroi, voici un moyen pratique d'éviter les pertes de temps.

Non sans quelque humour, mais non sans quelque vraisemblance, un de nos lecteurs établissait récemment qu'un chauffeur de 57 ans, ayant commencé à user de l'automobile à 18 ans et contraint par sa profession d'entrer dans Paris et d'en sortir deux fois par jour aurait, en stations inutiles à l'octroi, perdu une année entière de son existence.

Rien comme une semblable observation ne saurait montrer plus efficacement la sottise ou, pour être plus corrects, l'inutilité du procédé actuel. On

LES GRAND...

Le To... Cycliste

23 juin-20 ...

QUELQU... SUR ...

El Torneo Mundial de los Juegos de París

El 26 de mayo, presentando sus informes sobre la primera jornada del campeonato olímpico de fútbol, *L'Auto* retomó el mismo sistema que en el número anterior, combinando las tres calificaciones: «Torneo Olímpico», «Torneo Mundial» y «Fiesta Universal del Fútbol».

Los títulos fueron: *«La Fiesta Universal del Fútbol. La primera jornada del Torneo Olímpico conoció un magnífico éxito. Veinte mil espectadores asistieron en Colombes a la sorprendente derrota española. Doce mil aplaudieron a Suiza y a Estados Unidos en el Estadio Pershing y ocho mil estaban en Bergeyre en donde triunfaron los checoslovacos.»* Y en la página 4: *«Fútbol. El Torneo Mundial de los Juegos de París.»*

Los artículos se limitaron a comentar el desarrollo de los partidos jugados y a anunciar el programa del día: Uruguay vs Yugoslavia, Hungría vs Polonia. La foto en primera plana ilustra un ataque español frente al arco italiano. Se observa al fondo la gran Tribuna de Honor del Estadio Olímpico de Colombes. Los mismos titulares mundialistas y universalistas reaparecieron en los ejemplares de los días 26, 27, 29 y 30 de mayo, y al comienzo del mes de junio. No los reproducimos todos.

(Documento consultable en Gallica, Bibliothèque Nationale de France)

Rédaction, Administration, Publicité
10, rue du Faubourg-Montmartre
PARIS (9e)
TÉLÉPHONE : 1re ligne CENTRAL 27-68 ; 2e ligne CENTRAL 28-12 ; 3e ligne CENTRAL 28-56 ; 4e ligne BERGÈRE 49-14 ; 5e ligne BERGÈRE 53-62 ; 6e ligne INTER SPECIAL 0-15
Adresse Télégraphique : Vélauto-Paris
DEUX FILS SPÉCIAUX
Directeur-Rédacteur en chef
HENRI DESGRANGE

L'Auto

AUTOMOBILE · AÉRONAUTIQUE · CYCLISME
ATHLÉTISME · BOXE · FOOTBALL · NATATION · TENNIS · AVIRON · ESCRIME · SPORTS FÉMININS

Le numér[o] ...
20e ANNEE. — N...
Lundi 2...
ABONN...
SEINE et SEINE-&-O... DÉPARTEMENTS et ... ETRANGER (Union ...
On s'abonne ... Bure...

LA FÊTE UNIVERSELLE DU FOOTBALL

La première journée du Tournoi Olympique a connu un magnifique succès

VINGT MILLE SPECTATEURS ONT ASSISTÉ, A COLOMBES A LA SURPRENANTE DÉFAITE ESPAGNOLE

Douze mille ont applaudi la Suisse et les Etats-Unis, au Stade Pershing, et huit mille étaient à Bergeyre où triomphèrent les Tchécoslovaques

LE MATCH ESPAGNE-ITALIE AU STADE DE COLOMBES

Le gardien de but italien dégage son but menacé

LES RESULTATS D'HIER

Italie bat Espagne par .... 1 but à 0

joueurs de réserve, dont toute sa ligne de demis, devant la Turquie. Les finalistes de 1920 ont montré qu'ils escomptent faire mieux, si possible,

Par suite du forfait du Portugal, la Suède passe les éliminatoires sans coup férir. Elle aura la tâche plus rude au prochain tour, car la Belgi-

LE DERNIER RADIATEUR DE NOTRE CONCOURS

a paru dans l'Auto du 23 mai.

MAIS...

N'envoyez aucune solution, aucune coupure de l'*Auto* avant la publication du Bulletin récapitulatif d'envoi des solutions, qui paraîtra dans l'*Auto*

jeudi prochain 29 mai

2.500 FRANCS DE PRIX

Au 1er.......	500 fr.	Au 4e.......	100 fr.
Au 2e.......	300 fr.	5e au 12e.	50 fr.
Au 3e.......	200 fr.	13e au 32e.	25 fr.

AU PARC DES PRINCES

GUSTAVE GANAY s'adjuge le Prix Ch.-Brécy devant Grassin et Aerts

Et Michard fait preuve d'une forme éblouissante en battant Cagnot et en gagnant le handicap dans un « temps-record ».

Nous escomptions un Prix Charles Brécy intéressant ; nous l'avons eu et cette belle épreuve de 80 kil. a donné lieu, hier, à une bataille acharnée et qui fut, de bout en bout, mouvementée à souhait. Malgré un vent qui soufflait en rafales dans la ligne d'arrivée, les concurrents se livrèrent une bourre sans merci, à tel point que certains d'entre eux ne purent échapper à la fâcheuse défaillance.

Et c'est ainsi que, les incidents de la moto de Sérès aidant, nous vîmes successivement au commandement de la course, Sérès, puis Aerts, puis de nouveau Sérès, puis de nouveau Aerts, et enfin Ganay, qui, pour s'être montré le plus endurant, le plus énergique, le plus brillant en un mot des quatre « non-accidentés » de la course, s'adjugea une victoire fort méritée, qui confirme pleinement sa belle forme actuelle, et l'indique comme un des plus sérieux compétiteurs au titre de Champion de France.

Grassin, qui fit un départ très sage, fournit dans l'ensemble une meilleure course qu'on n'eût osé l'escompter à la suite de sa récente chute. Et cela lui valut une bonne seconde place, et il semble que, d'ici dimanche, « Toto » pourrait bien être redevenu complètement « lui-même ».

Aerts se ressentit, vers le milieu de la course, de son départ impressionnant qui lui valut d'être

ALPINISME

Le record du Mont-Blanc

Tentatives exécutées sous le contrôle de « l'Auto ».

La liste des inscriptions, à peine ouverte, un concurrent se présentait : M. Paul A. Zuber ; il a donc le numéro 1.

M. Paul A. Zuber ne se prétend pas un de ces alpinistes extraordinaires qui estiment que la valeur d'une ascension est en relation directe avec ses dangers. Les ascensions nombreuses qu'il a effectuées jusqu'ici en Suisse et en France sont plutôt celles d'un grand touriste amateur de la belle nature.

M. P. A. ZUBER

M. Paul A. Zuber, envoyé comme ingénieur en mission dans l'Amérique du Nord, a escaladé à maintes reprises les Montagnes Rocheuses dans la région de Montana et de Wyoming ; puis dans l'Amérique du Sud, dans les Etats-Unis de Colombie, il s'est attaqué aux pentes escarpées du Mont Rolima qui dépasse 6.000 mètres. M. Paul A. Zuber n'a pu parvenir au sommet, mais la facilité avec laquelle il a accompli toutes ses ascensions lui donne la vive curiosité de faire chronométrer le temps qu'il mettra pour ascensionner le plus beau sommet d'Europe.

Voilà qui est sportif et prouvera aux critiques qu'il n'y a pas que de jeunes fous téméraires pour tenter ce record.

Pour s'inscrire il suffit de nous envoyer nom, adresse, photographie, la liste des ascensions déjà faites et la date probable de la tentative entre le 20 juillet et le 10 septembre.

Il y a 12 ans :

28 mai 1912. — Cyclisme : Emile Georget gagne Bordeaux-Paris.

Encore un triomphe de Dunlop

La ren[trée] ... suscite ...

LACHEZE (C.S.S.) EST VAINQUEUR A GENTILLY

Au V.C. d'Arcueil-Cachan le Challenge Léon

Le V.C. de Gentilly est à féliciter pour la bonne organisation du Prix Léon qu'il faisait disputer sur un parcours de 65 kil. à travers la vallée de Chevreuse. Quarante-quatre concurrents se rangèrent sous les ordres du starter. Course rendue assez pénible en raison d'un vent violent. Aussi les arrivées se produisirent-elles assez espacées. Résultats :

1. Lacheze (C.S.S.), en 2 h. 8 m. 20 s. ; 2. Bron (C.S.M.), à 10 m. ; 3. Jaulfres (V.C.A.C.), 2 h. 9 m. 20 s. ; 4. Desneux (C.S.M.) ; 5. Heirdecheid (C.S.M.) ; 6. Beguin ; 7. Jaulfres ; 8. Chorquet ; 9. Mesnard ; 10. Picquet ; 11. Telerier ; 12. Bonnet ; 13. Toret ; 14. Wild ; 15. Moreau ; 16 Rougery ; 17. Doll ; 18. Quinton ; 19. Bonvalet ; 20. Delcaves ; 21. Dantan ; 22. Ballot ; 23. Dagnaux ; 24. Potier ; 25 Poissibre ; 26. Schneider ; 27. Maillard ; 28. Quinton A.

Classement pour le Challenge : 1. V.C. d'Arcueil et Cachan, deux hommes classés dans les onze premiers (1/4 des partants) ; 2. V. C. Gentilly, deux hommes.

A GALLOTINI (C.S.V.) LA 2e EPREUVE DU CHALLENGE JAEGER

La seconde épreuve du Challenge Jaeger, réservée aux coureurs de 4e catégorie, a été l'occasion d'un nouveau succès pour le Grelot Parisien, organisateur de cette belle compétition. La victoire a souri à Gallotini qui fit une très belle course. Résultats :

1. Gallotini (CSV) ; 2. Cotheteux (CES) ; 3. Alard (UV 14e) ; 4. Balaby (GP) ; 5. Schroeder (CSV) ; 6. Vigouroux ; 7. Prat ; 8. Hecigen ; 9. Lepoitevin ; 10. Merillat ; 11. Chapelle ; 12. Berty ; 13. Didez ; 14. Hosse ; 15. Vincent ; 16. Fribourg ; 17. Lasbordes ; 18. Guillemain ; 19. Crampon ; 20. Colas ; etc.

Classement pour le challenge. — 1. E.S. de Malakoff, 1 point ; 2. Château-d'Eau Sp., 1 point ; 3. Grelot Parisien, 3 points ; 4. Lutèce S.C., 3 points.

HOYAU (V.C.D.) ENLEVE LE PRIX WITHE

Le Prix Withe, organisé par le jeune V.C. XXe, a remporté un gros succès. Cette jeune société est à féliciter pour sa première organisation. Hoyau, de Saint-Denis, enleva la décision au sprint, après avoir fourni une belle course. Résultats :

1. Hoyau (VCD), en 1 h. 23 m. ; 2. Bouigné (JS), à une long. ; 3. Cantois (CS) ; 4. Chassagne ; 5. Lefebvre ; 6. Pavard ; 7. Mignard ; 8. Carrière ; 9. Perrot ; 10. Pain ; 11. Coya ; 12. Daget ; 13. Dages R. ; 14. Cardolf ; 15. Vercoustre ; 16. Biro ; 17. Dages Roger ; 18. Plazzi ; 19. Cardin ; 20. Batard ; 21. Giardon ; 22. Couteral ; 23. Decoux ; 24 Yeux ; 25. Boulard ; 26. Miramon ; 27. Mathieu ; 28. Garnier ; 29. Rousseau ; 30. Duquesne ; 31. Lagosse ; 32. Régnier ; 33. Van Oudenboreg ; 34. Fogliani ; 35. Cuisinier ; 36. Cavrero ; 37. Feraut ; 38. Naudin ; 39. Bourguignon ; 40. Moncorger ; 41. Diddier ; 42. Prévot ; 43. Pierron ; 44. Lefebvre ; 45. Belleval ; 46. Maucorps ; 47. Courbon ; 48. Gouine ; 49. Quentin ; 50. Noyon ; 51. Clessens ; 52. Palerme ; 53. David ; 54. Massin ; 55 Hauwuy ; 56. Oster ; 57. Beaufils ; 58. Bria-

Le Championnat du Monde des poids mouche

La National Boxing Association, des Etats-Unis, vient de faire connaître à l'International Boxing Union qu'elle a communiqué à M. Churchill, manager de Pancho Villa, le challenge à lui adressé par Montreuil, champion d'Europe et de Belgique, pour le titre de champion du monde poids mouche.

La National Boxing Association a fait connaître à l'International Boxing Union qu'à la date du 14 avril dernier, Pancho Villa n'avait pas encore relevé le défi et qu'aucun club ni société ne se sont présentés pour l'organisation du match, car il faut expliquer que, conformément aux règlements de la National Boxing Association, l'acceptation d'un challenge n'est possible que si un club se porte garant pour organiser le match qui en résulte.

×

Ce communiqué confirme ce que nous avons toujours dit : qu'il ne suffit pas que l'I.B.U. décide que tel ou tel pugiliste est qualifié pour rencontrer un détenteur d'un titre mondial, pour que le match soit aussitôt organisé. Il y a des contingences dont il faut tenir compte et dont la principale est de trouver un organisateur. En Europe, il serait possible d'en dénicher un, mais jamais un Pancho Villa acceptera de faire le déplacement et de mettre son titre en jeu pour la bourse qui pourrait lui être offerte en la circonstance. Les décisions de l'I.B.U. resteront donc sans effet, car elles sont subordonnées à des questions d'*affaires* qui ne peuvent, étant donné la farandole du change et la qualité discutable des challengers, être surmontées. — *A. D.*

AU STADE ANASTASIE

KÉBIR ET JACQUELIN

régulier. Remarqués : Beaudoin, Wagner, Sebastiani, Le Brize, Roberge, Dumoulin, Grivaux, Valette, Franconville, Chaumi, Finck, Gasette, Chesterman, etc... Parmi les professionnels, signalons le poids lourd Alonzo.

Les Amateurs

AU CENTRAL SPORTING HALL

LES GRANDS PRIX DE PARIS

Le Central Sporting Hall a remporté hier un beau succès. C'est devant une nombreuse assistance que se disputèrent les premiers tours éliminatoires des Grands Prix de Paris.

Nos amateurs se présentèrent tous dans une forme excellente, ce qui nous valut d'assister à d'ardentes batailles. Certains concurrents firent preuve d'une classe au-dessus de la moyenne et enthousiasmèrent le public. Parmi ceux-ci, nous citerons particulièrement : le jeune Maillard, Frappet, Jensen, Holtzer, Benazet, Novet, Preys, Péres, etc. Voici les résultats :

Mouche. — Adorni bat Fallone aux points ; Maillard b. Weber aux points ; Dettry b. Jean, abandon au deuxième round ; Antoniolli b. Longprez, abandon au deuxième round.

Plume. — Frappet b. Jensen aux points ; Locadre b. Dangles, arrêt au deuxième round ; Holtzer b. Lalorie, arrêt au troisième round ; Delahaye b. Doudart aux points ; Vaudry b. Saez aux points ; Bénazet b. Lemrel aux points.

Légers. — Novet b. Menuy, k. o. au premier round ; Preys b. Gauthier aux points ; Péres b. Linsaile, abandon au troisième round ; Gallecier b. Le Cam aux points.

Nouvelles diverses

— C'est demain, à New-York, que Pancho Villa, tenant, et Frankie Ash, challenger, doivent disputer le titre mondial des poids mouche.

— C'est par erreur qu'il a été annoncé que Abdel-Goffar avait battu Batting Weck au 8e round. C'est au contraire ce dernier qui obligea Abdel-Goffar à abandonner au 9e round, victoire qui valut à Weck le titre de champion d'Orient des poids moyens.

— Callioir a abandonné au 10e round devant Scillie, par suite d'une fracture grave à la main gauche. Callioir ne pourra boxer de deux mois.

— Une entente n'ayant pu s'établir entre M. Solal et l'Amicale des Managers, cette dernière ne recevra aucune entrée de faveur pour ses ressortissants à l'occasion de la réunion du 1er juin, à Buffalo.

CHEZ LES CORPORATIFS

CYCLISME

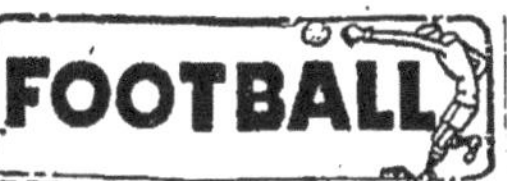

LE TOURNOI MONDIAL DES JEUX DE PARIS

La victoire italienne

(Suite de notre article de 1re page)

Piéra, qui se montre très perçant, centre, Monjardin reprend de la tête. De Pra sauve en corner. Les Italiens descendent par leur gauche et Levratto shoote fort à ras de terre ; Zamora sauve... avec le sourire. Le jeu s'égalise, mais les Espagnols sont plusieurs fois très dangereux du fait que Rosetta joue mal et commet de nombreuses irrégularités qui auraient pu coûter cher à son équipe.

Piera dribble Aliberti et centre, Monjardin reprend et charge De Pra qui arrête, mais est de nouveau blessé. Tout à coup, Conti descend, déborde Pena et passe à Baloncieri qui bien placé botte dehors.

Le jeu est exagérément dur, les fautes se multiplient, le jeu est haché au possible, le public manifeste, mais M. Slawick ne se laisse pas déborder Zamora exécute quelques arrêts faciles, et la mi-temps arrive sur un score vierge.

Après la reprise

L'Italie part à l'attaque, Zamora arrête et dégage, ses avants viennent inquiéter De Pra, mais l'offensive est arrêtée par un hors-jeu de Piera. Une belle attaque italienne semble devoir aboutir, Burlando lance Conti qui passe à Baloncieri qui botte sec et de peu à côté ; les Espagnols ont eu peur. Piera qui se montre très dangereux descend et centre, Aguirrezabala reprend et shoote fort... sur le poteau. Piera se distingue à nouveau par une série de dribblings remarquables mais les « bleu » se défendent superbement et sauvent leur but qui à ce moment est fort en danger. Larraza lance Monjardin, mais le joueur de Madrid ar-

El primer campeonato del mundo de fútbol se termina hoy

Gauthier-Chaumet y Lucien Gamblin firmaron los artículos de la portada de *L'Auto* del 9 de junio, ambos encabezados por el impactante titular de la redacción. Henri Desgrange dirigía entonces el diario. Había sido ciclista profesional y creado el *Tour de France* en 1903. ¿Qué dice el titular? *«La apoteosis del fútbol universal. El primer campeonato del mundo de fútbol va a terminarse hoy en el Estadio de Colombes»*. Y los subtítulos, que encabezan cada uno de los dos textos principales, constituyen dos otras formas de proclamar el mundialismo: *«22 naciones participaron en el Torneo provenientes de 4 continentes»* y *«Europa representada por Suiza contra América representada por Uruguay»*.

En su crónica, Gauthier-Chaumet calificó el campeonato de *«Fiesta universal del fútbol»* y se exclamó parafraseando a Marx: *«Futbolistas de todos los países, gracias por haber contribuido a este éxito. El hecho de haber visto tantos buenos partidos, de haber aplaudido a tantos futbolistas de valor, nos lleva a considerar como una espléndida apoteosis este último paso hacia la Estrella entre Uruguay y Suiza, sobre quienes recae el honor de disputar en definitiva el título de campeón del mundo olímpico de fútbol.»*

Gamblin escribió por su parte: *«Los uruguayos, con su estilo fácil, su técnica perfecta, practican un juego en el cual la individualidad se halla evidenciada. Todos los jugadores son verdaderos artistas, y su virtuosismo en el manejo de la pelota los lleva a conservarla lo más posible. Este procedimiento presenta evidentemente ciertos inconvenientes, pero qué placer para el público idóneo que asiste con gran satisfacción a un tal derroche de hazañas, a tanta diversidad de actos y gestos personales, que cautivan por la facilidad con que son realizados por estos maestros indiscutibles del deporte rey: el fútbol»*.

Se destaca la referencia a la «Estrella» de Gauthier-Chaumet y la expresión «público idóneo» empleada por Gamblin, que define muy bien al conjunto de los «contemporáneos».

(Documento consultable en Gallica, Bibliothèque Nationale de France)

Rédaction, Administration, Publicité
10, rue du Faubourg-Montmartre
PARIS (9e)

TÉLÉPHONE : 1re ligne... CENTRAL 27-98 ; 2e ligne... CENTRAL 39-12 ; 3e ligne... CENTRAL 38-56 ; 4e ligne... BERGERE 40-14 ; 5e ligne... BERGERE 53-93 ; 6e ligne... INTER SPECIAL 2-15

Adresse Télégraphique : Vélauto-Paris
DEUX FILS SPÉCIAUX

Directeur-Rédacteur en chef
HENRI DESGRANGE

L'Auto

AUTOMOBILE · AÉRONAUTIQUE · CYCLISME

ATHLÉTISME · BOXE · FOOTBALL · NATATION · TENNIS · AVIRON · ESCRIME · SPORTS FÉMININS

Le numéro : 15 centimes
25e ANNÉE. — N° 8.577. — QUOTIDIEN
Lundi 9 Juin 1924

ABONNEMENTS :

	Six mois	Un an
SEINE et SEINE-&-OISE	24 »	46 »
DÉPARTEMENTS et ALGÉRIE	25 »	48 »
ÉTRANGER (Union postale)	43 »	83 »

On s'abonne sans frais dans tous les Bureaux de poste.

L'APOTHÉOSE DU FOOTBALL UNIVERSEL

LE PREMIER CHAMPIONNAT DU MONDE DE FOOTBALL VA SE TERMINER AUJOURD'HUI AU STADE DE COLOMBES

22 nations ont pris part au Tournoi venant de 4 continents Deux restent en présence

La Fête universelle du Football, commencée voici trois semaines, se termine aujourd'hui. Du [illegible] des 22 concurrents, deux « onze » se sont détachés par des victoires successives, et [illegible] maintenant, en pleine lumière, resplendissants non seulement de leur propre gloire, [illegible] de toute la gloire des compétiteurs [illegible] qui ont succombé depuis le début [illegible]. Et d'avoir vu tant de belles rencontres, d'avoir applaudi tant de footballeurs de valeur, nous fait considérer comme une splendide apothéose cette dernière étape de la marche à l'Étoile de l'Uruguay et de la Suisse, à qui échoit l'insigne honneur de se disputer en définitive le titre de champion du monde olympique de football.

Qui sera vainqueur aujourd'hui ? Quel pavillon portera au mât glorieux ? Nous l'étudierons plus loin. Ici, je veux dire qu'en ce neuvième jour de juin 1924, en cette solennité exceptionnelle, le vainqueur, c'est le Football.

Et les véritables vaincus sont tous ceux qui n'ont pas voulu croire en lui, sport unique, sport national, sport universel.

×

Merci, footballeurs de tous les pays, d'avoir contribué à ce succès. Vous êtes venus d'Amérique, d'Asie, d'Afrique, de tous les coins de l'Europe pour apporter votre pierre à cet édifice formidable et superbe que fut le Premier Championnat du Monde de Football, à cet édifice au faîte duquel la Suisse ou l'Uruguay fixera tout à l'heure un drapeau.

Nés au bord des mers glacées ou sous le soleil resplendissant, blonds géants ou fins athlètes au teint bronzé, fils de la plaine ou de la montagne, enfants de toutes les races, tous vous ne connaissez qu'une religion sportive : celle de la balle ronde. Et tous vous vous êtes appliqués à en connaître les lois pour les observer, pour les respecter comme un pacte intangible. Et dans le cadre rigide de ces prescriptions nécessaires, vous avez installé chacun avec vos qualités ancestrales, avec l'esprit de votre patrie, avec votre caractère propre, pour nous donner le spectacle d'un jeu unique, universel mais aussi national, mais aussi extrêmement divers, suivant l'empreinte dont vous le marquez, froids et méthodiques septentrionaux ou rapides et ardents Latins.

Et [illegible] nous souvenir longtemps de ceux [illegible] sans espoir de victoire, simplement [illegible] que, chez eux aussi, le sport-roi [illegible] pour apporter en cette fête extraordinaire, où sont mêlés au vent de France les drapeaux de tant de grandes ou petites nations, pour apporter l'éclat de leur pavillon affirmant l'universalité du football.

Nous nous en souviendrons, joueurs d'Esthonie, de Lithuanie, de Lettonie, de Turquie, de Luxembourg, des États-Unis, de Pologne, de Yougoslavie, de Roumanie, d'Irlande et de Bulgarie. Nous nous en souviendrons et nous suivrons tous, les amis de la balle ronde, les amis de tous les pays, nous suivrons vos efforts et vos progrès. Quelques-uns d'entre vous étaient ignorés hier. Nous les connaissons aujourd'hui, et nous savons que demain il faudra compter avec eux.

Et vous, glorieux éliminés, vous qui fûtes les promoteurs du football en Europe centrale, vous qui fûtes longtemps invincibles, Tchécoslovaques et Hongrois, nous vous rendons hommage. Vos défaites, comme naguère vos succès, nous sont d'un précieux enseignement. D'ailleurs vous avez compris vous-mêmes les raisons de vos échecs et il n'est pas douteux que de prochaines manifestations nous permettront d'applaudir en vous, de nouveau, des vainqueurs.

Bravo également, vous qui avez connu des succès retentissants sur des adversaires fameux, et qui avez dû vous incliner par la suite : Égypte, Suède, Hollande, Italie et toi, malheureuse Espagne, éliminée par le plus tragique coup du sort que nous ayons vu de longtemps.

Enfin nous disons toute notre sympathie à nos amis Belges qui comme nous présentèrent des joueurs fatigués, usés, et qui, comme nous, espèrent de prochaines revanches.

C'est toute l'énergie que vous avez tous déployée, c'est l'incessant labeur que vous avez tous assumé, c'est la foi splendide qui vous animait qui permettent aujourd'hui, dans Paris, devenu pour un temps capitale du football universel, d'assister au plus magnifique spectacle que nous ayons jamais rêvé.

×

Le Stade Olympique sera trop petit dans quelques heures pour accueillir tous les fervents fidèles et tous les ardents néophytes que cette Finale attire d'un attrait invincible.

Et la foule communiera dans la plus pure émotion sportive avec les vingt-deux footballeurs venus de la lointaine Amérique du Sud et des Montagnes suisses. Elle communiera avec eux dans un amour identique des beaux gestes athlétiques, dans un culte semblable de l'énergie, créatrice de victoires.

Les gradins et les tribunes de Colombes retentiront sans doute des acclamations enthousiastes des supporters de l'Uruguay et de la Suisse, mais la foule française elle-même se délectera de la rencontre de ces deux équipes supérieures. Elle comprendra d'autant mieux le jeu des vingt-deux équipiers que ce jeu est très proche de la conception que nous nous faisons du meilleur football. On l'a appelé le jeu latin. Et trop souvent on a voulu appliquer ce qualificatif qu'au jeu rapide et décidé, lors même que la technique faisait défaut à ses protagonistes. La vérité c'est qu'il existe

ANDRADE
la merveille noire, demi-droit de l'Uruguay

Les résultats du tournoi de 1924

Matches du premier tour :

Italie bat Espagne	1 à 0
Suisse bat Lithuanie	9 à 0
États-Unis battent Esthonie	1 à 0
Tchécoslovaquie bat Turquie	5 à 2
Hongrie bat Pologne	5 à 0
Uruguay bat Yougoslavie	7 à 0

Étaient exempts : Roumanie, Irlande, Hollande, Bulgarie, Suède, Belgique, Luxembourg, France, Lettonie et Égypte.

Huitièmes de finale :

Hollande bat Roumanie	6 à 0
Irlande bat Bulgarie	1 à 0
Suède bat Belgique	8 à 1
Italie bat Luxembourg	2 à 0
France bat Lettonie	7 à 0
Uruguay bat États-Unis	3 à 0
Égypte bat Hongrie	3 à 0
Suisse bat Tchécoslovaquie	1 à 0

Quarts de finale :

Suède bat Égypte	5 à 0
Uruguay bat France	5 à 1
Suisse bat Italie	2 à 1
Hollande bat Irlande	2 à 1

Demi-finales :

Suisse bat Suède	2 à 1
Uruguay bat Hollande	2 à 1

ABEGGLEN
l'admirable attaquant inter-gauche de la Suisse

L'Europe représentée par la Suisse contre l'Amérique représentée par l'Uruguay

Nous en sommes arrivés à l'ultime rencontre, qui décidera quel sera le vainqueur du tournoi olympique de football.

Les deux équipes d'Uruguay et de Suisse, qui ne connurent que des succès au cours du dit tournoi, vont cet après-midi s'empoigner ferme. Et le duel sans merci que vont se livrer ces deux « onze », aux qualités si dissemblables, mais de tout premier ordre, nous promet d'assister à une lutte de toute beauté.

Les Uruguayens, au style aisé, à la technique parfaite, pratiquent un jeu où l'individualité est fort en évidence. Tous les joueurs sont de véritables artistes, et leur virtuosité dans le « maniement » de la balle les entraîne à garder celle-ci le plus longtemps qu'ils peuvent se le permettre. Cette manière de faire a évidemment quelques inconvénients, mais quel plaisir, pour le public idoine qui assiste avec une grande satisfaction à cette débauche d'exploits, à cette diversité d'actes et de gestes personnels qui captivent par la facilité avec laquelle ils sont accomplis par ces maîtres incontestés du sport-roi : le football.

Les Suisses, eux, sont, c'est certain, moins bons techniciens. Leurs joueurs ne nous ont pas habitués à les considérer comme les égaux en adresse des maîtres qu'ils sont appelés à rencontrer aujourd'hui. Mais le « onze » tout entier possède à un tel degré la valeur morale qui fait les grandes équipes, qu'il arrive à compenser largement ce qui lui manque en science par un allant, une énergie, une volonté et une constance dans l'effort absolument hors de pair.

Les joueurs suisses ne peuvent passer pour des modèles de finesse, et leur jeu, quelque peu à l'emporte-pièce, est loin d'être à citer comme un exemple de « fair play ». Mais les onze équipiers de la Confédération ont su donner à toutes les équipes qu'ils furent appelés à rencontrer au cours du tournoi olympique une telle leçon d'énergie et d'amour de leurs couleurs que, même vaincus cet après-midi à Colombes, ils resteront, pour ceux qui les virent opérer, des joueurs d'une valeur morale telle, que leurs exploits figureront dans l'esprit de tous au tout premier rang des hauts faits accomplis pendant les Jeux de la VIIIe Olympiade.

Que nous laisse prévoir le match de cet après-midi ? Quelle sera ce soir l'équipe champion, celle dont les couleurs flotteront là-haut, au-dessus du Stade Olympique, qui vit se dérouler tant de beaux combats, qui vit sombrer tant d'espoirs et qui fut le théâtre de véritables drames sportifs ?

L'Uruguay a eu plus de facilité pour se qualifier que la Suisse. Il élimina la Yougoslavie par 7 buts à 0, puis les États-Unis par 3 à 0, la France par 5 buts à 1 et enfin, en demi-finale, il vainquit difficilement la valeureuse équipe de Hollande par 2 buts à 1.

La Suisse, elle, vainquit tout d'abord la Lithuanie, et ce par 9 buts à 0 ; puis elle se heurta à la Tchécoslovaquie, de laquelle elle ne vint à bout qu'après 2 matches et deux heures et demie de jeu. En quart de finale, elle dut vaincre l'Italie et, en demi-finale, la Suède, dont l'écrasant succès sur la Belgique avait fait un des favoris du tournoi.

Qui vaincra de ces deux équipes également redoutables ? L'allant, l'ardeur et la volonté des Helvètes arriveront-ils à supplanter la science, l'adresse et la finesse des Sud-Américains ? ? ? Nous ne le pensons pas, et pourtant ! Quelles sont les limites de ces onze joueurs aux maillots rouges, qui ne s'arrêtent devant aucun obstacle, qui vont droit au but sans s'embarrasser dans les détails et qui luttent si vaillamment qu'il semble qu'ils peuvent tout espérer ?

Pourtant, les Uruguayens sont des footballeurs tellement supérieurs, que nous en ferons nos favoris, mais ne serions nullement surpris si ce soir le mât olympique faisait flotter au vent le pavillon rouge à la croix fédérale. — *Lucien Gamblin.*

(Voir la suite en rubrique Jeux Olympiques.)

CYCLISME

JULES VAN HEVEL déjà vainqueur de Paris-Roubaix gagne en grand champion et tout seul LE 6e CIRCUIT DE PARIS

LA VICTOIRE DU MEILLEUR

Malgré un temps plutôt défavorable le sixième Circuit de Paris de *l'Intransigeant* s'est disputé hier avec le plus grand succès.

Organisation superbe comme d'habitude, à laquelle d'ailleurs coopéra pour une large part l'U.V.F. ; course splendide à partir de Lagny ; impeccable arrivée à Longchamp dans un cadre unique au monde ; rien n'a manqué, en un mot, au Circuit de Paris, définitivement entré dans nos mœurs, pour que sa réussite fût complète à tous les points de vue.

Dans nos pronostics d'avant-hier, pronostics cependant établis en toute conscience, nous avions simplement omis de dire, un mot, de Jules Van Hevel, gagnant du Critérium des As l'an dernier, Van Hevel, et l'énergique Reboul — il le fut en tout cas il y a tout juste 24 heures.

Et c'est à quelques centaines de mètres de Beaumont que la course fut définitivement courue. Dans une côte, Van Hevel plaqua irrésistiblement Reboul et ne fut plus dès lors inquiété jusqu'au poteau.

Derrière lui, Reboul fut absorbé par Bellarat, Vermandel, Hellebaut, Van De Castelle, Ville, Bellenger et autres. Il n'en a pas moins droit à toutes nos félicitations.

A complimenter encore : Bellarat qui a su admirablement « sauter » René Vermandel sur le poteau. Hellebaut, Van de Castelle surtout qui se dépensa sans compter, et Ville qui s'accrocha comme un sauvage.

Jacquinot n'a pas été heureux. Bellenger non plus. Barthélemy et Hillarion sont tombés. Souchard et Alavoine ont crevé. Gerbaud fit la course tout seul contre la montre pour avoir cassé une pédale. Citons encore Marcillac qui fit une bonne demi-course, sans doute parce qu'il est une petite nature.

En résumé le gros succès est pour *l'Intran*, pour Jules Van Hevel et surtout pour Ravat-Wonder-Russell, et comme ce succès fut largement mérité, nous ne cachons nullement qu'il nous fait grand plaisir.

(Voir la suite en rubrique cycliste.)

LES ÉPREUVES DE « L'AUTO »

Le plus complet succès favorisa hier La Course des Trois Sports disputée par un temps relativement favorable

147 concurrents prirent le départ et Delbart renouvela sa victoire de l'an dernier

Les épreuves heureuses, comme les peuples du même nom, n'ont pas d'histoire. La course des Trois Sports qui se disputa hier, à La Varenne-Chennevières, dans ce délicieux petit coin des bords de la Marne, remporta un succès sans précédent, puisque 147 concurrents de tous âges prirent le départ que donna avec vigueur et autorité le sympathique et tonitruant Léon Manaud.

Donc 147 partants et... 105 arrivants. Sensible déchet qui comporte quelques circonstances atténuantes grâce à la pluie qui rendit le parcours difficile. N'empêche que 105 concurrents parvinrent jusqu'au bachot d'arrivée et plongèrent dans l'onde qui accusait 19 degrés.

Et nous eûmes la joie de constater les progrès dans l'art de nager car pas une fois le chef des sauveteurs Henri Sadoux, n'eut à tendre la perche ou à jeter la bouée.

Joé Bridge qui n'était pas accompagné de sa *Ruche Montmartroise*, mais de l'excellent *Stade Olympique de l'Est* présida aux destinées des *Trois Sports*... en courant, en cyclant et en nageant. Bel exemple !

Delbart triompha comme l'an dernier dans cette excellente épreuve et couvrit les 4 kilomètres à pied, les 15 kilomètres à bicyclette et les 60 mètres à la nage dans le temps admirable de 39 minutes 23 secondes, battant de plus de deux minutes son temps de l'an dernier.

Ce jeune athlète du S.O.E. s'affirme comme un spécialiste de ces trois spécialités qui sont course à pied, cyclisme et natation.

Le dévoué Stade Olympique de l'Est assura le service des commissaires d'une façon parfaite. Le service médical était dirigé par le professeur Peuguiez, celui du sauvetage par Henri Sadoux aidé du dévoué garagiste Bonnelot et la charmante Suzanne Wurtz, notre nageuse nationale, fut la *starting lady* de cette belle épreuve.

Enfin, un déjeuner champêtre organisé par le S.O.E. servit d'apothéose à cette réunion très sportive et le soleil, enfin, daigna se montrer.

(Voir la suite en rubrique Athlétisme.)

MOTOSACOCHE gagne le Bol d'Or des Sidecars

Après le record du monde de vitesse, celui d'endurance sur 24 heures

Motosacoche, possédait déjà le record du monde de vitesse (catégorie 500 cmc.). La célèbre marque vient maintenant de s'approprier le record du monde d'endurance de 24 heures pour sidecars 1.000 cmc., couvrant dans le Bol d'Or une distance plus grande que celle qui avait été totalisée l'an dernier par les motocyclettes, plus grande distance qui était d'ailleurs à l'actif de Motosacoche. En vitesse, en régularité, en endurance, Motosacoche est imbattable. C'est la perfection en motocyclettes.

Il y a 17 ans :

9 juin 1907. — Cyclisme : Garrigou gagne Paris-Bruxelles.

Les belles carrosseries

Au Concours d'Élégance Automobile, qui a eu lieu au Parc des Princes, les sympathiques carrossiers Letourneur et Marchand ont remporté un magnifique succès dont il y a lieu de les chaudement féliciter.

Ils triomphent dans la Série Cabriolets (non amateurs) avec leur type Claridge's sur 40 HP Renault, d'une pureté de lignes remarquable et d'un confort inégalé, et se voient attribuer le Grand Prix avec médaille de vermeil.

Aux transformables (amateurs), la voiture du marquis Yves de Beaurepaire, une Hispano carrossée en Cabriolet type Claridge's, remporte le premier prix et médaille de vermeil.

Enfin, le marquis Urquijo et son Cabriolet Claridge's sur 40 HP Renault et M. Renier sur Farman Cabriolet Claridge's remportent respectivement la deuxième et la troisième place dans la série Cabriolets (amateurs) et se voient attribuer les médailles d'argent et de bronze.

Dans la Série Sport, Letourneur et Marchand arrivent premiers *ex aequo* avec la voiture de M. Darcy, une Voisin Sport 18 HP.

Voilà une moisson de lauriers qui ne surprendra guère les connaisseurs.

Allô ! Allô !

M. Régnier vient de passer commande d'une conduite intérieure Weymann ; il aime, pour les voitures vites, les carrosseries fermées, silencieuses, légères et durables, articulées et indépendantes du châssis.

AUJOURD'HUI, A 14 H. 30, AU PARC DES PRINC

Quinze jours avant le Grand Prix de Pa le Grand Prix de la Pentecôte va réu les grands "As" du sprint internatio

Une sensationnelle épreuve de vitesse, avec Robert Spears, Ernest Kaufmann, Alois Degraeve, William Bailey, Maurice Schilles, Gabriel Poulain, Pierre Sergent et... Lucien Michard, dont ce sera la dernière rencontre avec les cracks professionnels.

Linart, Sérès, Suter et Catudal, en trois manches derrière mo

Le magnifique Grand Prix de la Pentecôte, mis sur pied pour aujourd'hui par la direction du Parc des Princes, a fait, durant la semaine qui vient de s'écouler, l'objet de toutes les conversations dans les milieux cyclistes, chacun s'accordant pour reconnaître qu'à quinze jours du meeting annuel du Grand Prix Cycliste de la Ville de Paris, l'épreuve d'aujourd'hui présente un passionnant attrait.

A une ou deux exceptions près — il ne faut pas compter Moeskops, dont nous avons dit il y a trois mois qu'il ne courrait pas à Vincennes cette année — le Grand Prix de la Pentecôte va, en effet, réunir, cet après-midi, ceux qui seront les grands favoris du Grand Prix de Paris.

Il y a là Robert Spears, trois fois vainqueur de l'épreuve municipale et dont c'est aujourd'hui la rentrée ; il y a là Ernest Kaufmann, le puissant champion suisse, vainqueur du Grand Prix de l'an dernier ; il y a là Alois Degraeve, champion de Belgique, qui vient prendre sa revanche de l'an dernier ; il y a là William Bailey, le souple et rapide champion d'Angleterre. Et, à ces quatre grands champions étrangers, l'épreuve d'aujourd'hui oppose nos meilleurs sprinters : Gabriel Poulain, qui vient de regagner brillamment le titre de champion de France, après avoir enlevé, il y a quelques jours, le Grand Prix de Cologne, sur Bailey, Leene, Moeskops, Kaufmann, etc. ; Maurice Schilles, qui ne sort pas diminué par sa défaite d'hier, et va, très certainement, chercher à prendre aujourd'hui sa revanche ; Pierre Sergent, qui fit hier très bonne contenance malgré sa chute récente ; et, enfin, notre jeune et prestigieux Lucien Michard.

La présence du champion du monde amateurs dans le Grand Prix de la Pentecôte augmente encore puissamment son attrait. C'est la dernière occasion où il sera donné de voir Michard contre les cracks professionnels. A partir de demain, 10 juin, les rencontres professionnels-amateurs sont interdites.

Pour cette dernière occasion qui lui est donnée de se mesurer avec ses aînés, Michard s'est tout spécialement préparé. Et, comme nous savons qu'il va terriblement vite actuellement, sa présence dans l'épreuve d'aujourd'hui va en augmenter considérablement l'intérêt.

×

Le « relief » de ce Grand Prix de vitesse est tel, qu'il nous a presque fait négliger l'autre « clou » de la réunion, le Grand Prix de la Pentecôte de demi-fond qui, en trois manches derrière moteurs, va opposer Victor Linart, Georg[illegible] Paul Suter et Ernest Catudal !

Une épreuve derrière moteurs, avec Linart, qui passe au deuxième plan [illegible] gramme ! Cela ne se voit pas tous les [illegible]

Aussi, est-il à peine besoin de dire qu'[illegible] plein succès attend la sensationnelle réu[illegible] jourd'hui au Parc des Princes, succès d[illegible] bien permis de dire par avance — ca[illegible] gramme de cet après-midi est de ceux [illegible] nent forcément ce qu'ils promettent — pleinement mérité.

ROBERT SPEARS
le fameux sprinter australien qui fait aujourd'hui sa rentrée

(Voir la suite en rubrique c

LES VÉHICULES LÉGERS

LA PREMIÈRE JOURNÉE DU BOL D voit la chute de nombreux records

FRANCISQUET, sur moto SUNBEAM, totalise 1.535 km. en vingt-quatre heures

A 17 h. 30, hier soir, les cyclecars et les voiturettes ont pris le départ à leur

D'EXCELLENTES PERFORMANCES

Le Bol d'Or des motos et des sidecars a présenté un intérêt de premier ordre. Les hommes ont magnifiquement tenu et les machines ont totalisé des distances formidables. Ces 24 heures donnèrent un spectacle splendide, et les performances ont dépassé toutes les prévisions.

Sur 40 concurrents ayant pris le départ, 35 ont terminé. Ce premier résultat vaut d'être souligné ; il est la preuve d'une préparation soignée dans toutes les maisons.

Le vainqueur toutes catégories de la journée est Francisquet qui, au guidon de sa 500 cmc. Sunbeam, a battu tous les records, abattant 1.535 kilomètres 145 en 24 heures. Le vieux champion a mené sa course avec beaucoup de maîtrise. Il tint tête au spécialiste Zind, le vainqueur de 1923, ne se laissant jamais distancer par lui, et quand le pilote de Motosacoche connut la défaillance, Francisquet s'assura une avance telle sur les autres adversaires et sur les records, qu'il cueillit finalement un succès bien mérité ; Francisquet accomplit hier un exploit splendide ; quant à Sunbeam, cette victoire s'ajoutera, en belle place, à son palmarès si riche en lauriers.

Une autre grande triomphatrice de la journée, c'est la célèbre firme belge Gillet d'Herstal ; son type 350 cmc. a été extraordinaire de régularité et de tenue. Non seulement Gillet enlève les deux premières places de la catégorie motos 350 cmc., avec Hulkens et Reinartz (dont les totaux kilométriques viennent aussitôt après celui de Francisquet), mais encore il est premier en sidecars 350 cmc., avec Ghoode, et en sidecars 600 cmc., avec Guiguet (lequel n'avait aussi que 350 cmc. de cylindrée). Voilà des résultats éloquents, mais qui n'étonneront pas les initiés au courant du gros [illegible] inlassablement en ce moment, pour ne qu'après l'accomplissement de leur long Eux aussi nous donnerons ce soir l'occa[illegible] lyser un joli tableau de résultats. — *A.*

LE CLASSEMENT

Vélomoteurs 175 cmc.

	Tours
1. DECOMBARD (Bovin)	94
Moyenne horaire 22 k. 600, record établi	

Vélomoteurs 100 cmc.

1. CHERET (Bovin)	190
Moyenne horaire 46 k. 861, record battu	
2. Pittaned (La Cyclette)	151
3. Duliou (La Cyclette)	137
4. Pelletier (La Cyclette)	119

Motos 175 cmc.

1. LEMASSON (Thomann), pneus Dunlop	234
Moyenne horaire 56 k. 462, record établi	
2. Parmet (Hariette)	231
3. Bastret (Propulcycle)	212
4. Begnez (Propulcycle)	191
5. Gauthier (S.I.C.)	161
6. Picquenard (D.F.R.)	161
7. Janin (Monet-Goyon)	1
8. Voisin (S.I.C.)	139
9. Rodin (Dé-Dé)	133
10. Saiod (Dé-Dé)	11[illegible]

Motos 250 cmc.

1. STANTON (D.F.R.)	199
Moyenne horaire 48 k. 033	
2. Brennenstein (Sypdexa)	179

Dos hermosos equipos van a luchar por el título mundial

L'Auto del 9 de junio prosiguió el informe de la portada bajo estos titulares: *«La final del fútbol. Uruguay contra Suiza en el Estadio de Colombes. Dos hermosos equipos van a luchar por el título mundial».*

Ilustra el texto la famosa foto del equipo de Uruguay con la bandera nacional en el fondo. Se anuncia que Suecia y Holanda jugarán la revancha por el tercer puesto a las 14 y 30, y que inmediatamente después, a las 16, se disputará el partido definitivo. Los redactores cometen un error en el nombre del arquero uruguayo de origen francés, Andrés Mazali (y no Nazali).

(Documento consultable en Gallica, Bibliothèque Nationale de France)

LES JEUX OLYMPIQUES

LA FINALE DU FOOTBALL

(Suite de notre article de 1re page.)

URUGUAY CONTRE SUISSE

aujourd'hui, à 16 heures (Réunion n° 39)

AU STADE DE COLOMBES

A 13 h. 30, la Hollande et la Suède rejoueront leur match pour la troisième place

L'ÉQUIPE DE L'URUGUAY

Deux belles équipes vont lutter pour le titre mondial

Comment elles s'aligneront

La composition définitive des équipes ne sera connue que sur le terrain. Nous supposons cependant qu'il y aura peu de changements aux formations suivantes :

URUGUAY *(maillots bleus)*

But : Nazali ; arrières : Nasazzi et Arispe ; demis : Andrade, Vidal et Ghierra ; avants : Urdinaran, Scarone, Petrone, Cea et Romano.

SUISSE *(maillots rouges)*

But : Pulver ; arrières : Reymond et Ramseyer ; demis : Oberhauser, Schmiedlin (cap.) et Pollitz ; avants : Ehrenbolger, Pache, Dietrich, Abegglen, Fassler.

Note sur les joueurs

URUGUAY

Le gardien de but Nazali ne fut guère à l'ouvrage au cours du tournoi, mais nous le vîmes rarement en défaut. Les arrières *Nasazzi* et *Arispe* forment une excellente paire de défense. Le premier est, malgré sa puissance, d'une grande souplesse, ses reprises de volée sont admirables. Son compère est rapide, adroit et non moins sûr. L'ensemble de cette défense donne une impression de sécurité incontestable.

La ligne des demis est peut-être la formation la moins brillante de l'équipe ; à droite, *Andrade*, le noir, est un joueur remarquable, d'une adresse rare et d'une finesse qui attire les applaudissements. *Vidal*, au centre, est le joueur du type scientifique. Peu brillant, il accomplit une besogne formidable. Son service peut être pris en exemple par nos joueurs. A gauche, *Ghierra* complète fort bien cette ligne de demis qui, en attaque, est absolument précieuse, s'entendant à merveille avec son ailier. Ghierra donne à celui-ci d'excellentes et dangereuses attaques.

La ligne d'avants uruguayenne est le joyau de ce bijou que constitue l'équipe tout entière.

A droite, Urdinaran, vif, rapide et adroit, constitue avec Scarone une aile d'une grande virtuosité. L'inter-droit est le joueur le plus brillant que nous ayons vu prendre part au tournoi. Dribbleur émérite, il possède un shot redoutable. Au centre, *Petrone*, plus puissant et plus incisif que son coéquipier Scarone, possède à peu près les mêmes qualités que celui-ci. L'intérieur gauche *Cea* est plus effacé que ses camarades de la ligne d'avants, mais il n'en fournit pas moins un travail efficace et d'une grande application. A l'aile gauche, *Romano* est un extrême de valeur, sachant s'échapper en vitesse et déborder la défense adverse et aussi marquer lui-même, ce qui ne gâte rien.

Dans cette équipe, on ne peut que reprocher la trop grande nervosité des joueurs.

SUISSE

Le gardien de but, *Pulver*, s'est affirmé à nos yeux au cours des rencontres que dut jouer son équipe pour se qualifier. Grand, puissant et adroit, il est bien difficile à battre.

Un arrière, *Reymond*, bien connu du public parisien, puisqu'il opéra quelques saisons dans la capitale sous les couleurs du C.A.P. et du Racing, est un « back » de grande classe. A côté de lui, joue *Ramseyer*, arrière dur et sûr, qui est remarquable par ses interventions judicieuses. Moins brillant que son coéquipier, il est d'une grande utilité, son courage est légendaire.

Aux demis, la Suisse présente, à droite, *Oberhauser*, type même du travailleur ; vigoureux et d'une ardeur inlassable, ce demi ne s'avoue jamais vaincu. Au centre, Schmiedlin brille du plus vif éclat. Footballeur accompli, technicien de bonne valeur, le pivot de l'équipe suisse fournit à sa ligne d'avants un service net et précis qui est d'excellentes offensives. Son jeu de tête est remarquable. *Pollitz* tient le poste de demi gauche ; meilleur en défense qu'en attaque, il est très difficile à passer.

L'âme de la ligne d'attaque, comme d'ailleurs de toute l'équipe, est le prestigieux petit *Abegglen* qui opère à l'inter gauche, officiellement, mais qui, en fait, est généralement là où est le ballon ; dribbleur, feinteur, rapide et shooteur, c'est un des meilleurs footballeurs que nous ayons jamais vus. Ses deux ailiers, *Ehrenbolger* à droite, et Fassler à gauche, sont vites et adroits. Ils tardent

Deuxième tour :

Hollande bat Autriche par 3 à 1.
Danemark bat Norvège par 7 à 0.
Finlande bat Russie par 2 à 1.
Angleterre bat Hongrie par 7 à 0.

Demi-finale :

Danemark bat Hollande par 4 à 1.
Angleterre bat Finlande par 4 à 0.

Finale :

Angleterre bat Danemark par 4 à 2.

Le Danemark, la Russie, l'Angleterre et la Hongrie furent exemptés au premier tour.

ANVERS (1920)

Premier tour :

Espagne bat Danemark par 1 à 0.
Hollande bat Luxembourg par 3 à 0.
Suède bat Grèce par 9 à 0.
Tchécoslovaquie bat Yougoslavie par 7 à 0.
Norvège bat Angleterre par 3 à 1.
France bat Suisse par forfait.
Italie bat Egypte par 2 à 1.

Deuxième tour :

Belgique bat Espagne par 3 à 1.
Hollande bat Suède par 5 à 4 (après prolongation).
Tchécoslovaquie bat Norvège par 4 à 0.
France bat Italie par 3 à 1.

Demi-finale :

Belgique bat Hollande par 3 à 0.
Tchécoslovaquie bat France par 4 à 1.

Finale :

Belgique bat Tchécoslovaquie par 2 à 0 (aband.).

La Belgique a été exemptée au premier tour.

L'organisation

Les moyens de communication. — Chemin de fer : gare Saint-Lazare, gare olympique de Colombes. — Tramways : Porte de Clignancourt, Porte de Clichy-Argenteuil, Porte Champerret-Colombes, Porte Maillot-Charlebourg. — Autobus : Service spécial d'autobus : départs de la place de la Bastille, place de la République, carrefour Barbès, gare Saint-Lazare, Porte Champerret.

Arbitre : M. Slavick (France).

Juges de touche : MM. Christophe (Belgique) et Youssouf Mohamed (Egypte).

A l'issue du match, une cérémonie, grande dans sa simplicité, aura lieu. Le drapeau de la nation victorieuse sera hissé au sommet du mât olympique, pendant que la musique militaire jouera l'hymne national du pays champion du monde de football.

Prix des places : gradins : 5 à 12 fr. ; tribunes marathon : 15 à 30 fr. ; tribunes d'honneur, de 20 à 40 fr.

Coup d'envoi à 16 heures.

LE RESULTAT D'HIER

HOLLANDAIS NI SUÉDOIS n'ont pu s'adjuger la 3e place

Ils ont fait match nul par 1 but à 1 malgré la prolongation

Les Suédois méthodiques et appliqués n'ont pu parvenir à vaincre les tenaces et ardents hollandais. Le match commencé assez faiblement prit un intérêt grandissant au fur et à mesure qu'il se déroula.

Le résultat reflète assez exactement la physionomie générale de la partie qui nous permit d'assister à de très jolies passes de véritable football.

la balle dans les filets défendus par Lindberg. Ce haut fait des avants hollandais est très applaudi par le public qui souligne ainsi le mérite de l'équipe au maillot blanc. Les Suédois ne se relâchent pas, Rydell part en dribbling, mais au moment de shooter est gêné par Denis et la balle passe au-dessus du but. Verwey joue l'obstruction d'une façon systématique ; sur une faute du back hollandais, l'arbitre donne corner alors qu'on attendait le penalty. Le corner ne donne pas de résultat.

A ce moment la Suède domine nettement, puis la Hollande prend à son tour l'avantage. Snouck envoie la balle devant le but de Lindberg. Lefèvre reprend et marque le but, mais l'arbitre l'avait sifflé hors jeu. Aussitôt après M. Retchury siffle la fin de la partie réglementaire.

La prolongation

Les Suédois attaquent puissamment et viennent maintes fois inquiéter Van der Meulen, que Verwey et surtout Denis protège remarquablement. Le jeu s'est ralenti, la fatigue se fait sentir ; mais le courage des joueurs est sans limite. Rydell botte sur le poteau, puis Kaufelt envoie la balle à côté des bois de Van der Meulen. La seconde partie de la prolongation voit une très nette supériorité des Suédois qui pourtant ne parviennent pas à augmenter la marque en leur faveur. Et la fin viendra sans que le score soit changé. On rejouera demain.

Le jeu

Les Suédois jouent avec une grande méthode, mais d'une façon trop uniforme. Les passes entre équipiers ont le défaut d'être faites en arrière de celui qui doit recevoir la balle, et le jeu s'en ressent, car le joueur à qui est destiné le ballon est obligé de revenir vers son but pour s'en emparer, ce qui coupe l'action offensive et l'empêche d'avoir une soudaineté profitable. De plus, cela permet à la défense adverse de se placer et aux demis un instant débordés, de revenir pour marquer les avants qui attaquent leur camp.

Devant les buts, on temporise trop, les attaquants se passent et se repassent le ballon à l'excès, de sorte que lorsque le shoot part, le but est bouché et la balle trouve toujours devant elle, soit une jambe, un corps ou une tête qui l'empêche de rentrer dans le but.

En défense, la détente manque totalement ; les joueurs jouent trop posément et montrent peu d'à-propos et de décision ; pourtant la grande majorité des Suédois possède une excellente technique. Le dribbling est bon, l'arrêt de la balle et son contrôle supérieur à la moyenne.

Du côté Hollandais, avec une autre méthode, on obtient sensiblement le même résultat. Le jeu est plus haché, décousu, mais plus opportuniste ; les joueurs, surtout les avants, sont moins précis. Mais les qualités physiques sont plus en évidence. La technique des footballeurs hollandais est moyenne, rude plus, sauf pour quelques-uns d'entre eux, comme Denis, Sigmond et Snouck.

Les arrières jouent énergiquement et ne s'arrêtent pas à finasser. Dans cette équipe, la valeur morale est peut-être la qualité la plus transcendante. Tous les joueurs luttent avec un cœur admirable, même dominés assez nettement les Hollandais ne se découragent jamais. Hier encore, ils donnèrent à tous les footballeurs présents une belle leçon d'énergie et de courage.

Les joueurs

Ceux qui se signalèrent le plus furent chez les Suédois Kock l'ailier gauche, Dahl qui à l'intérieur gauche accomplit un gros travail, Rydell qui par intermittence se montra le joueur brillant qu'il fut contre la Belgique. Karbray demi-centre peu mobile, mais sûr et clairvoyant. Hirsch arrière de classe d'une grande mobilité.

Dans l'autre camp, les meilleurs ont été Denis qui joua un match excellent, Verwey qui seconda très bien son collègue, Lefèvre qui brilla continuellement tant comme demi qu'au poste d'inter droit et les deux ailiers qui sont très rapides et possèdent un excellent contrôle du ballon. — *L. G.*

ESCRIME

Les tireurs norvégiens

CHRISTIANIA. — La Fédération d'Escrime a désigné ses représentants, ils sont peu nombreux ; MM. J. C. Falchenberg, Ahre-Aas, F. Lorentzen viendront se ranger sous la direction du champion norvégien de Paris, le Dr Raoul Heidé. M. Hans Bergsland accompagnera les tireurs. — *A. D.*

ATHLETISME

La Course des Trois Sports

Derrière eux... sur la grand' route

Sous le coup de drapeau énergique de Suzanne Wurtz, un formidable peloton s'élance avec une certaine hésitation... C'est le départ-hésitation...

Des maillots multicolores, des cyclistes qui courent mal, des nageurs qui se réservent et des pédestrians qui ne paraissent pas comprendre.

Et c'est presque tout de suite le Pavillon Bleu et la bataille pour la prise des vélos. En queue de peloton, on remarque quelques champions jadis célèbres : Henri Desgrange, Cazalis (champion avec Michel Strogoff), Joë Bridge (avec gueule d'empeigne) et... et c'est tout.

Les grandes équipes des grands clubs cyclistes se groupent et se détachent avec une netteté un peu désobligeante pour ceux qui suivent mal.

Et c'est alors qu'une lutte farouche s'engage tout de suite entre Michel Strogoff-Cazalis, qui crève au départ ; Desgrange et Joë Bridge.

Ah ! la belle empoignade ! H. Desgrange et Bridge, très préoccupés par le match personnel auquel ils se livrent, laissent partir leurs concurrents qui arriveront probablement avant eux au radeau d'arrivée.

Hélas ! la question de supériorité ne sera pas réglée. Un chien passa... et Bridge fit une chute monumentale.

La dernière partie du parcours a été surpre-

PELOTE BASQUE

A Chiquito la première

Aujourd'hui à 15 heures, la revanche

Chiquito, l'athlète incomparable, roi des frontons, nous a prouvé hier qu'il était toujours le Champion avec un grand C. Il surclassa tous les joueurs présents, et avec une telle maîtrise, qu'on hésite à croire qu'un tel phénomène sportif ait 43 ans bien sonnés.

Il a vaincu, mais le trio hispano-américain lui disputa la victoire point à point, et le résultat, 60 points à l'équipe française contre 56, montre combien la lutte fut ardente jusqu'au dernier point.

Le public nombreux qui garnissait la cancha fut enthousiasmé par la belle partie qui lui fut donnée. Dans le clan français, Hégny, après un début laborieux, se reprit bien et fut bon. Sebédio, buteur excellent, reprit des balles difficiles et collabora précieusement à la victoire française.

Amoroto ne fut pas heureux, handicapé quelque peu parce qu'il ne connaissait pas la place. Il nous a montré que sa puissance et son habileté dans le jeu d'avant étaient remarquables.

Aujourd'hui, il nous démontrera que cette première partie n'était pas celle qu'il devait fournir. Nous l'avons vu en Espagne et, mieux habitué au fronton de la Porte de Châtillon, il nous donnera l'exacte mesure de son jeu.

Luisito, à l'avant, fut très bon et releva souvent les balles de Chiquito. Quant à Velasco, il fit une partie admirable, reprenant sans cesse les pelotes que le champion du monde lui expédiait à 80 mètres et, inlassablement, les ramenant au fronton dans une détente superbe.

Aujourd'hui, à 15 heures, la revanche de cette partie se jouera au fronton de la Porte de Châtillon, et il est probable que la vaillante équipe hispano-américaine fera l'impossible pour arracher à notre champion national une victoire qu'ils ont frôlée hier.

CHEZ LES SCOLAIRES

CYCLISME

Dayen (P.U.C.) est champion de France des scolaires et Simon (P.U.C.) champion des universitaires

Très grand succès pour ces deux épreuves disputées hier sur le Circuit de Rambouillet et bonne organisation du P.U.C. à qui l'U.V.F. avait confié ce soin. Résultats :

Scolaires (60 kil.) : 1. Dayen (Ecole Ind.) d'Auteuil), en 1 h. 58 ; 2. Tapie (PUC), 2 h. 3 ; 3. Tillet, à 30 mètres ; 4. David ; 5. Danel ; 6. d'Abbadie (Arras).

Universitaires (88 kil.) : 1. Simon (Ecole Frilley), en 3 h. 28 ; 2. Petiot (PUC), 3 h. 33 ; 3. Boulet ; 4. Ricard.

ESCRIME

De Nozerolles est champion de France scolaire de fleuret

Le Championnat scolaire de fleuret s'est disputé hier à la salle des Ingénieurs Civils. C'est le jeune de Nozerolles (Rollin), élève du maître Janvoix, qui a brillamment enlevé le titre devant de la Tourbe (Franklin) ; 3. Charley Lion ; 4. Levêque ; 5. Dupont ; 6. Geedorp (Condorcet) ; 7. Godin (Arras) ; 8. Parchat (Nîmes).

Le Championnat d'épée se dispute ce matin à 9 h., à la salle des Ingénieurs Civils.

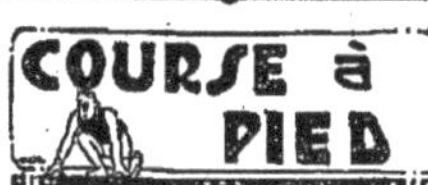

Les Championnats de Paris ont commencé hier

André Mourlon bat Degrelle et égale le record de France des 100 mètres

Les Championnats de la Ligue de Paris, au Stade Pershing, se sont déroulés avec un gros succès devant 4.000 personnes environ.

L'équipe d'athlétisme japonaise qui assistait à la réunion ne ménagea ni ses encouragements, ni ses applaudissements.

Dans le 100 m., la rencontre tant attendue entre Degrelle et A. Mourlon se termina en faveur de ce dernier qui ne fut inquiété à aucun moment par le racingmen, le battant par un mètre et égalant le record de France.

Dans le 400 m., Féry, du R.C.F., triompha difficilement de Jamois, du S.F., dans l'excellent temps de 50 s. Le 1.500 m. fut pour Wiriath, de l'Olympique, l'occasion d'une facile victoire. Le 5.000 m. vit la victoire de Dolquès, du M.C., malgré un beau retour de Barbaud, du R.C.F.

Si dans les courses les temps furent bons, dans les concours les performances furent au-dessous de la moyenne, cela nous laisse rêveurs en présence des résultats qui nous parviennent de l'étranger. Souhaitons que nos athlètes améliorent leurs performances et ce pour le bon renom de l'athlétisme français.

Dans le Grand Prix des Jeunes, aucune révélation. Les vainqueurs sont des hommes connus, que nous sommes habitués à voir tous les dimanches dans les divers interclubs. Résultats :

100 mètres. — 1. A. Mourlon (UAI), 10 s. 4/5 (record de France égalé) ; 2. Degrelle (RCF) ; 3. Garcia (SF) ; 4. R. Mourlon (UAI) ; 5. Rousseau (SF) ; 6. Cerbonney (CASG).

Après plusieurs faux départs, Mourlon part en tête et, résistant à toutes les attaques de Degrelle, passe la ligne d'arrivée avec un mètre d'avance. Victoire très applaudie.

400 mètres. — 1. Féry (RCF), 50 s. ; 2. Jamois (SF) ; 3. Farodon (SF) ; 4. Galtier (SF).

Dès le coup de pistolet, aucun homme ne semble prendre l'avantage, les positions restent les mêmes jusqu'à la sortie du virage. Jamois se détache et prend quelques mètres. A 30 mètres de l'arrivée, Féry le rejoint et c'est un coude à coude jusqu'à l'arrivée.

1.500 mètres. — 1. Wiriath (O), 4 m. 9 s. ; 2. Boitard (CASG), 4 m. 12 s. 2/5 ; 3. Philippe (RCF) ; 4. Maisonneuve (MAC) ; 5. Burtin (Métro) ; 6. Caille (SAM) ; 7. Potard (SAM) ; 8. Decam (Ol.) ; 9. Picard (Métro) ; 10. Langrenay (CASG).

Au premier tour, Philippe mène devant un peloton composé de Boitard, Wiriath, Maisonneuve ; le deuxième tour voit Burtin mener devant Boitard, Wiriath et Philippe. A 400 mètres de l'arrivée, Wiriath démarre seul, Boitard tente de s'accrocher. Philippe se rapproche, mais Wiriath,

L'Auto: El «once» de Uruguay es campeón del mundo

Los titulares de la primera plana de *L'Auto* del martes 10 de junio no tienen nada que envidiar a los que publicó la prensa uruguaya ese mismo día: *«El once de Uruguay es campeón del mundo».*

La crónica redactada por uno de los corresponsales de este diario (*L'Auto* envió a 18 periodistas y un dibujante) explica el significado de la victoria. *«El 9 de junio marcará una fecha en la historia deportiva de nuestro país. Todos los pioneros del deporte en Francia, todos los colaboradores del Comité Olímpico hallaron en esta manifestación tan magníficamente lograda, la más pura, la más bella de las recompensas. Todos los que, más especialmente, lucharon para desarrollar el juego de la pelota redonda, asistieron a esta consagración solemne… […] Tan es así que muchos ojos se han abierto y sé de muchos otros que lloraron , porque la alegría era inmensa y la felicidad excesiva. Ya no es preciso decir todo eso. Ya no es necesario exponer las bellezas del fútbol. Todos entendieron.»*

Y más adelante: *«Y si nos quedaban dudas sobre los profundos sentimientos que unen a los uruguayos con nuestra patria, deberíamos rezongarnos al aprender que ayer tuvieron un gesto magnífico. Y es exactamente el calificativo que conviene. En el transcurso del champán de honor que la 3FA ofreció a los finalistas, el señor Enrique Buero, ministro del Uruguay ante la Sociedad de Naciones, anunció a Jules Rimet que el equipo campeón del Mundo se complacería en jugar un nuevo encuentro con el equipo de Francia, el próximo domingo, indicando que toda la recaudación iría a una obra de la federación francesa.»*

(Documento consultable en Gallica, Bibliothèque Nationale de France)

Rédaction, Administration, Publicité:
10, rue du Faubourg-Montmartre
PARIS (9e)

TÉLÉPHONE
1re ligne........ CENTRAL 27-65
2e ligne........ CENTRAL 28-12
3e ligne........ CENTRAL 28-56
4e ligne........ BERGÈRE 48-14
5e ligne........ BERGÈRE 53-92
6e ligne... INTER SPÉCIAL 8-13
Adresse Télégraphique: Vélauto-Paris
DEUX FILS SPÉCIAUX

Directeur-Rédacteur en chef:
HENRI DESGRANGE

L'Auto

AUTOMOBILE · AÉRONAUTIQUE · CYCLISME
ATHLÉTISME · BOXE · FOOTBALL · NATATION · TENNIS · AVIRON · ESCRIME · SPORTS FÉMININS

Le numéro : 15 centime[s]
25e ANNÉE. — N° 8.578. — QUOTI[DIEN]
Mardi 10 Juin 192[4]

ABONNEMENTS :
SEINE et SEINE-&-OISE........ 24 »
DÉPARTEMENTS et ALGÉRIE. 26 »
ÉTRANGER (Union postale)....... 45 »
On s'abonne sans frais dans tous Bureaux de poste.

LES CHRONIQUES DE « L'AUTO »

[L]E SPECTATEUR

[...]elle avait rencontré Bernard Bellet au [bord d]'une piste, ses souliers à pointes écor[chant l]a cendrée délicate et la grande bar[rière b]lanche qui les séparait n'était là que [pour] qu'ils pussent accouder leur méditation. [Bern]ard Bellet venait de remporter un [...] de huit cents mètres; le courant [...] brossé d'un pli impétueux ses che[veux] bouclés, un peu de hâte au cœur, un [...] d'essoufflement, des amis l'avaient en[...] vers Ginette pour le présenter.

[...]lle était une rose sur la pelouse verte. [Elle av]ait une grande capeline qui faisait [...] des ombres sur son visage précieux; [son so]urire semblait un peu artificiel, mais [il av]ait tant de grâce.

Bernard Bellet... Ginette Sourdeval...

[...] salut, un corps qui s'incline pour baiser [...] main qu'on lui tend.

[— Je] tiens à vous faire tous mes compli[ments]. Je n'ai jamais vu une victoire plus [...], plus pathétique que la vôtre.

[...] employait des mots rares en un temps [...] se traduit par ce simple mot : « C'est [...] »

[...], la course n'avait pas été disputée. [Bernar]d n'avait eu qu'à se laisser aller pour [...] entre ses rivaux et lui quatre mètres, [qu'il av]ait gardés jusqu'à l'arrivée. Mais c'est [...] même de sa victoire qui avait [...] Ginette. Elle n'aimait pas l'effort qui [...] les traits, la souffrance qui creuse les [...], le désordre d'une fin de course où [...] au paroxysme semblent arracher le [...] du fond même de leur chair frémis[sante].

[Elle l']avait vu venir, la tête renversée, Ber[nard, a]u bout de la ligne droite, les bras équi[...], une foulée régulière, puissante, harmo[nieuse], tandis que derrière lui, ceux qu'elle [...] oublier se démenaient, désunis et ra[...].

[Enfan]t gâtée, fille unique de Sourdeval, le [maître] de forges, elle avait à ce moment même [...] choix d'un être semblable à Bernard pour [...] Pourquoi pas lui? Elle avait demandé [qu'on] le lui présentât. Ils étaient l'un près [de l'au]tre, sans trouver un mot pour alimen[ter la] conversation d'un moment, avant de [glisser] insensiblement vers des confidences.

[— C'est v]raiment une belle victoire.

[— Je] n'avais personne à battre.

[— J]'avais une telle impression de supé[riorité...]

[Les] amis communs s'étaient éloignés de [quelque]s mètres. Ginette et Bernard ne di[saient] plus rien. Il se rendait compte qu'il [n'avait j]amais été si sot. Elle s'étonnait d'être [...]

[— V]ous courez depuis longtemps?

[— J'ai f]ait ma première course à dix-[...] ans, j'en ai vingt-cinq.

[—] Vous avez assez de loisirs pour vous en[traîner]?

[— M]on père me laisse assez le liberté. Je [travaille à l']usine, mais le soir je viens ici...

[— T]ous les soirs?

[— T]ous les soirs.

[— V]ous suivez un régime sévère?

[Elle] s'arrêta un instant et le regarda :

[— L]es lois de l'entraînement doivent être [...]

[— J]e n'y pense plus.

[— V]oulez-vous me faire l'amitié de venir [un] soir chez mes parents? J'inviterai [quelques-]uns de vos amis.

[Ils a]vaient pris jour, et ce fut un dîner [...] dans l'hôtel de Neuilly, perdu au [milieu d'u]n grand parc.

[— Qu]and vous voudrez venir jouer au ten[nis, vou]s êtes tout à fait chez vous.

[Il pro]mit de venir, et il vint. Deux mois [plus tar]d, Bernard et Ginette étaient les meil[leurs am]is du monde. Sans s'être rien avoué [de leurs] sentiments, ils étaient sûrs l'un de [l'autre.] Bernard parla chez lui d'un mariage [...]; il s'enhardit; comme un soir de sep[tembre...] glissait son voile gris sur la soie bleue, [il prit l]a main de la jeune fille :

[— Voul]ez-vous de moi pour mari?

[Elle s]e dégagea doucement :

[— Oui], Bernard... mais plus tard.

[— Plu]s tard! les Jeux olympiques ont lieu [dans deu]x ans, je veux qu'un athlète comme [vous d]éfende nos chances. Je serais si heu[reuse que] mon mari fût de ceux en l'honneur [de qui le]s couleurs montent en haut du mât... [J'étais] à Anvers!... j'avais vingt ans... J'ai [éprouvé] une inoubliable émotion...

[— J'aurai] bien peu de chance contre les Amé[ricains...]

[Elle di]t sérieusement :

[— On a] moment qu'on veut...

[— De]ux ans, c'est long!

[— Po]ur me mériter?

⁂

[Deux a]ns, c'est encore plus long que ça!

[Les a]ffaires de M. Bellet père avaient pris [une ext]ension considérable. Presque chaque [jour Ber]nard était retenu à l'usine, mainte[nant l'in]dustrie l'intéressait plus que la course [...] De temps en temps les officiels de son [club ve]naient le relancer, lui reprochaient de [négliger] l'entraînement. Quand il remettait ses [souliers] à pointes, il n'éprouvait plus la satis[faction] si pleine qu'il goûtait jadis en foulant [la cendrée é]lastique. Il pensait au rendement des [...]

Un joueur de l'Urugay dégage son camp menacé par une vive attaque des avants Suisses.

LA TRIOMPHALE JOURNÉE DU FOOTBALL

LE "ONZE" D'URUGUAY EST CHAMPION DU MONDE

MALGRÉ UNE DÉFENSE HÉROIQUE L'ÉQUIPE SUISSE SUCCOMBE PAR 3 BUTS A 0

60.000 spectateurs à Colombes : 618.000 francs. — Tous les records sont battus pour tous les sports amateurs.

TRIOMPHE

Que dire? Après les admirables journées du Tournoi Olympique de Football nous avons connu, hier, la FINALE. Apothéose! Que dire? Le jeu enthousiasmant, les spectateurs enthousiasmés. 50.000 entrées aux guichets. 618.000 francs de recette. 10.000 personnes aux alentours du stade qui ne purent entrer. Organisation impeccable. Pas d'incidents, pas d'accidents, pas de tumulte. Le stade rempli dès 14 heures et vide, ainsi que ses alentours, dès 19 heures. Que dire?

Le 9 juin 1924 marquera une date dans l'histoire sportive de notre Pays.

Tous les pionniers du sport en France, tous les collaborateurs du Comité Olympique ont trouvé dans cette manifestation si magnifiquement réussie la plus pure, la plus belle des récompenses.

Tous ceux qui, plus spécialement, luttèrent pour développer le jeu de la balle ronde ont assisté à sa consécration solennelle, qu'ils n'osaient pas imaginer dans un cadre tel, au cours d'une fête plus grandiose, devant une foule aussi considérable.

Si bien des yeux se sont ouverts, j'en sais d'autres qui ont pleuré, pleuré d'une joie immense, d'un bonheur trop grand.

×

Mais il n'est plus besoin de dire tout cela. Il n'est plus besoin de dire les beautés du football. Chacun a compris.

Il faut aujourd'hui féliciter les vainqueurs, les superbes joueurs d'Uruguay, qui, venus de la petite république sud-américaine, se sont imposés devant les représentants des plus grandes nations et ont affirmé la vitalité de leur race, due, pour une large part, au fécond labeur sportif.

La démonstration qu'ils nous donnèrent d'un football scientifique et rapide à la fois, réfléchi, ordonné, mais aussi agrémenté d'habiletés spon-

DEUX « ÉTOILES » DE L'URUGUAY
NASAZZI, capitaine de l'équipe — ANDRADE, le merveilleux et noir demi

tanées, artistes, latines, cette démonstration nous a séduit et aussi la parfaite correction des footballeurs uruguayens et le sincère attachement qu'ils ont constamment montré pour la France.

Si nous doutions encore de ces profonds sentiments d'amitié qui unissent les Uruguayens à notre patrie, nous devrions nous blâmer en apprenant qu'ils ont eu, hier, un geste magnifique. Et c'est très exactement le qualificatif qui convient.

M. Henri-E. Buero, ministre de l'Uruguay près la Société des Nations, a, au cours du champagne d'honneur que la F.F.F.A. offrait aux finalistes, annoncé à M. Jules Rimet, que l'équipe champion du Monde serait heureuse de jouer un nouveau match avec l'équipe de France, dimanche prochain, à Colombes, toute la recette allant à une œuvre de la Fédération Française.

Il y a là deux signes d'amitié désintéressée qui vont au cœur de tous les Français et de tous les sportifs. En dehors du geste généreux il y a aussi le désir de saluer une dernière fois notre grand public et le plaisir de donner aux footballeurs tricolores une nouvelle occasion d'apprendre et de se perfectionner.

[...]tant de belles manifestations de leur énergie et de leur savoir-faire.

Enfin, la Suède, en enlevant à la Hollande la troisième place qu'elle détenait depuis le début des tournois olympiques de football, a démontré que les belles qualités que lui reconnurent les chroniqueurs lors de la première sortie de son équipe n'étaient pas un mythe. Malgré leur beau courage, les Hollandais se sont inclinés.

Tous, Uruguayens, Suisses, Suédois et Hollandais qui participèrent à cette apothéose finale, doivent être unis dans un même et unanime hommage. — *Gautier-Chaumet.*

(Voir la suite en rubrique Jeux Olympiques.)

UN PEU D'HISTOIRE

Acheter un bon frein, c'est souscrire à une assurance sur la vie

Durant de longues années la question du frein fut à l'ordre du jour du monde du cycle. Lorsque deux pédaleurs se rencontraient, ils ne s'abordaient jamais sans parler immédiatement du frein dont ils avaient muni leur bicyclette.

A l'époque déjà lointaine des premières bicyclettes, on se servait communément du frein dit « à sabot ». C'était une simple tige se terminant par une sorte de plaquette qui venait frapper directement sur la surface de roulement. Le tout était actionné par un levier. C'était simple. Mais ce n'était pas sans inconvénient, car il était d'abord difficile d'appliquer ce système à la roue arrière sans l'agrémenter de multiples attaches et ensuite c'était brutal et cela enlaidissait le vélo. On se contentait donc généralement du frein sur la roue avant. Au surplus, les constructeurs n'en prévoyaient pas d'autres. Et la question restait toujours en suspens.

Pourtant le « sabot » était loin de donner satisfaction. On lui reprochait surtout d'user immodérément la surface de roulement du caoutchouc de la roue avant. On lui substitua une sorte de « sabot » à double expansion qui venait frapper les deux côtés de la surface de roulement. C'était déjà mieux, puisque l'usure était latérale.

De l'étranger arrivèrent des bicyclettes avec des freins dont le serrage sur la jante s'opérait par des mâchoires. La transmission se faisait par des tringles. Mais les tringles avaient l'inconvénient de faire un bruit désagréable qui, ajouté à celui des garde-boue, encore mal au point, donnaient l'impression d'une batterie de cuisine secouée par la tempête. Et puis les attaches, les boulons, les vis, qui maintenaient ces tringles, se défaisaient, et le frein vous manquait précisément au moment même où vous en aviez le plus urgent besoin. Combien n'a-t-on pas enregistré d'accidents de ce fait? Je me souviens avoir été victime d'un incident semblable, un jour dans les Vosges, dans la descente du col de Sainte-Marie-aux-Mines. Je n'eus d'autres ressources que de me laisser aller dans le fossé. Si je pus m'en tirer relativement à bon compte, il n'en fut pas de même de ma pauvre bicyclette.

Il n'est donc pas téméraire d'affirmer que sans un bon frein, vous pouvez être

EN DANGER DE MORT

Permettez-nous, chers lecteurs, de vous dire que si notre propre vie nous est précieuse, la vôtre ne l'est pas moins, et c'est ce qui nous autorise à vous donner quelques indications pour l'équipement de votre machine.

Nous avons d'ailleurs des exemples sous les yeux.

De quel frein se servent la plupart de nos grands as de la route? Eux, dont les efforts, brutaux ou souples, amènent la machine jusque sur l'obstacle, ont besoin plus que quiconque d'un instrument solide et puissant, capable d'arrêter la [...] réunit à la fois l'élégance et la force, la souplesse et la solidité, la puissance et la simplicité.

Et puis encore, croyez-vous que nos plus grandes marques, Alcyon, Automoto, Wonder-Ravat, La Française, Legnano, Lapize, Christophe, Alleluia, Delage, Thomann, Armor, Labor — j'en oublie certainement — confieraient les chances de leurs hommes à un frein qui n'offrirait pas le maximum de garanties?

Depuis 30 ans

Nous avons dit et répété souvent, par la plume et par la parole, que la course était le plus probant banc d'essai de la mécanique. Notre affirmation se réalise une fois de plus et les touristes — et tous les cyclistes du monde — peuvent en faire leur profit. L'instrument ou l'accessoire qui résistent à l'effort des coureurs, résisteront à plus forte raison à celui du baladeur.

Or, le frein *Bowden-Touriste* résiste depuis bientôt 30 ans à ces efforts. Une conclusion s'impose : il est parfait, irréprochable, il est au point.

En toutes choses, chers lecteurs, le passé est la garantie du présent et de l'avenir.

Je vous ai parlé de l'usage que les coureurs faisaient du frein. Laissez-moi ajouter que la quasi totalité des touristes sont également des partisans acharnés du *Bowden*. Dans huit jours, à Grenoble, vont se dérouler les péripéties du 4e Concours international de bicyclettes polymultipliées. Voyez les freins : sur presque chaque machine, vous trouverez un *Bowden-Touriste*.

Vous conviendrez bien que ce n'est pas sans raison que l'on rencontre pareille unanimité chez les coureurs et chez les touristes.

Il faut donc que les qualités, et les avantages de l'instrument soient de notoriété publique : il s'impose [...]

LE RAID PARIS-TOKIO

LE TRIOMPHE

Tokio, 9 juin. — *Le lieutenant Pelletier d'Oisy, parti ce matin, à 8 h. 39, d'Osaka, est arrivé à 11 h. 40 à Tokorosawa, l'aérodrome de Tokio.*

D'autre part, M. Laurent-Eynac a reçu hier de M. Claudel, ambassadeur de France au Japon, le télégramme suivant :

Tokio, 9 juin. — *Pelletier d'Oisy est arrivé à Tokio à midi, parmi les acclamations d'une foule immense et parmi de nombreux témoignages d'admiration et de sympathie. Il était parti hier matin de Tai-Ku et il a franchi les 200 kilomètres du détroit de Tsou-Sima, après deux essais infructueux, par un épais brouillard.*

De grandes fêtes se préparent en son honneur. — Claudel.

Voici donc terminé cet admirable raid, cet admirable voyage de Pelletier d'Oisy et de Besin qui, en 120 heures de vol effectif, dont 90 de Paris à Shanghaï, ont relié la capitale de la France à celle du Japon.

Honneur aux deux hardis voyageurs de l'air qui ont promené victorieusement le drapeau de l'aviation française en Europe, en Asie occidentale et en Extrême-Orient.

Ce raid restera mémorable dans les annales de l'aviation française. Il prouve que depuis trois ans l'aviation française qui avait travaillé en silence a reconquis la première place dans le domaine de l'air, grâce à ses industriels, grâce à ses ingénieurs d'avions et de moteurs, grâce à son admirable corps de mécaniciens, grâce encore à la sage et méthodique administration de M. Laurent-Eynac et grâce enfin au vaillant Pelletier d'Oisy et à son *fidèle* Besin.

AUTOMOBILE

Une extraordinaire performance sur le circuit de Cremone

Milan, 9 juin. — Aujourd'hui s'est disputé la course d'automobiles du circuit de Cremone; elle a été gagné par Ascari, sur Alfa-Roméo, de 2 litres, dans le temps extraordinaire de 2 h. 2 m. 3 s. 4/5, réalisant sur les 320 kilomètres du parcours la formidable moyenne de 158 kil. 211 m.

Au cours de l'épreuve, Ascari a parcouru les 10 kil. lancés en 3 m. 4 s. 3/5 (moyenne 195 kil.), ce qui constitue le record du monde.

En raison des Fêtes de la Pentecôte,
Les Commentaires de la Semaine
paraîtront dans l'Auto de
demain mercredi

LES GRANDES ÉPREUVES AUTOMOBILE[S]

Après une course admirable de courage et de r[...] *SÉNÉCHAL TRIOMPHE AU 3e BO[L D'OR]*

24 HEURES DE LUTTE A PRÈS DE 71 DE MOYEN[NE]

Ivanowsky, sur E.H.P., est premier dans la catégorie des voiturettes, après a[...] danse pendant plus de 20 heures. — Bons succès de Doué (Colombe) [...] Violet (Violet). — Le Bol d'Or 1924 fut un formidable triomphe.

Le classement

Cyclecars 350 cmc.

1. Doué (Colombe), pneus Dunlop, 764 kil. 610 (132 tours). Record établi. Moyenne à l'heure : 31 kil. 861.
2. D'Aux (d'Aux), 480 kil. 819 (83 tours).

Cyclecars 500 cmc.

1. Violet (Violet), pneus Dunlop, 863 kil. 167 (149 tours). Record établi. Moyenne à l'heure : 35 kil. 965.

Cyclecars 750 cmc.

1. Sénéchal (Sénéchal), pneus Dunlop, 1.700 kil. 142 (294 tours). Record battu; ancien record : 1.673 kil. 319. Moyenne à l'heure : 70 kil. 961.
2. Sandford (Sandford), 1.436 kil. 664 (248 tours).
3. Marc (Marc, spéciale), 1.181 kil. 773 (204 tours).

Voiturettes 1.100 cmc.

1. Ivanowsky (E.H.P.), pneus Englebert, 1.616 kil. 947 (279 tours). Record établi. Moyenne à l'heure : 67 kil. 314.
2. Serrano (A.S.), 1.413 kil. 492 (244 tours).
3. Bredenseere (B.A.R.), 1.378 kil. 734 (238 tours).
4. Robert (Kévah), 1.338 kil. 381 (234 tours).
5. Roux (Gardahaut), 1.147 kil. 014 (198 tours).
6. de Bréviond (D.F.R.), 1.100 kil. 670 (190 tours).
7. Lafont (Gardahaut), 1.080 kil. 084 (188 tours).
8. Chanterelle (Gardahaut), 930 kil. 036 (161 tours).
9. Zévaco (Zévaco), 816 kil. 813 (141 tours).

La course triomphale

Le Bol d'Or de 1924 vient de se terminer en une formidable apothéose. Depuis samedi, une foule énorme, incalculable, inespérée, ne cessa de déferler tout le long du Circuit de Saint-Germain. Combien furent-ils, ces spectateurs que, par paquets, déversaient sans relâche les autobus, les voitures, les trains, les tramways?... Nul ne le saurait dire.

Mais l'impression très nette qui ressort de cette manifestation unique, inégalable, c'est que le Bol d'Or automobile est désormais une très grande et très classique épreuve, une épreuve populaire par excellence et qu'il le faut ranger parmi les plus célèbres triomphes du calendrier sportif français.

Le beau temps y fut, certes, pour quelque chose. Mais l'organisation parfaite de l'A.M.C.F. força également le succès. N'hésitons pas à l'affirmer : ce club a fait, hier, un effort admirable;

FRANCISQUET
sur Moto Sunbeam, premier du classement général de la première journée

et notre ami Mauve, commissaire général, se surpassa. Rien, absolument rien, ne « clocha »; le circuit était entièrement ceinturé de barrières; il y avait, la nuit, un éclairage parfait; les tribunes étaient vastes et somptueuses; le buffet accueillant à souhait. Le tableau d'affichage renseignait à merveille. Le jazz-band déversait des flots d'harmonie, et les feux d'artifice illuminaient joyeusement le ciel. Ce fut une fête inoubliable, et cela, grâce à Mauve. C'est justice de le dire : personne n'a pu formuler la moindre critique...

×

Ceci dit, parlons sport.

Le grand triomphateur de la journée, ce fut Sénéchal. Le courageux coureur-constructeur a réalisé hier un des plus beaux exploits de sa carrière. Non seulement c'est lui qui couvrit la plus grande [...]

comme il n'avait, pour le talonne[r ...] tent, il ne poussa pas outre mesu[re ...] très fort, après avoir sagement [...] ture.

×

Parmi les battus, ceux qui ont [...] tion toute particulière, ce sont [...] sième du classement toutes cat[égories ...] course fut splendide; Serrano, [...] deuxième derrière Ivanowsky; [...] c'étaient les débuts; l'équipe G[...] ment homogène, et Leblanc, le [...] qui dut s'arrêter vers la mi-course [...] grippage du roulement à billes, [...] çait les leaders. Robert et ca[...] que Marc, bonne impression.

×

Et le rideau tomba sur ce tro[...] dans un décor d'apothéose...

(Voir la suite en rubriq[ue ...])

GAGNE LE BO[L D'OR]

Se classe premier de sa caté[gorie ...] la plus grande distance de toute[s ...]

Il bat son record de l'a[nnée ...] en couvrant 294 tours, soit [...]

Renouvelant sa splendide victo[ire ...] nier et ajoutant un nouveau s[uccès ...] unique dans les annales [...] Sénéchal, recordman du monde [...] pion de France vitesse et touris[me ...] fiquement le Bol d'Or en sa c[...] catégorie — cyclecars 750 cmc. [...] tours, soit 1.700 km. 142, à 70 km [...] à l'heure.

Il couvre ainsi la plus grande [...] catégories, battant même les voitu[rettes ...]

Venant après des succès innomb[rables ...] en endurance, en vitesse, en to[urisme ...] time victoire consacre les quali[tés ...] de vitesse, de souplesse, d'endur[ance ...] mie qui sont l'apanage des cycle[cars ...] tes R. Sénéchal.

Ajoutons que le cyclecar R. S[énéchal ...] filiale de la Société Chenard et [Walcker ...] du Moulin-de-la-Tour, à Gennevi[lliers ...] une garantie supplémentaire pou[r ...] est grande la renommée de ces d[...] tement célèbres dans le monde [...]

Il convient enfin de signaler [...] R. Sénéchal était équipé avec u[...] merveille de robustesse et de p[...]

Le Record SALMS[ON] imbattu au Bo[l d'Or]

Quelle épreuve mieux que cell[e ...] indique toute la valeur des perfo[rmances ...] par les machines concurrentes, q[...] un meilleur critérium de la p[...] fabrication de ces machines? [...] dure, aucune défaillance n'est [...] d'Or fut un des plus retentis[sants ...] Salmson. L'an dernier, en effet, [...] son absorbé par la construction [...] laisse aux clients seuls de la [...] l'orgueil et le plaisir de défend[re ...] tant en France qu'à l'étranger, [...] Suède, Danemark, Norvège, Espa[gne ...] son pris les trois premières pla[ces ...] gorie cyclecars 1.100 cmc., par [...] 1.800 kilomètres, laissant à plus [...] le concurrent le mieux placé der[...] blissant enfin le record de la [dis]tance parcourue pour tous véhicul[es ...]

Le record cyclecars 1.100 cmc. [...] aujourd'hui encore debout, et p[...] aurait pu le porter plus haut enco[re ...] cela de se rappeler que si la le[...] mière place fut sévère jusqu'à m[...] à ce moment Salmson était assu[ré ...] et donnait l'ordre à ses représen[tants ...] l'allure pour terminer dans l'[...] l'avance.

La construction de Salmson [...] part de ses succès et de sa rép[utation ...] sens pratique qui a présidé à la [...] cyclecars et voiturettes et qui [...] marque bénéficie d'une vogue [...] sante auprès de la clientèle désir[euse ...] un véhicule capable de rouler 24 [...] ne nécessitant aucun entretien, a[...]

Les cyclecars 1.100 cmc. et l[...] 1 l. 100 de cylindrée, ainsi que cel[...] qui portent la signature Salmson [...] jours aux exigences des plus diff[iciles ...] où ces véhicules s'alignent, la v[...]

El equipo de Uruguay, campeón del mundo de fútbol

En el mismo número de *L'Auto* del 10 de junio, figura en la página 4 esta crónica detallada del encuentro final. Debajo de la foto del equipo de Uruguay en el jardín del castillo de Madame Pain en Argenteuil, esta leyenda:

«El equipo de Uruguay, campeón del mundo de fútbol».

Se destacan dos puntos. En primer lugar, el protocolar, explicado en la parte *«En torno a la final»: «Jules Rimet, presidente de la FIFA y de la 3FA presidía esta magnífica reunión. A su lado: Pierre de Coubertin, presidente del COI; el conde de Clary, presidente del COF; Jean Fabry, ministro de las Colonias; Gaston Vidal, presidente de la USFSA; el marqués de Polignac, comisario de artes; el ministro del Uruguay; el señor Dunant, Ministro de Suiza [...]».* En segundo lugar, las declaraciones de Rimet bajo el subtítulo: *«Lo que dijeron»: «Hemos recibido hoy la más bella y deseada recompensa. La jornada fue espléndida. El deporte excelente. Como todos los espectadores, me entusiasmó la técnica superior de los uruguayos y la energía de los suizos. No volveremos a ver tan pronto una manifestación semejante, y los que tuvieron la suerte de asistir, pueden considerarse favorecidos. Tenemos que trabajar ahora para organizar campeonatos de fútbol por continente, preludios del campeonato mundial.»*

¿Qué quiso decir Rimet? La respuesta se encuentra en las actas del Congreso Olímpico de Praga de 1925. *«13. Comunicación de Rimet, presidente de la FIFA, relativa a las eliminatorias regionales.»* (p. 10) *«Propuesta de Rimet. Eliminatorias regionales. Su propuesta no es discutida. Nadie tiene mandato para exponerla y Rimet se fue sin dejar instrucciones»* (p. 31) *«Eliminatorias regionales: el tema no se discutió; Rimet no dejó informe.»* (p. 52). Ante los ataques del congreso olímpico contra la FIFA, Rimet abandonó la sala. No obstante, la propuesta emitida en 1924 queda clara: *seguir organizando el campeonato mundial en el marco olímpico* pero precedido por eliminatorias regionales controladas por la FIFA, siguiendo un esquema general parecido al que conocemos hoy.

(Documento consultable en Gallica, Bibliothèque Nationale de France)

LA FINALE DU FOOTBALL

(Suite de notre article de 1re page.)

L'URUGUAY bat la SUISSE par 3 buts à 0

La Suède est troisième devant la Hollande, battue par 3 buts à 0

L'EQUIPE DE L'URUGUAY, champion du monde de football

Un match superbe a terminé dignement le tournoi

L'Uruguay a vaincu nettement. Son adversaire malheureux, la Suisse, a lutté vaillamment, mais dut s'incliner devant cette équipe aux joueurs dopés de toutes les qualités qui font les grands footballeurs.

Alors que le match aurait pu ressembler, au point de vue jeu, à toutes les grandes finales, ces parties où les joueurs sont énervés et dépassés par l'importance du résultat à acquérir, il nous permit au contraire d'admirer ce que les deux « onze » possèdent comme qualités transcendantes. Chez les uns, une technique parfaite, une finesse et une connaissance du football remarquables; et, chez les autres, un cœur et un allant qui leur permirent de toujours être dangereux et qui leur méritent les félicitations de tous.

La valeur supérieure des joueurs sud-américains leur vaut une victoire glorieuse au plus haut point.

La technique et la science ont vaincu la fougue et la volonté, en sera-t-il toujours de même ? Nous le croyons, car le football demande, exige, pour être *lui*, d'être pratiqué suivant des principes et avec des qualités qu'il est indispensable à ses adeptes d'acquérir.

Au début de la partie, l'Uruguay partit à toute allure. Le jeu des Sud-Américains était d'une variété extrême, les combinaisons les plus subtiles se répétaient. La balle allait de joueur en joueur avec une précision mathématique; les Suisses étaient sidérés et ne savaient comment endiguer cette avalanche d'offensives plus que dangereuses pour leur but.

A ce moment, les Helvètes n'avaient plus en avant que leurs deux ailiers. Abegglen lui-même était dans la surface de but de son camp.

Puis, lorsque Scarone eut marqué le premier « goal », le jeu se ralentit quelque peu, et, pendant environ dix minutes, les équipiers au maillot rouge furent menaçants. Ils fonçaient avec fougue, et il semblait à ce moment que les Suisses pouvaient marquer.

Mais leur avantage ne sera que momentané, les avants uruguayens se remettent à l'ouvrage et, jusqu'à la mi-temps, ils maintiendront le jeu dans le camp suisse. Et malgré leur supériorité, les « bleus » ne marqueront pas, car leurs avants s'amusent à fignoler et exagèrent le jeu personnel.

Pendant cette mi-temps, le jeu fut une lutte constante entre la défense suisse et les cinq avants de l'Uruguay, celle-ci luttant avec une énergie et un courage au-dessus de tout éloge, d'autant plus que les deux demis ailes helvètes eurent beaucoup de mal à suivre le train et furent assez longs à comprendre ce qu'il fallait faire pour empêcher de jouer les ailiers adverses.

×

La seconde moitié de la partie fut moins agréable à suivre, le football fut âpre, décousu; les Suisses s'employèrent à fond pour égaliser et faillirent réussir, mais le deuxième but marqué par leurs adversaires décida du sort de la partie, et nos voisins n'eurent plus qu'un but : sauver l'honneur. Dietrich manque d'un cheveu la réalisation de cette espérance.

Les fautes devinrent nombreuses, les joueurs se chargèrent sans raison. Mais M. Slawick ne se laissa pas déborder et sut conserver le contrôle du match qu'il dirigeait. Sur un corner donné par Urdinarran, Romano marque un troisième but pour son équipe, et, dès lors, la partie était jouée. Elle s'acheva alors que le football était devenu de qualité moyenne et émaillé seulement par les exploits individuels des avants bleus et de Nazazzi. A remarquer un shot formidable de Petrone qui passe de peu à côté du but. — *L. Gamblin.*

Les équipes

URUGUAY *(maillots bleus)*

But : Nazali ; arrières : Nasazzi et Arispe (capt.) ; demis : Andrade, Vidal et Ghierra ; avants : Urdinarau, Scarone, Petrone, Cea et Romano.

SUISSE *(maillots rouges)*

But : Pulver ; arrières : Reymond et Rumseyer ; demis : Oberhauser, Schmiedlin (cap.) et Politz ; avants : Ehrenbolger, Pache, Dietrich, Abegglen, Faessler.

La partie

Le coup d'envoi est donné à 16 h. 32 par la Suisse, qui joue le soleil dans les yeux. D'entrée, le jeu est à l'avantage de l'Uruguay, mais la défense suisse joue d'une façon décidée et reporte les opérations au milieu du terrain.

Pache passe fort en avant à Ehrenbolger. Celui-ci ne peut rattraper la balle qui sort en touche de but.

Sept minutes après le coup d'envoi, Vidal passe à Petrone qui fonce droit et, malgré l'opposition des arrières adverses, qu'Abegglen est venu renforcer, botte sec dans le coin droit du but. Le point est acquis. Pulver n'a pas bougé.

Nasazzi lance directement Urdinaran, qui déborde Ramseyer et centre. Scarone reprend, mais shoote à côté.

Abegglen cherche à se distinguer, mais se fait arrêter par Andrade.

M. Slavick fait montre d'une juste sévérité et siffle de nombreux coups francs pour mains ou charges irrégulières.

L'ailier droit uruguayen dribble tout le monde et centre au lieu de shooter. Reymond dégage.

La Suisse se reprend et attaque farouchement. Le jeu reste un moment dans le camp bleu, que Nasazzi parvient à dégager.

Sur coup franc, Ehrenbolger centre, Arispe sauve en corner. Celui-ci ne donne pas de résultat.

Petrone marque un but, mais l'arbitre avait sifflé une faute contre le centre avant d'Uruguay. Le point n'est pas accordé.

Peu après, Pache botte de peu à côté, puis l'Uruguay revient menacer Pulver, qui doit s'employer.

Andrade est touché à la tête par Dietrich. Mais ce n'est qu'un incident. Il reprend sa place.

Le jeu a perdu de sa belle qualité du début.

Abegglen fonce, mais Nasazzi parvient à dégager en touche. Puis Scarone, en bonne position pour marquer, shoote au-dessus de la barre. Andrade dribble en diagonale, à travers tout le terrain, et porte littéralement le ballon à Romano, que M. Slavick siffle pour hors-jeu.

Les Suisses jouent avec courage et obtiennent un corner. Nazali ne sauve qu'au prix d'un autre corner. Ce dernier, bien donné, est repris par Andrado. L'Uruguay reprend le commandement mais se cantonne au milieu du terrain.

Scarone, en bonne position pour marquer, est stoppé par Ramseyer et Reymond. Ce dernier a fort à faire avec Romano, et s'en tire à son honneur. La Suisse est en danger.

Scarone dribble vers son aile et centre fort. Cea reprend et shoote. Pulver pare, mais ne peut bloquer la balle. Celle-ci revient à Cea, qui la loge dans les filets. 2 à 0.

La Suisse ne se décourage pas, et Nazali a un peu d'ouvrage.

La Suisse est bien près de marquer, mais Dietrich gâche une belle occasion en shootant dehors.

Le jeu est plus égal. Les joueurs restent nerveux et commettent de nombreuses fautes. Sur un shot de Petrone, Pulver ne peut stopper, mais reprend la balle et dégage.

Aussitôt après, le même Petrone shoote du gauche dans sa foulée avec une puissance formidable. La balle passe quelques centimètres à côté du but. L'impression produite par ce shot est considérable, Pulver aurait été battu.

Les Suisses veulent obtenir un but. L'imprécision de leurs avants le leur interdit. C'est au contraire l'Uruguay qui marquera un troisième but.

Sur un shot de Petrone, Pulver doit concéder un corner. Celui-ci, bien donné par Urdinaran, est repris de la tête par Romano, qui expédie la balle dans le coin des filets. 3 à 0.

Le résultat est acquis. La fin ne modifiera rien. Les Uruguayens ont gagné parce qu'ils étaient meilleurs footballeurs. Les Suisses ont montré leur habituel courage.

Comment ils ont joué

Ceux qui se signalèrent le plus spécialement parmi les vainqueurs furent : Nazazzi, qui, après un début incertain qui témoignait de sa nervosité, se reprit parfaitement et fut le pilier d'une défense qui ne commit pas de faute; Vidal, centre demi très actif et cependant très précis; il soutient son attaque d'une façon remarquable ; les cinq avants, dont il faut encore une fois souligner la valeur exceptionnelle ; le plus actif fut Petrone, le plus habile Scarone, le plus utile Cea, le plus rapide Urdinaran, le plus trompeur Romano.

Chez les Suisses, deux joueurs seulement se montrèrent vraiment au niveau de leurs opposants : Schmiedlin et Reymond.

Toute l'équipe a joué avec un cœur admirable. Abegglen voulut trop faire par lui-même et ne montra pas son habituel brio.

Ces footballeurs tenaces et volontaires ne pouvaient rien contre leurs prestigieux adversaires. — *L. G.*

AUTOUR DE LA FINALE

M. Jules Rimet, président de la F.I.F.A. et de la F.F.F.A., présidait cette magnifique réunion. On remarquait à ses côtés : MM. Pierre de Coubertin, président du C.I.O.; comte Clary, président du C.O.F.; Jean Fabry, ministre des Colonies; Gaston Vidal, président de l'U.S.F.F.S.A.; marquis de Polignac, commissaire général des Arts;

M. le ministre de l'Uruguay; M. Dunant, minis-

M. le ministre de l'Uruguay; M. Dunant, ministre de Suisse et Mme ; M. Genet, M. le ministre de Nouvelle-Zélande, M. le chargé d'affaires de Suède, M. le ministre de Siam, le commandant Monier, représentant le ministre de la Marine ; baron de Boonay, vice-président du C.I.O.; M. London, secrétaire général du C.O. belge ; le colonel Bonvalot, commandant l'Ecole de Joinville ; M. Chavany, maire de Colombes ; général Lagrue, etc...

×

Après que fut hissé au mât olympique le pavillon de l'Uruguay, les deux équipes accomplirent, à la demande du public, un tour d'honneur. Les vingt-deux joueurs furent acclamés avec frénésie par ceux qui avaient assisté à leurs exploits. Le spectacle de cette foule de 50.000 personnes applaudissant à tout rompre est inoubliable pour ceux qui l'ont vu, et pour ceux qui furent l'objet de cette manifestation de sympathie.

×

La recette s'est élevée à 518.000 francs, ce qui donne pour le tournoi de football un total de 1.800.000 francs, et pour les Jeux 2.300.000 francs.

×

Le service d'ordre ne fut débordé qu'un seul instant. M. le préfet de police dirigeait lui-même ses troupes. Il n'y eut, du reste, aucun incident.

×

Un shot de Scarone arrivait directement sur l'appareil cinématographique de la maison X... L'opérateur sauva son matériel en exécutant un arrêt digne des meilleurs gardiens de but.

CE QU'ILS ONT DIT...

M. Jules Rimet, président de la Fédération Internationale et de la F.F.F.A. — Nous avons reçu aujourd'hui la plus belle récompense que nous souhaitions. La journée a été splendide à tous points de vue. Le sport a été excellent. Je suis, comme tous les spectateurs, enthousiasmé par la technique supérieure des Uruguayens et par l'énergie des Suisses. Nous ne reverrons pas de longtemps une semblable manifestation, et ceux qui eurent la bonne fortune d'y assister furent vraiment favorisés. Il faut que nous travaillions à organiser des championnats de football par continent, préludes du championnat mondial.

M. Henri-E. Buero, ministre de l'Uruguay en Suisse. — J'ai connu aujourd'hui la plus belle satisfaction de ma vie. Notre petit pays était peu connu en Europe. Il se manifeste ainsi par le triomphe de ses joueurs de football, qui ont permis à notre drapeau national de flotter au-dessus du Stade des Jeux de Paris. Nos athlètes témoignent ainsi du travail que nous accomplissons, non seulement dans le domaine sportif, mais dans toutes les branches de l'activité humaine. Je veux vous dire aussi que j'éprouve une grande joie à constater la sympathie de votre public. Nous sommes, et c'est notre fierté, le pays de l'Amérique du Sud qui se targue d'être le plus français. Vous avez applaudi nos joueurs victorieux. Tous les Uruguayens admirent et aiment la France, et vos acclamations leur sont particulièrement agréables et flatteuses.

M. Frantz-Reichel, secrétaire général du Comité Olympique. — On m'avait dit : Trop grand ! Il ne viendra personne. La réponse d'aujourd'hui est péremptoire. Ma joie est grande. Je ne souhaitais pas d'autre remerciement pour mes collègues et pour moi que cette splendide réussite.

M. Nazazzi, capitaine de l'équipe d'Uruguay. — Nous avons eu à livrer une partie très difficile. Les Suisses se sont défendus avec une telle opiniâtreté, que nous avons eu beaucoup de peine à triompher. Nous rendons hommage à leur correction et à leur loyauté. Ce sont de beaux adversaires.

M. Schmiedlin, capitaine de l'équipe de Suisse.

2. La prensa suiza

En su cobertura del torneo olímpico de fútbol de 1924, la totalidad de la prensa suiza adoptó una posición mundialista.

El hecho reviste una importancia particular por dos razones. Primero, porque Suiza era el país del Continente europeo con más cultura futbolística. Desde 1890 era la base inglesa de la expansión del fútbol. Muchos suizos o estudiantes europeos de las universidades suizas crearon clubes importantes en España, Italia y Francia. Segundo, porque Suiza fue el finalista derrotado del torneo mundial de 1924, y la opinión del país vicecampeón confiere al título del vencedor un valor reforzado.

A diferencia de la actitud de devaluación adoptada por ciertos dirigentes europeos de la FIFA, iniciada inmediatamente después de la final por el suizo Bonnet y seguida posteriormente por ciertos dirigentes franceses, los periodistas suizos mantuvieron en sus textos una línea de franco *fair-play*, reconociendo con lealtad el título mundial conquistado por Uruguay, negándose a desacreditarlo y a amputarlo de su valor planetario.

Este contraste –recuérdese que Bonnet fue nombrado presidente de la Comisión de la FIFA para la preparación del Mundial de 1930, y que a dicha comisión no fue invitado ningún representante sudamericano– aparece entonces como un punto de historia decisivo. *Nos da a entender que en aquella época, en materia de calificación mundialista, las posiciones adoptadas por la opinión y por los futbolistas que escribían libremente en los diarios fueron más deportivas, estables y sanas que los calculados zigzagueos de las camarillas dirigentes.*

Digamos simplemente que la proyección es mundial

L'impartial es un diario de la ciudad de La Chaux-de-Fonds en el cantón de Neuchâtel, creado en 1881. En 1924, se imprimían dos ediciones, la de la mañana –para el cantón de Neuchâtel, el Jura de Berna, el cantón de Vaud, los abonados en Suiza y el exterior– y la de la tarde –reservada a los habitantes de La Chaux-de-Fonds–. Cubría una vasta zona de 100 quilómetros por 20, fronteriza con Francia, que iba de Lausana hasta las inmediaciones de Basilea. Lo interesante de este diario es su carácter popular: de las 12 páginas que lo componían entonces, seis se reservaban a avisos de empleo, alojamiento y venta de productos.

El título de esta crónica del 7 de junio, *«El triunfo de nuestros colores»*, dio el nombre a la famosa exposición realizada por la Biblioteca Nacional Suiza en 2008. El redactor multiplicó los elogios hacia el equipo suizo, que venció a Checoslovaquia, a Italia y a Suecia. *«Puede que nos toque caer ahora a nosotros en la gran final del próximo lunes. Qué importa. Lo que es imborrable y maravilloso es que la Vieja Europa, para defender sus últimas chances, no halló mejor ni más valiente que la pequeña Suiza. [...] No creo que sea útil insistir demasiado en los beneficios que traerá a nuestro país la última victoria helvética en la primera semifinal del gran torneo. Digamos simplemente que su proyección es mundial y que desde hoy, el dulce nombre de Suiza está en todos los labios.»*

Se insinúa el tema «del país chico» que acercó entonces a los dos finalistas: *«Los esfuerzos de este pequeño país nuestro, chico por la superficie y la cantidad de habitantes, son sin duda más admirables aún ya que por la sola fuerza moral nos izamos al primer rango de las naciones del mundo entero y eso en nuestra primera aparición olímpica.»*

En 1924, Suiza tenía 4 millones de habitantes.

(Documento consultable en Archives Historiques de la presse neuchâteloise)

3me Feuille **L'IMPARTIAL** 3me Feuille

De notre correspondant de Saint-Imier :

Dans notre ménage communal.

Nous savons déjà qu'il a été question à plus d'une reprise des économies budgétaires de la Commune de St-Imier.

Une solution vient d'être envisagée par nos autorités qui viennent d'élaborer un nouveau règlement de service avec baisse de salaires ; en prévision de la décision communale qui interviendra concernant une nouvelle échelle de traitements, tous les emplois permanents de la Commune ont été résiliés pour la fin de l'année 1924, à l'exception de ceux pour lesquels le Conseil municipal a déjà conclu de nouveaux contrats avec réduction de traitements.

Dans sa dernière séance, le Conseil municipal a pris connaissance du rapport présenté par M. le Maire, rapport suivant lequel un cas de variole a de nouveau été constaté lundi dernier dans une famille non vaccinée. La malade a été transférée à l'hôpital. Ensuite d'un rapport qui lui a été adressée, la Direction des affaires sanitaires du Canton de Berne a ordonné la vaccination obligatoire de toute la famille qui habite seule dans sa maison ; la désinfection des locaux et des vêtements a également eu lieu.

Soucieux de pouvoir rendre service à la population, le Conseil municipal a décidé que dorénavant, les chaudières des soupes scolaires pourront être prêtées aux sociétés locales, moyennant une location de fr. 10.— par chaudière et par jour d'utilisation. Le produit de ces locations sera placé sur un carnet spécial pour former un fonds de renouvellement. Les bancs et les tables des soupes scolaires seront également loués à raison de fr. 5.— par jour d'utilisation.

Tournoi d'escrime au Mont-Soleil.

A l'instar des années précédentes, les salles Oudart de La Chaux-de-Fonds et de Saint-Imier ont décidé un nouveau tournoi annuel. Ces deux clubs d'escrime se rencontreront aujourd'hui au Grand Hôtel du Mont-Soleil dès 2 heures de l'après-midi.

Puisse le beau temps favoriser cette rencontre sportive en faveur de laquelle nous formons tous nos voeux de belle réussite.

Chronique neuchâteloise

Nécrologie.

M. Théodore Krebs, une des personnalités les plus populaires de la ville de Neuchâtel, s'est éteint jeudi soir, à l'âge de 77 ans, à la suite d'une cruelle maladie, vaillamment supportée.

Les amis de M. Krebs ont célébré, il y a quelques mois, le cinquantenaire de son arrivée au sein des autorités communales. Il était entré, en effet, au Conseil général de la Municipalité aux élections générales de 1873, et depuis lors il n'avait cessé, sauf pendant une courte interruption, en 1888, de siéger à l'Hôtel-de-Ville. A l'occasion de son jubilé, le Conseil communal se faisant l'interprète de la population, lui avait remis une adresse à laquelle il s'était montré très sensible.

M. Théodore Krebs avait été appelé, il y a quelques années, à représenter le parti libéral au Grand Conseil, mais il ne siégea que pendant une législature. Au surplus, si ce bon citoyen suivait de près les affaires fédérales et cantonales, c'est dans le cadre plus restreint de la cité que devait se déployer surtout son inlassable et féconde activité.

Noyé dans une fontaine.

Mardi matin, aux environs de 6 heures, M. Ulysse-Arthil Huguenin, domestique chez son beau-frère, M. Charles Aeschlimann, à Boveresse, voulant boire de l'eau à la petite fontaine adossée à la maison, s'assit sur le rebord du bassin. Pris d'étourdissement il perdit l'équilibre et sa tête fut entièrement plongée dans le bassin, où il fut trouvé mort quelques instants plus tard. D'après les constatations du docteur, le malheureux a été frappé d'une congestion.

Bulletin météorologique des C.F.F.

du 7 Juin à 7 heures du matin

Altit. en m.	Stations	Temp. centig.	Temps	Vent
280	Bâle	12	Très beau	Calme
543	Berne	11	»	»
587	Coire	11	»	»
1543	Davos	8	»	»
632	Fribourg	9	»	»
394	Genève	13	»	»
475	Glaris	8	»	»
1109	Gœschenen	12	»	»
566	Interlaken	12	»	»
995	La Chaux-de-Fds	10	»	»
450	Lausanne	16	»	»
208	Locarno	17	»	»
338	Lugano	17	Qques nuages	»
439	Lucerne	13	Très beau	»
398	Montreux	16	»	»
482	Neuchâtel	13	»	»
505	Ragaz	10	»	»
673	Saint-Gall	11	»	»
1856	Saint-Moritz	8	»	»
407	Schaffhouse	12	»	»
537	Sierre	—	Manque	
562	Thoune	11	Très beau	»
389	Vevey	15	»	»
1609	Zermatt	6	»	»

Le triomphe de nos couleurs dans les demi-finales du tournoi olympique de football

Après la Tchécoslovaquie et l'Italie, la Suède, partie cependant grandissime favorite, n'a pas pu, elle non plus, résister à la puissance, à la volonté, à la ténacité et — il faut bien le dire — à l'extraordinaire valeur de notre onze national, écrit M. Henneberg dans la « Tribune ». L'exploit s'est renouvelé, non pas comme par enchantement, mais simplement, vaillamment, à la véritable manière suisse sans bluff et sans tapage. Nos joueurs sont partis pour Paris modestement et avec le seul souci de défendre, au plus près de leur conscience, l'honneur des couleurs nationales. Ils ont su surmonter, avec une foi merveilleuse, toutes les difficultés qu'un tirage au sort aveugle avait accumulées comme à plaisir sur le chemin ardu des éliminatoires. Ils ont lutté de toutes leurs forces et ils ont vaincu l'un après l'autre des adversaires terribles avec une vaillance qui force l'admiration et le respect. Et maintenant qu'ils ont achevé presque entièrement l'oeuvre admirable, ils doivent être les premiers étonnés et quelque peu confus de la gloire immense et sans tache qui leur échoit si justement. Modestie, simplicité, ne sont-ce pas là précisément les vertus qui caractérisent les hommes forts ?

Les efforts de ce petit pays qu'est le nôtre, par la surface et le nombre de ses habitants, ne sont-ils pas plus admirables encore du fait que, par la seule puissance de notre force morale, nous nous haussons sans coup férir au tout premier rang des nations du monde entier et cela à notre première apparition dans un tournoi olympique ? Et le résultat, à mon avis, est d'autant plus prestigieux que nous n'avons pas, nous, à l'instar des grands pays, dont nous avons détruit les espérances, la possibilité d'une sélection étendue.

Nous pouvons maintenant être battus à notre tour dans la grande finale de lundi prochain, qu'importe. Une chose restera ineffaçable, merveilleuse, c'est que la vieille Europe, pour la défense de ses ultimes chances, n'a pas pu trouver de représentant mieux qualifié, plus valeureux que la petite Suisse.

Et j'imagine aisément que nos hommes, pour le prestige du vieux monde, seront lundi soutenus par l'unanime sympathie et la profonde gratitude de la foule parisienne. Il importe en l'occurrence de savoir faire taire le chauvinisme mesquin, le hideux parti-pris, fruit d'une basse jalousie, que des soi-disant critiques sportifs français, à la compétence aussi étroite qu'est grand leur aveuglement, ont prodigué sans ménagement à l'adresse de nos joueurs. Un quotidien sportif rose — dont le chroniqueur rayon football porte un nom très gaulois — s'est tout spécialement distingué au cours de cette campagne de dénigrement systématique, qui se termine en somme par une déroute complète pour ses qualités professionnelles et fort peu à l'honneur du sportsman qu'il devrait être. Il a rendu en tout cas à son journal le plus mauvais service qui se pouvait, car il est arrivé à ma connaissance que la plus grande partie des nombreux lecteurs qu'il comptait dans notre pays était fermement résolue, à juste titre, à se passer dorénavant des services d'un esprit aussi étroitement partial.

Je ne crois pas qu'il soit très utile d'insister beaucoup sur les bienfaits qu'amènera à notre pays la dernière victoire helvète dans la première demi-finale du grand tournoi. Disons simplement que la portée en est mondiale et qu'aujourd'hui déjà le doux nom de Suisse est sur toutes les lèvres.

Chronique suisse

Dans les agences télégraphiques

BERNE, 7. — Communiqué. — La conférence internationale des agences télégraphiques a entendu, dans sa première séance, un rapport détaillé et instructif du professeur Rötlisberger, directeur du bureau international pour la propriété industrielle, littéraire et artistique. Il rappela les origines des conventions internationales et leur état actuel et il a montré que les informations télégraphiques et les informations de presse devaient être protégées contre le vol et le pillage. Il proposa d'y remédier par la protection de l'industrie, la protection contre la concurrence déloyale et la revision de la convention de Washington. Ce discours a été vivement applaudi. Il a été suivi d'une discussion à laquelle ont pris part M. Clements, directeur de l'Agence Reuter, M. Kluzkowski, de l'Agence polonaise, M. Henrion, de Bruxelles, le Dr Wirth, de Vienne et M. Meynot de l'Agence Havas qui firent diverses propositions. Les propositions du rapporteur ont été approuvées en principe et une commission de rédaction a été désigné afin d'en revoir le texte.

La Chaux-de-Fonds

Lundi de Pentecôte. Restrictions dans le service postal.

Succursales fermées dès 12 h. 15.

Bureau principal ouvert comme un jour ordinaire.

Distributions : Une seule distribution le matin, des lettres, des mandats, des remboursements et des colis.

Levées des boîtes aux lettres accessoires :

Communiqués

Un film de Feuillade ? sans épisode. — Une trouvaille, Un triomphe de joie et de gaîté : « Gosseline » au Moderne.

Nous ne pouvons, au sujet de ce film, que répéter ce que la « Suisse » en a dit.

Quel triomphe, quel fou-rire, quelle joie, quel emballement, « La Gosseline » est un drame gai, une histoire sans prétention, où le sérieux se blague lui-même et garde une allure de parodie de mélo. On a franchement ri et de très bon cœur, ce qui n'a pas empêché la petite pointe d'émotion sentimentale de se faire jour dans cette gaîté de bon aloi.

Et quelles trouvailles ? Le thème de l'affaire roule sur l'obsession de la Java. Le mouvement giratoire, pas celui que nous envie l'Europe, s'étend comme une tache d'huile et entraîne tout ce qui passe à portée de son orbe : gens, animaux, choses, etc., et nous assistons à l'effarant dandinement des maisons, même d'une rue ancestralement calme et tranquille.

Mais où le plus neurasthénique ne peut résister au fou-rire, c'est à l'aspect des corps de ballet, composés d'oies, de vaches, de cochons dansant gravement la Java. Et la variaton de l'âne et de la vache qui rit, et la Gosseline infiniment malicieuse qui n'en rate pas une, ses mines futées, ses naivetés épatées, sont tout un poème, et Bout-de-Zan, et tout, et tout, et tout.

C'est à mourir de joie; il faut absolument que tout Chaux-de-Fonds défile au Cinéma, c'est de la plus élémentaire sagesse.

Oui, mais... il y a autre chose encore au Moderne. Il y a le « Vieux Manoir », admirable drame, et... sur la scène : « Une nuit terrible », dix minutes de rires inextinguibles. Un simple décor, deux personnes, des meubles, voilà l'ambiance. Une femme qui se volatilise, un lit qui disparaît sous celui qui l'occupe, une armée de punaises qui dévore ce dernier, une table de nuit qui danse le fox-trot, voilà avec mille farces plus comiques l'une que l'autre, de quoi se compose le sketch de la célèbre troupe Ervieu.

Une belle réception.

C'est donc mardi que les « Armes-Réunies » de notre ville, iront attendre à la gare, à 6 h. 30, les cinq grandes vedettes françaises, Dalbret, Flavien, Lanel, Jean Lux, Jean Pons, qui se produiront sur la scène de notre théâtre, avec la Clique du 15me Corps d'Armée Française.

Nous connaissons (par leur grande représentation tout au moins) les cinq étoiles des Music-halls Français, mais la « Clique », qu'est-ce que c'est que la Clique ?

La Clique du 15me Corps d'Armée, est composée de 25 braves tambours et clairons qui furent toujours en tête des régiments du 15me au moment des grandes attaques à la baïonnette. Ils ont comme chef le grand Dalbret qui s'est mis dans la tête de leur faire visiter les tombeaux élevés à leurs frères d'armes, mort à l'étranger.

Afin de couvrir les frais entraînés par le déplacement de ses hommes, notre philanthrope s'est offert de se produire sur la scène des villes qu'ils visiteraient. Imitant ce beau geste, ses amis Flavien, Lanel, Jean Lux et Jean Pons, se joignirent à lui, et voilà comment les Armes-Réunies mises au courant de ce grand dévouement, spontanément, vont prêter leur concours.

Tout le monde comprendra, que seules les circonstances que nous venons d'indiquer, ont permis à notre population d'assister à des spectacles, aussi formidables que ceux qui mardi et mercredi, nous seront présentés sur la scène de notre Théâtre.

Rappelons que la location est ouverte tous les jours, dimanche et semaine jusqu'à 7 heures du soir.

Un grand film d'aventures, « La Fiancée du Cannibale », qui obtint la médaille d'or à l'Exposition de Turin, est visible à l'Apollo.

Si vous aimez la mer, l'inconnu, le mystère, l'aventure, les histoires de marins, les films d'action, les films tragiques où l'on lutte à mort, pour le gain, pour l'amour, pour la vengeance, pour la victoire, venez voir à l'Apollo « La Fiancée du Cannibale », admirable film abondant d'aventures héroïques, qui peupleront votre esprit d'inoubliables images.

Au même programme, « Un Raid aérien à travers l'Europe », admirable film documentaire et le dernier cri de la cinégraphie. Deuxième film des croquis parisiens. Personne, ni ouvrier, ni artisan, ni commerçant ne restera indifférent devant cette démonstration d'intelligente initiative commerciale.

Réunions de réveil.

Du 9 au 15 juin, notre ville sera visitée par M. le pasteur de Perrot, agent de la Mission intérieure de France.

Les annonces donnent le programme détaillé des réunions avec les sujets qui seront traités.

Toute la population est invitée à participer à ces rencontres, dont le caractère de largeur ecclésiastique rappelle les réunions Sainton et Delattre, qui ont laissé chez nous des traces bienfaisantes et ineffaçables.

Les réunions ont lieu l'après-midi et le soir. Mme de Perrot, qui accompagne son mari, parlera aux dames et jeunes filles dans différentes réunions de l'après-midi.

Le Comité d'initiative.

Horlogers contre boîtiers.

C'est donc après-midi, dès 15 heures au Parc des Sports, qu'aura lieu le match entre boîtiers et horlogers. Ainsi que nous l'avons annoncé chacune des deux équipes possède des joueurs de valeur, empruntés au F. C. Chaux-de-Fonds horlogers paraissent être plus fortes, par contre la ligne des demis des boîtiers est supérieure à celle des horlogers. Ceux donc qui assisteront à ce match ne regretteront pas leur déplacement.

Fermeture de la Scala.

La Direction des «Cinéma-Théâtre» nous prie d'informer nos lecteurs que la Scala est fermée temporairement depuis hier. Le programme qui devait avoir lieu à la Scala passera au Moderne et celui du Moderne à l'Apollo.

Une belle rencontre.

Pour rappel, le match qui mettra aux prises Thoune I et Le Parc I. Demain à 10 heures du matin au terrain du F.-C. Le Parc, à la Charrière.

Concert public.

Ensuite du changement intervenu avec la Société de musique l'Avenir, le concert de demain au Parc des Crêtets sera donné par l'Harmonie de la Croix-Bleue.

Au Splendid.

Ada Haock, danseuse du grand théâtre de Yéna, sera au Splendid dès aujourd'hui, et lundi soir le couple de danseurs Torinca lancera un défi de tango au champion du monde, marquis de Viglia et les spectateurs jugeront.

La Montagnarde.

Pas de tir supplémentaire, les hommes qui n'auront pas effectué leur tir devront se rendre trois jours à Colombier.

Une exposition à voir.

C'est les six magnifiques pendules que M. Sandoz-Perrin expose dans les devantures du Progrès, ainsi que deux mouvements grande sonnerie. Travail d'artiste. 11909

SPORTS

Championnat d'athlètes mi-léger

L'Olympic, société d'Education physique de notre ville, en vue de la diffusion de l'athlétisme dans notre cité montagnarde, organise pour le dimanche 15 juin, une grande joûte sportive, à l'issue de laquelle seront proclamés champion chaux-de-fonnier les vainqueurs des différentes épreuves que comporte ce concours.

Le comité d'organisation se fait un plaisir d'inviter à cette manifestation tous les athlètes, gymnastes et foot-ballers : sans distinctions de club ou de société. Il suffit d'être habitant de La Chaux-de-Fonds.

Epreuves. — Courses : 100 m., 200 m., 400 m., 800 m., 1,500 m., 5,000 m. et 110 m. haies.

Sauts : saut de longueur, saut de hauteur, saut de perche.

Jets : boulet 7 ¼ kg., disque, javelot.

Estafettes : 4 × 100 m., 1500 m. vit. (800, 400, 200, 100).

Récompenses. — Concours simples : 2 ou 3 médailles par épreuves (suivant le nombre d'inscriptions).

Estafettes : une coupe au vainqueur.

Il est de même prévu une course pour enfants au-dessous de 14 ans, se disputant par éliminatoires et sur un parcours de 60 mètres.

Disons encore que l'Olympic possède pour cette saison une équipe d'athlètes pouvant rivaliser avec celles des années précédentes.

Uruguay es campeón del mundo olímpico de fútbol

La Gazette de Lausanne fue un cotidiano suizo mayor que se imprimió de 1856 a 1991, año en que lo absorbió el *Journal de Genève*, Esta es la página 3 del 10 de junio de 1924. El diario había enviado a P. Decorvet como corresponsal y la nota que se lee aquí fue transmitida por teléfono inmediatamente después de terminada la final. Dice así:

«Uruguay marca el tercer gol. Durante el último minuto, pese a que Pulver defendió bien su zona, un córner fue otorgado en favor de Uruguay y ejecutado notablemente. El delantero Romano metió la pelota en las redes. Fue el tercer gol de Uruguay. El término del partido fue silbado a las 18 horas 12 y la victoria atribuida a Uruguay por 3 a 0. Uruguay es campeón del mundo olímpico de fútbol. Su bandera flota en el gran mástil.»

El siguiente pasaje aporta algunas informaciones de interés relacionadas con la actitud del público y el juego rudo de los rojos:

«Cea marca un segundo gol saludado por el clamor que demuestra que la asistencia apoya en su mayoría al equipo sudamericano. 17 horas y 59. Avance de los suizos por la punta. Ehrenbolger pasa al centro pero no hay nadie para recepcionar ese muy buen pase. Los jugadores visiblemente nerviosos practican un juego duro que provoca las protestas del público. 16 horas 06. Una banda del regimiento se instala detrás de los arcos para saludar al vencedor.»

(Documento consultable en Le Temps *Archives https://www.letempsarchives.ch/)*

LES DERNIERES NOUVELLES DU JOUR

LA FINALE SUISSE - URUGUAY

(Par téléphone de notre envoyé spécial)

La discipline de nos hommes

Ce n'est pas en musant et en s'amusant que notre vaillante équipe a conquis les titres de gloire qu'elle vient de récolter pendant ces quinze derniers jours. La besogne a été rude.

Le sort décidait quelles équipes devaient s'affronter : il n'a pas ménagé nos compatriotes. Après un premier match relativement facile contre la Lituanie, le sort leur a opposé les Tchécoslovaques, adversaires dangereux, dont nos équipiers ne vinrent à bout qu'après une belle bataille. Ils ont donc à leur actif un match de plus que l'Uruguay et, à chaque fois, la valeur de leurs adversaires grandissait, car l'Italie et la Suède étaient les favoris du tournoi. Mais, tandis que les équipes rivales se montraient inégales dans leurs manifestations et ne légitimaient pas les espoirs qu'on fondait sur elles après le match du début, l'équipe suisse, à chaque reprise, progressait, arrivait à plus de cohésion et de mordant, prenait conscience de sa forme et de sa valeur. De l'aveu même des équipiers et de leurs entraineurs, ils étaient venus dans l'espoir de se placer honorablement et ne se faisaient aucune illusion. Ils méconnaissaient leur véritable valeur.

Aussi à chaque triomphe, chaque fois qu'ils avaient entré un but, il était particulièrement touchant de voir avec quel enthousiasme juvénile, nos avants, bras dessus, bras dessous, regagnaient leurs places en chantant de joie. Ils ont eu le mérite de ne pas s'endormir sur leurs lauriers, de se conserver jusqu'au bout frais et dispos, par un entraînement rationnel et une discipline sévère. Ils ont su garder la belle camaraderie et le désintéressement qu'exige la cohésion d'une équipe qui veut vaincre, en un mot, le ressort physique et le ressort moral.

La bataille si bien menée, si durement achetée, au prix d'une ténacité et d'un effort incessant ne pouvait qu'attirer toutes les sympathies du public et de la presse.

Les faits, à la fin, ont eu raison des réserves et, à la veille du combat suprême, la presse a salué notre team, le meilleur team européen.

Quant aux Uruguayens, que dire qui n'ait été déjà dit et redit de ces magnifiques joueurs ? Ils furent, eux aussi, la révélation du tournoi et soulevèrent l'enthousiasme des foules, par leur manière de pratiquer le football, une manière assez différente de la nôtre et qu'ils tiennent des Ecossais, jeu plus individuel, plus fignolé, où chacun accomplit ses prouesses personnelles.

A Colombes

A 14 heures, le vaste stade commence déjà à se remplir de monde. C'est aujourd'hui jour férié, les Parisiens qui ne sont pas partis pour la campagne, sont venus en foule à Colombes pour assister aux deux joutes magnifiques qu'on leur promet. Pour la première fois, on verrait les gradins du stade pleins à craquer s'ils n'étaient en béton. On compte plus de 60,000 spectateurs et, à l'entrée on refuse des centaines de personnes. Il fait beau et chaud, quelques nuages passent dans le ciel. L'atmosphère est lourde et orageuse et on peut craindre que cela n'handicape nos joueurs qui, dans le match avec la Tchécoslovaquie, se sont montrés assez visiblement gênés par la chaleur tandis que les Uruguayens s'en accommodent plus facilement. De temps en temps un ballon captif monte et domine le terrain et lance des papillons.

Le record des recettes a été largement battu. Les guichets d'entrée, tout en refusant plusieurs milliers de spectateurs, ont réalisé environ 550,000 francs.

La partie

Première mi-temps

A 16 h. 26, les deux concurrents du match final font leur entrée sur le terrain, aux applaudissements de la foule. Ce sont d'abord les Uruguayens, en maillot bleu clair, culottes bleu foncé, bas noirs, qui arrivent, selon leur habitude, porteurs du drapeau français et du drapeau uruguayen. Au signal du capitaine, ils s'arrêtent devant les tribunes, puis, après avoir poussé par trois fois leur « Ra » traditionnel, ils gagnent leurs places. A 16 h. 28, les Suisses, en maillot rouge qu'éclaire la croix blanche, culotte blanche, bas noirs, viennent s'aligner devant les tribunes officielles et écoutent l'hymne suisse au garde-à-vous.

A 16 h. 31, Slavic, qui arbitrera le match, siffle le coup d'envoi, qui revient à la Suisse. Dès le début, on sent chez les deux équipes un ardent désir de l'emporter. Le jeu se stabilise au centre, sans aucun avantage marqué pour aucune équipe.

A 16 h. 34, une faute est sifflée contre la Suisse. L'arbitre sera sévère sur ce chapitre et ne tolérera aucune des petites libertés qu'on reproche à nos compatriotes.

A 16 h. 39, belle descente par l'aile de Ehrenbolger, mais la balle sort, immédiatement reprise par l'Uruguay.

L'Uruguay marque un but

Petrone, fait une descente terrible, joue avec ses adversaires, dribble et envoie la balle dans l'angle de nos buts par un shoot sec et Pulver, sidéré, ne peut que constater le dégât.

Il est 16 h. 40, ce premier résultat anime les Suisses, fait accomplir des prouesses aux uns et aux autres et arrache des cris d'admiration au public.

Quelques tentatives des nôtres viennent se briser contre la belle résistance du nègre Andrade qui, à l'arrière, joue un jeu magnifique. Les passes de nos joueurs paraissent moins précises que d'habitude.

16 h. 50, un corner est accordé à la Suisse. Il fait aboutir d'intéressantes combinaisons de notre équipe, mais, immédiatement, la balle revient au centre, renvoyée par la défense uruguayenne, qui confirme la magnifique réputation qui lui a été faite.

16 h. 53, nos arrières ont fort à faire contre le jeu acrobatique de Scarone, Petrone et Cea, qui dominent de plus en plus et qui obligent les Helvètes à se confiner dans la défense. Les nôtres deviennent nerveux.

16 h. 55. Dangereuse descente des Uruguayens qu'arrête Schmiedlin.

On se fait difficilement une idée, avant de les avoir vus à l'œuvre, de la rapidité, de la subtilité et de l'acrobatie dont font preuve ces superbes joueurs sud-américains.

Pendant les dix dernières minutes qui précèdent la mi-temps, les nôtres arrivent à desserrer l'étreinte qui les enferme et à briser les lignes des demis uruguayens, qui sont le seul point faible. Ils font de magnifiques descentes, mais les efforts d'Abegglen, qui se dépense sans compter, restent vains et une série de fautes, de part et d'autre, vient émailler cette fin de première partie que le sifflet de l'arbitre interrompt à 17 h. 15.

Seconde mi-temps

A 17 h. 30, le deuxième coup d'envoi est donné, les nôtres attaquent, mais leur élan se brise contre les arrières uruguayens.

Un corner, qui leur est accordé, ne donne aucun résultat.

Vive riposte des maillots bleus, Petrone avance et shoote, mais trop haut. Les Uruguayens, à ce moment, pratiquent avec moins de brio les passes du début et shootent à 25 mètres, mais généralement trop haut.

17 h. 45, deux corners sont successivement accordés aux Uruguayens et tirés par Romano. Ils provoquent de dangereuses mêlées, puis la balle repart et passe dans le camp adverse, où un corner est accordé à la Suisse. Schmiedlin la reprend de la tête et l'envoie dans le camp adverse. La balle frôle les bois et sort, arrachant à la foule un cri de déception. Les Uruguayens, qui chargent souvent avec violence, ont la fâcheuse manie de discuter les jugements de l'arbitre.

L'Uruguay marque un second but

17 h. 48. Une mêlée s'engage devant notre camp. Ramseyer, au moment où il va tenter un effort suprême pour arrêter Cea tombe et le demi-droite uruguayen Cea entre un deuxième but, salué par les clameurs qui témoignent que l'assistance tient en majeure partie pour l'équipe sud-américaine.

17 h. 59, descente des Suisses par l'aile. Ehrenbolger passe au centre et personne de nos avants n'est là pour recevoir ce très bon service.

Les joueurs, visiblement énervés, pratiquent un jeu dur, qui soulève les protestations de la foule.

18 h. 05, la fin approche, une fanfare de régiment s'installe derrière les buts pour saluer le vainqueur.

L'Uruguay marque un troisième but

Pendant la dernière minute, quoique Pulver défende bien ses camps, un corner est accordé à l'Uruguay et tiré remarquablement. L'avant Romano entre la balle dans les filets. C'est un troisième but qui est accordé à l'Uruguay. La fin est sifflée à 18 h. 12 et la victoire est accordée à l'Uruguay par 3 à 0.

L'Uruguay est champion du monde olympique de football. Son drapeau flotte au grand mât.

Un tour de piste d'honneur

Sitôt que les drapeaux des trois vainqueurs de la journée eurent été hissés au grand mât du stade, les équipes firent un tour de piste d'honneur. Sur la piste d'un beau rouge foncé, qui longe les tribunes, les Uruguayens s'avancèrent les premiers, longuement acclamés par une foule en délire, tandis que leurs compatriotes qui sont des gens à sang chaud et à enthousiasme exubérant jetaient sur la piste canotiers, cannes et ombrelles.

A 50 mètres derrière suivaient les nôtres, glorieux vaincus, qui recevaient leur juste part d'acclamations, car les Suisses et les bons sportifs étaient nombreux dans l'assistance. Nos compatriotes ont accueilli d'ailleurs le sourire aux lèvres une défaite qu'ils prévoyaient. Et ainsi que le ministre Dunant nous le disait en quittant le stade, il faut rendre hommage aux vainqueurs et reconnaître leurs qualités, mais il faut être fiers que nos compatriotes aient eu l'honneur de défendre la vieille Europe et qu'ils l'aient fait avec l'ardeur et la volonté qu'ils y ont mises.

Enthousiasme à Montevideo

Montevideo, 10 juin.

La victoire remportée par l'équipe uruguayenne au cours du tournoi olympique de Football-Association a soulevé un enthousiasme considérable. La Bourse et les magasins ont fermé en signe d'allégresse.

Commentaires

Nous sommes les premiers à communiquer au grand public les derniers exploits de nos valeureux représentants à Paris. Nous nous inclinons de bonne grâce devant la victoire magnifique de l'Uruguay, cet inconnu hier encore en matière de football. On ne nous fera pas un grief de nous attarder quelque peu aux prouesses des nôtres.

Les joueurs suisses ont mis à défendre non pas seulement un sport, mais surtout la réputation de leur petite patrie, un courage, une ardeur combattive qui forcent l'estime et l'admiration, même des plus réfractaires. Par leurs performances remarquables, mais plus encore par leur belle tenue, ils ont mérité les plus vifs éloges, il y aurait aujourd'hui mauvaise grâce à leur mesurer les compliments qu'ils ont si pleinement mérités.

Les exploits de nos sélectionnés ont dépassé le cadre habituel des adeptes du ballon rond ; la grande masse tout comme les plus raffinés en ont fait plutôt une question d'amour-propre national. Ils ont bien choisi, reconnaissons-le, car rarement leur épiderme patriotique n'aura été aussi agréablement caressé. Même si l'on fait abstraction complète du football, pardonnez le paradoxe, et des qualités spéciales dont ils ont fait preuve, les joueurs ont bien mérité. Ils furent, en effet, ceux qui extériorisèrent magnifiquement les dons spécifiques de notre race. A une heure où l'on parle tant d'internationalisme, ils ont été les défenseurs farouches du prestige de notre drapeau ; ils furent maladroits parfois, mais jamais découragés ; ils rencontrèrent des adversaires plus scientifiques, ils furent par contre toujours les maîtres en décision, en courage ; ils ne connurent pas la fatigue ; alors même que la partie paraissait perdue, ils surent chaque fois trouver encore « le cran » nécessaire pour remporter la victoire. Et cet état d'esprit splendide, cette communion dans l'effort, cette unité dans l'action ont su faire taire ceux qui ne voyaient en nous qu'une quantité négligeable.

Le football pratiqué par les nôtres a remporté un grand succès, mais l'esprit de l'équipe a remporté un vrai triomphe. Sans craindre le ridicule, nous proclamerons bien haut que nos hommes ont fait œuvre patriotique, car, ne l'oublions pas, aucune récompense, aucun salaire n'attendent ces vainqueurs : ils se sont dépensés sans compter, se sont soumis à une sévère discipline, à seule fin de défendre victorieusement nos couleurs. Chaque connaisseur saura apprécier et la quantité et la qualité du travail qu'ils ont fourni.

Grâce à ces beaux combattants notre pays inscrit son nom au deuxième rang de la plus formidable compétition de football qui ait été mise sur pied jusqu'à ce jour. 22 pays défendirent leurs chances parmi lesquels les vainqueurs de 1920.

* * *

Une brève comparaison permettra une ou deux remarques intéressantes : A Anvers, en 1920, c'est à la Belgique et à la Tchécoslovaquie qu'échut l'honneur de la rencontre finale. On se souvient du scandale. Les Tchèques quittèrent le terrain, prétextant un arbitrage trop partial et défectueux. C'était le moment où les Tchèques dominaient le continent. Ils étaient les maîtres incontestés et leur prestige dura longtemps, puisque les pronostics, cette année, les plaçaient au nombre des favoris. Il est d'ailleurs curieux de noter en passant que les prévisions pour le tournoi de Paris tiennent beaucoup plus compte des résultats de 1920 que des performances réalisées depuis lors.

Les Tchèques ont échoué, pour avoir pratiqué un système trop spécialisé ; ils ont sacrifié aux subtilités, aux finesses du jeu la raison même d'un match, qui est de marquer des buts. Leur art n'a pas démérité ; comme tel, il reste admirable, voire inégalable ; par contre, il s'est avéré impuissant et inefficace.

En 1920, les Belges furent les grands vainqueurs ; quasi invincibles, ils gagnèrent comme ils voulurent. Ils démontrèrent un football de grande allure, l'égal au moins de celui des Tchèques.

Cette année, par contre, ils ne furent pas dans la lutte. Pour n'avoir pas eu le courage de faire des coupes sombres dans les rangs des vieilles gloires, les Belges présentèrent une équipe composée d'éléments trop âgés déjà pour fournir l'effort exigé par de telles rencontres. Lente, fatiguée, cette formation n'avait aucune chance de succès, elle fut éliminée au premier tour.

Ce rappel montre bien qu'il s'est produit des modifications profondes depuis le dernier tournoi ; les vieilles étoiles ont pâli, des forces plus jeunes se sont révélées là où on les attendait le moins.

L'Uruguay, tout comme la Suisse d'ailleurs, a été la grande révélation. Inconnu hier encore, il s'est imposé dès le 1er jour. Fraîchement débarquée des lointaines Amériques, cette équipe s'arrêta en Espagne il y a quelques semaines et participa à une ou deux rencontres, qui ne furent pas sans provoquer un certain étonnement. Et depuis on sut que l'Uruguay jouerait un rôle, et non des moindres, à Paris.

Il a régulièrement battu notre espoir, sachons le reconnaître.

La Suisse ne connut pas même, au début, un succès d'estime. Il lui fallut accumuler les victoires pour convaincre les incrédules. Quand la vérité fut par trop évidente, c'est alors seulement que les nôtres furent estimés, admirés et craints.

L'Uruguay et la Suisse se sont rencontrés dans une bataille sans merci. Jamais pourtant la lutte ne dégénéra ; de part et d'autre on défendit âprement ses chances sans jamais user des moyens défendus.

Par un résultat fort honorable, la Suisse, en compagnie de son heureux vainqueur, a clôturé le tournoi de football.

Nos joueurs ont bien accompli leur devoir ; une chaude réception les attend à leur retour, ils peuvent nous revenir heureux et fiers ces hommes dont voici les noms : Pulver, Ramseyer, Reymond, Pollitz, Schmiedlin, Oberhauser, Ehrenbolger, Kramer, Sturzenegger, Pache, Dietrich, Abegglen, Faessler. Rendons hommage en terminant à ceux qui furent tout particulièrement en évidence : le trio de la défense qui disputa tous les matches dans la même composition et Abegglen, le meilleur homme du tournoi.

Le tournoi de football de la VIIIe Olympiade a vécu. Vive le football.

J. F.

Londres, 10 juin.

Lundi après-midi une voiture automobile qui prenait part au concours d'automobiles à l'autodrome de Brookland, a dévié de sa course, au moment où elle allait à une vitesse dépassant 160 km. à l'heure, et est montée sur le remblai. Son pilote a été tué sur le coup.

***

La direction des usines Auguste Thyssen fait savoir que le travail sera repris le 11 juin

Le cabinet François-Marsal

A la veille d'une journée historique

(Par téléph. de notre corr. de Paris)

M. François-Marsal, qui a fait preuve de courage en acceptant de former un ministère dont l'existence sera éphémère, a réussi, en une journée, à réunir un cabinet et à rallier des hommes politiques qui ont assurément un certain mérite à entrer dans une combinaison qui comporte plus de difficultés que d'avantages.

Les nouveaux ministres se sont réunis en conseil de cabinet et ont arrêté lundi après-midi les termes de la déclaration ministérielle. Et demain mardi, ils iront en donner lecture devant les Chambres en même temps que M. François-Marsal au Palais-Bourbon, et M. Ratier, garde des sceaux, au Sénat, liront le message présidentiel.

C'est donc mardi que s'engageront les discussions qui mettront fin, croit-on, à la crise présidentielle. Toute la question est de savoir si les adversaires de M. Millerand accepteront la discussion ou s'ils parviendront à éviter un débat qu'ils préféreraient éluder. Au Sénat, il semble que les adversaires du président de la République s'efforceront d'échapper au vote en ordonnant le dépôt du message présidentiel aux archives.

Au Palais-Bourbon, les défenseurs de l'Elysée entendent provoquer un débat pour mettre leurs adversaires en demeure de prendre publiquement leurs responsabilités.

A cet effet, M. Reibel, ancien ministre des régions libérées dans le premier cabinet Poincaré, auquel on avait offert un portefeuille dans le cabinet François-Marsal, s'est récusé pour rester à son siège de député et participer aux débats politiques qui s'engageront à la Chambre sur la déclaration ministérielle. A défaut d'autre initiative, M. Reibel se chargerait de déposer une demande d'interpellation de façon à provoquer à l'issue du débat le vote sur lequel la Chambre sera appelée à se prononcer. Les gauches préfèrent précipiter les choses. Les socialistes ont envisagé le dépôt d'une motion opposant la question préalable à toute demande de discussion. Les radicaux-socialistes seraient plutôt partisans d'une intervention d'un membre du gouvernement. Ils liraient simplement un ordre du jour motivé, dans lequel serait exposée la doctrine des groupes de gauche et qui conclurait par un refus d'entrer en relations avec un ministère constitué contre la volonté exprimée le 11 mai par les suffrages des électeurs.

On ne peut pas prévoir exactement ce qui se passera mardi au cours de cette séance historique et quelle conclusion en tirera M. Millerand, au cas où la Chambre mettrait en minorité le cabinet François-Marsal.

Vraisemblablement, ce sera la démission et sauf imprévu ce serait la réunion de l'Assemblée nationale à Versailles pour voter.

Une interpellation Reibel

Paris, 9 juin.

M. Reibel a déposé cet après-midi une demande d'interpellation ainsi conçue :

Je demande à interpeller le gouvernement sur les conditions dans lesquelles s'est constitué le cabinet.

Dans les couloirs

Paris, 9 juin.

La lecture de la déclaration ministérielle qui aura lieu demain au Sénat sera suivie d'un débat soulevé par une interpellation de M. Loucheur. On annonce également que le groupe de la gauche républicaine se réunira avant la séance ainsi que les groupes de la gauche socialiste.

Le message de M. Millerand

Paris, 9 juin.

Le message du président de la République a été contresigné lundi soir par M. François-Marsal et il sera lu mardi aux Chambres. Il constituera un bref document. Sans passion, en termes absolument mesurés, objectivement, le président de la République se bornera à présenter un raccourci des événements qui se sont déroulés depuis son arrivée à l'Elysée en septembre 1920.

Appelé pour 7 ans à la magistrature suprême par la confiance quasi-unanime de l'assemblée nationale (il avait en effet réuni sur son nom près de 700 suffrages), M. Millerand rappellera que, déjà, dans son discours de remerciements, il avait indiqué qu'il entendait suivre à la présidence de la République une politique de progrès social, et de concorde nationale à l'intérieur et de paix à l'extérieur. Il est resté constamment fidèle à ce programme. C'est ainsi en particulier, que tous les cabinets auxquels il a successivement confié le pouvoir ont été des cabinets d'union. En faisaient notamment partie des hommes politiques de gauche. L'attitude du président de la République n'a jamais cessé d'être strictement conforme à ses prérogatives constitutionnelles. Au lendemain des élections nationales, il a manifesté clairement sa volonté de constituer un ministère dont le programme répondait aux vues du suffrage universel, mais M. Herriot a cru devoir décliner l'offre du président de la République en raison uniquement du vote exclusif émis par un certain nombre de parlementaires contre M. Millerand.

La constitution a fixé des durées différentes au mandat des élus de la nation : président de la République, sénateurs et députés.

Ce serait créer, pour l'avenir, un précédent d'une portée incalculable que de subordonner les pouvoirs du président de la République aux fluctuations électorales. C'est à ce résultat qu'on aboutirait cependant si un vote du parlement n'intervenait pour mettre fin à une situation dont le caractère est visiblement révolutionnaire. C'est, en effet, au Parlement et au Parlement seul qu'il appartient de trancher la question présidentielle. Dans ces conditions, le président de la République demande aux deux Chambres de se prononcer en faisant appel à leur sagesse, à leur clairvoyance et à leur patriotisme.

Dernières Dépêches

Italie

Le discours Mussolini commenté

Milan, 10 juin.

Le discours prononcé par M. Mussolini à la Chambre est commenté par la presse surtout en ce qui concerne les déclarations touchant la politique intérieure. Le « Nuovo Paese » et le « Messagero » déclarent que ces déclarations tendent à inviter l'opposition à la paix et à la collaboration. Le « Giornale d'Italia » relève que l'opposition ferait preuve de sens politique et de vrai patriotisme en acceptant l'invitation du gouvernement. La « Tribuna » estime que le discours de M. Mussolini a provoqué une certaine surprise parce qu'il s'adressait plus au pays qu'à la Chambre.

Les troubles en Albanie

Rome, 10 juin.

Les nouvelles d'Albanie annoncent que l'occupation de Tirana est imminente. Le gouvernement a déjà quitté la ville.

Un combat acharné s'est livré dans la vallée du Drin. L'avant-garde nationaliste est arrivée à Karaja. L'avance des rebelles continue vers le nord.

Milan, 10 juin.

Le « Corriere della Sera » apprend de Bari que lundi matin sont débarqués à Molfetta, venant de Durazzo, plus de cent notables albanais parmi lesquels le préfet de Scutari. Reconnus par les nationaux ils ont été insultés et frappés. La plupart ont continué leur voyage protégés par la police italienne.

La convention du Djoubaland

Londres, 10 juin.

La convention anglo-italienne relative au Djoubaland a été paraphée et sera signée sous peu par les deux gouvernements. La nouvelle frontière sera celle connue sous le nom de frontière Milner-Scialoja. L'Angleterre cède ainsi à l'Italie un territoire de 43,000 milles carrés (118,000 km. carrés) détaché de sa colonie de Kenya. Cette concession accomplit les obligations contractées aux termes de l'article 13 du traité de Londres du 26 avril 1915, lorsque l'Italie est entrée dans la guerre.

Dusseldorf, 10 juin.

Un orage d'une extrême violence, qui a causé des dégâts très importants, s'est abattu sur Dusseldorf. La tour de l'église Saint-Martin s'est écroulée. Le clocher est tombé en partie sur une maison voisine qui a été fortement endommagée. Un homme a été tué. Les plus grands ravages ont été causés par cet orage dans la partie sud de la ville. De nombreuses cheminées se sont abattues. Les pompiers ont dû être alarmés.

***

Depuis quelques mois de nombreux incendies éclataient dans la ville de Schweinitz (Prusse) et environs. Un gamin de 13 ans, qui s'était enfui de la maison paternelle après une correction et se tenait caché dans les bois a été arrêté. Il a avoué être l'incendiaire. Poussé par la faim, a-t-il dit, je m'introduisais dans les maisons pour prendre de la nourriture et les incendiais ensuite afin d'effacer mes traces.

Egypte

Journal saisi

Le Caire, 10 juin.

La police a opéré une descente dans les bureaux du journal « Al-Siassah », saisi tous les numéros du journal et occupé les bureaux. Le journal était opposé à la politique de Zaghoul pacha.

Un bel éloge des joueurs suisses

Dans l'excellente chronique sportive de l'*Action française*, nous lisons le jugement suivant porté sur notre équipe :

« Ces joueurs suisses arrachent l'admiration. Leur tactique a été terrible, le hasard les a contraints d'éliminer les plus dangereux adversaires du tournoi : Bohême, Italie, victorieuse de l'Espagne, Suède. Ils l'ont fait avec une maîtrise que personne n'attendait, pas même eux. Le Comité olympique suisse n'avait prévu des frais que pour un séjour de cinq ou six jours, si bien que la glorieuse équipe absorbe presque tous les crédits à elle seule. Personne ne le lui reprochera. Les Suisses étaient, il y a quelques années encore, des joueurs solides, tenaces et réfléchis, mais qui n'occupaient qu'un rang secondaire. Ils ont ajouté à leur qualité celle qui est la reine des batailles sportives, la vitesse. Non seulement vitesse d'exécution, mais vitesse de décision. Nous avons suivi l'équipe suisse pendant quatre parties, dont trois sur la ligne de touche du stade Bergeyre, d'où l'on suit la partie comme si l'on y participait. Nous n'avons jamais vu un joueur suisse commettre volontairement un acte répréhensible. Pulver a riposté durement à l'avant tchèque Cesck. Mais ce n'est pas lui qui a commencé. »

Ces lignes contrastent agréablement avec les aménités à rebours dont la presse française a généralement gratifié notre team.

COURS DES CHANGES

du 10 juin 1924, à 10 h. 30 du matin

Devises	Demande	Offre
Paris	28 55	28 70
Londres	24 49	24 51
New-York (chèque)	5 68	5 6[illegible]
New-York (câble)	5 6825	5 68
Bruxelles	24 80	25 10
Milan	24 60	24 70
Madrid-Barcelone	76 25	77 —
Amsterdam	212 50	218 —
Berlin-Francfort	1 33	1 37
Vienne	79 50	80 50
Budapest	— —	— —
Prague	16 55	16 65
Stockholm	150 25	151 25
Christiania	76 75	77 75
Copenhague	95 25	96 25
Sofia	4 —	4 15
Bucarest	— —	— —
Varsovie	— —	— —
Belgrade	6 75	6 [illegible]

Billets de banque	Prix moyen
Français	28 65
Anglais	24 47
Italiens	24 70
Allemands	— —
Autrichiens (nouv.)	80 10
Polonais	— —
Hollandais	— —

Sans engagement

Charles PAYOT, éditeur.

Mademoiselle Sophie Vautier,
Madame David Vautier,
Mesdemoiselles Lucy, Antoinette, Thérèse et Simone Vautier,
Monsieur Jean David Vautier, et les familles alliées ont la profonde douleur de faire part à leurs amis et connaissances du décès de leur bien chère sœur, tante et cousine,

Mademoiselle
Eugénie Vautier

enlevée à leur affection le 9 juin.

L'ensevelissement aura lieu à Yverdon le mercredi 11 juin à 3 heures.

Culte à 2 h. 30.

Le mort m'est un gain.
Phil. I, 21.

Madame Alfred Renevier ;
Mademoiselle Marguerite Renevier ;
le colonel Edouard Renevier ;
Monsieur et Madame Roger Renevier ;
le lieutenant-colonel et Madame Isaac S… cretan et leurs enfants ;
Monsieur et Madame Jules Mercier, leurs enfants et petits-enfants ;
les enfants et petits-enfants de feu Eugène Renevier ;
Mademoiselle Emma Dutoit,
ont la douleur d'annoncer la mort de

Monsieur
Alfred Renevier

Avocat-conseil de la Légation de Suisse à Paris

décédé à Lausanne le 8 juin dans sa 8… année.

On est prié de ne pas faire de visites et de n'envoyer ni fleurs ni couronnes.

Suivant les volontés du défunt, il n'y aura ni cérémonie, ni culte. La levée du corps aura lieu sans suite, le mercredi 11 juin à … heures, 1, chemin des Cèdres.

Uruguay es campeón del mundo olímpico

L'impartial del 10 de junio retomó el relato y las calificaciones publicadas en la *Gazette de Lausanne.*

(Documento consultable en Archives Historiques de la presse neuchâteloise)

2me Feuille L'IMPARTIAL 2me Feuille

Football

Le match Suisse-Uruguay

Première mi-temps

Voici d'après le correspondant spécial de la « Gazette de Lausanne » les principales phases du match :

A 16 h. 26, les deux concurrents du match final font leur entrée sur le terrain, aux applaudissements de la foule. Ce sont d'abord les Uruguayens, en maillot bleu clair, culottes bleu foncé, bas noirs, qui arrivent, selon leur habitude, porteurs du drapeau français et du drapeau uruguayen. Au signal du capitaine, ils s'arrêtent devant les tribunes, puis, après avoir poussé par trois fois leur « Ra » traditionnel, ils gagnent leurs places. A 16 h. 28, les Suisses, en maillot rouge qu'éclaire la croix blanche, culotte blanche, bas noirs, viennent s'aligner devant les tribunes officielles et écoutent l'hymne suisse au garde-à-vous.

A 16 h. 31, Slavic, qui arbitrera le match, siffle le coup d'envoi, qui revient à la Suisse. Dès le début, on sent chez les deux équipes un ardent désir de l'emporter. Le jeu se stabilise au centre, sans aucun avantage marqué pour aucune équipe.

A 16 h. 34, une faute est sifflée contre la Suisse. L'arbitre sera sévère sur ce chapitre et ne tolérera aucune des petites libertés qu'on reproche à nos compatriotes.

A 16 h. 39, belle descente par l'aile de Ehrenbolger, mais la balle sort, immédiatement reprise par l'Uruguay.

L'Uruguay marque un but

Petrone fait une descente terrible, joue avec ses adversaires, dribble et envoie la balle dans l'angle de nos buts par un shoot sec et Pulver, sidéré, ne peut que constater le dégât.

Il est 16 heures 40. Ce premier résultat anime les Suisses, fait accomplir des prouesses aux uns et aux autres, et arrache des cris d'admiration au public.

Quelques tentatives des nôtres viennent se briser contre la belle résistance du nègre Andrade qui, à l'arrière, joue un jeu magnifique. Les passes de nos joueurs paraissent moins précises que d'habitude.

16 heures 50. Un corner est accordé à la Suisse. Il fait aboutir d'intéressantes combinaisons de notre équipe, mais, immédiatement, la balle revient au centre, renvoyée par la défense uruguayenne, qui confirme la magnifique réputation qui lui a été faite.

16 heures 53. Nos arrières ont fort affaire contre le jeu acrobatique de Scarone, Petrone et Cea, qui dominent de plus en plus et qui obligent les Helvètes à se confiner dans la défense. Les nôtres deviennent nerveux.

16 heures 55. Dangereuse descente des Urugayens qu'arrête Schmiedlin.

On se fait difficilement une idée, avant de les avoir vus à l'oeuvre, de la rapidité, de la subtilité et de l'acrobatie dont font preuve ces superbes joueurs sud-américains.

Pendant les dix dernières minutes qui précèdent la mi-temps, les nôtres arrivent à desserrer l'étreinte qui les enferme et à briser les lignes des demis urugayens, qui sont le seul point faible. Ils font de magnifiques descentes, mais les efforts d'Abegglen, qui se dépense sans compter, reste vains et une série de fautes, de part et d'autre, vient émailler cette fin de première partie que le sifflet de l'arbitre interrompt à 17 h. 15.

Seconde mi-temps

A 17 h. 30, le deuxième coup d'envoi est donné, les nôtres attaquent, mais leur élan se brise contre les arrières uruguayens.

Un corner, qui leur est accordé, ne donne aucun résultat.

Vive riposte des maillots bleus, Petrone avance et shoote, mais trop haut. Les Uruguayens, à ce moment, pratiquent avec moins de brio les passes du début et shootent à 25 mètres, mais généralement trop haut.

17 h. 45, deux corners sont successivement accordés aux Uruguayens et tirés par Romano. Ils provoquent de dangereuses mêlées, puis la balle repart et passe dans le camp adverse, où un corner est accordé à la Suisse. Schmiedlin la reprend de la tête et l'envole dans le camp adverse. La balle frôle les bois et sort, arrachant à la foule un cri de déception. Les Uruguayens, qui chargent souvent avec violence, ont la fâcheuse manie de discuter les jugements de l'arbitre.

L'Uruguay marque un second but

17 h. 48. Une mêlée s'engage devant notre camp. Ramseyer, au moment où il va tenter un effort suprême pour arrêter Cea tombe et le demi-droite uruguayen Céa entre un deuxième but, salué par les clameurs qui témoignent que l'assistance tient en majeure partie pour l'équipe sud-américaine.

17 h. 59, descente des Suisses par l'aile. Ehrenbolger passe au centre et personne de nos avants n'est là pour recevoir ce très bon service.

Les joueurs, visiblement énervés, pratiquent [illegible]

18 h. 05, la fin approche, une fanfare de régiment s'installe derrière les buts pour saluer le vainqueur.

L'Uruguay marque un troisième but

Pendant la dernière minute, quoique Pulver défende bien ses camps, un corner est accordé à l'Uruguay et tiré remarquablement. L'avant Romano entre la balle dans les filets. C'est un troisième but qui est accordé à l'Uruguay. La fin est sifflée à 18 h. 12 et la victoire est accordée à l'Uuruguay par 3 à 0.

L'Uruguay est champion du monde olympique de football. Son drapeau flotte au grand mât.

Un tour de piste d'honneur

Sitôt que les drapeaux des trois vainqueurs de la journée eussent été hissés au grand mât du stade, les équipes firent un tour de piste d'honneur. Sur la piste d'un beau rouge foncé, qui longe les tribunes, les Uruguayens s'avancèrent les premiers longuement acclamés par une foule en délire, tandis que leurs compagnons qui sont des gens à sang chaud et à enthousiasme exhubérant jetaient sur la piste canotiers, cannes et ombrelles.

A 50 mètres derrière, suivaient les nôtres, glorieux vaincus, qui recevaient leur juste part d'acclamations, car les Suisses et les bons sportifs étaient nombreux dans l'assistance. Nos compatriotes ont accueilli d'ailleurs le sourire aux lèvres une défaite qu'ils prévoyaient. Et ainsi que le ministre Dunant nous le disait en quittant le stade, il faut rendre hommage aux vainqueurs et reconnaître leurs qualités, mais il faut être fier que nos compatriotes aient eu l'honneur de défendre la vieille Europe et qu'ils l'aient fait avec l'ardeur et la volonté qu'ils y ont mises.

Championnat suisse juniors — Chaux-de-Fonds bat C. A. A. G. 5 à 0

En finale, nos petits Chaux-de-Fonniers, après une partie de toute beauté, disposent des Genevois par un score, qui en dit long sur la forme actuelle des élèves de Charles Dumont, leur manager, à qui revient tout l'honneur de cette superbe victoire.

Dimanche soir, à leur arrivée, une superbe réception attendait cette belle équipe à la gare, et une joyeuse petite fête termina cette journée au local du grand club.

De par cette victoire, Chaux-de-Fonds Junior devient champion de Suisse romande et devient détenteur d'un superbe objet d'art. Nos sincères félicitations.

Fribourg en Brisgau bat Chaux-de-Fonds 6 à 0

Malgré le temps maussade de dimanche, un public assez nombreux suivait au Parc des Sports la rencontre mettant aux prises Fribourg-en-Brisgau et Chaux-de-Fonds. Le terrain, quelque peu glissant, provoqua de nombreuses chutes et contraria de ce fait le jeu de combinaisons. Toutefois, disons que l'équipe allemande s'adapta mieux au terrain et joua avec plus de sûreté. Un seul but fut marqué pendant la première mi-temps. A la reprise, les locaux attaquent, mais pour quelques instants seulement. Les Allemands reprennent bientôt le commandement et marquent un deuxième but, puis un troisième but sur penalty. Ce score ne fait pas perdre la tête au Chaux-de-Fonds, qui fait de belles descentes et menace le but adverse. Mais leurs efforts ne sont pas récompensés et l'équipe alemande marque coup sur coup trois nouveaux buts.

Un match Chaux-de-Fonds - Etoile

« Tous les Sports » annonce que nos deux grands clubs locaux se sont mis d'accord pour jouer un derby local qui mettra en présence les premières équipes des F.-C. Etoile et La Chaux-de-Fonds. Cette partie aura lieu samedi 14 juin au Parc des Sports. Ce match attirera certainement la foule des grands jours. Nous ne savons pas à quel fonds ou à quelle oeuvre sera destinée la recette, mais nous pensons que ce serait l'occasion toute trouvée pour nos amis footballeurs de ne pas oublier le fonds olympique.

Automobilisme

Course de côte internationale d'autos à La Chaux-de-Fonds

Dans quelques jours, c'est-à-dire le dimanche 22 juin au matin, la population de La Chaux-de-Fonds aura le privilège de suivre, pour la première fois, une course internationale de côte, qui réunira les plus puissantes et les plus modernes automobiles. La section de La Chaux-de-Fonds a été désignée pour organiser cette manifestation sensationnelle et tous ses membres se sont mis avec ardeur et même avec dévouement à la tâche. Tout fait donc supposer que cette course connaîtra un formidable succès et qu'elle figurera dorénavant en première place dans les annales de l'automobilisme. Le parcours fixé par la commission technique est le suivant : Les machines partiront depuis le poste de douanes de Biaufond, elles passeront par la Rasse, le Corps de Garde, Mi-Côte, les Brenetets ; l'arrivée est fixée sur la route se trouvant en-dessous [illegible] Divers endroits [illegible] points d'observation remarquables que le public ne manquera pas d'utiliser. Samedi dernier, les experts ont pris les dernières dispositions pour noter les places qui doivent être cylindrées, pour désigner les postes téléphoniques et les postes de signaleurs.

Comme on le sait, les voitures participant à cette course sont divisées en trois classes : voitures de sport, de tourisme et amateurs. Dans toutes ces catégories, de nombreuses inscriptions sont déjà parvenues et la lutte pour les premières places sera vivement disputée. D'autre part, la concurrence entre les différentes firmes s'annonce également très grande et nous assisterons à des rivalités nombreuses qui se traduiront par des assauts de vitesse et de prouesses émotionnants. Les meilleures marques françaises, italiennes et suisses défendront leurs chances dans cette formidable compétition.

Escrime

Tournoi de fleuret entre les salles Oudart de La Chaux-de-Fonds et de Saint-Imier. Saint-Imier remporte définitivement le challenge

De notre correspondant de Saint-Imier :

Il est un usage depuis quatre ans qui veut que les salles d'armes Oudart de La Chaux-de-Fonds et de Saint-Imier se rencontrent chaque année. C'est à Saint-Imier qu'était échu cette année l'honneur de recevoir ses amis chaux-de-fonniers.

Comme nous l'annoncions, cette rencontre a eu lieu samedi après-midi au Grand Hôtel du Mont-Soleil.

A 3 heures, les fleurettistes de la série A sont appelés à débattre le challenge gagné pour la première fois en 1921 par La Chaux-de-Fonds, en 1922 et 1923 par Saint-Imier. Ajoutons que pour être gagné définitivement, le challenge devait être gagné trois fois de suite par la même salle.

La partie devait donc être très intéressante et très mouvementée et, sans exagération aucune, on peut dire que tous les escrimeurs ont fait preuve d'une énergie admirable et ont prouvé dans leurs différents assauts qu'ils n'avaient pas épargné un travail assidu.

L'émotion fut grande et jusqu'au dernier moment il n'était pas possible de pronostiquer un résultat quelconque lorsque les deux derniers assauts décidèrent du résultat qui veut que Saint-Imier par, 24 touchés contre 21, remporte définitivement le challenge.

C'est une heureuse victoire, que nous saluons d'autant plus facilement quelle fut courageusement disputée.

Mais les escrimeurs font des égaux et tout le monde est content, car l'escrime, à ce que nous avons pu voir, est une école de franchise, de cordialité et d'entente parfaite.

Les résultats sont les suivants :

Série A

1. Fluckiger, Saint-Imier points 9
2. Lassueur, Saint-Imier 8
3. Ducommun, La Chaux-de-Fonds
   Spahn, La Chaux-de-Fonds,
   Picard, La Chaux-de-Fonds,
   Francillon, Saint-Imier (les quatre 7 points, ex-aequo).

Le plus bel assaut auquel nous avons assisté fut certainement celui exécuté par Fluckiger contre Picard.

SERIE B.

Nous donnons les six meilleurs résultats :

1. Fluckiger, Chaux-de-Fonds, points 32
2. Jeanneret Ernest, Saint-Imier 26
3. Weick, Chaux-de-Fonds 27
4. Zahnd Charles, Saint-Imier 26
5. Jeanneret Edmond, Saint-Imier 24
6. Geneux Henri, Saint-Imier 24

Les six premiers escrimeurs de cette série gagnèrent tous un prix, alors que dans la Série A les trois fleurettistes du Club gagnant reçurent une très jolie plaquette.

Le jury, sous la présidence de M. Charles Wyss, de La Chaux-de-Fonds, était composé de MM. Girard, Jeanguenin, Traugott et Saurer. Il s'est beaucoup dépensé si l'on pense à la difficulté qu'il y a parfois de juger certains touchés ; son impartialité lui fit honneur.

Dans une critique favorable, Monsieur le professeur Oudart adressa à ses élèves ses sincères félicitations et ses voeux de progrès, puis, dans un geste généreux, il remit en son nom, à chacun des six combattants de la Série A, un fleuret d'honneur entouré du ruban aux couleurs de Saint-Imier. Cette attention touchante fut relevée par M. Ernest Jeanneret, président de la société de Saint-Imier et par MM. Picard et Hasler de La Chaux-de-Fonds.

Cette rencontre à Mont-Soleil aura été pour chacun, non seulement une manifestation sportive, elle aura contribué à fortifier les liens heureux qui unissent les partisans du fleuret.

Cyclisme

Course de côte Le Locle-Sommartel — Superbes victoires de Charles et Georges Antenen

C'est par un excellent temps et devant un très nombreux public que s'est disputée la course de côte Le Locle-Sommartel.

Voici les résultats :

Professionnels

1. Antenen Charles, V.-C. Excelsior, [illegible]
2. Vuille Henri, Bienne.
3. Martinet Jean, Genève.
4. Faivre Camille, Mortoaux.
5. Jeanneret Albert, Le Locle.

Amateurs

1. Antenen Georges, V.-C. Excelsior, Chaux-de-Fonds, en 19 minutes 45 secondes.
2. Bossi Frédéric, Bienne.
3. Matthey Louis, Excelsior, Chaux-de-Fonds.
4. Aellig Ferdinand, Excelsior, Chaux-de-Fonds.
5. Aellig Georges, Excelsior, Chaux-de-Fonds.
6. Baumann Alfred, Bienne.
7. Biedermann Georges, Le Locle.
8. Rossel Gaston, V.-C. Francs-Coureurs, La Chaux-de-Fonds.
9. Perret Alfred, La Sagne.
10. Lengacher Henri, V.-C. Excelsior, Chaux-de-Fonds.

Interclubs

1. V.-C. Excelsior, Chaux-de-Fonds, 6 points.
2. Pédale Locloise, Locle, 17 points.
3. V.-C. Francs-Coureurs, Chaux-de-Fonds, 22 p.

Il convient de féliciter les organisateurs pour toute la peine qu'ils se sont donnée; ils ont bien fait les choses et de beaux prix ont été remis.

Chronique neuchâteloise

Au Conseil général de Fleurier.

La première séance de la législature a eu lieu le vendredi 6 juin, sous la présidence du doyen d'âge, M. Alexis Landry, entré au Conseil général voici quarante ans. M. Landry, après avoir brièvement exposé le programme du nouveau parti, celui des intérêts fleurisans, a fait appel à la collaboration générale, malgré le déplacement de majorité qu'a provoqué son parti. L'union des socialistes et des intérêts fleurisans constitue une fraction de 21 Conseillers en regard de 20 représentants radicaux-libéraux. M. Paul Grosclaude, socialiste, a été élu président du Conseil général, et le Conseil communal composé de M. André Borel socialiste, Edouard Dornier, radical, Edouard Dubois, des intérêts fleurisans, Charles Simon, socialiste, Aristide Vittori, radical.

Bulletin météorologique des C.F.F.

du 10 Juin à 7 heures du matin

Altit. en m.	Stations	Temp. centig.	Temps	Vent
280	Bâle	10	Très beau	Calme
543	Berne	11	»	»
587	Coire	11	»	»
1543	Davos	6	»	»
632	Fribourg	11	»	»
394	Genève	13	»	»
475	Glaris	8	»	»
1109	Gœschenen	10	»	»
566	Interlaken	15	»	»
995	La Chaux-de-Fds	8	»	»
450	Lausanne	16	»	»
208	Locarno	17	»	»
338	Lugano	17	»	»
439	Lucerne	13	»	»
398	Montreux	16	»	»
482	Neuchâtel	13	»	»
505	Ragaz	13	»	»
678	Saint-Gall	12	»	»
1856	Saint-Moritz	8	»	»
407	Schaffhouse	11	»	»
537	Sierre	—	Manque	
562	Thoune	12	Très beau	»
389	Vevey	15	»	»
1609	Zermatt	9	»	»
410	Zurich	17	»	»

Corriere del Ticino: Para América el campeonato mundial de fútbol

El *Corriere del Ticino* es un cotidiano generalista, fundado en 1891, que desde ese entonces cubre la zona sur de Suiza, de habla italiana, y en particular el cantón de Tesino.

Con mucha claridad, este diario expresó en su título a la vez la calificación mundialista y el sentido de la final como encuentro entre América y Suiza: «*Para América el campeonato mundial de fútbol. Uruguay vence a Suiza 3 a 0*». El artículo empieza así: «*La gran final del torneo mundial de París fue ganada por los jugadores sudamericanos, que ni siquiera permitieron a los rojos con la cruz marcar el tanto del honor: la derrota fue sensacional e inapelable. No deja siquiera la satisfacción de poder decir que los suizos jugaron mal.*»

Y más adelante: «*Indiscutiblemente, repetimos, ganó ayer el equipo que más lo merecía y no podemos sino señalar que la derrota fue clara. Examinando fríamente el resultado de la finalísima tenemos que admitir honestamente que la formación helvética no merecía el título de campeón mundial porque sus logros, aunque rotundos y loables, eran más el fruto de un entusiasmo momentáneo, de un entusiasmo intenso en pos de la realización de un milagro que parecía a la vez inalcanzable y sin embargo posible, que de un sistema de juego verdadero y adecuado.*»

Concluye la crónica «*La victoria para el más fuerte*»: «*Saludamos a los vencedores de ayer, campeones del mundo, y saludamos y agradecemos a los nuestros, campeones de Europa, que defendieron con todas sus fuerzas el nombre y la bandera de la patria.*»

(Biblioteca Nacional Suiza, exposición en línea «Le Triomphe de nos couleurs»)

Corriere de Ticino, 10 Giugno 1924

SPORT

All'America il Campionato mondiale di foot-ball

Uruguay batte Svizzera: 3 a 0

LA VITTORIA AI PIU' FORTI

La finalissima del torneo mondiale di Parigi è stata vinta in tromba dai giuocatori sud americani, i quali non hanno nemmeno concesso ai rosso crociati di segnare il punto dell'onore: la sconfitta è clamorosa e senza appello e non abbiamo neppure la soddisfazione di poter dire che gli svizzeri hanno giuocato male.

Errori, sì, i nostri ne devono aver commessi parecchi, a cominciare dal capitano e centro halve Schmiedlin, che è responsabile del primo punto segnato dagli uraguayani, a Pulver, che diede occasione facile a Cea di segnare il secondo; ma questi errori — che in qualsiasi altra partita non avrebbero rivestito importanza alcuna — non sono stati che l'occasione per i fortissimi avversari di aumentare lo «score» e di rendere più fulgida, più netta, più indiscussa la meritatissima vittoria. Indecisioni, errori leggeri, non potevano non ricever immediata punizione da avversari che non attendono se non il momento propizio e che sono maestri nello sfruttare simili situazioni.

Indubbiamente, ripetiamo, ha vinto ieri la squadra più degna e noi possiamo solo rammaricarci che la sconfitta sia stata così clamorosa: esaminando a nervi calmi il risultato della finalissima dobbiamo lealmente ammettere che la formazione elvetica non «meritava» il titolo di campione mondiale perchè i suoi successi, sebbene clamorosi e meritati, sono stati il frutto più di assieme momentaneo, di entusiasmo spinto a fondo per il miraggio che sembrava irraggiungibile e che poteva, che sembrava, invece, quasi a portata di mano, che di un vero e proprio sistema di giuoco.

I rosso crociati hanno piegato i boemi, gli italiani, gli svedesi con l'energia e la volontà, col il «cuore» infine, più che con la forza fisica e quando di fronte a loro si sono trovati giuocatori superiori per tecnica e non inferiori per velocità, hanno ceduto il comando del giuoco e sono stati battuti.

Non escono i nostri sminuiti dalla lotta formidabile;; essi solamente sono rimasti in lizza fra tutte le nazioni di Europa, essi solamente si sono aperti un varco nelle 22 squadre concorrenti ed hanno risolutamente piazzato le maglie rosso crociate della Confederazione elvetica accanto a quelle giallo-oro dei sud americani: dilettanti, i nostri, si sono battuti a visiera alzata contro giuocatori che dilettanti più non sono se non nel termine officiale della qualifica.

Salutiamo i vincitori di ieri, campioni del mondo, e salutiamo e ringraziamo i nostri, campioni d'Europa, che il nome ed il vessillo della patria hanno difeso con ogni loro forza.

LA PARTITA

PARIGI, 9 (ag) — La folla dei grandi avvenimenti occupa lo Stade Olimpique di Colombes. Sessanta mila spettatori assistono all'incontro. Tremila persone non hanno potuto trovar posto.

Le squadre si presentano nella formazione seguente:

Svizzera: Pulver — Ramseyer e Reymond — Pollitz, Schmiedlin e Oberhanser — Fässler, Abegglen, Dietrich, Pache e Ehrenbolger.

Uruguay: Nazali — Nasazzi e Arispe — Andrade, Vidal e Gerra — Urdinaran, Scarone, Petrone, Cea e Romano.

Alle 16.26 la squadra dell'Uraguay entra nel campo, seguita dalla squadra svizzera. I giuocatori sono entusiasticamente applauditi.

IL PRIMO GOAL

All'inizio, il giuoco si svolge alla metà campo, per poi discendere verso la porta svizzera. I terzini liberano però immediatamente il campo elvetico e per alcuni minuti ancora la lotta si svolge eguale a metà campo. Finalmente Abegglen s'impossessa della palla e la passa al suo compagno di sinistra. Tirata troppo forte la palla esce. Rimessa in giuoco il centro mediano svizzero vuol lasciare la palla a Reymond. Sopraggiunge fulmineo Petrone che impadronitosi della palla fugge verso il goal svizzero. Il magnifico giuocatore tira da dieci metri un potentissimo calcio e segna il primo goal per la sua squadra.

Ripreso il giuoco di un centro dell'ala destra ne approfitta Scarone che mette nuovamente in pericolo la porta svizzera. Fässler fugge, ma davanti ai terzini avversari è costretto a cedere la palla ad uno di essi. Un fallo a favore della Svizzera non dà alcun risultato. Petrone discende nuovamente verso il campo svizzero e malgrado il pronto intervento di Reymond, riesce a piazzare un formidabile colpo e a segnare un secondo goal che l'arbitro annulla per fallo del giuocatore americano.

Gli avanti sud-americani s'insediano per lunghi minuti nel campo svizzero. Un corner contro la Svizzera è salvato da Pulver. Segue un'incursione degli svizzeri nel campo avversario. I terzini uraguayani liberano. Un fallo dei sud-americani dà luogo a un colpo franco per gli svizzeri, che rimane senza risultato. Abegglen in buona posizione calcia alto. Andrade, mezz'ala destra è ferito, ma non abbandona il suo posto. Abegglen fugge un'altra volta ma il portiere americano salva. E' ancora Abegglen che per poco non pareggia. Andrade fugge, evita parecchi giuocatori svizzeri e passa all'ala sinistra. I terzini svizzeri sventano però la grave minaccia. La Svizzera risponde immediatamente ottenendo 2 corners che non danno alcun risultato.

LA RIPRESA

Il secondo tempo incomincia con due falli e due colpi franchi in favore della Svizzera, rimasti senza risultato. La Svizzera domina per alcuni minuti. Ottiene due infruttuosi corners. Petrone discende, arriva davanti al goal svizzero, ma caricato dai nostri terzini non riesce a calciare. I sud americani danno prova convincenti del loro virtuosismo. Essi si mostrano però indecisi davanti al goal. La difesa svizzera lotta con grande accanimento. Verso la metà del secondo tempo gli avanti uraguayani avanzano di nuovo minacciosi. Scarone dribla la difesa elvetica e passa a Cea. Questi calcia, ma Pulver arresta. Disgraziatamente la palla gli sfugge, Cea riprende e non ha alcuno difficoltà a segnare il secondo punto.

La Svizzera passa ora all'attacco. Si installa nel campo avversario e crea pericolose situazioni le quali permettono a Nazali di dimostrare tutto il suo valore. L'Uruguay si libera dalla stretta e Scarone tira da 25 metri un potente calcio che Pulver arresta.

Il terzo goal è segnato da Romano con un colpo di testa. La partita termina su una discesa di Abegglen, che si vede tolta la palla dai piedi dal portiere Nazzali.

Uruguay campeón del mundo, Suiza campeón de Europa

El *Basler Nachrichten* fue un vespertino de Basilea que cerró en 1977. Esta página forma parte de la exposición digital presentada en 2008 por la Biblioteca Nacional Suiza. El título conciso y claro expresa: *«Olimpiada de 1924. El Torneo de fútbol. Uruguay Campeón del Mundo. Suiza Campeón de Europa.»*

Dice el primer párrafo de la columna central:

«Crítica del equipo. Después de los últimos triunfos suizos y de la victoria obtenida difícilmente por Uruguay ante Holanda, todo el mundo pensaba que el resultado final, sea cual fuera el ganador, resultaría de un partido parejo. Aunque desde este viernes más de un suizo cobijaba secretamente la esperanza de que su equipo pudiera ganar el partido final, nadie creía seriamente que se podía derrotar al conjunto de Uruguay, cuyo nivel técnico es muy superior. En los encuentros precedentes, nuestro equipo olímpico demostró una férrea voluntad y fue por eso que se mantuvo la esperanza en cuanto a una derrota honrosa. Las expectativas fueron parcialmente colmadas pese a que solo nos llevamos el campeonato de Europa y no el campeonato del Mundo, quedando intacta toda nuestra admiración hacia los representantes que lograron transformar en realidad la hipótesis improbable de que el fútbol suizo superara al juego técnicamente perfecto de las otras naciones del continente.»

(Biblioteca Nacional Suiza, exposición en línea «Le Triomphe de nos couleurs»)

Basler Nachrichten, 10. Juni 1924

Olympiade 1924.

Das Schlußspiel des Fußballturniers.

Uruguay Weltmeister. — Die Schweiz Europachampion.

3:0 Niederlage der sich glänzend schlagenden Schweizer.

Die Stimmung vor dem Spiele.

M. **Paris**, Pfingsten. Vor einer Woche veranstalteten die Angelsachsen in Paris ein „betting“ für das Fußballturnier. Man gab der Schweiz 5/1, was heißt, daß einem Spieler, der 10 Fr. auf den Sieg der Schweiz gesetzt hätte, im Siegesfall 60 Franken ausbezahlt würden. Bei Anfang des Turniers aber hätte man die Schweiz für 20/1 haben können. Unsere Elf hat sich durchgesetzt. Für das große Pariser Publikum war ihr Wert nicht sofort ersichtlich, weil man allgemein der Ansicht war, daß der Sieg über Litauen nicht viel bedeute und weil die Franzosen den wirklichen Wert der Tschechen nicht kannten. Freilich haben die französischen Kenner nach dem Tschechenmatch die Chancen der Schweiz sofort hoch bewertet. Aber im allgemeinen trug die Kritik bei der Prognose über die Aussichten gegen Schweden dem Umstand nicht genügend Rechnung, daß die Schweiz bisher die härtesten Nüsse zu knacken gehabt hat und auch geknackt hat. Dem Schreiber wurden vor dem Schwedenmatch von amerikanischen Kollegen zahlreiche Wetten gegen die Schweiz angeboten. Dies sei nur erwähnt, um zu zeigen, wie unsere Mannschaft bis zuletzt unterschätzt wurde, weil sie eben auf hervorragende Gegner gestoßen war, bei denen man nicht leicht durchkommt, und die einem die schönsten Kombinationen zerstören.

Die Schweiz siegte jedesmal ebenso sehr durch ihr Können als auch durch ihre Zähigkeit, durch den Willen und durch die disziplinierte Uneigennützigkeit. Das zeigt den hohen Wert des Sportes. Und das zeigt, daß alle diejenigen recht haben, die den Sport unterstützen. Er ist nicht nur eine Schule des Körpers, sondern auch des Charakters.

Die moralischen Eigenschaften des schweizerischen Teams haben sicher auch viel dazu beigetragen, ihm die offenkundige Sympathie des Publikums einzutragen. Die Pariser Menge hat Abegglen (le minuscule Abegglen!) bereits ins Herz geschlossen. Aber die ganze schweizerische Elf ist ihr lieb geworden. Wir Schweizer haben dank unsern Fußballern ein „Plus“ bekommen, dessen Wert man nicht verkennen wird.

* * *

M. **Paris**, Pfingstmontag. Noch nie hat ein Fußballmatch auf dem Kontinent so viele Leute auf die Beine gebracht, wie im heutigen Final der VIII. Olympiade. Kurz nach Beginn des zweiten Ausscheidungs-Matches Schweden — Holland ist das riesige Stadion sozusagen bis zum letzten Platz gefüllt, was also heißt, daß unsere Schweizer vor 60,000 Zuschauern gegen Uruguay spielen. In Colombes ist Jahrmarktbetrieb, Tanzmusik, Freiballons usw. Alle Zufahrtsstraßen sind mit Fuhrwerken aller Art überfüllt. Der Tag ist heiß und staubig. Das Stadion ist nurmehr eine riesige Menschenmenge und bietet einen sehr malerischen Anblick. Das Publikum ist lebhaft, wie bei allen Matches. In der **Diplomatenloge** sind die Minister oder Geschäftsträger der vier kämpfenden Nationen erschienen, außerdem die Sportbehörden. Die Pressetribüne ist mit Journalisten aller Nationen überfüllt. Die Schreibmaschinen klappern. Man hört alle Sprachen. Um 3½ Uhr beginnt der

Revanchematch Schweden — Holland,

der schneidig und mit einer deutlichen Ueberlegenheit der Schweden durchgeführt wird, nachdem das Sonntagsspiel ein 1 : 1-Resultat gezeitigt hatte. Halbzeit 2 : 1 für Schweden. In der zweiten Halbzeit dominieren die Schweden. Sie gewinnen den Match mit 3 : 1.

Der Spielverlauf.

Als um 4½ Uhr die Schweizer und Uruguayer antreten, sind die Tribünen so überfüllt, daß viele Personen stehen müssen. Die Uruguayer betreten zuerst den Platz. Nationalhymne. Reicher Beifall. Sie begrüßen die Tribünen links und rechts mit einem dreifachen Hipp Hipp Hurrah und schwenken die französische und ihre Fahne. Die Schweizer treten kurz nachher in das Stadion. Nationalhymne. Sehr starker Beifall. In ihren hellblauen und roten Dreß nahmen sich die beiden Gegner äußerst schmuck aus, und punkt 4 Uhr 30 gab **Mutters**, Holland, folgenden Mannschaften den Ball frei:

Uruguay: Mazali; Nazazzi, Arispe; Andrade (Neger), Vidal, Tomasini; Mato, Scarone, Petrone, Cea, Romano.

Schweiz: Pulver; Reymond, Ramseyer; Oberhauser, Schmiedlin, Pollitz; Ehrenbolger, Pache, Dietrich, Abegglen, Fäßler.

Die Schweiz hat Anstoß. Uruguay gefährdet zuerst das schweiz. Tor, dann kommen die **Schweizer** auf und das Spiel wird ausgeglichen. Doch schon nach neun Minuten **erzielen die Uruguayer** auf raschen Angriff das **erste Goal**. Es wäre haltbar gewesen, doch **Pulver** scheint durch die **Sonne geblendet** zu sein, gegen die unsere Mannschaft spielt. Nun zeigt sich eine leichte Ueber-

Mannschaftskritik.

Nach den letzten Siegen der Schweizer und dem mühsam errungenen Erfolg Uruguays gegen Holland war man allgemein der Ansicht, daß das Schlußresultat im Endspiel, wer auch Sieger bliebe, äußerst knapp ausfallen werde. Obgleich wohl mancher Schweizer im Stillen besonders seit Freitag die kühne Hoffnung gehegt hat, daß die Schweiz auch das Endspiel siegreich für sich entscheiden werde, so glaubte doch niemand in Tat und Wahrheit daran, daß die Schweiz das technisch hochstehende Uruguay bezwingen könne. Unser Olympiadeteam hat in den bisherigen schweren Kämpfen bewiesen, daß es einen unbeugsamen Willen besitzt und deshalb erwartete man allgemein, daß unsere Farben ehrenvoll unterliegen würden. Unser aller Erwartung ist nicht getäuscht worden. Obgleich nicht die Weltmeisterschaft, sondern bloß das **Europachampionat** herausgeschaut hat, sind wir **voller Bewunderung** für unsere Schweizer Vertreter, welche das Unwahrscheinliche zur Wahrheit haben werden lassen, daß der Schweizer Fußball über das technisch vollkommene Spiel der großen Kontinentfußballnationen obgesiegt hat.

In keiner Spielphase war Uruguay derart überlegen, daß man von einem Katz- und Mausespiel hätte reden können. Wohl zwang die technische Ueberlegenheit der Amerikaner oft unsere gesamte Mannschaft in die Defensive, aber der unbeugsame Wille unserer Spieler brachte das Schweizerkreuz immer wieder in die gegnerische Spielhälfte, wo teils durch Flügelangriffe, teils durch nette Innenkombination das Tor der Gäste gefährdet und die gegnerische Verteidigung zur Entfaltung ihres ganzen Könnens gezwungen wurde.

Uruguay

besitzt in seinen elf Spielern Ballkünstler im wahren Sinne des Wortes, besonders dann, wenn sie im Besitz des Leders selbst sind. Sie dribbeln und kombinieren, daß es eine wahre Freude ist, ihre Spielweise ist keineswegs schematisch, sondern ändert ständig. Rasanten Flügelangriffen folgen überraschende Innenkombinationen, manchmal nach vorne, manchmal nach der Seite ausgeführt. Das eine Mal stürmen alle fünf Vorwärts in einer Linie, das andere Mal versuchen zwei Spieler die gesamte gegnerische Verteidigung anzulocken, und wenn dies geschehen war, wurde der Ball blitzschnell auf die Gegenseite, die nun völlig entblößt war, abgegeben. Die Läuferreihe ist ebenso schnell wie technisch durchgebildet, und vor allem ist der Neger Andrade ein wahres Fußballphänomen, wie wir in Europa wohl keines besitzen. Er macht seinem Namen alle Ehre, nur daß er die Zuschauer nicht mit seiner Stimme, sondern mit der Arbeit seiner Füße entzückt. Die Verteidigung ist äußerst stoßsicher und spielt taktisch hervorragend. Allerdings besitzt die Mannschaft **zwei große Fehler**, die ihnen gegen technisch wenigstens einigermaßen gleichwertige Gegner zum Verhängnis werden können, nämlich sie überbieten sich fast in Ueberkombinationen, die ihnen selbst so zu gefallen scheinen, daß sie darob ganz das Schießen vergessen, obgleich sie in ihren Stürmern durchgehend Schußspezialisten besitzen. Der andere Nachteil besteht darin, daß sie es gar nicht für nötig finden, gegnerische Spieler zu markieren, sondern, ihrer Raschheit und Technik vertrauend, ruhig abwarten, bis der gegnerische Spieler des Balles verlustig geht. Gegenüber diesen Fußballkünstlern hat

die Schweiz

in Ehren bestanden. So wie heute Uruguay gespielt hat, wäre auch jede andere, noch so hochstehende europäische Mannschaft besiegt worden. Unserm Team gebührt das große Verdienst, daß sie den Gegner dazu zwang, sein ganzes Können zu entfalten. Obgleich unsere Verteidigung zeitweise überlastet und infolge der scharfen vorangegangenen Kämpfe nicht mehr im Vollbesitz ihrer eigentlichen Fähigkeit war, zeigte sie doch wunderbare Momente. Insbesondere verdient **Pulver** unumschränktes Lob. Dank seiner Technik, Kaltblütigkeit und rascher Entschlußkraft vernichtete er zahlreiche bereits fabrizierte Tore im letzten Moment. Auch die gewaltigsten Bombenschüsse aus nächster Nähe nahm er in liebevolle Obhut, und dank seinem raumgreifenden Abstoß war dann auch meistenteils für einige Zeit Ruhe vor seinem Kasten. Für die erzielten Tore kann er unmöglich haftbar gemacht werden.

Er wurde auch heute wieder in klassischer Weise von den beiden Verteidigern unterstützt. **Reymond** kam dabei, wie dies immer gegen technisch hervorragende Gegner der Fall ist, bedeutend mehr zur Geltung als der oft unüberlegt eingreifende **Ramseyer**. Damit soll allerdings dessen hervorragende Arbeit nicht herabgemindert werden, denn auch er schaffte das Menschenmögliche.

Die Schweiz Europameister.

Trotz der schließlichen Niederlage im Endspiel gegen Uruguay ist unser Land nun plötzlich an die Spitze aller fußballtreibenden Nationen **Europas** getreten. Dies erfüllt uns mit großer Freude und gewaltiger Bewunderung für unsere Vertreter, die dies Wunderwerk zustande gebracht haben. Es wird uns jedoch sicherlich nicht in den Kopf steigen, denn wir wissen nur allzu gut, daß es in Europa noch verschiedene Länder gibt, die uns technisch weit überragen. Unsere Olympiadeerfolge beweisen aber dies, daß auch der kleinste, mit den bescheidensten Mitteln versehene Staat in der Konkurrenz mit weitüberlegenen Nationen bestehen kann, wenn der Wille zum Erfolg vorhanden ist.

Wer hat es gedacht, daß die Schweiz in das olympische Schlußspiel gelangen könne, als am Ostermontag auf dem Landhof in Basel unsere neu zusammengesetzte Nationalmannschaft den ersten gefährlichen Gegner, **Dänemark**, sicher bezwang? Wer, auch von den gewaltigsten Optimisten, wagte selbst nach dem überraschenden Sieg über **Ungarn** in Zürich oder dem Bombensieg über **Litauen** zu behaupten, daß die Schweiz **über die erste** olympische Turnierrunde, wo sie mit den **Tschechen** zusammenstieß, hinauskommen werde?

Trotz allen gegenteiligen Prognosen der Fachpresse und der Trainers schlug unser Olympiadeteam nach zwei schweren Kämpfen die anerkannten Fußballkönige des Kontinents. In der **Schweizer Kolonie** in **Paris** und in der **Schweiz** selbst wurde dadurch eine ungeheure Begeisterung entfacht, die auch unsere wissenden Theoretiker und die anfänglich absichtlich für die wissenden Theoretiker und die absichtlich für die Schweiz **pessimistische Pariser Presse** gelang es unserer Elf, auch **Italien** aus dem Rennen zu werfen und dann kam selbst die für uns Schweizer überraschende Botschaft vom glücklichen, aber durchaus verdienten Siege über das starke **Schweden**.

Dieser Erfolg im **Demi-Final** um die olympische Meisterschaft ist ganz besonders hoch einzuschätzen, da die Schweiz mit einem schweren Handicap in dieses Schlußrennen ging. Während **Schweden vorrundenlos** ins Turnier eintrat und bloß zwei Spiele gegen Belgien und Aegypten zu absolvieren hatte, mußten unsere Vertreter in **vier** Ausscheidungskämpfen den Weg zum Demi-Final freilegen. Darunter waren die Kolossalkämpfe gegen die Tschechoslowakei, sowie der nicht minder anstrengende Match gegen Italien.

Und nun sich das weiße Kreuz im roten Feld soweit durchgerungen hatte, blieb ihm bloß noch der von Anfang an erklärte **Hauptfavorit Uruguay** übrig. Auch Uruguay hatte im Verhältnis zu den Anstrengungen der Schweizer **relativ leichte** Arbeit. All seine Gegner: Jugoslawien, Amerika, Frankreich und Holland waren keineswegs solch schwere Gegner, wie sie die Schweiz in den Tschechen hatten. Uruguay konnte deshalb viel ausgeruhter in den Endkampf eintreten als die Schweiz.

Mit diesen Schweizererfolgen, die niemand in solchem Ausmaß für möglich gehalten hat, ist klar zum Bewußtsein gekommen, daß die von der **Schweiz** angewandte **Cuptaktik** für derartige Turnierspiele die einzig richtige ist. Wohl birgt dieses **System** gewaltige **Ungerechtigkeiten** in sich: denn es ist eigentlich absurd, daß Mannschaften, die zu dieser Nationenkonkurrenz mit durchschnittlich 30 Personen gewaltige Reisestrecken zurücklegen müssen, an eine Olympiade kommen, um bereits am ersten Tage ausgeschieden zu werden. Ferner ist es unbillig, daß z. B. bereits in der ersten Runde zwei Gegner, wie es diesmal bei Spanien und Italien der Fall war, aufeinanderstoßen und sich gegenseitig eliminieren. Mannschaften, von denen die verlierende beim Zusammentreffen mit einem schwächern Gegner unstreitig viel weitergekommen wäre.

Dagegen besitzt dies **Cupsystem** den großen **Vorteil**, daß wirklich diejenigen Mannschaften, welche den Willen zum Sieg haben, auch Erfolge erringen. Ein glänzendes Beispiel dieser Behauptung liefert die Schweiz. Das Wesen des Fußballspiels ist eben vor allem der Kampfgedanke. Es kommt dabei für Spieler und Zuschauer **nicht so sehr** auf das **technisch** überlegene, für das Auge **schöne Spiel**, sondern auf die **effektiv geleistete Arbeit**, das Tormachen an.

Die glänzendste **Anerkennung** dieser Behauptung und zugleich der Schweizererfolge ist die **Kritik** der „Gazzetta dello Sport“, die trotz bizarrer Uebertreibung das Schwarze trifft, indem sie schreibt: „Das Spiel der Schweizer ist ausschließlich auf den Kampf eingestellt. Es ist dabei sehr reich an Einfällen, an ungezügelter Energie und unvergleichlich in seinem Schwung. Es

La final del campeonato del mundo de fútbol

Después de la guerra, *Le Journal de Genève* (hoy *Le Temps*), diario liberal democrático, «nacional, político y literario», se convirtió en uno de los cotidianos más importantes de la Suiza francesa. Esta es la portada de la tercera edición del 10 de junio de 1924, a 95 años de su creación. El artículo desborda de calificaciones mundialistas.

Bajo el título *«En los Juegos Olímpicos. La final del campeonato del mundo de fútbol»*, escribe el cronista: *«Ante una muchedumbre de unas cincuenta mil personas, se jugó el lunes por la tarde, en el Estadio de Colombes, la final del campeonato del mundo de fútbol asociación. Después de un partido ásperamente disputado, el temible equipo uruguayo venció por tres goles a cero a nuestro equipo nacional. Lamentamos esta primera derrota de los suizos en el gran torneo olímpico. Después de haber vencido a Lituania, Checoslovaquia, Italia y Suecia (que venció finalmente a Holanda), es decir a los más poderosos equipos del continente, Suiza tenía el insigne honor de defender los colores de Europa contra el conjunto americano.»*

Y más adelante: *«Presentes con el único deseo de honrar su lugar en este torneo mundial, afirmaron en sus encuentros sucesivos, todas las cualidades de su raza y una tan clara voluntad de vencer que forzaron la admiración de sus propios adversarios y desmintieron los pronósticos de los cronistas, no siempre imparciales. En cada partido se mostraron más valientes y en cada esfuerzo parecieron encontrar nuevas fuerzas. Este último encuentro, cuyos detalles recibirán nuestros lectores a última hora, no debe llevarnos a olvidar las precedentes victorias y no queremos terminar sin expresar a nuestros jugadores nuestro reconocimiento por haber obtenido, entre 22 naciones, el segundo puesto en el campeonato del mundo.»*

(Documento consultable en Le Temps Archives https://www.letempsarchives.ch/)

95me année. — № 158

POST TENEBRAS LUX
Nous maintiendrons !

3ME EDITION

Mardi 10 Juin 1924.

JOURNAL DE GENÈVE

NATIONAL, POLITIQUE ET LITTÉRAIRE

Parait le soir et le matin

Bureaux des Annonces
PUBLICITAS
Société Anonyme Suisse de Publicité
5-7, rue de la Corraterie, 5-7 - GENÈVE
et Agence rue du Mont-Blanc, 22 (Véron, Grange & Cie)
Nombreuses succursales, agences et correspondants en Suisse et à l'Etranger

La ligne de 6 points Fr. 0.60
Réclames : la ligne de 7 points Fr. 2.—

Le Journal de Genève ne répond pas des manuscrits qui lui sont adressés et ne se charge pas de les renvoyer.

On s'abonne dans tous les bureaux de poste moyennant un supplément de 20 centimes.

Rédaction, Administration et Imprimerie
5-7, Rue Général-Dufour (Tél. ... 3965)

ABONNEMENTS

	1 mois	3 m.	6 m.	1 an
Suisse	2.50	6.50	16	28
Etranger (Union postale)	5. –	13. –	22	40

Chèque postal I. 683
Les abonnements se paient d'avance

SUISSE : le N° 15 c. (Genève et Vaud : 10 c.)

GENEVE, 9 juin 1924

BULLETIN

Après l'ajournement du Reichstag

L'Allemagne et la France offrent, depuis cinq semaines, un spectacle singulièrement suggestif. Elles traversent en même temps, l'une et l'autre, une crise aiguë et peut-être décisive. Mais leurs routes divergent une fois de plus. Ce fut même, au début, un vrai chassé-croisé. Tandis que les électeurs allemands, le 4 mai, manifestèrent nettement des tendances réactionnaires et anti-républicaines, le peuple français désavoua avec éclat huit jours plus tard, la politique suivie par MM. Millerand et Poincaré. Ainsi, par un curieux renversement des majorités, les partis de gauche l'ont emporté au Palais-Bourbon au moment même où tous les yeux se tournaient, au Reichstag, vers les bancs de la droite. Alors que M. Herriot aspire à jouer, dans son pays, les Bauer et les Scheidemann, le bloc national allemand s'organise rapidement. Il se serait déjà constitué si les dirigeants berlinois s'étaient montrés aussi respectueux du verdict populaire et des usages parlementaires qu'on le fut à Paris !

Mais le président Ebert et ses amis se sont efforcés de corriger le résultat des élections. Et ils y sont parvenus. Alors que les petites considérations de politique intérieure l'emportaient en France, il leur suffit d'invoquer les nécessités de la politique extérieure pour qu'aussitôt, le nouveau Reichstag s'inclinât, donnant ainsi un exemple de patriotisme et de discipline que les parlementaires parisiens feraient bien de méditer.

En dépit des succès remportés par les nationalistes le 4 mai, l'Allemagne continue ainsi à faire figure d'Etat démocratique. Et le chancelier Marx, en reprenant le pouvoir, s'en tient strictement à son ancien programme. M. Stresemann lui-même a perdu le ton parfois belliqueux qu'il avait pris pendant la campagne électorale. Son grand discours de vendredi fut un véritable plaidoyer pour l'acceptation du programme des experts. Il semblait faire ainsi de nouvelles avances à la France. Et pourtant, si l'on y regarde bien, il n'a rien rabattu de ses exigences. Il continue à réclamer avant toutes choses l'octroi, à l'Allemagne, d'un moratoire total et de l'emprunt international prévu par les experts, la suppression de la régie franco-belge des chemins de fer et le retrait des troupes d'occupation. A tout cela, M. Poincaré avait répondu précédemment qu'il ne saurait être question, pour la France d'abandonner les seuls gages effectifs qu'elle possède avant qu'elle n'ait obtenu les garanties d'ordre international dont les experts eux-mêmes ont reconnu la nécessité. Mais M. Poincaré n'est plus là et M. Stresemann fonde de grands espoirs sur l'intervention personnelle de M. Herriot. « Que M. Herriot a-t-il déclaré, prenne ou non le pouvoir, son influence sur le Parlement est si forte qu'on ne fera rien contre sa volonté, et bien que la question de l'évacuation ne soit pas comprise dans le plan Dawes, il existe un moyen de la régler ».

Le ministre des affaires étrangères du Reich compte donc sur M. Herriot pour lui faciliter les choses. Il laisse entendre, en termes sybillins, à sa nouvelle majorité, qu'il parviendra peut-être à éluder cette question des garanties à laquelle on s'achoppait depuis des mois. Et c'est ainsi seulement qu'il a enlevé le vote de confiance qui permettra au cabinet Marx de se survivre quelque temps encore.

Mais il serait vain de se faire des illusions. La situation du cabinet, depuis son retour, est plus précaire encore que par le passé. Sauf le centre, les partis de la coalition bourgeoise sur laquelle il s'appuie ont subi de fortes pertes aux élections. Les populaires continuent à loucher vers la droite et déserteront à la première occasion favorable. De nombreux représentants du centre, qui ont voté déjà pour M. Wallfraff, semblent incliner aussi vers une collaboration avec les nationaux. Il en va de même dans les rangs du parti populaire bavarois, qui s'est prononcé, vendredi, en faveur du gouvernement.

La position de ce dernier est d'autant plus critique que l'adoption des mesures législatives réclamées par la commission des réparations en vue de l'application du plan des experts exige, aux termes de la constitution, une majorité des deux tiers. Le président de la République peut recourir, il est vrai, à de nouvelles élections. Mais le Reichstag qui en sortirait serait-il plus maniable que celui qui vient d'être élu, ou les nationalistes, au contraire, ne remporteraient-ils pas, cette fois-ci, un succès décisif ? L'expérience, en tout cas, serait terriblement hasardeuse...

Le seul espoir de MM. Marx et Stresemann réside donc dans les concessions qu'ils pensent obtenir de M. Herriot, concessions que leurs nationalistes interpréteront infailliblement comme une victoire de la diplomatie allemande sur la politique française. Un double danger menace donc l'héritier présomptif de M. Poincaré. Il risque, dans son désir de faciliter la tâche aux éléments démocratiques, en Allemagne, de se laisser entraîner plus loin qu'il ne voudrait. Il doit craindre, en outre, que ses avances ne soient exploitées à fins contraires par les ennemis mêmes de ceux qu'il prétend soutenir. Et les responsabilités qu'il encourt sont d'autant plus grandes qu'il ne se soucie guère, dans sa politique intérieure, des complications extérieures qui peuvent encore surgir...

P. D. B.

Assurance scolaire

L'assurance scolaire, créée il y a quelques années pour atteindre un but social très bienfaisant, est aujourd'hui dans une impasse : ses déficits sont considérables, et les diverses institutions sans le concours desquelles elle ne peut vivre n'arrivent pas à se mettre d'accord sur les réformes à réaliser.

M. le Dr Thomas a exposé il y a quelques mois dans nos colonnes, on s'en souvient, les motifs pour lesquels il serait hautement désirable que l'on conservât l'assurance scolaire. Mais il existe divers abus qu'il est très difficile de réprimer. Tout d'abord beaucoup de parents n'ont pas compris ce qu'est l'assurance; ils n'ont pas saisi que le principe qui est à la base de toute assurance, et en particulier de l'assurance maladie, est celui-ci : les cotisations de ceux qui ont le bonheur de se bien porter servent à payer les frais qu'occasionnent ceux qui ont le malheur d'être malades. Tous les assurés partagent entre eux les risques de la maladie. Or, des parents font le raisonnement que voici : nous avons payé des cotisations, donc nous voulons une contre-partie; il faut que le médecin voie nos enfants même s'ils se portent bien. D'où frais exagérés pour la Caisse.

Autre erreur : l'assurance étant obligatoire, beaucoup en concluent que la Caisse, l'Etat ou les communes peuvent se passer du paiement de bon nombre de cotisations : qu'est-ce, pour la princesse, que quelques sous de plus ou de moins ? Mais les petits ruisseaux font les grandes rivières... d'où frais exagérés pour la Caisse.

Puis — et nous nous garderons de généraliser — il se trouve des médecins pour lesquels l'assurance scolaire est une excellente vache à lait. Comment la commission administrative pourrait-elle contrôler si une visite était nécessaire, si tel médicament coûteux était indispensable ? Impossible... d'où frais exagérés pour la Caisse.

Chacun donc est d'accord qu'une réforme profonde est nécessaire. Pour éviter les abus de certains médecins, d'aucuns demandent qu'on fixe un forfait : 15 fr. par an, par exemple, par enfant à soigner. Mais la Société des médecins a exposé les motifs pour lesquels il lui était impossible d'accepter ce mode de procéder.

Autre solution, destinée à prévenir les abus que commettent certains parents : astreindre ceux-ci à payer, à côté de la cotisation régulière, le quart des frais médicaux et pharmaceutiques. Théoriquement, c'est très soutenable, mais pratiquement cela nécessiterait des frais de surveillance considérables, pour des résultats souvent minimes. Et comment faire comprendre à chacun que, quoique assuré, il doit quand même payer une partie des frais ?

Il nous parait que, dans les circonstances actuelles, et vu les profondes divergences d'opinions qui se sont fait jour, toute tentative de « replâtrage » est vouée à l'insuccès : la loi et les règlements seront modifiés... mais les déficits subsisteront.

Or, cette lourde charge, on ne peut l'imposer aujourd'hui à l'Etat : sa situation est trop précaire. Malgré tous les regrets que nous ferait éprouver la disparition momentanée de l'assurance scolaire, nous en revenons donc fatalement aux conclusions que nous avons déjà énoncées au mois d'août dernier : la seule solution possible est la suspension, pour quelques années, des effets de l'assurance scolaire. On l'instituera à nouveau, sur des bases plus solides, à une époque plus prospère que celle que nous traversons péniblement.

J. M.

Aux Jeux olympiques

La finale du championnat du monde de football

Devant une foule évaluée à cinquante mille personnes s'est jouée lundi après-midi, au stade de Colombes, la finale du championnat du monde de football association.

Après une partie âprement disputée, la redoutable équipe uruguayenne a battu, par trois buts à zéro, notre team national.

•

Ce n'est pas sans regret que nous enregistrons cette première défaite des Suisses dans le grand tournoi olympique. Après avoir vaincu la Lituanie, la Tchécoslovaquie, l'Italie et la Suède (qui a finalement battu la Hollande), c'est-à-dire les plus redoutables équipes du continent, la Suisse avait l'insigne honneur de défendre les couleurs de l'Europe contre le team américain. Et nous ne sommes pas éloignés de croire que les nôtres l'auraient emporté dans cet ultime combat si la fatigue et le surentraînement ne les avaient handicapés.

Jouer en quelque quinze jours six matches internationaux avec des équipes longuement entraînées et officiellement soutenues et n'essuyer qu'une seule défaite, c'est là un effort qui ne va pas sans lourde fatigue. L'homogénéité du team, la valeur, l'intelligence, l'endurance et la ténacité des joueurs finissent par être émoussés après tant de chocs répétés.

Partis avec le seul désir de tenir honorablement leur place dans ce tournoi mondial, ils avaient affirmé dans leurs successives rencontres toutes les qualités de leur race et une si nette volonté de vaincre, qu'ils avaient forcé l'admiration même de leurs adversaires et renversé tous les pronostics de chroniqueurs pas toujours impartiaux. Chaque match les voyait plus courageux, plus opiniâtres et ils semblaient trouver à chaque effort nécessaire des forces nouvelles.

Cette ultime rencontre, dont nos lecteurs auront le détail en dernière heure, ne nous doit point faire oublier les précédentes victoires et nous ne voulons pas terminer sans exprimer à nos joueurs notre reconnaissance d'avoir, sur vingt-deux nations, obtenu le deuxième rang dans le championnat du monde.

Les quatre nations classées sont donc, dans l'ordre: 1re Uruguay, 2e Suisse, 3e Suède, et 4e Hollande.

Menus propos

« Candide » et Genève

Sous le titre *Des inédits de Victor Hugo*, l'hebdomadaire français *Candide* cite deux épigrammes du grand poète romantique, précédées l'une des mots : *sur une auberge de Genève*, et l'autre : *sur une autre auberge de Genève*. Et la feuille en question nous informe avoir trouvé ces épigrammes dans la *Revue anecdotique* du 1er avril 1856.

Or, je lis dans les lettres de voyage de Victor Hugo, adressées à sa femme, ceci d'abord, daté de Coulommiers : « A Bray, petite ville puante, « j'ai écrit ce quatrain, en m'éveillant, sur le mur « de l'auberge :

Au diable! auberge immonde! Hôtel de la punaise!
Où la peau le matin se couvre de rougeurs;
Où la cuisine pue, où l'on dort mal à l'aise,
Où l'on entend chanter les commis voyageurs ! »

Puis ceci, daté de La Fère : « Tout est beau à « Laon, les églises, les maisons, les environs, tout, « excepté l'horrible auberge de la Hure où j'ai « couché et sur le mur de laquelle j'ai écrit ce « petit adieu :

A l'aubergiste de « la Hure ».

Vendeur de fricot frelaté,
Hôtelier chez qui se fricasse
L'ordure avec la saleté,
Gargotier chez qui l'on ramasse
Soupe maigre et vaisselle grasse
Et tous les poux de la cité,
Ton auberge comme ta face
Est hure pour la bonne grâce
Et groin pour la propreté.

« Il faut te dire que l'aubergiste est insolent par-« dessus le marché. Il vous fait manger du poulet « crevé et vous rit au nez, le drôle. »

Telles sont les deux épigrammes que *Candide* se fait un grand plaisir de publier *ad majorem gloriam... Genevae*, sans doute. Mais, comme on voit, le premier se rapporte à Bray, petite ville de Seine-et-Marne, l'autre à Laon, chef-lieu du département de l'Aisne. Il faut donc rendre à César ce qui est à César.

Candide termine ainsi son petit canard chahuteur : « Ces épigrammes n'ajoutent rien à la gloire « de la *Légende des siècles*. Mais enfin... » Je dirai, moi, que le canard n'ajoute rien à la bonne foi de *Candide*. Mais enfin...

L.A. D.

Lettre de Paris

AUTOUR DE LA CRISE

Paris, 8 juin.

(De notre correspondant)

Avant que la crise soit arrivée à son dénouement — qui sera probablement un voyage à Versailles — il convient de préciser quelques points de son histoire, car cela n'est pas sans importance pour l'avenir, les événements de ces jours devant avoir une influence sur toute la législature. On a déjà indiqué que M. Herriot, désigné par ses adversaires aussi bien que par ses amis comme l'homme appelé à prendre le pouvoir, avait en une semaine compromis ses chances de succès durable : il s'est montré incapable de gouverner sa barque d'une main ferme et s'est laissé tout de suite entraîner par des courants qui le poussaient dans une direction qu'il n'aurait pas voulu prendre. Mais il faut ajouter quelques détails suggestifs à ce qui a été dit.

Le maire de Lyon était tout à fait hostile à l'idée de déclencher une campagne contre M. Millerand; il ne saurait d'ailleurs nier le fait, puisqu'à un moment où il n'avait pas abdiqué encore entre les mains de ceux qui ont tiré les ficelles, il s'est prononcé publiquement à ce sujet. Bien plus, dans sa première entrevue avec le président de la République, il lui avait donné à entendre qu'il accepterait la mission de constituer un cabinet pourvu qu'aucune entrave ne fût mise par le chef de l'Etat à sa liberté d'action.

Ces paroles avaient rassuré M. Millerand. Cela explique l'attitude de pure expectative adoptée par ce dernier. S'il avait pensé qu'on lui adresserait un ultimatum, il aurait pris certaines précautions, de façon à avoir un cabinet radical tout à prêt à substituer à celui de M. Herriot. En se préparant à temps, il aurait eu le moyen de constituer un ministère capable d'affronter l'orage et peut-être même — qui sait ? — d'obtenir une majorité à la Chambre. Mais il n'a pas songé un instant que M. Herriot pourrait se laisser dominer par des forces occultes. Aussi y eut-il à l'Elysée un véritable désarroi lorsque le dimanche 1er juin on y connut l'ordre du jour voté dans la réunion du cartel des gauches. Il était bien tard pour parer le coup. C'est alors que M. Steeg, gouverneur général de l'Algérie et sénateur, radical bon teint, mais ami personnel du président, fut prié de se rendre sans retard à Paris. Huit jours plus tôt, la venue de M. Steeg aurait pu avoir une bien plus puissante action que maintenant.

Mais revenons à M. Herriot. Comment cet homme intelligent, consciencieux, respectueux de la légalité, a-t-il pu consentir à jouer un rôle qui porte un coup terrible à son autorité personnelle et accepter d'ébranler d'une façon singulièrement inquiétante une Constitution, qui peut avoir ses défauts, mais qui a eu du moins le mérite d'éviter à la France des crises dangereuses et qui a subi avec honneur l'épreuve de la guerre ? C'est tout simplement qu'il n'a pas osé courir le risque de n'être pas considéré comme suffisamment « pur »; chef, il a tremblé devant ses troupes et, à l'heure même où il fallait à tout prix qu'il manifestât sa capacité de vouloir et de diriger, il s'est mis à la suite. Personne ne prenait au sérieux tout d'abord la furibonde campagne du *Quotidien*. Un « non » prononcé sans retard avec énergie en aurait neutralisé l'effet. M. Herriot a attendu, hésitant, laissant aux plus violents le moyen de créer une sorte d'état d'esprit révolutionnaire. Pendant ce temps, les chefs socialistes, voulant avoir barre sur le futur président du conseil, exerçaient sur lui une pression de tous les instants. Un caractère de chef aurait vu là une raison de plus pour résister. M. Herriot a cédé, après avoir prétendu conserver sa liberté d'action à l'égard de M. Millerand. On a vu qu'en définitive il a purement et simplement exécuté la consigne *simul ac cadaver*.

Peut-être M. Herriot aurait-il fait une meilleure défense si ses oreilles n'étaient pas demeurées ouvertes à la voix d'une sirène. Dès le premier instant, M. Briand le chapitra; il lui dit, invoquant sa vieille expérience politique, qu'il allait se couler s'il se montrait pusillanime à l'égard de M. Millerand, qu'il ne tarderait pas à se repentir d'avoir épargné celui-ci et qu'au demeurant son cartel des gauches allait ainsi se couper en deux. M. Herriot a écouté ces conseils captieux. Le pauvre ! Un enfant aurait su voir la fin que poursuivait son interlocuteur, et il ne l'a pas découvert; il s'en apercevra lorsqu'il sera trop tard. M. Briand avait une vengeance à satisfaire à l'égard de M. Millerand et le désir de la savourer a certainement contribué à le faire agir. Mais il s'est surtout proposé de discréditer dans la mesure du possible M. Herriot, de façon à l'écarter bientôt de son chemin et

---

Uruguay ganó el lunes el campeonato del mundo de fútbol

Este es el informe detallado anunciado en la primera página, correspondiente a la última edición del *Journal de Genève* del 10 de junio de 1924. Señala la crónica: *«Uruguay venció a Suiza. Uruguay ganó el lunes el campeonato del mundo de fútbol. Metió un gol contra Suiza en el primer tiempo y dos en el segundo, sin que nuestros jugadores lograran engañar una sola vez a la defensa uruguaya.»* El relato de las circunstancias del encuentro, preciso, destaca los siguientes hechos de juego principales, en particular la característica de los goles, y permite ubicarlos en los films conservados.

Primer gol: *«En su rechazo, el mediocampista* [Abegglen] *quiere pasarle la pelota a Reymond. Petrone intercepta y baja rápidamente hacia el arco suizo, ante el cual, a diez metros, marca el primer gol para Uruguay. Van siete minutos de juego.»* (www.youtube.com/watch?v=3Bz9q9WR0tE, minuto 1'05; o www.youtube.com/watch?v=ilRIoMtSQaM, 5'25) *«Un buen ataque de los uruguayos permite a Petrone, pese a la defensa de Reymond, anotar de nuevo. Pero el árbitro anula el tanto.»* (www.youtube.com/watch?v=ilRIoMtSQaM, 8'50)

Segundo gol: *«Pero, a raíz de una nueva escapada de los delanteros uruguayos, Scarone, en posesión de la pelota, supera la defensa suiza y pasa a Cea. El golero suizo detiene pero desgraciadamente tocando un balón que Cea retoma y envía al fondo de la red, anotando así el segundo gol para Uruguay.»* (www.youtube.com/watch?v=3Bz9q9WR0tE; minuto 1'30)

Tercer gol: *«Los delanteros uruguayos buscan el gol, uno tras otro, sin lograrlo. El golero suizo saca al córner. La pelota llega al arco suizo, en donde Romano retoma de cabeza y coloca la pelota contra el palo, marcando el tercer tanto.»* (www.youtube.com/watch?v=3Bz9q9WR0tE; minuto 1'40)

(Documento consultable en Le Temps Archives https://www.letempsarchives.ch/)

DERNIÈRES NOUVELLES

3me EDITION

La crise politique en France

Les ministres à l'Elysée

Paris, 9 juin.

Lundi, à 17 h., les nouveaux ministres se sont réunis au ministère des finances en conseil de cabinet. Ils se sont mis d'accord sur les termes de la déclaration ministérielle, et, à 18 h., M. François-Marsal est allé présenter ses collaborateurs au chef de l'Etat à l'Elysée.

Le message de M. Millerand

Paris, 9 juin.

Le message du président de la République, qui a été contresigné lundi soir par M. François-Marsal et qui sera lu mardi à la Chambre, constitue un assez bref document d'une soixantaine de lignes environ.

Sans passion, en termes absolument mesurés, objectivement, le chef de l'Etat se borne à présenter un raccourci des événements qui se sont déroulés depuis son arrivée à l'Elysée, en septembre 1920.

Appelé pour sept ans à la magistrature suprême, par la confiance quasi unanime de l'Assemblée nationale — il avait, en effet, réuni sur son nom plus de 700 suffrages — M. Millerand rappelle que déjà dans son discours de remerciements il avait indiqué qu'il entendait suivre à la présidence de la République une politique de progrès social et de concorde nationale à l'intérieur, de paix à l'extérieur.

Il est resté constamment fidèle à ce programme. C'est ainsi, en particulier, que tous les cabinets auxquels il a successivement confié le pouvoir ont été des cabinets d'union, dont faisaient notamment partie des hommes politiques de gauche. L'attitude du chef de l'Etat n'a jamais cessé d'être strictement conforme à ses prérogatives constitutionnelles. Au lendemain des dernières élections législatives, il a manifesté clairement sa volonté de constituer un ministère dont le programme répondît aux vœux du suffrage universel ; mais M. Herriot a cru devoir décliner l'offre du président de la République en raison uniquement du vote d'exclusive émis par un certain nombre de parlementaires contre M. Millerand. Ainsi, la majorité politique issue de la consultation électorale du 11 mai rend pratiquement impossible au chef de l'Etat l'exercice de son mandat en refusant de constituer un cabinet qui puisse s'appuyer sur cette majorité.

Une pareille ingérance n'est pas admissible. En vue d'assurer la continuité dans l'action gouvernementale, la Constitution a fixé des durées différentes aux mandats des élus de la nation: président de la République, sénateurs et députés. Ce serait créer, pour l'avenir, un précédent d'une portée invraisemblable que de subordonner les pouvoirs du chef de l'Etat aux fluctuations électorales. C'est à ce résultat qu'on aboutirait sans doute si un vote du Parlement n'intervenait pour mettre fin à une situation dont le caractère est nettement révolutionnaire. C'est en effet au Parlement, et au Parlement seul, qu'il appartient de trancher la question présidentielle.

Dans ces conditions, le président de la République demande aux deux Chambres de se prononcer, en faisant appel à leur sagesse, à leur clairvoyance et à leur patriotisme.

Les intentions des Chambres

Paris, 9 juin.

(Par téléphone de notre correspondant)

La Chambre s'est réunie lundi en une courte séance, au cours de laquelle elle a décidé de procéder à la constitution des groupes et à la nomination des grandes commissions. Elle s'est ensuite ajournée au lendemain.

Le résultat de la séance de mardi au Palais-Bourbon ne fait de doute pour personne: le cabinet François-Marsal sera, sous une forme ou une autre, l'objet d'un vote hostile de la part de la majorité de la Chambre, et sa retraite sera suivie de celle de M. Millerand. Mais on ne saura que peu avant l'ouverture de la séance dans quelles conditions auront lieu le débat et le vote.

La plupart des radicaux voudraient qu'il n'y eût pas de discussion, ou tout au moins que la discussion fût aussi restreinte que possible, d'une part parce qu'ils craignent que l'argumentation de l'opposition ne produise une certaine impression sur l'opinion, et d'autre part parce que l'intervention annoncée des communistes, qui se proposent d'attaquer violemment le président de la République, les gêne et risque dans une certaine mesure de les compromettre.

Cependant, quelques députés radicaux, à vrai dire peu nombreux, tels que M. Dalbiez, estiment que l'étouffement du débat fournirait aux adversaires du cartel des gauches le moyen d'affirmer que la majorité a bien procédé à une opération anticonstitutionnelle puisqu'elle n'a pas voulu qu'on la discutât. M. Painlevé, lui, est très désireux que l'on vote au plus vite, car, peu habitué à présider la Chambre, il redoute de ne pas se montrer à la hauteur de la situation si la séance devient un peu tapageuse. Seulement, comment empêcher le développement des interpellations, dont la plus importante a été déposée par M. Reibel? L'interpellation déposée par ce député est ainsi conçue: « Je demande à interpeller le gouvernement sur les conditions dans lesquelles s'est constitué le cabinet ».

Les radicaux songent, paraît-il, à se prononcer contre leur discussion immédiate en donnant à ce vote le sens d'une manifestation hostile au cabinet.

Ces questions de procédure peuvent avoir l'air byzantines. La façon dont elles ont passionné les milieux politiques montre toutefois qu'on est malheureusement un peu embarrassé du côté de la majorité au sujet de l'entreprise engagée, qu'elle est obligée maintenant de mener jusqu'au bout.

Au Sénat, la lecture de la déclaration ministérielle sera suivie d'un débat soulevé par une interpellation de M. Loucheur. Le groupe de la gauche républicaine se réunira avant la séance, ainsi que le groupe de la gauche et celui de l'Union républicaine, pour examiner la situation politique.

On croit toujours que l'Assemblée nationale pourra se réunir à Versailles vendredi. Mais les gens superstitieux font observer que l'élection du nouveau président, effectuée au début de la troisième législature, aura lieu ainsi un vendredi 13; que le cabinet chargé de l'expédition des affaires a 13 membres, et que le président qu'on va élire est le 13e, si l'on tient compte du fait que M. Grévy fut deux fois président. Il y a de quoi faire trembler ceux qui n'aiment pas le chiffre 13.

Disons encore en finissant le surnom qui a été donné au ministère François-Marsal, dont on sait qu'il n'aura d'autre rôle que de donner lecture du message présidentiel et de sa propre déclaration: on l'a appelé le cabinet de lecture.

ITALIE

M. Mussolini et la politique étrangère

Rome, 9 juin.

Dans le grand discours que M. Mussolini a prononcé à la Chambre italienne, répondant aux orateurs qui ont pris la parole sur l'adresse en réponse au discours de la couronne, le chef du gouvernement a réfuté point par point les critiques de l'opposition sur sa politique intérieure. Le président du conseil fut très bref sur les questions de politique internationale :

Il n'y a aucun doute, a dit l'orateur, qu'il existe encore des problèmes à résoudre. En premier lieu celui des réparations, qui est désormais facilité par l'acceptation du rapport Dawes de la part de l'Allemagne.

Je crois que la situation de l'Italie s'est fortement améliorée vis-à-vis de celle des autres Etats. Il faut veiller, car il y a des traités qui furent conclus avec un esprit qui peut ne pas être le nôtre, car les traités on les fait avec l'épée à la main ou avec la justice.

La situation européenne est encore instable et elle peut provoquer demain, je ne dirai pas une catastrophe, car je n'y crois pas, mais une crise. Je ne dis pas la catastrophe, car les peuples ne sont pas encore guéris de celle qui a pris fin en 1918. Mais il faut veiller. Voilà pourquoi, à côté d'une politique étrangère de paix, car la paix seulement peut permettre la reconstruction, il faut tenir prêtes toutes nos forces de terre, de mer et aériennes.

On a dit: Qu'est-ce que vous pensez de la Société des nations ? Cette question a été posée, car le discours de la couronne ne faisait aucune allusion à cet organisme international. Il faut rester dans la S. d. N.; il faut y rester, ne serait-ce que par égard pour les autres nations qui font partie de la S. d. N. Si nous partions, ces pays seraient très heureux; ils traiteraient leurs affaires et discuteraient leurs intérêts sans nous et peut-être contre nous. On a demandé ce que la S. d. N. pourrait devenir, si elle est une chose sérieuse ou seulement une tentative destinée à faire faillite, si elle peut devenir un super-Etat, — ce que j'exclus, — si elle annule l'autorité des autres Etats, — ce qui est impossible. Tout cela peut faire l'objet de discussions. On discute des problèmes et on prend des décisions au sein de la S. d. N. L'Italie ne peut donc pas rester absente.

L'accord pour le Djoubaland

Londres, 10 juin.

La convention anglo-italienne relative au Djoubaland a été paraphée lundi et sera signée sous peu par les deux gouvernements.

La nouvelle frontière sera celle connue sous le nom de « frontière Milner-Scialoja ». L'Angleterre cède ainsi à l'Italie un territoire de quarante mille mètres carrés détaché de sa colonie de Kenia. Cette concession importante, supérieure à celle qui avait été proposée antérieurement, est faite en exécution des obligations contractées aux termes de l'article 13 du traité de Londres du 23 avril 1915, lorsque l'Italie entra en guerre.

La révolution albanaise

Les nationalistes à Alessio

Tirana, 9 juin.

On annonce que les révolutionnaires albanais se sont emparés d'Alessio, que les troupes gouvernementales ont évacuée en emmenant leurs canons.

L'attitude de Rome et de Belgrade

Rome, 9 juin.

Les gouvernements de Rome et de Belgrade, dit un communiqué officiel albanais, ont eu un échange de vues, conformément au pacte d'amitié et de collaboration conclu entre les deux pays, sur les événements qui se sont déroulés récemment. Les deux gouvernements ont établi que le but de leur politique est de ne rien entreprendre qui puisse entraver le développement d'une Albanie indépendante. Ils considèrent donc les luttes actuelles comme une affaire intérieure albanaise.

La frontière de l'Irak

Constantinople, 9 juin.

Les dernières formalités pour la signature des procès-verbaux de rupture de la conférence anglo-turque sur la délimitation de la frontière d l'Irak avec la Turquie ont été remplies lundi et les délégués anglais sont partis dans la soirée.

Le conseil des ministres de Turquie s'est réuni sous la présidence de Mustapha Kemal pacha. Il a longuement délibéré sur la politique intérieure et extérieure et sur les conditions possibles du renvoi du litige anglo-turc devant la S. d. N.

Le microbe du cancer

De Philadelphie, le 9 juin :

Suivant le journal *North America*, le Dr Glooser, de Toronto (Canada), a isolé le microbe du cancer et a composé un sérum curatif. Ce sérum, administré à titre expérimental, depuis deux ans, à plus de 200 cancéreux, dont quelques-uns étaient dans un état désespéré, a donné dans la plupart des cas des résultats très favorables. Tous les symptômes du cancer ont disparu dans quelques cas.

Les grands raids aériens

Hongkong, 9 juin.

Le lieutenant Smith, qui dirige l'expédition américaine du tour du monde aérien, répare actuellement son appareil. Il espère pouvoir être prêt à repartir mardi matin.

Rangoon, 9 juin.

Les aviateurs portugais sont partis de Rangoon pour Bangkok, où ils sont arrivés l'après-midi.

CONFÉDÉRATION

Conférence des agences télégraphiques

De Berne, le 9 juin :

La conférence internationale des agences télégraphiques a poursuivi lundi ses délibérations. Elle a d'abord discuté les vœux qui seront soumis à la prochaine conférence radiotélégraphique et radiotéléphonique internationale officielle et aux gouvernements des différents pays concernant le règlement international des communications par T. S. F. La question de l'amélioration de l'échange des services entre les différences agences a été ensuite examinée.

Chez les socialistes vaudois

La démission de M. Charles Naine

De Lausanne, le 9 juin :

Le comité directeur du parti ouvrier socialiste lausannois déclare, dans le *Droit du Peuple* de lundi, que c'est avec quelque surprise qu'il a pris connaissance de la démission de M. Charles Naine comme membre du parti ouvrier socialiste de Lausanne. Il est tout à fait étranger à la publication de ce document par la presse bourgeoise et il proteste énergiquement, au nom du parti ouvrier socialiste lausannois, contre les termes injurieux qui y sont employés tant contre le parti que contre ses organes responsables. Il prie les membres de la section de Lausanne de prendre note qu'aucune démission d'un membre du groupe du sud ne lui est parvenue jusqu'à ce jour. Le groupe subsiste; le comité reste en charge, et il n'est aucunement question de sa suppression en tant que groupement du parti ouvrier socialiste lausannois, régulièrement constitué et affilié.

Invoquant le droit de réponse que lui confère la loi vaudoise sur la presse, M. Charles Naine écrit :

« Le comité directeur du parti socialiste lausannois proteste contre les termes de ma démission.

« Je constate qu'il n'a jamais élevé une seule protestation contre les injures et les calomnies dont j'ai été l'objet au sein du parti ouvrier socialiste vaudois, calomnies infâmes que jamais, jusqu'à présent, les plus violents et les moins scrupuleux de mes adversaires n'ont jamais osé inventer.

« Quant à la publication de ma lettre de démission, je l'ai fait tout simplement parce que le Dr Jeanneret-Minkine a publié dans la *Feuille d'avis de Montreux* des raisons absolument fausses de cette démission. A ces explications mensongères j'ai dû opposer les véritables raisons et je le ferai chaque fois que, dans la presse, mes ex-camarades me poursuivront de leurs calomnies. »

Schaffhouse. — *Cinq noyés.* — Cinq jeunes gens de 18 à 22 ans ont été victimes d'un accident à Rüdlingen sur le Rhin. Un bateau contenant dix personnes se rendait de Rüdlingen à Tössegg. Arrivé sous le pont, le bateau fut pris dans un remous. Craignant que l'embarcation ne fût projetée contre les piliers du pont et ne se brisât, plusieurs jeunes gens se levèrent précipitamment, ce qui fit chavirer, et tous les occupants tombèrent à l'eau. Cinq d'entre eux purent se sauver à la nage, alors que trois jeunes gens et deux jeunes filles, tous de Rüdlingen, disparurent dans les flots et se noyèrent. Les corps n'ont pas été retrouvés.

Voici les noms des personnes noyées: Ernest Fehr, facteur, Alexandre Meier, Hans Gehring, Mina Winkler, de Rüdlingen, Frieda Ulrich, d'Oberwil, près Henggart. Les quatre derniers fils et filles d'agriculteurs.

Vaud. — *Mort de M. Alfred Renevier.* — A Lausanne est décédé dimanche, à l'âge de 81 ans, M. Alfred Renevier, ancien avocat, avocat-conseil, depuis 1885, de la légation de Suisse à Paris.

— *La terre tremble.* — Une secousse de tremblement de terre, qui paraît n'avoir été que locale, et qui était accompagnée de grondements souterrains prolongés, a été ressentie dans le Pays-d'Enhaut dimanche à 7 h. 57.

Aux jeux olympiques

L'Uruguay bat la Suisse

L'Uruguay a remporté lundi le championnat du monde de football. Il a marqué un but contre la Suisse dans la première mi-temps et deux dans la seconde sans que nos joueurs aient pu tromper la défense uruguayenne.

Voici un compte rendu de la rencontre :

Avant le match

Paris, 9 juin.

L'heure du grand match est venue. Le stade renferme 50.000 spectateurs. Environ 3000 personnes n'ont pu pénétrer à l'intérieur et attendent aux abords le résultat de cet événement sportif. Avant l'entrée des équipes sur le terrain, le haut parleur en annonce la composition.

A 16 h. 26, l'équipe de l'Uruguay pénètre sur le terrain, avec le même cérémonial que lors de ses premiers matches, c'est-à-dire précédée des drapeaux uruguayen et français. Des acclamations s'élèvent de toutes parts.

Les Suisses viennent ensuite, non moins applaudis, et à 16 h. 32 l'arbitre français Slavick siffle le coup d'envoi, qui échoit à la Suisse.

La première mi-temps

Le jeu, un instant au milieu du terrain, se reporte dans le camp suisse, puis revient au centre. Abegglen, en possession de la balle, sert son ailier gauche. Malheureusement, la balle est lancée trop fort et le ballon sort. Sur le renvoi, le demi-centre suisse veut laisser le ballon à son équipier Reymond. Petrone intercède et descend rapidement vers les buts suisses, devant lesquels, à dix mètres, il marque le premier goal pour l'Uruguay. Il y a sept minutes que l'on joue.

Une belle descente des Uruguayens permet à Petrone, et malgré l'arrière Reymond, de marquer un nouveau but. Cependant l'arbitre le refuse. A la remise, le jeu se cantonne dans le camp suisse. Un corner contre la Suisse est repris de la tête par Romano, mais le goal suisse, très sûr, arrête. Une faute d'un Uruguayen donne lieu à un coup franc qui permet à la Suisse de se dégager. Abegglen, en bonne position, envoie au-dessus de la barre. Peu après, le demi-droite uruguayen est touché à la tête mais reprend sa place. Abegglen fait une échappée pour la Suisse, qui est dégagée de justesse, puis Abegglen s'échappe de nouveau et manque de peu un but. Les Suisses descendent vers le but adverse et tirent deux corners sans résultat. Sur une attaque de l'Uruguay, les arrières suisses chargent brutalement Gea. L'arbitre accorde un coup franc que le goal suisse ne sauve que d'extrême justesse. La mi-temps est sifflée.

L'Uruguay mène par 1 à 0.

La seconde mi-temps

A la reprise, deux coups francs sont tirés par la Suisse, mais ne donnent aucun résultat. Puis nos avants, pendant un moment, jouent dans le camp des Uruguayens. Ils obtiennent ainsi deux corners, qui restent sans effet. Les Uruguayens fignolent un peu trop leur jeu devant la défense suisse, qui s'emploie activement à dégager son camp. Mais, sur une nouvelle échappée des avants uruguayens, Scarone, en possession du ballon, passe la défense suisse et donne la balle à Gea. Le goalkeeper suisse arrête. Malheureusement, il touche le ballon que Gea reprend pour l'envoyer dans les filets, marquant ainsi un second but pour l'Uruguay.

Les Suisses ont un réveil subit et s'installent devant les buts de l'Uruguay, ce qui permet au gardien Nazali de prouver toute sa valeur. Mais l'Uruguay se dégage et un avant place, à 25 mètres, un shoot superbe que Pulver arrête. Les avants uruguayens essaient leur but à tour de rôle sans succès. Le goalkeeper suisse met en corner. Le ballon arrive jusque devant les buts suisses, où Romano, reprenant de la tête, marque le troisième but, en expédiant la balle dans le coin du poteau. Abegglen descend à son tour en dribblant, mais se fait souffler adroitement le ballon. C'est la fin.

L'Uruguay bat la Suisse par 3 à 0.

Après le match

Dès que le coup final est sifflé, les deux équipes se réunissent devant le mât olympique; tandis que les musiques jouent l'hymne uruguayen, le drapeau de la nation victorieuse est hissé au haut du mât. Le public applaudit frénétiquement. Les joueurs des deux équipes effectuent alors un tour d'estrade au milieu de l'enthousiasme général et des acclamations nourries qui unissent dans la même pensée vainqueurs et vaincus. Le spectacle est, à ce moment, impressionnant et termine brillamment la belle fête du football international que constitue le tournoi olympique de 1924.

Inutile de dire que le record des recettes a été largement battu. Les guichets d'entrée, bien qu'ayant refusé plusieurs milliers de spectateurs, ont réalisé environ 550.000 francs.

Comment les Suisses ont joué

Notre envoyé spécial nous télégraphie :

Les Suisses se sont montrés courageux, mais les Uruguayens étaient en meilleur état physique. L'équipe américaine, composée de véritables virtuoses du ballon, avait acquis une cohésion remarquable dans de nombreuses rencontres pré-olympiques. L'attaque était formidable, mais la défense était moins forte que celle des Suisses qui fit une partie de toute beauté et s'est affirmée comme la meilleure des vingt-deux équipes engagées.

Les dépêches des agences déclarent :

Il fallait à l'équipe suisse un pareil rival pour vaincre. S'il fut, dans l'ensemble, moins scientifique que celui de ses adversaires, le jeu des Suisses fut excellent. Il a fallu toute la virtuosité de la défense uruguayenne pour briser les attaques que, par coups de boutoir, lui portaient fréquemment ses adversaires. Les attaques ardentes des Suisses perdirent de leur efficacité du fait que le joueur Abegglen fut étroitement marqué. La ligne des avants suisses fit néanmoins de grandes choses.

En résumé, l'équipe helvétique était digne de figurer en finale et c'est là sa meilleure récompense.

La Suède bat la Hollande

Dans le match qui mettait aux prises la Hollande et la Suède pour les 3e et 4e places du championnat de football, la Suède l'a emporté par 3 buts à 1.

A la mi-temps 2 à 1.

3. En breve, la opinión uruguaya y argentina

El fútbol sudamericano, como organización y competición internacional autónoma, evolucionó con adelanto, creando en 1916 la Copa América, y poco después, su Confederación. Uruguay fue a Colombes como flamante campeón continental y potencia indiscutida, con cuatro copas sudamericanas ganadas sobre siete jugadas. Ir a Europa significó por lo tanto representar a lo mejor de Sudamérica con la perspectiva de generar un encuentro intercontinental, necesariamente Mundial, y magnificado.

La idea de Olimpiadas Mundiales y de Campeonatos del Mundo fue europea. Los archivos demuestran que los organizadores y contemporáneos europeos proclamaron que el Torneo olímpico de fútbol de 1924 sería un Campeonato Mundial Olímpico, un Torneo Mundial, un Campeonato del mundo. La opinión uruguaya retomó la propuesta de manera activa, aceptándola deportivamente, contribuyendo a realizarla «verdaderamente», y al término de la competición, honrándola con una victoria de categoría que remató el proceso de mundialización. Agréguese que, entre todos los viajes, el de los uruguayos fue el de mayor sacrificio, punto que agrega un peso humano suplementario al triunfo de la cancha.

La prensa argentina acompañó el proceso. No menos mundialista que la uruguaya, festejó el triunfo del fútbol «rioplatense» y «sudamericano». Como lo ilustra la prensa santafecina, los cables telegráficos que, el día de la final, inundaron las redacciones argentinas, consagraron en todo el país la realidad de «Olimpiadas mundiales» y el título uruguayo de «campeón olímpico mundial».

Algunos titulares de la prensa uruguaya

Los titulares de la prensa nacional uruguaya proclamaron masivamente el carácter mundial del título conquistado por la Celeste en París, sin olvidar el prestigioso sello olímpico que lo ennoblecía. Vemos aquí algunos ejemplos significativos de cotidianos mayores.

La portada de *El Plata* del 9 de junio destacó el mérito de los autores de los goles y resumió el partido como una dominación de Uruguay durante 85 minutos. Manifestó la plena conciencia de la «revelación uruguaya» en la fórmula: *«una táctica original sin precedente en la vieja historia del football europeo»*. La comparación incluye evidentemente al fútbol británico que la crónica considera cualitativamente superado por la táctica de los campeones.

La edición del 10 de junio del cotidiano *El País*, uno de los más importantes diarios uruguayos de ayer y de hoy, enunció en el vasto título: *«El Uruguay es campeón mundial de football»*. Particularidad de la crónica: evoca un penal errado por Scarone (atajado por Pulver) que deja dudas porque no aparece en ningún otro informe ni en las imágenes filmadas. Se observa el vínculo gráfico y textual que el diario busca establecer entre el resultado deportivo obtenido y el ideal democrático uruguayo, entre *«los valores del team»* y los de la patria.

Finalmente, en la edición de *El Diario* del 30 de julio se presentan los homenajes y el recorrido previsto para la manifestación popular ante el retorno de los campeones del mundo. Los jugadores llegaban en el Valdivia a las 14 horas. El desfile partía del puerto hacia la Plaza Independencia para proseguirse a lo largo de la avenida capitalina principal, 18 de julio.

(Documentos consultables en la Biblioteca Nacional de Uruguay)

EL PLATA

Pág. 12 — Montevideo, Lunes 9 de Junio de 1924 — Edición de 12 páginas

¡URUGUAY CAMPEON DEL MUNDO!

PETRONE, CEA Y ROMANO, MATERIALIZAN EL ESFUERZO DEL FORMIDABLE EQUIPO "CELESTE"

Durante ochenta y cinco minutos el team invicto, monopolizó la ofensiva.- Francia deportiva ha visto desarrollar esta tarde una táctica original sin precedente en la vieja historia del football europeo.- La delantera del cuadro nunca vencido, metió por momentos sobre su arco al bravo cuadro helvético.

Página 5 — EL PAIS — Martes 10 de Junio

UNA JORNADA DEFINITIVA Y CONSAGRATORIA

Los valores de nuestro team se impusieron netamente sobre Suiza

El Uruguay, es campeón mundial de football

Montevideo ha vivido ayer sus más intensas horas de emoción patriótica

LA ESPECTATIVA QUE PROVOCO EL MATCH

PETRONE REANUDA EL JUEGO

LOS SUIZOS SIGUEN EN LA DEFENSIVA

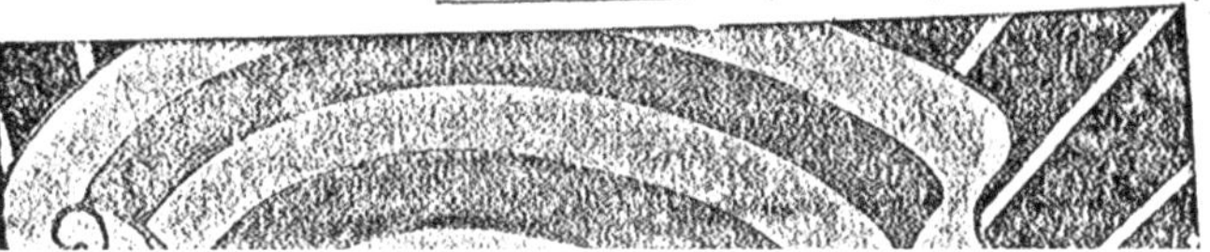

8 — Miercoles 30 de Julio de 1924 — EL TELEGRAFO

Mañana Jueves a las 2 de la tarde el pueblo recibirá a los Campeones del Mundo

Las instituciones deportivas se aprestan para la magnífica recepción

Mañana llegan los aviadores argentinos

La Asociación suspendió los encuentros del domingo. —En sesión extraordinaria la C. N. de E. F. recibirá el sabado a los campeones. — Delegaciones de la Asociación y Consejo Deliberante argentinos.

Mañana llegan los campeones

¡Bienvenidos sean los Campeones Olímpicos de Football!

El recorrido de la manifestación popular

Explanada Maciel, 25 de Mayo, Ituzaingó, Sarandí, Plaza Independencia y 18 de Julio.—Quienes harán uso de la palabra en la Municipalidad y en la Asociación.— Exhortaciones para el gran homenaje.

LOS CAMPEONES DESEMBARCARAN EL JUEVES A LAS 2 p. m.

LA MANIFESTACION

El acceso al "Valdivia"

EXHORTACION DE LA COMISION NACIONAL DE EDUCACION FISICA Y DE LAS ENTIDADES DEPORTIVAS DEL PAIS

EL HOMENAJE DE LOS CLUBS

Aquí se alojaron los campeones del mundo

Los jugadores uruguayos llegaron a París, alojándose primero en la Villa olímpica. Declaró Pedro Petrone que *«el pabellón uniforme, compuesto por un cuerpo de madera dividido en tres grandes piezas causó desazón. La Villa era demasiado rústica, incómoda y hasta anti higiénica.»* Por otra parte, *«había demasiada vecindad con los adversarios. Faltaba la soledad tan necesaria en esos casos.»*

A los pocos días, el equipo celeste se mudó al «château de Argenteuil» conocido como «el castillo de Madame Pain». Carlos Quijano, escribió algunas notas para el diario *El País*, y en una de ellas, publicada poco después del homenaje a los campeones, describió la casa donde se alojaba el equipo uruguayo en los siguientes términos:

«Lejos del movimiento de París, este pequeño castillo, tres veces glorioso, devuelve al espíritu la serenidad olvidada. Tres veces glorioso he dicho, y lo es. El primer hecho que le abre las puertas de la inmortalidad, es haber sido construido en 1865 sobre el emplazamiento de un viejo bosque, por Clerget y por Alphand –éste último, el paisajista que trazó la avenida de los Campos Elíseos y el Bois de Boulogne– para refugio y descanso de Ambroise Thommas, que compuso en medio de los árboles centenarios del parque, la ópera Mignon. El segundo hecho que da a Argenteuil un nuevo esplendor de inmortalidad, es el de haber hospedado en el 70 al Estado Mayor alemán con von Moltke a la cabeza. El tercero, por último, es el de haber acogido en 1924 a los jugadores uruguayos, campeones mundiales y olímpicos. De los tres hechos, sólo guardarán las piedras ya venerables, recuerdo de uno solo: la estadía de los jugadores ha tenido ya la consagración del mármol. Desde una de las paredes, una placa dirá a los futuros visitantes: Aquí se alojaron durante la Octava Olimpiada los futbolistas uruguayos campeones del mundo. Junio de 1924.»

(Citado por Atilio Garrido en 1924, Primera Copa del Mundo de fútbol de la FIFA*)*

ICI ONT HABITE
DURANT LA VIIIe OLYMPIADE
LES FOOTBALLERS URUGUAYENS
ÇHAMPIONS DU MONDE
JUIN 1924

Las medallas de Heber Jackson

Señala el informe redactado por la AUF que «desde la llegada a París la colonia uruguaya rodeó a la Delegación» y que «los compatriotas concurrieron gentilmente a allanarle toda clase de dificultades.»

La lista de los «contribuyentes» es propiamente impresionante. El informe cita 80 apellidos de las más grandes familias del país, doctores, artistas, industriales, todos vinculados a Francia de diferentes maneras. Se destacan los nombres de Jules Supervielle, Ortiz de Taranco, Carlos Reyles, Aurelio Arocena, Juan Oteguy, Antonio Lussich, César Montero Bustamante, Carlos Alberto Castellanos, Alberto Gómez Folle, Armando Guido, Vicente Lapido, Roberto Pietracaprina, Luis Cluzeau Mortet, Enrique Buero y Arturo Heber Jackson, entre tantos otros.

Prosigue el informe: «Todas las noches después de las victorias parciales, numerosas familias acudieron al viejo castillo para celebrarlas en perfecta comunidad de entusiasmos, y obtenida la consagración final, la colonia en masa ofreciónos un gran banquete en uno de los principales restaurants parisienses [...] estando constituido el comité que organizó el homenaje por los señores Roberto Pietracaprina, Eduardo Arteaga, Bernardino Pérez y E. N. Giuffra.» Y finalmente: *«El señor Arturo Heber Jackson regaló a los jugadores unas bonitas medallas.»*

Vemos aquí la insignia de Zoilo Saldombide, futbolista delantero miembro del plantel campeón del mundo en 1924 y 1930, campeón de América en 1924 y 1926. En el reverso, los aros diseñados por Coubertin en 1913, esmaltados a color. En el anverso, el nombre del jugador y el título: *«Octava Olimpiada. Campeón del Mundo. Uruguay. París 1924.»* El objeto conmemora la intensa unidad que se dio entonces entre la elite de la nación uruguaya y el seleccionado de fútbol. Expresa el mundialismo de la opinión del país desde su sector más abierto al mundo, al más alto nivel, fruto de un perfecto y culto conocimiento de la situación histórica que se vivía.

(Documentos consultables en la red)

VIIIe OLYMPIADE
CHAMPION DU MONDE
ZOILO SALDOMBIDE
URUGUAY
PARIS 1924

El fútbol rioplatense se consagra como el mejor del mundo

La edición del diario argentino *Crítica* del 9 de junio de 1924, expresó a su manera el reconocimiento de la victoria uruguaya, calificada como *«rioplatense»*. Pese a su aproximación, el calificativo tiene el mérito de ensanchar el título mundial uruguayo, «sudamericanizándolo», o más exactamente, concentrándolo como corona producida gracias a la intensa confrontación entre las dos capitales vecinas, fundadoras del gran fútbol del Continente y de nivel de juego equilibrado.

En el comunicado adjunto encuadrado a la derecha de la página y titulado *«Mensaje de Crítica a la Asociación Uruguaya»*, los redactores retomaron la expresión utilizada en los cables telegráficos enviados por las agencias de prensa: *«Mensaje de Crítica a la Asociación Uruguaya. En momentos de júbilo provisto por el estupendo triunfo final de los representantes de esa Asociación en la Olimpiada mundial, vaya a los dirigentes nuestro saludo que interpreta el sentimiento de los internacionales argentinos. Crítica.»* El diario se hacía pues portavoz de la opinión nacional atribuyendo la firma del mensaje a los jugadores integrantes de la selección albiceleste.

(Documentos consultables en la Biblioteca Nacional Mariano Moreno, Buenos Aires)

AÑO XII — Núm. 4189 BUENOS AIRES, Lunes 9 de Junio de 1924 PORTE PAGO

5 A. EDICION

Crítica

16 PAGINAS EN DOS SECCIONES

"Dios me puso sobre vuestra ciudad como a un tábano sobre un noble caballo, para picarlo y tenerlo despierto". — (Sócrates)

EL FOOTBALL RIOPLATENSE SE CONSAGRA COMO EL MEJOR DEL MUNDO

Los uruguayos al vencer por 3 a 0 al equipo de Suiza, conquistaron el campeonato olímpico

Crónica detallada de todas las incidencias del partido

CRITICA envió un saludo a los campeones

Apenas conocido el resultado del encuentro de hoy, que consagra a los uruguayos como campeones olímpicos, CRITICA envió a París el siguiente despacho telegráfico:

Legación Uruguaya. París. — Interpretando entusiasmo deportistas argentinos, saludamos flamantes campeones olímpicos. — CRITICA.

Las primeras noticias del triunfo

(De la International News Service)

ESTADIO DE COLOMBES, 9. — Los uruguayos han ganado, por 3 a 0.

El primer tiempo—

(De la International News Service)

ESTADIO DE COLOMBES, 9.—Son las 17 y [illegible]. Ha terminado el primer tiempo del partido de football entre el Uruguay y Suiza, con el siguiente score:

URUGUAY 1
SUIZA 0

Uruguay campeón—

(De la International News Service)

ESTADIO DE COLOMBES, 9. — Son las [illegible]. Uruguay gana el campeona-

Los "dribbligs" de Cea se consideran maravillosos

(De la International News Service)

ESTADIO DE COLOMBES, 9. (De la redacción de deportes de la International News Service, especialmente enviada a los juegos olímpicos de 1924).— Un verdadero día de fiesta, sereno, asoleado e ideal para el desarrollo de pruebas importantes de los deportes, es el de hoy. El campeonato olímpico de football, pues, se desarrollará en este sentido, bajo los mejores auspicios. Son apenas las 13, y el vasto estadio especialmente construido para los juegos olímpicos, reboza ya de espectadores ansiosos de asistir al campeonato de football, que habrá de disputarse entre los dos mejores teams de la Olimpiada: el de los uruguayos, y el de los suizos, ambos compuestos por las más destacadas figuras del deporte.

Sesenta mil espectadores—

Sesenta mil espectadores, se encuentran ya congregados en las tribunas del circo; y el match de desempate entre holandeses y suecos, para el tercer lugar en el campeonato mundial, está ya en su final, aunque la multitud [illegible]

El partido se define así:

URUGUAY 2
SUIZA 0

[illegible] por la inminencia del gran suceso no presta atención profunda al desarrollo de las jugadas.

El partido se desarrolla sin que hayan puntos dignos de mención; y termina con el siguiente score:

SUECIA 2 HOLANDA 1

A Suecia, pues, le corresponde el tercer lugar en el campeonato olímpico de football de 1924.

Aparecen los uruguayos—

Entran los uruguayos a la cancha. Sesenta mil gritos de entusiasmo surgen en llegada. Los jugadores sudamericanos son aplaudidos y aclamados delirantemente por la multitud, que simpatiza profundamente con los brillantes deportistas uruguayos.

Los suizos a su vez hacen su entrada en el estadio, siendo igualmente recibidos con muestras de profundo entusiasmo por parte de todos los concurrentes.

El referee Slavick, a su vez, es objeto de una manifestación de simpatía al presentarse en la cancha, llamando a los capitanes de los dos equipos para conferenciar con ellos breves segundos sobre el desarrollo del juego.

Comienza el juego—

A las 16.35, comienza el partido.

Petrone y Scarone, de los uruguayos

Petrone, Romano y Cea hicieron los goals uruguayos

y de los suizos, respectivamente, se destacan desde el primer instante, haciendo brillantes jugadas que son muy aplaudidas. El suizo se apodera de la pelota y avanza sobre el campo de los uruguayos; pero, se encuentra en la línea media con una resistencia inesperada, que le impide que se acerque lo necesario al arco de los sudamericanos.

El primer goal—

Petrone se sucede en la posesión de la pelota; juega con ella brillantemente; la pasa a Cea y atraviesa la línea de half back de los suizos, volviendo a recibirla y sigue haciendo combinaciones y pases, hasta que se encuentra en situación favorable. Entonces, tira al goal y anota el primer tanto del partido, a las 17.12, o sea a los 7 minutos de iniciado el partido.

La multitud tributa una manifestación de simpatía al brillante jugador uruguayo, que dura algunos segundos.

Continúa el juego. Los suizos parecen estar poseídos de gran ligereza; atacan violentamente, [illegible] y combinan pases y amenazan a menudo las líneas de los uruguayos. Sin embargo, les es imposible vencer la línea de [illegible] de éstos.

El [illegible] de los sudamericanos está muy bien [illegible] de toda su habilidad nada pueden hacer los suizos para llegar a colocarse en una situación favorable para vencer. Schaft, sin embargo, continúa haciendo proezas en medio del field y jugando con una maestría pocas veces vista.

Así transcurren veinte minutos más y aunque los uruguayos continúan atacando, nada pueden hacer, pues las defensas de los suizos demuestran un conocimiento [illegible] del juego, contrarrestando sus ataques brillantemente.

Termina el primer tiempo.

Ligeros comentarios—

En general, tanto los suizos como los uruguayos han demostrado toda la habilidad y el profundo conocimiento del juego que tienen, y el tiempo, a no ser por el tanto de los uruguayos, podría haberse calificado de igual para ambos equipos.

Los uruguayos han demostrado más ligereza, inteligencia y valor que los suizos; pero éstos, a su vez, no han dejado de impresionar favorablemente especialmente cuando defienden [illegible].

Petrone, Scarone, Romano y Cea, han realizado [illegible] y brillantes [illegible] y Nasazzi el capitán de los uruguayos, se ha distinguido deteniendo los [illegible] de los suizos.

Mensaje de CRITICA a la Asociación Uruguaya

[illegible] CRITICA envió a esta [illegible] el siguiente mensaje:

Asociación Uruguaya. — Montevideo. — En [illegible] el triunfo final de los representantes de esa Asociación en la olimpiada mundial [illegible] nuestro saludo que [illegible] el sentimiento de los aficionados argentinos. — CRITICA.

[illegible] tiempo [illegible] desde el punto de vista [illegible] del juego.

Se inicia el segundo tiempo—

[illegible]

Continúa en la página 2 y 3

¡URUGUAYOS, HIP, HIP, HURRAAA...! Por TABORDA

Unanimidad telegráfica: campeonato mundial olímpico

El diario *Santa Fe*, fundado en 1911, fue durante décadas el más importante de la provincia argentina. Este sector del país era particularmente futbolero, contando con la alta tradición rosarina como centro de la actividad. La mitad de la amplia página 4 del número publicado el día martes 10 de junio de 1924 fue dedicada a cubrir la final del torneo mundial de fútbol. El documento presenta un gran interés porque da la pauta de cómo se recibió la noticia, por los mismos cables, en todo el territorio del país.

El título de *Santa Fe* fue inequívoco: *«Los uruguayos ganaron el campeonato mundial olímpico de foot-ball»*. Y es exacto: olímpico y mundial. La crónica se cierra así: *«Cuando faltaban cinco minutos, el uruguayo Romano anotó el tercer goal terminando el partido en medio de una delirante ovación, clasificándose de hecho los uruguayos campeones olímpicos del mundo.»*

Otros cables retomaron la misma terminología. *«París, junio 9. A los cinco minutos, el Uruguay obtuvo ventaja. Iniciose el partido en disputa del campeonato mundial entre uruguayos y suizos.» Y también: «París, junio 9. Al terminar el match, los suizos se hallaron desalentados. Terminó el partido entre uruguayos y suizos, adjudicándose el triunfo y por tanto el campeonato mundial olímpico de foot-ball.»*

(Documento consultable en la Hemeroteca digital Gobierno de Santa Fe)

Información telegráfica del exterior e interior de la república

LOS URUGUAYOS GANARON EL CAMPEONATO MUNDIAL OLIMPICO DE FOOT-BALL

Lo obtuvieron al vencer a Suiza por tres goals a cero

LOS VENCEDORES JUGARON EN FORMA BRILLANTE

PARIS, junio 9. — A la hora fijada se inició el encuentro entre uruguayos y suizos, con una arremetida de los suizos, pero los fowards uruguayos, jugando como máquinas, alejaron el peligro llevando el juego a la ciudadela contraria. Intentaron los suizos repetir su avance, pero rápido, en medio de la cancha, Scarone tomó la pelota y se la pasó a Petrone que actúa de centro-foward y que logró anotar el primer tanto a favor del equipo uruguayo, lo que provocó estruendosos aplausos de la multitud que atestaba el gran estadium.

El resto del primer tiempo se peloteó en parte frente al arco de los suizos y el resto en medio de la cancha, hecho que evidenciaba el dominio de los sudamericanos.

Durante este juego se destacaban como los dos mejores hombres del equipo uruguayo, Petrone y Scarone.

En el segundo tiempo, igual que en el primero, los uruguayos jugaron con confianza, efectuando avances y poniendo en peligro la valla enemiga, que defendía Pulver.

Hacía poco que se había iniciado el segundo tiempo, cuando el uruguayo Cea, esquivando a sus contrarios logró anidar la pelota por segunda vez en el arco de los suizos.

Estos, algo desconcertados y deseosos de mejorar su situación, trataron de lograr, con juego movido, descontar ventaja, pero cuando faltaban cinco minutos, el uruguayo Romano, en forma brillante anotó el tercer goal, terminando el partido en medio de una delirante ovación, clasificándose de hecho los uruguayos campeones olímpicos del mundo. El segundo puesto correspondió a Suiza y tercero y cuartos, suecos y holandeses, respectivamente.

Los diarios de la tarde elogian la actuación brillante de los uruguayos

PARIS, junio 9. — Todos los diarios de la tarde, elogian la brillante actuación de los sudamericanos.

Los componentes de todos los equipos que intervinieron en los partidos olímpicos, admiran el juego de los once uruguayos, comparable sólo al de ciertos teams de profesionales ingleses.

Excepcional concurrencia — El público era una avalancha — lleno en la venta de entradas

PARIS, junio 9. — Una hora antes de iniciarse el match entre los equipos del Uruguay y de Suiza, más de 65.000 almas ocupaban el amplio estadium de Colombes. Tan enorme interés había despertado el sensacional match, que el público afluía en masas compactas estacionándose impaciente frente a las boleterías en procura de entradas.

Se aumentó el personal encargado del expendio de boletas de entrada y se habilitaron nuevas boleterías, a fin de poder satisfacer la demanda del público que se volcaba sobre el estadium como enorme avalancha. En los momentos de iniciarse el partido, la venta de entrada había alcanzado a 155.000, cifras que marcan el record.

A los cinco minutos, el Uruguay obtuvo ventaja

PARIS, junio 9. — Iniciado el partido en disputa del campeonato mundial entre uruguayos y suizos. Cuando iban transcurridos cinco minutos de juego, los sudamericanos abrieron el "score" por medio de Petrone. El público, que pasa de 150.000 personas, vitorea ardientemente a los uruguayos, haciendo flamear pequeñas banderas de ese país, hasta ese momento ocultas.

No se alteró el "score" en el primer tiempo

PARIS, junio 9. — Terminó el primer medio tiempo de juego, conservando el Uruguay su ventaja inicial.

Al terminar el match, los suizos se hallaban desalentados

PARIS, junio 9. — Terminó el partido entre uruguayos y suizos, adjudicándose el triunfo, y por tanto el campeonato mundial olímpico de foot-ball.

El primer goal lo obtuvo Petrone en el primer tiempo, a raíz de un pase de Scarone.

A los minutos de reanudarse el juego, Cea, después de esquivar cuatro contrarios que le salieron al paso, venció nuevamente a Pulver, encontrándose los helvéticos algo desconcertados, llevando avances aislados que los defensas uruguayos desbaratan prontamente.

Casi al finalizar el match, Romano, en forma brillante, conquistó la tercera ventaja, que afianzó decisivamente el triunfo de su team.

Fué entonces soberbio el aspecto del field, en el que se volcó la multitud, ansiosa de felicitar personalmente a los campeones. El aspecto del campo es indescriptible.

Las delegaciones sudamericanas se confunden en una, dando vivas al Uruguay.

La noticia en Montevideo — Fué jubilosamente festejado el triunfo

MONTEVIDEO, junio 9 — Muchedumbres compactas agolpáronse desde temprano frente a las pizarras de los diarios, a la espera de las primeras noticias del match.

La alegría de la multitud al ser anunciada la obtención del primer goal, por medio de bombas, toques de sirena, etc., no es para describirla. Los vivas, hurras y voces de aliento se sucedían de continuo, como si, en efecto, la brega se realizara frente a ese público, que por todos [illegible] a ser [illegible] que en ese momento luchaban por la gloria de su patria en la lejana Francia.

Cuando se anunció que la brega había terminado con el triunfo del Uruguay, organizóse una grandiosa manifestación, que recorriendo las arterias principales de la ciudad, visitaron las redacciones de los diarios, haciendo uso de la palabra oradores ocasionales.

A la cabeza de la manifestación desplegáronse las banderas de los clubs Peñarol y Nacional, baluartes de ambas asociaciones, y de los demás clubs a que pertenecen los componentes del team campeón, junto con la bandera uruguaya.

Se definió el tercer puesto en el campeonato olímpico

PARIS, junio 9. — Disputóse hoy el tercer puesto en el campeonato olímpico, jugando Holanda contra Suecia, que ya habían empatado un match el sábado en el estadio de Colombes. Correspondió el triunfo a Suecia, quien venció en definitiva por dos goals a uno.

POLO

El equipo argentino de Polo venció ayer por un elevado "score"

LONDRES, junio 9. — El equipo olímpico argentino de polo, venció al equipo inglés "Tiger", dominándolo en todo momento, logrando anotarse un triunfo manifiesto. El "score" fué:

Argentinos.	13
"Tiger".	2

En una entrevista, el capitán del team argentino declaró que cree a su equipo repuesto completamente, no temiendo otra derrota, como les ocurrió en el primer partido jugado en Europa. El mismo deportista muéstrase confiado respecto a la clasificación final en las Olimpiadas.

HOMENAJE DE LA ASOCIACION ARGENTINA

En sesión extraordinaria, se resolvió participar en la celebración del triunfo uruguayo

CAPITAL FEDERAL junio 9 — La Asociación Argentina de Foot-Ball, en sesión extraordinaria celebrada esta noche, rindió homenaje a los campeones olímpicos de Foot-Ball, poniéndose de pie todos los asistentes a la sesión y resolviendo mandar telegramas de felicitaciones a la Asociación Uruguaya y al delegado en París, señor Martínez Laguarda, y designar un representante de la entidad en Montevideo, para que asista en su representación a los actos que se realicen en la citada ciudad, celebrando la victoria.

También resolvió comunicar a los clubs, referée y capitanes, que antes de iniciarse los partidos de Foot-Ball el domingo próximo, deberán darse hurras a los campeones olímpicos.

Igualmente se resolvió declarar que el consejo de la Asociación Argentina, hace votos por la fusión de las entidades del Foot-Ball uruguayas.

Efusivo telegrama de Alvear al presidente Serrato

CAPITAL FEDERAL junio 9 — El presidente de la República, doctor Alvear, ha enviado un efusivo telegrama a su colega uruguayo, ingeniero José Serrato, por el brillante triunfo del equipo uruguayo de Foot-Ball, en las Olimpiadas de París.

La población de Montevideo rindió homenaje a los campeones. — Suspendióse la sesión en la Cámara. — Proyecto de ley

MONTEVIDEO, junio 9 — Toda la población ha salido esta tarde a las calles, cantando el Himno Nacional y dando víctores a los vencedores en el campeonato olímpico de Foot-Ball. Los buques surtos en el puerto, los automóviles y las fábricas tocaron sus sirenas y pitos durante dos horas, saludando el triunfo uruguayo.

Los diputados, que estaban reunidos en la Cámara, levantaron la sesión en homenaje a los campeones.

Todas las demás actividades de esta capital se paralizaron, adhiriéndose al homenaje.

Se ha presentado a la Cámara de Representantes, un proyecto de ley declarando feriado el 9 de junio como "Día del Deporte".

Pocas veces en el Uruguay hemos vivido horas de tanto regocijo.

Contestación de la Asociación Uruguaya a sus similares

MONTEVIDEO, junio 9 — Contestando a los telegramas de felicitación recibidos por la Asociación Uruguaya, de sus similares de la Argentina, Chile, Brasil y Paraguay, aquella aboga por la fusión del foot-ball y la formación de un equipo de esos países para enfrentarse con los campeones.

Fueron obsequiados los uruguayos en París, con un banquete

PARIS, junio 9 — Esta noche se realizó un gran banquete con el que los sudamericanos obsequiaron a los deportistas uruguayos, asistiendo el ministro del Uruguay, de la Argentina, Chile y otros diplomáticos.

En los discursos pronunciados en el banquete, se hicieron augurios de otros triunfos en las Olimpiadas.

NATACION

El entrenamiento de la señorita Lilian Harrison

LONDRES, junio 9 — Los diarios se ocupan hoy de los trabajos que realiza la nadadora argentina Lilian Harrison, preparándose para cruzar el Canal de la Mancha. Todos la elogian, augurándole un éxito en su tentativa.

BOX

El encuentro de anoche entre Wills y Madden

NUEVA YORK, junio — El encuentro entre el pugilista de color Harry Wills y el profesional Madden, había despertado expectativa por conocer el verdadero estado del negro, futuro rival del campeón sudamericano Luis Angel Firpo.

Debido a esto, concurrieron al estadio más de 2.000 personas, deseosas de presenciar el match de box.

Este se inició dominando completamente, hasta el final, el negro Harry Wills, el cual logró su triunfo por decisión del jurado, asegurándose así el anunciado encuentro con Firpo, para el 23 de agosto próximo.

Es posible que se realice un nuevo match Caltieri — Muñoz

CAPITAL FEDERAL, junio 9 — Tramítase activamente la concertación de un nuevo match Caltieri — Muñoz, que empataran ya su pelea del sábado próximo pasado.

Solucionóse el incidente entre Morras y el referée Ramos

CAPITAL FEDERAL, junio 9 — Se solucionó el incidente entre el señor Carlos Morra y el referée Ramos Oromi, en reunión de los padrinos de ambos. El primero declaró que no ha ofendido al caballero con las apreciaciones a que se ha referido en las resoluciones adoptadas por el Sporting Club de Boxeo.

La estada de los reyes de Italia en España

Actos en que tomaron parte ayer los soberanos. — Excursión al Monasterio del Escorial

MADRID, junio 9 — El rey Víctor Manuel levantóse temprano esta mañana, y dirigióse al cuartel en que se aloja el Regimiento de Infantería de Savoya Nro. 6, del cual es coronel honorario, lo revistó. El rey Alfonso le acompañaba.

En el palacio de la embajada italiana, el embajador marqués Paolucci dei Caboli ofreció a los soberanos una recepción, asistiendo todo el cuerpo diplomático acreditado ante la Corte Española, y las autoridades civiles y militares.

Por la tarde hicieron una excursión al Monasterio del Escorial y asistieron luego a una comida ofrecida por el representante diplomático italiano.

El príncipe paseó a pie por Madrid. — Obsequio a los militares y periodistas italianos. — Admiración del monarca italiano

MADRID, junio 9 — El príncipe Humberto hizo un paseo a pie por las calles de la Capital acompañado del príncipe de Asturias, los cuales fueron también objeto de entusiastas agasajos por parte del público.

En el Casino Militar se celebró una fiesta a la cual fueron invitados los militares italianos que forman parte del séquito de los reyes de Italia. Los visitantes fueron obsequiados con una copa de champaña, pronunciándose brindis de confraternidad hispano-italiana.

Los periodistas italianos fueron obsequiados por sus colegas madrileños con una excursión a los principales puntos de la Capital.

El monarca italiano expresó al rey Alfonso su admiración por las notables obras de arte que poseen los museos de esta capital y, especialmente, por la prolijidad de los trabajos que realizan las obreras de la Real Fábrica de Tapices.

Los soberanos y sus familias asistieron a las carreras de Aranjuez — Resultados de éstas

MADRID, junio 9 — Comunican de Aranjuez que las carreras de caballos llevadas a cabo en las últimas horas de la tarde de ayer, en presencia de los reyes y de las reinas de España e Italia, de los príncipes herederos, de los infantes y de los miembros del Directorio, resultaron un espectáculo brillantísimo.

Asistió también al acto casi toda la aristocracia española.

La tarde fué espléndida. La mayoría del público llegó en automóviles, pero el cortejo real tomó un tren especial desde Madrid y se dirigió después en carruajes hasta el hipódromo.

Centenares de personas almorzaron a la sombra de los árboles, presentando escenas pintorescas.

Las carreras comenzaron a las 17, disputándose los premios siguientes: Premio Roma, 5.000 pesetas al ganador, distancia 1600 metros. Copa Reina María Cristina y 5000 pesetas al ganador, distancia 2200 metros. Copa Rey de Italia y 15.000 pesetas al ganador, distancia 2400 metros. Premio Militar de Lisa, 1300 pesetas al ganador, distancia 2000 metros.

El premio Roma fué ganado en la primera carrera por el marqués de Martorelli, montando el caballo Verbenera.

La segunda carrera resultó muy interesante. Se presentaron solamente 4 competidores para disputar la Copa Reina María Cristina, que fué ganada por el rey Alfonso con el caballo Mail-Coach.

La tercera carrera, Premio Milán, fué ganada por el conde de la Cimera, con el caballo Swetheart, contra cuatro competidores.

La principal carrera del día fué la [illegible]

LOS GRANDES VUELOS

PELLETIER D'OISY TERMINO EL RAID PARIS-TOKIO

TOKIO, junio 9. — El aviador francés teniente Pelletier D'Oisy, ha llegado a esta capital, procedente de Hiroshima.

Al salir de Taiku (Corea), dicho aviador tuvo que luchar con un serio inconveniente para llegar a Hiroshima, pero venció después de dos tentativas infructuosas de cruzar el estrecho de Corea, donde reinaba una densa bruma con fuertes vientos.

Con su llegada a esta capital, D'Oisy ha terminado el raid París-Tokio.

LLEGARON A HONG KONG LOS PILOTOS ESTADOUNIDENSES

HONG KONG, junio 9. — Procedentes de Amoy llegaron los aviadores estadounidenses que realizan la circunnavegación aérea de la Tierra.

Creyóse que no vendrían porque el tiempo amenazaba con una tormenta, pero algo se calmó aunque la lluvia continuaba y el mar estaba agitado.

El teniente Smith, que dirige la escuadrilla, informó que a medio camino, entre Amoy y Hong-Kong, los aviadores tuvieron que atravesar una densa bruma con lluvia.

Los aviadores tuvieron ciertas dificultades para encontrar el punto de aterrizaje, situado a 3 millas de la isla de Hong-Kong, pero fueron orientados por las señales heliográficas del destróyer estadounidense "Paul Jones" y por cañonazos.

El gobernador de la colonia, el secretario del gobierno colonial y el cónsul de Estados Unidos con su esposa se trasladaron en una lancha al lugar de aterrizaje y visitaron los aeroplanos. Los aviadores transbordaron a un bote del destróyer "Paul Jones" que los condujo a bordo de una lancha, donde fueron aclamados por numerosos compatriotas.

Actos de confraternidad en Chile. — Discursos en la Legación de España

SANTIAGO, junio 9 — Con motivo de la visita de los reyes de Italia a España, se han realizado manifestaciones de confraternidad entre los residentes españoles e italianos, en las principales ciudades de Chile.

Al llegar a Valparaíso el ministro italiano ante el gobierno chileno, señor Castoldi, en la estación se le tributó un caluroso recibimiento, concurriendo los más destacados miembros de la colectividad italiana, quienes se trasladaron luego a la Legación de España, donde pronunciaron discursos de confraternidad los ministros de ambos países y otras personas.

[illegible] en que se disputó la Copa Rey de Italia, también ganada por el rey Alfonso con el célebre caballo Rubau, que llegó a la raya con varios cuerpos de ventaja sobre sus rivales.

ESTADOS UNIDOS

FUE ENCONTRADO EL PUERTO DE JERRA, CUYA DESAPARICION DATA DE 2.000 AÑOS

NUEVA YORK, junio 9. — En su edición de esta mañana, el diario "The World" inserta una información de su corresponsal en Londres, según la cual, el capitán británico R. E. Cheesman, ex-secretario de sir Percy Cox, comisionado británico en Bagdad, ha descubierto la ubicación de Jerra, el misterioso puerto situado en el Golfo Pérsico, mencionado por Ptolomeo hace 2.000 años y desaparecido desde aquella época.

Dice que el capitán Cheesman acaba de regresar al mundo civilizado después de una excursión a las regiones ignotas de Arabia. En sus andanzas llegó al oasis de Jabrin, en el gran desierto del sur de Arabia, y es el primer europeo que haya penetrado tan lejos.

Allí encontró una tribu que vive aún en las condiciones que imperaban en la edad de piedra. Su proeza exploratoria fué posible mediante los buenos oficios de Abd Ibn Saud, sultán de Nejd.

La erección del monumento al general San Martín

WASHINGTON, junio 9. — Entre los numerosos decretos firmados hoy por el presidente señor Coolidge, figura uno que autoriza la erección en esta capital, de un monumento al general José de San Martín, obsequio de la República Argentina a Estados Unidos.

FRANCIA

PROBABLE REVOLUCION EN RUMANIA

Asegúrase que el "Mussolini rumano" tiene el propósito de marchar sobre Bucarest

PARIS, junio 9. — A pesar de los reiterados desmentidos oficiales de Bucarest, se sabe que los campesinos probablemente de Rumania están preparando un golpe de Estado, y que el general Averescu a quien llaman el "Mussolini rumano", marchará al frente de 60.000 campesinos, si los hermanos Bratianu continúan en el poder.

El movimiento viene germinando desde hace dos años, desde que los agrarios de Transilvania declararon el boycot del Parlamento. Los paisanos, que son de sangre rumana más pura que las camarillas del gobierno, están dispuestos a adoptar los métodos de un nacionalismo fascista para conseguir que los Bratianu abandonen el contralor financiero de Rumania.

LA SITUACION POLITICA

Hoy se presentará el nuevo gabinete ante el Parlamento, posiblemente por única vez

PARIS, junio 9. — El señor Francisco Marsal, que ha reorganizado el gabinete, se presentará mañana ante la Cámara de Diputados y dará lectura al mensaje del presidente Millerand, interpretando la situación política desde el punto de vista del presidente.

Al mismo tiempo, el ministro de Justicia, señor Anthony Ratier, comunicará el mensaje presidencial al Senado.

Es muy posible que la primera presentación del Gabinete ante el Parlamento, sea también la última, de despedida. Prevalece la impresión de que Francia, que desde el 1o. de este mes carece de un gobierno responsable, tendrá uno el martes, pero sólo por pocas horas. Los mismos amigos de M. Marsal dicen que su Gabinete nace sin vida, y todos los observadores políticos coinciden en opinar que la formación del Gabinete Marsal sólo responde al propósito de alcanzar el mensaje del presidente, y que en la primera votación se hallará ya en la minoría.

El decreto de nombramiento de los nuevos ministros no se publicará hasta mañana en el "Jour al Oficial", puesto que hoy es día feriado.

Congreso Nacional

DEBATES Y APROBACION DE DIPLOMAS EN LA CAMARA — FUE ELEGIDO PRESIDENTE EL Dr. GUIDO — PROYECTO DE PRESUPUESTO — OTRAS INFORMACIONES

CAPITAL FEDERAL, junio 9 — Como se había previsto ayer, hoy hubo número suficiente de diputados para que se iniciase la Cámara, pues asistieron cien a la reunión de esta tarde.

Presidió el doctor Mario Guido y se entró a considerar los diplomas de los nuevos electos por la provincia de Corrientes, o sea de los diputados Mesbá, Romero y Sassini.

Puestos en debate, el doctor Molinari preguntó si la comisión de poderes va a informar al respecto.

El presidente de la comisión, señor Cafferatti, contestó: "La comisión ya ha informado por escrito, pero dará cualquier informe verbal que se le pida".

El doctor Molinari empezó entonces a impugnar los diplomas, diciendo que en Corrientes los partidos tradicionales conligados, autonomistas y liberales, con distintivos rojo y celeste, reviven época y luchas pasadas. "Sólo el Partido Radical — dijo — lleva enhiesta la bandera azul y blanca, sosteniendo con intransigencia el principio democrático y sólo ciertas fracciones partidarias pequeñas se valen de procedimientos como los usados en Corrientes para arrebatar a minoría al radicalismo".

Habló después el nuevo electo señor Mesbá, negando el desalojamiento a que se refirió el doctor Molinari y extendiéndose sobre la división del Partido Radical, que ha determinado la pérdida de su representación, diciendo además a Molinari, que no conoce el ambiente de aquella provincia y que cree que el triunfo radical en el hecho [illegible] antipersonalista.

Sometidos a la votación de la Cámara, los diplomas de Corrientes fueron aprobados por 82 votos contra 9.

Acto seguido, sin discusión fué aprobada la elección de Entre Ríos, de cuyos diputados se incorporaron dos, jurando el señor Martínez, por la patria y el Dr. Marcó por la patria y los Santos Evangelios. Estaba ausente el nuevo electo señor Quirós.

Se pasó a considerar los diplomas de Mendoza, dándose cuenta del despacho en disidencia firmado por los miembros de la minoría de la comisión de poderes, doctores Bondabehere, Di Tomasso y De la Vega.

El diputado Romero Day impugnó las elecciones efectuadas en aquella provincia andina, y después de su discurso se levantó la sesión sin haberse votado sobre los diplomas en discusión.

La intervención del nuevo electo en sesiones preparatorias

CAPITAL FEDERAL, junio 9. — El nuevo electo por Córdoba, señor Mariano Ceballos, presentará mañana un alegato a la Cámara de Diputados, sosteniendo sus derechos a intervenir en las sesiones preparatorias.

La presidencia de la Cámara de Diputados

CAPITAL FEDERAL, junio 9. — Un núcleo de diputados ha trabajado activamente, en estos días, para asegurar la presidencia de la Cámara al doctor Mario Guido, que la desempeña provisionalmente.

Varios legisladores visitaron al primer magistrado

CAPITAL FEDERAL, junio 9. — El senador doctor Cantoni y los diputados Tamborini, Aunchástegui, Gallardo, Dañel y Sassini, entrevistáronse hoy con el presidente doctor Alvear.

También fué visitado por el presidente de la Caja de Jubilaciones señor Gallegos Moyano.

Celebró reunión el block conservador

CAPITAL FEDERAL, junio 9. — Los diputados conservadores celebraron una reunión privada antes de la sesión de hoy, acordando, después de cambiar ideas sobre el particular, votar para la presidencia de la Cámara, al diputado Mario Guido y otro radical para la vice, sufragando también por un socialista para vice segundo.

El gobernador de Catamarca

CAPITAL FEDERAL, junio 9. — Llegó a esta capital, procedente de Catamarca, el gobernador de esa provincia, señor Agustín Madoery.

EL PROYECTO DE PRESUPUESTO

El titular de Hacienda proyecta una serie de reformas en el régimen impositivo

CAPITAL FEDERAL, junio 9. — El titular de la cartera de Hacienda, doctor Molina, tiene adelantado el estudio del proyecto de presupuesto para el ejercicio de 1925, y de una serie de reformas al régimen impositivo, modificaciones de los impuestos internos y de los derechos de exportación, que el ministro pedirá sean suprimidos del régimen impositivo argentino.

También pedirá la unificación de los impuestos internos, estableciendo la participación de las provincias en esas gabelas.

ITALIA

DISMINUYE LA DESOCUPACION

Estadística dada a la publicidad por el presidente de la Federación de Industrias

ROMA, junio 9. — El presidente de la Federación General de Industrias, diputado Benni, ha publicado una estadística sobre la desocupación cuyas cifras comparativas demuestran que en Italia decrece satisfactoriamente, y a la vez que mejoran la situación económica del país y las condiciones en que viven las clases trabajadoras.

La desocupación en los años 1921 y 1922 demuestra que, la política seguida por las Uniones obreras fué perniciosa para las clases trabajadoras, mientras que la del gobierno actual fué beneficiosa.

En julio de 1920 había 88.000 desocupados en Italia. En diciembre del mismo año la cifra se había elevado a 102.000. En julio de 1921 los desocupados alcanzaban a 431.000, en diciembre del mismo año a 542.000 y en enero de 1922 a 607.000. El decrecimiento de la desocupación se inició en febrero de 1922, en que había 373.000, hasta la época actual. En enero de 1922, 1923 y 1924 hubo 607.000, 392.000 y 230.000 desocupados, respectivamente, y el resto de los dos primeros años mencionados hubo, respectivamente, 470.000 y 321.000.

ANUNCIOS DE CATASTROFES

Un sismólogo dice que las habrá en los Balcanes y Los Andes

ROMA, junio 9. — El famoso sismólogo Bendani, cuyas predicciones suelen ser acertadas, anuncia que se producirán nuevas actividades subterráneas como las que se hicieron sentir hace poco en Oriente. Cree que mañana y pasado se registrarán terremotos en los Balcanes y el sábado próximo al sur de la cordillera de los Andes.

LA MISION MEDICA ARGENTINA

Visitas de instituciones en Milán — Declaración del ministro doctor Pérez

ROMA, junio 9. — Anuncian de Milán que los miembros de la misión médica argentina, llegados allí hace dos días, desde Turín, visitaron la clínica, el hospital y el Instituto de Obstetricia y Ginecología, donde escucharon una conferencia dada por el profesor Pironi. Después [illegible] por el Instituto de [illegible]

También han visitado el sanatorio y el instituto de Arosio para la rehabilitación de los mutilados por la guerra.

El ministro argentino doctor Fernando Pérez, que los acompaña, declaró a un corresponsal, que la misión de la que forma parte [illegible] la acogida que los médicos italianos brindaron a esta misión, encargada de realizar estudios sobre la malaria en distintas regiones de la península y cuyos miembros tienen el deseo de entrar en relaciones personales con los hombres de ciencia de Italia, a quienes conocen ya por sus publicaciones e investigaciones; también quieren visitar sus laboratorios, verdaderos templos de investigación científica.

Milán nos ha enseñado ejemplos maravillosos de instalaciones científicas — dijo el doctor Pérez — En la clínica de avariosis, dirigida por el profesor Pasini, nos ha impresionado la obra del profesor Baviera, en el tratamiento social de la enfermedad, y pudimos admirar el espíritu humanitario de los hombres que allí trabajan. En el Instituto de Sueros terapéuticos, el profesor Belfanti nos recibió como se recibe a los huéspedes, sino como hermanos. Desde hace años, conocemos su nombre como uno de los grandes de la ciencia. Sus preparaciones de sueros y vacunas demuestran la completa independencia, constancia y eficacia de los métodos y materiales italianos.

Este viaje, el primero de su género, marca una era nueva en el desarrollo de las relaciones ítalo-argentinas, en el vasto campo de la ciencia.

RUSIA

EL GRAN MAUSOLEO DE LENIN — CONSERVACION DEL CADAVER DEL JEFE BOLSHEVIKI

MOSCU, junio 9. — Una comisión especial examinará las muestras de [illegible] mármoles traídos del [illegible] de Onga, para elegir los que serán empleados en la construcción del mausoleo de Lenin, en la Plaza [illegible], con el propósito de ejecutar la parte [illegible] de la construcción en piedra [illegible]. Los numerosos arquitectos y escultores [illegible] fueron invitados a presentar proyectos.

Algunos miembros de la [illegible] proponen la construcción de un [illegible] de grandes proporciones, parecido a [illegible] de Omar, mientras otros opinan que conviene dar al mausoleo un [illegible] estructura, más en armonía con la sencillez de la vida de Lenin.

Los médicos se hallan [illegible] embalsamar de nuevo el cuerpo de Lenin, en el cual esperaban observar signos de descomposición.

GRAN BRETAÑA

LA HUELGA DE FERROVIARIOS

Sin perspectivas de solución [illegible] ción de los [illegible]

LONDRES, junio 9. — [illegible] talleres de las líneas ferroviarias [illegible] mantiene el paro [illegible] forma del sábado, no habiendo [illegible] cer, disposición alguna, [illegible] interesadas, para solucionar el conflicto.

Los servicios se mantienen [illegible] más escasa en las [illegible]

Documentos posteriores relacionados con la calificación del Torneo de 1924

Se han recorrido hasta ahora archivos históricos antecedentes y archivos históricos del año 1924. Llegamos así a esta breve tercera parte que presenta documentos posteriores, que no constituyen propiamente materiales probatorios sino elementos derivados, ilustrativos y complementarios. El objetivo es marcar ciertos puntos claves de la acción desarrollada por unos y por otros en el sentido de la memoria o de la revisión, en diferentes momentos de la historia.

Las declaraciones y la carta de Rimet al término del Mundial de 1930 confirman la visión dominante hasta ese momento (contemporánea). Importan porque son claras y porque fueron emitidas después de iniciada la serie de los mundiales de la FIFA, reafirmando la continuidad fundamental entre todos los mundiales de fútbol.

Los documentos producidos por la FIFA en tiempos recientes demuestran la incapacidad de la federación en cuanto a la búsqueda de una verdad apoyada por un trabajo serio en materia de archivos. Revelan la dificultad de esta organización para aceptar las grandezas del fútbol que no emanaron de ella misma y para reconocer los múltiples extravíos que jalonan su pasado. En cuanto a los casos de olvido, ilustran técnicas que se emplean hoy en día en la esfera académica europea con la finalidad de tapar archivos que deberían enorgullecernos a todos.

1. Documentos en la continuidad mundialista

Los documentos presentados en esta parte siguen un orden cronológico. Hablamos de continuidad porque las posiciones expresadas por los diferentes actores reconocen que el torneo de 1924 fue un «campeonato del mundo».

Desde un punto de vista histórico deberíamos decir que el primer campeonato del mundo se jugó en 1924 y el tercero en 1930; que en la serie olímpica iniciada en 1908 se jugaron dos Mundiales, en 1924 y en 1928; y que en la serie FIFA, se contabilizaron sucesivos mundiales cada cuatro años desde 1930 hasta hoy, con una interrupción entre 1938 y 1950.

Pero como el campeonato de 1928 se produjo en medio de una violenta ruptura entre la FIFA y el COI, y como en el espíritu rencoroso de los dirigentes del fútbol europeo correspondía ajustar cuentas afirmando la superioridad de la FIFA sobre el COI e inaugurando un nuevo proceso, aunque el reconocimiento de los campeonatos mundiales del pasado se mantuvo durante cierto tiempo, su incorporación en la contabilidad general se descartó. Fue el inicio de la revisión. La consideración de la contabilidad olímpica se volvió incongruente cuando, aunque dirigidos por la FIFA, los torneos olímpicos reanudados en 1936 dejaron de ser mundiales abiertos para funcionar como mundiales B con equipos de amateurs marrones.

Ante la imposibilidad de una contabilidad única y coherente, se dice entonces que hubo dos primeros Mundiales: el de 1924 y el de 1930, o tres si se considera que en 1930 la FIFA faltó a su deber (boicot) y que recién en 1950 asumió realmente su responsabilidad mundialista.

Vivan mis queridos futuros campeones del mundo 1928

Madame Pain alquiló su «château de Argenteuil» a los jugadores uruguayos en 1924. El 7 de junio de 1928, tres días antes de la primera final que Uruguay disputó contra Argentina en el marco del Torneo Olímpico Mundial de Ámsterdam, hizo llegar esta carta al equipo celeste.

El Museo del fútbol, situado en el Estadio Centenario de Montevideo, posee un facsímil del documento que consta de cuatro páginas. El texto culmina con un *«Vivan mis queridos futuros Campeones del Mundo 1928. Besos a todos.»* Resulta gracioso observar que a lo largo del mensaje, Madame Pain prodiga consejos propiamente futbolísticos: no descuidar los primeros minutos del match, buscar la máxima cohesión del equipo, mantener la tranquilidad y la confianza, y en lo posible imponerse desde el comienzo del partido (subrayado).

El documento no constituye, claro está, un archivo decisivo. Pero ilustra, desde el punto de vista de la comunicación diaria, el hecho de que los conceptos mundialistas eran populares y la realidad mil veces demostrada de un vínculo sentimental, profundo y directo, entre los campeones celestes y el pueblo francés.

(Documento visible en el Museo del Fútbol de Montevideo)

...t'i votre Drapeau resplendir en haut
du mât d'honneur et dans chacun de ses
replis annoncer à l'univers que vous êtes
et serez toujours les Maîtres du Football.
Mes chéris, mes tout petits Enfants,
inspirez-vous bien de tout ce que
je vous dis et soyez dimanche dès
le début du jeu les grands triomphateurs
Aujourd'hui Céa Nasazzi et Petrone jouent
me les blessures que l'on avait signalées
ne sont pas graves, heureusement, tant mieux.
Reposez-vous bien après le match d'aujourd'hui
et arrivez dimanche sur ce stade tous
frais et dispos avec cette attitude si
noble dans sa simplicité qui vous attira
toutes les sympathies quand vous entrâtes
en lice il y a quatre ans à Colombes.
Vivent mes chers futurs Champions du Monde
de 1928. Baisers à tous. Maman ...

Distinción a los dos veces campeones mundiales (1929)

En enero de 1929, dos dirigentes del Club Nacional de Football de Montevideo, Usera Bermúdez y Roberto Espil, redactaron el proyecto «*Pugnando porque Montevideo sea sede del campeonato mundial de 1930*», que fue impuesto por Enrique Buero cuatro meses después en el Congreso de la FIFA reunido en Barcelona. Este documento mayor sustenta el proyecto de un «primer» campeonato Mundial del fútbol de la FIFA en Montevideo como homenaje, reconocimiento y premio después de los dos precedentes «campeonatos mundiales» (olímpicos) obtenidos en Europa.

«Un campeonato de fútbol en que se presentarán frente a nuestras multitudes deportivas los rivales que disputaron palmas a nuestros footballers en los campeonatos Sudamericanos y en las Olimpiadas de París y de Ámsterdam sería un acto inolvidable para todo el Uruguay y su realización significaría un merecido premio a los resonantes triunfos olímpicos a la vez que permitiría presentar al mundo una prueba acabada de la cultura deportiva de este suelo. Haciendo verdaderos sacrificios, con la ayuda del pueblo, y la de las autoridades más tarde, la asociación uruguaya intervino en las Olimpiadas de París y de Ámsterdam prestigiándolas con su presencia, dando brillo al campeonato organizado por la FIFA y sin otra recompensa que la de haber obtenido en sus justas deportivas los laureles simbólicos de los vencedores.»

«Tanto en París como en Ámsterdam, las presentaciones del equipo del Uruguay, salvaron financieramente las Olimpiadas realizadas, y así lo reconocieron en 1924 en Francia y en 1928 en Holanda, los dirigentes y órganos de publicidad de ambos países y así lo pueden atestiguar todos los que presenciaron esas competencias. Nuestra asociación solicita ahora en homenaje al centenario que el país se apronta a celebrar, y como una distinción a los dos veces campeones mundiales, que los mejores footballers del orbe visiten Montevideo.»

(Documento transmitido por la Secretaría del Club Nacional de Football)

obtenido en esas justas deportivas los laureles simbólicos de los vencedores. Tanto en Paris como en Amsterdam ,las presentaciones del equipo del Uruguay,salvaron financieramente las olimpiadas realizadas,y asi lo reconocieron en 1924 en Francia y en 1928 en Holanda,los dirigentes y los órganos de publicidad de ambos países,y asi lo pueden atestiguar todos los que presenciaron esas competencias. Nuestra Asociacion solicita ahora en homenaje al centenario que el país se apronta a celebrar, y como una distinción a los dos veces campeones mundiales,que los mejores footballers del orbe visiten Montevideo.

UNA FAZ QUE DEBE CONTEMPLARSE

Esta idea largamente acariciada,nos llevó a consultar a algunos deportistas extranjeros de verdadera influencia en los círculos de la F.I.F.A.sobre la posibilidad de efectuar el campeonato del Mundo en el Uruguay.Una sola razon se nos dió en contra de nuestra argumentación: el largo desplazamiento a que se verian obligadas las delegaciones que concurrieran,con los gastos consiguientes.

Sin tener en cuenta que esa causa no impidió la concurrencia del Uruguay a las competencias de 1924 y 1928,creemos que esa dificultad puede y debe ser subsanada.La realizacion en Montevideo del campeonato internacional debe merecer la aprobación y la atención preferente de los poderes públicos. Si se destinan sumas millonarias a distintas fiestas,el Estado no negará su concurso a la que sería,indiscutiblemente la mas popular,la mas destacada,y de mayor resonancia de todas.

Asegurando a las naciones que participaran en ese campeonato-por una fórmula parecida o aproximada a la establecida en los reglamentos de la Confederacion Sud Americana-una compensacion por los gastos que efectuaran,o asegurandoles su estada o alojamiento,etc.esa dificultad de orden puramente económico desaparecería,y tenemos la certeza de que con ella la realizacion del certamen podría asegurarse. Hay que tener presente asimismo,que la concurrencia a esos encuentros salvaría los gastos en una proporcion apreciable.

EPOCA PROPICIA

La fecha de realizacion del certamen,mediados de Julio o principios

Carta de Rimet a Jude (1930)

Bajo el título *«El presidente de la FIFA felicita a la Asociación»*, el importante diario nacional *La Mañana* del 2 de agosto publicó una traducción de la carta que Rimet hizo llegar a Raúl Jude apenas terminada la final:

«Montevideo, 30 de julio de 1930

Señor Presidente de la Asociación Uruguaya de Fútbol

Mi querido presidente: El torneo por la Copa del Mundo termina en apoteosis. Mi pensamiento, en esa hora, evocó aquella jornada de 1924, en Colombes, totalmente semejante a la que acabamos de vivir, y donde por primera vez, el equipo de Uruguay fue campeón del mundo. Como hoy, un sol inesperado dominó la fiesta en el momento en que la bandera de la República Oriental fue izada a la cumbre del mástil olímpico en medio de los aplausos de una muchedumbre igualmente alegre y entusiasta. La continuación del éxito ha hecho de la historia de vuestro equipo nacional una verdadera epopeya: ella os autoriza a grabar en vuestros emblemas los tres nombres –Colombes, Ámsterdam y Montevideo– como se llevan sobre la bandera los nombres de las grandes victorias.»

Desde el punto de vista deportivo, habría resultado más exacto comparar la victoria uruguaya de 1930 con la de 1928, obtenida ante el mismo rival, Argentina. Pero en su recuerdo, Rimet acerca las dos «primeras veces»: la de París (su obra) y la de Montevideo (obra prácticamente exclusiva de la AUF). Lejos de marcar una ruptura, insiste sobre la similitud y la continuidad de los hechos. Con indudable espíritu premonitorio habla de *«grabar en vuestros emblemas los tres nombres»*. El consejo brindado por el Rimet de aquél momento fue definitivamente adoptado por los dirigentes uruguayos en ocasión del Mundial francés de 1998, con la decisión de colocar cuatro estrellas mundiales en la camiseta nacional.

(Documento consultable en la Biblioteca Nacional de Uruguay)

nuestro rotundo triunfo en el Campeona

TUD DE LA ASOCIACION AMATEURS ARGENTINA DE FOOTBA

igentes argentinos decretan la ruptura de relaciones con nuestro pa

M. Rimet

evideo invalora- espectáculo del o cuando se des- de la Torre del uruguaya, es de por mucho tiem- ar al día que ca- lores ganaron el o de Football de de Colombes. — tengo interés en se si aquí se co- por patriotismo, uruguayos, sino ortivo, aclamó a mismo ardor que ario.
es merecido el sido desconsola- tanto esfuerzo y a de triunfar que , que el exito no ñado.
ultado ha sido el rrespondía a los s por ambos equi- un primer tiem- que se jugó buen egundo el poderío declinó mucho y ridad de los uru- interés del en-

la modalidad del como ya he dicho debe ser el foot- hombres fuertes llegara en ningún iades que hicieran d física de los ju- otro triunfo que s ha dado un des- todos los temores tes se insinuaron el partido.
n el desarrollo de , otro hecho que no se ha produ- ta, ni ninguna re- Jury" de apelación que constituirse y nidad de volver a

uy entusiasta, fue a, pero estuvo co- oportunidades, no inal, sinó en todos .

ñor Fischer

buena voluntad y M. Fischer, vicepre- F. A. nos trasmitió re el match entre ayos.
cié el partido des- de juego y pude itud su desarrollo. ocionante, que ter- o de los que mejor esar de la derrota, me impresionó de é el half argentino ir que en ese pues- quien he visto jugar uruguayo todos me reo que sería injus-

"El pueblo uruguayo fué correcto y cordial"

En sitio destacado, expresa "La Razón" con el título: "La corrección del público":

"Es necesario destacar con justicia y sinceridad amplia, que la inmensa muchedumbre que ocupó las instalaciones del Estadio Centenario, se comportó correctísimamente concretándose a alentar a sus campeones, a aplaudirlos, pero sin dejar caer nunca la más mínima palabra ofensiva para los representantes argentinos.

La comprobación ha sido halagadora a pesar de que la esperábamos. Los uruguayos se han colocado en el único plano que les correspondía y cuando el score les era desfavorable, se sintieron retraídos, y no pudieron en realidad al decir una palabra, pero mantuvieron su línea de cordura en forma tal, que esta es la hora en que malgrado la derrota, les batimos las justicieras palmas que bien supieron conquistar.

Cada tanto conquistado por los celestes, lo aplaudieron con frenesí, con locura casi, pero pudieron los aficionados argentinos alentar a sus hombres favoritos con toda tranquilidad.

Estamos hoy como ayer, dentro del mismo plano imparcial y si cuando una serie de energúmenos dieron una pues del match Argentina y Francia, les llamamos la atención, en esta oportunidad lo decimos con lealtad clara y meridiana: El pueblo uruguayo fué ayer correcto y cordial. Sean para él las palmas de la afición argentina.

Un poco de sensatez

"La Calle", órgano del periodismo argentino, en su edición de ayer, dice lo siguiente, después de llamar la atención de los dirigentes argentinos frente al anuncio de la adopción de medidas extremas:

"Mientras tanto, más vale que los señores consejeros se dediquen a acumular antecedentes para que luego su opinión esté basada en argumentos irrefutables y no en impresiones provocadas por el dolor de la derrota y desde luego por hechos que mas mentes influenciadas por el inesperado contraste, han magnificado".

Como opinión sensata, no se puede pedir mejor. Lo eterno... Pasado el primer período de la ofuscación, vuelve la calma. Pero con la calma se corre el riesgo de que se ponga más de manifiesto el ridículo...

Nacional rendirá un homenaje a sus campeones del mundo

El comando del club Nacional organizará un monumental homenaje a los jugadores de la Institución que se han clasificado Campeones del Mundo y en el cual participarán todos los asociados.

Los jugadores homenajeados serán Emilio Recoba, José Leandro Andrade, Santos Urdinarán, Conduelo Piriz, Héc-

Se presentarán en Mercedes

En la ciudad chaná, se aguarda con creciente entusiasmo la visita del equipo paraguayo, dispuesta para el día de mañana.

No obstante la derrota que han sufrido los visitantes en Fray Bentos — según noticiamos en suelto aparte — el público demuestra mucho interés por el encuentro, que lo realizarán con una buena selección local.

Los paraguayos llegarán hoy a Mercedes, donde serán objeto de grandes muestras de simpatía.

Los paraguayos perdieron en Fray Bentos

Según nos informa nuestro corresponsal en Fray Bentos, ayer de tarde se presentó ante los aficionados locales, el cuadro paraguayo que intervino en el Campeonato del Mundo.

Enfrentaron a una selección del departamento de Río Negro, la que obtuvo un brillante triunfo, ya que consiguió derrotar a los visitantes por dos goales a cero.

El presidente de la F. I. F. A. felicita a la Asociación

Montevideo, 30 de Julio de 1930. — Señor Presidente de la "Asociación Uruguaya de Football. — Mi querido Presidente: El torneo por la "Copa del Mundo" termina en apoteósis. Mi pensamiento, en esa hora, evocó la bella jornada de 1924, en Colombes, totalmente semejante a la que acabamos de vivir, y donde por primera vez, el equipo del Uruguay fué campeón del Mundo.

Como hoy, un sol inesperado dominó la fiesta en el momento en que la bandera de la República Oriental fué izada a la cumbre del mástil olímpico, en medio de los aplausos de una muchedumbre igualmente alegre y entusiasta.

La continuación del éxito ha hecho de la historia de vuestro equipo nacional, una verdadera epopeya; ella os autoriza a grabar en vuestros emblemas, los tres nombres: Colombes, Amsterdam y Montevideo, como se lleva sobre la bandera los nombres de las grandes victorias.

Pero, se trata aquí de torneos pacíficos, cuyo carácter y significación son fijados por el símbolo del apretón de manos que cambian los capitanes antes de la justa amistosa, leal y proba, a la cual van a entregarse los dos equipos.

Ya jugado el match, la amistad subsiste entre quienes no son ni vencedores ni vencidos, sino camaradas unidos por un amor común al deporte y al juego leal.

Quiera Vd. recibir, mi querido Presidente, con mis felicitaciones, la certidumbre de mi consideración muy simpática. — Firmado: Jules Rimet. Presidente de la F. I. F. A.

Se cumplió la profecía del juez Almeida Rego

Se proyectan grandes ho los campeones mu

Resoluciones de la Asociaci y del Concejo de Adr

Anoche sesionó el Consejo de la Asociación Uruguaya de Football, a fin de considerar el siguiente orden del día: Homenaje a los campeones del mundo.— Asistieron los señores: Dr. Raúl Jude, quien presidió, Batlle Santos, Pedragosa Sierra, Bouzas, Mibelli, Gardil, Pascal, Pittaluga, Font, Reyes Molné, Bermúdez, Pomés, Pizpo, Ballo, Díaz Falp y Dr. Musalo.

APLAUDIENDO LA HAZAÑA

Al dar cuenta el Sr. presidente de que el team uruguayo había ganado con honor el Primer Campeonato Mundial de Football, el Consejo se puso de pié y aplaudió a los campeonts.

LOS HOMENAJES

Se dió cuenta de un proyecto de varios delegados, los señores: Díaz Falp, Gardil, Font, Mibelli, Pittaluga, Usera Bermúdez, Batlle Santos, Bouzas y Pascal, por el que se acuerda un homenaje a los campeones del mundo, homenaje que consistirá en recibirlos en la Asociación, ofrecerles un banquete y entregarles un premio.

El Sr. Ballo dijo que si no había suscrito el proyecto, se debía a que él había tenido una idea semejante y propuso que los campeones desfilasen el domingo próximo en el Stadium, para recibir el homenaje de la afición.

El Sr. Gardil manifestó que tenía mandato expreso de las autoridades de Peñarol para adherir no obstante reparos sobre organización, a todos los homenajes a los campeones y anticipó que votaría el proyecto y que Peñarol rendiría una ofrenda especial a aquellos.

El Dr. Pierri declaró que votaría el proyecto, pues en tal forma creía interpretar la voluntad de las Ligas que representa. El proyecto del Sr. Pascal fué aprobado por aclamación.

El Sr. Reyes Molné propuso que se otorgasen medallas a los campeones.

El Sr. Pascal propugnó a fin de que el Consejo y los presidentes de los clubs, recibiesen a los campeones.

El Sr. Pedragosa Sierra propuso que los campeones fuesen recibidos por el Consejo solamente.— Se resolvió que la recepción se realice el domingo próximo a las 19 y el banquete el mismo día a las 21.

El Sr. Usera Bermúdez propuso que se diese un voto de aplauso al Dr. Jude, quien con amor e inteligencia, desde el puesto de presidente del Comité Ejecutivo del Campeonato Mundial, de la Comisión Administradora del

Peñarol protesta ante l se practique un

Lo sucedido con las ventas de entra-

Declaraciones de Rimet a la prensa uruguaya (1930)

El 31 de julio de 1930, *La Mañana* publicó una larga entrevista a Jules Rimet, bajo el título: *«M. Rimet se embarca satisfecho».*

Toda la entrevista es interesante, pero lo que corresponde recalcar en el marco de este trabajo, son las declaraciones relacionadas con la historia de los mundiales de fútbol, en las cuales el presidente de la FIFA reiteró los conceptos expuestos en la carta a Jude. La versión publicada corresponde a la traducción brindada por el traductor uruguayo puesto al servicio de Rimet. Esta aclaración tiene su importancia como se verá en el documento siguiente.

«El espectáculo del entusiasmo del público cuando se desplegó en el mástil de la Torre del Homenaje la bandera uruguaya, es de los que no se olvidan por mucho tiempo. Me hizo recordar al día que casi los mismos jugadores ganaron el Campeonato Olímpico de Fútbol de 1924 en el Estadio de Colombes. Aquel día, y esto yo tengo interés en recalcarlo, porque no sé si aquí se conoce, el público, no por su patriotismo, pues no había casi uruguayos, sino por entusiasmo deportivo, aclamó a los uruguayos con el mismo ardor que ayer en el estadio Centenario. Es asombroso que un mismo país haya ganado tres veces consecutivas el Campeonato Mundial porque si bien Colombes y Ámsterdam no tenían ese nombre, fueron verdaderos campeonatos mundiales. Es la primera vez que esto ocurre.»

(Documento consultable en la Biblioteca Nacional de Uruguay)

LA PRENSA SERIA ARGENTINA, JUZGA

M. RIMET SE EMBARCA GRATAMENTE IMPRESIONADO

Está satisfecho de la organización del Torneo y considera justo su resultado

Anoche, o mejor dicho, en los primeros minutos del día de hoy, conseguimos hablar con el presidente de la Federación Internacional de Football-Association, M. Jules Rimet, quien regresaba de una recorrida por las calles centrales que había efectuado para apreciar personalmente el grado del entusiasmo popular.

Nos expresó en primer término que desde el día que llegó a Montevideo había pasado de sorpresa en sorpresa y había tenido oportunidad de rectificar muchas impresiones que tenía de nuestro país antes de conocerlo.

—Esto no quiere decir de ninguna manera que yo haya hecho el viaje a Montevideo creyendo que me iba a encontrar con un país inculto y semicivilizado. — Todo lo contrario. — Ya sabía de antemano que el Uruguay a este respecto, no tiene nada que envidiarle a los pueblos europeos, pero francamente esperaba otra cosa. — Por ejemplo: el Uruguay es una democracia y Francia también lo es y yo creía que dos democracias deben ser iguales o, por lo menos, muy parecidas.—Primera sorpresa: no se asemejan en nada...

Y el presidente de la F. F. I. F. continuó contándonos otras apreciaciones que había hecho, hasta que llegó al tema que nos había llevado al Parque Hotel.

—Esta noche me embarco para Buenos Aires y llevo de Montevideo invalorables recuerdos. El espectáculo del entusiasmo del público cuando se desplegó en el mástil de la Torre del Homenaje la bandera uruguaya, es de los que no se olvidan por mucho tiempo. — Me hizo recordar al día que casi los mismos jugadores ganaron el Campeonato Olímpico de Football de 1924 en el estadio de Colombes. — Aquel día, y esto yo tengo interés en recalcarlo, porque no sé si aquí se conoce, el público, no por patriotismo, pues no había casi uruguayos, sino por entusiasmo deportivo, aclamó a los uruguayos con el mismo ardor que ayer en el estadio Centenario.

Es asombroso que un mismo país haya ganado tres veces consecutivas el Campeonato Mundial; porque si bien las justas de Colombes y Amstedam no tenían este nombre, fueron verdaderos campeonatos mundiales. — Es la primera vez que esto ocurre.

Desde luego que es merecido el triunfo. — Hubiera sido desconsolador que después de tanto esfuerzo y sacrificio, con el ansia de triunfar que tenían los uruguayos, que el éxito no los hubiera acompañado.

—¿Qué opinión tiene Vd. del resultado del "match"?

—Creo que el resultado ha sido el que lógicamente correspondía a los merecimientos hechos por ambos equipos. — Presenciamos un primer tiempo magnífico, en el que se jugó buen football. — En el segundo el poderío del "team" argentino declinó mucho y se afirmó la superioridad de los uruguayos; entonces el interés del encuentro decayó.

Me gustó también la modalidad del juego que fué recio, como ya he dicho que me parece que debe ser el football, un juego para hombres fuertes y sanos, sin que se llegara en ningún momento a brusquedades que hicieran peligrar la integridad física de los jugadores. — Este es otro triunfo que hay que contar, pues ha dado un desmentido rotundo a todos los temores que en algunas partes se insinuaron sobre el desarrollo del partido de ayer.

Hay, sobre todo, en el desarrollo de todo el campeonato, otro hecho que me halaga y es que no se ha producido ninguna protesta, ni ninguna reclamación. — El "Jury" de apelación no hizo nada más que constituirse y no ha tenido oportunidad de volver a reunirse.

—¿Y el público?

—Me pareció muy entusiasta, fué un delirio la victoria pero estuvo correcto en todas las oportunidades, no sólo en el partido final, sinó en todos los del Campeonato.

—¿Qué le pareció el segundo tanto que el juez otorgó a los argentinos?

—Desde la ubicación que yo tenía en el Palco Oficial no se pudo apreciar claramente la jugada. — Yo no la vi. — El juez es uno de los más correctos que conozco y por ello me inclino a creer que su fallo ha sido acertado. — Y, a fin de cuentas, ¿qué importancia tiene eso ahora?... ¿no le parece?...

Tendría especial interés que dijeran que no quiero partir de Montevideo sin que se sepa que estoy hondamente satisfecho por todo, hasta por el sol que fué nuestro aliado, y que felicito de todo corazón a los que tuvieron la iniciativa de hacer aquí este campeonato a los señores Gómez y Buero, a cuya hábil gestión se debe exclusivamente el voto del Congreso de Barcelona y a los que colaboraron en la realización práctica del certamen.

OTRA VEZ LOS ARGENTINOS SON LOS "CAMPEONES MORALES"

Transcribimos a continuación el artículo que publicó "El Mundo" de la vecina orilla.

Habla del match pero en concreto no dice nada.

No obstante deja entrever que nuevamente son los argentinos campeones morales.

¿Qué le vamos a hacer!

eso, menos distante, lo que contribuirá a darles un poco de seguridad y confianza, que no se tienen cuando no se pisa tierra propia o familiar. [illegible] mediante un [illegible] del espíritu, del localismo sportivo y hagamos notar que para los uruguayos el campeonato ganado es un motivo de júbilo, tanto mayor cuanto va unido a los [illegible]

EL TEAM

"La Prensa" de la ve[...] el partido de [...] edición de hoy:

"La lucha fué de [...] dentro de la relatividad [...] el estado del field, per[...] dió con la bondad del [...] ción de habilidad per[...] podía presumirse para [...] mundo, ni siquiera lo [...] apreciar en una puja [...] rivales que enaltece [...] tura del football riopl[...]

En primer término [...] cidad de valores y, por [...] en, en una contienda [...] leza un equipo argent[...] olvidando los factores [...] dieron determinada [...] tan mediocre como la [...] dad es que el cuadro [...] hacía mucho tiempo no [...] brío y multiplicación [...] decisión que el que [...] título de campeón mu[...]

Hasta en su compa[...] gentino, apareció com[...] un verdadero equipo [...] sus líneas y decisión [...] al servicio del esfuer[...]

Para llegar a ello [...] un adversario insospe[...] que cedió a sus primer[...] ajvos, desorganizándose[...]

"LA PRE[...] GICAMEN[...]

Recibimos de nuest[...] Permanente en Buen[...]

Buenos Aires, 31 [...]

"La Prensa" edito[...] ción de hoy respecto [...] del Mundo y bajo el [...] pósito del football p[...] tense" se expresa en [...] términos:

"En la sección [...] la crónica de los dep[...] el lector, como todo[...] talle de la actuación [...] teño en el partido po[...] del Mundo, pero sin [...] deseamos señalar, co[...] en capítulo aparte, [...] algunos detalles qu[...] graves, las cuales de[...] das, pueden perudic[...] futuros nuevos contr[...]

Hace mucho tiem[...] buve la causa de los [...] favorables de los [...] la Asociación Argen[...] a [...] con los equi[...] la excesiva brusqued[...] timos emplean en s[...] difícil reconocer desd[...] [...] todos los partidos [...] de ayer, los jugadore[...] fen [...] y [...] ven en el extremo de [...] positiva.

Pero si bien este [...] hay una exaltación [...]

LU[...]

Trois fois consécutives la Coupe du Monde

El profesor Arturo Carbonell Debali coordinó el «libro oficial» del Mundial de 1930 establecido con «el contralor de la AUF». La página 106, «*Opiniones de los neutrales*», contiene la decisiva versión en francés de las declaraciones de Rimet. Bajo la indicación *«del Sr. Jules Rimet, presidente de la* FIFA», figura el siguiente pasaje:

«C'est surprenant qu'un même pays ait gagné trois fois consécutives la Coupe du Monde, car si les joutes de Colombes et d'Amsterdam n'avaient pas ce nom, elles furent de véritables championnats du monde. C'est la première fois que ceci arrive.» «Es asombroso que un mismo país haya ganado tres veces consecutivas el Campeonato Mundial, porque si bien las justas de Colombes y Ámsterdam no tenían este nombre, fueron verdaderos campeonatos mundiales. Es la primera vez que esto ocurre.»

La traducción de la expresión «Coupe du Monde» por «Campeonato Mundial» es errónea. La versión correcta es: *«Es asombroso que un mismo país haya ganado tres veces consecutivas la Copa del Mundo, porque si bien las justas de Colombes y Ámsterdam no tenían ese nombre* [«Copa del Mundo»], *fueron verdaderos campeonatos del mundo.»* La mala traducción da a entender que la expresión «campeonato mundial» apareció recién en 1930. Pero Rimet significó algo más sutil: que los torneos olímpicos se llamaban realmente «campeonatos del mundo» y que los nuevos, que ponían en juego el trofeo de la FIFA, se llamaban «Copas del Mundo».

Nótese sin embargo que para la AUF, el campeonato de 1930 fue un «campeonato mundial», no una «copa». Nótese también, que la mala traducción refleja el hecho de que los torneos de 1924 y 1928 tenían doble apellido, y que ese doble apellido seguía un orden lógico: uno, «campeonato olímpico; dos, «campeonato mundial». 1930 introdujo a la vez otra dupla y una inversión jerárquica: uno, «campeonato mundial»; dos, «campeonato de la FIFA» (generalmente no mencionado). Contrariamente a lo esperado por Rimet, el sello de la FIFA no pasó a primer plano.

(Documento consultable en la Biblioteca Nacional de Uruguay)

OPINIONES DE LOS NEUTRALES

De Mr. Rimet, Presidente de la F. I. F. A.

. . . .

Llevo de Montevideo invalorables recuerdos. El espectáculo del entusiasmo del público cuando se desplegó en el mástil de la Torre del Homenaje la bandera uruguaya, es de los que no se olvidan por mucho tiempo.—Me hizo recordar al día que casi los mismos jugadores ganaron el Campeonato Olímpico de Football de 1924 en el estadio de Colombes.—Aquel día, y esto yo tengo interés en recalcarlo, porque no sé si aquí se conoce, el público, no por patriotismo, pues no había casi uruguayos, sino por entusiasmo deportivo, aclamó a los uruguayos con el mismo ardor que ayer en el estadio Centenario.

Es asombroso que un mismo país haya ganado tres veces consecutivas el Campeonato Mundial, porque si bien las justas de Colombes y Amsterdam no tenían este nombre, fueron verdaderos campeonatos mundiales.—Es la primera vez que esto ocurre.

Desde luego que es merecido el triunfo.—Hubiera sido desconsolador que después de tanto esfuerzo y sacrificio, con el ansia de triunfar que tenían los uruguayos, que el éxito no los hubiera acompañado.

—Creo que el resultado ha sido el que lógicamente corresponde a los merecimientos hechos por ambos equipos.—Presenciamos un primer tiempo magnífico, en el que se jugó buen football.—En el segundo el poderío del "team" argentino declinó mucho y se afirmó la superioridad de los uruguayos; entonces el interés del encuentro decayó.

Me gustó también la modalidad del juego que fué recio, como ya he dicho que me parece que debe ser el football, un juego para hombres fuertes y sanos, sin que se llegara en ningún momento a brusquedades que hicieran peligrar la integridad física de los jugadores.—Este es otro triunfo que hay que contar, pues ha dado un desmentido rotundo a todos los temores que en algunas partes se insinuaron sobre el desarrollo del partido de ayer.

Hay, sobre todo, en el desarrollo de todo el campeonato, otro hecho que me halaga y es que no se ha producido ninguna protesta, ni ninguna reclamación.—El "Jury" de apelación no hizo nada más que constituirse y no ha tenido oportunidad de volver a reunirse.

El público me pareció muy entusiasta, fué un delirio la victoria, pero estuvo correcto en todas las oportunidades, no sólo en el partido final, sino en todos los del Campeonato.

. . . .

*

De Mr. Jules Rimet, Président de la F. I. F. A.

. . . .

J'emporte de Montevideo d'inoubliables souvenirs. Le spectacle de l'enthousiasme du public lorsque le drapeau uruguayen se déploya au sommet de la Tour des Hommages est de ceux qui ne s'oublient pas de longtemps. Il me fit souvenir du jour ou presque les mêmes joueurs gagnèrent le championnat olympique de football de 1924 au stade de Colombes. Ce jour là, et ceci j'ai intérêt à le faire ressortir car j'ignore si ici on le connait, le public, non par patriotisme, puisqu'il n'y avait presque pas d'uruguayens, mais par enthousiasme sportif acclama les uruguayens avec la même ardeur qu'hier au stade Centenario.

C'est surprenant qu'un même pays ait gagné trois fois consécutives la Coupe du monde, car si les joutes de Colombes et d'Amsterdam n'avaient pas ce nom, elles furent de véritables championnats du monde. C'est la première fois que ceci arrive.

Le triomphe est merité. Il eut été vraiment regrettable qu'après tant d'efforts et de sacrifices, avec le désir de vaincre qu'avaient les uruguayens le succès ne les eut pas accompagnés.

Je crois que le résultat est celui qui correspondait aux mérites déployés par chaque équipe. Nous avons assisté à une première mi-temps magnifique au cours de laquelle on joua du bon football. Au cours de la deuxième mi-temps la puissance du "team" argentin déclina beaucoup et la supériorité des uruguayens s'affirma, alors l'intérêt de la rencontre décrut.

J'ai aimé aussi la modalité du jeu qui fut vigoureux, comme j'ai déjà dit qu'il me semble que le football doit être, un jeu pour hommes sains et forts sans en arriver toutefois, a aucun moment, à des brusqueries qui puissent présenter un danger pour l'intégrité physique des joueurs. Celui-ci est un autre triomphe qu'il faut compter car il donne un démenti catégorique aux craintes que dans quelques endroits on insinua sur le développement de la rencontre d'hier.

Il y a, en outre, un autre fait qui me réjouit et c'est qu'au cours de tout le championnat il ne s'est produit aucune réclamation ni protestation. Le Jury d'appel n'a fait autre chose que se constituer, il n'a pas eu occasion de se réunir de nouveau.

Le public m'a paru très enthousiaste, la victoire fut un délire, mais il fut correct dans toutes les circonstances, non seulement au cours de la rencontre finale, sinon dans toutes celles du tournoi.

. . . .

*

Un título de campeón del mundo estaba en juego (1944)

Maurice Pefferkorn fue uno de los más grandes comentaristas franceses del fútbol de la primera mitad del siglo XX. Ex jugador, miembro de la 3FA, firmó varios editoriales de *France Football* en 1923 y 1924.

En su libro *Football joie du monde*, publicado en 1944, expuso: *«En realidad, era una especie de misticismo y de exaltación sentimental lo que guiaba a los 55 mil espectadores hasta Colombes al anuncio de que un título de campeón del mundo estaba en juego». Y refiriéndose al accionar de los uruguayos: «Más que las victorias sucesivas, fue la manera utilizada lo que desencadenó tanto entusiasmo y atrajo a la muchedumbre ávida hasta el estadio suburbano».*

En el prólogo redactado por *«Jules Rimet, presidente de la Federación Internacional de Fútbol Asociación»*, se lee el siguiente pasaje:

«Usted marcó este libro con su propia personalidad, hecha de la preocupación, que cabe homenajear, de escribir bien después de haber pensado bien, de una erudición que es vuestra coquetería, de una ironía sonriente, de una investigación minuciosa, de una documentación profundizada y segura, y también, y quizá sobre todo, de ese escrúpulo que es una manifestación de la probidad intelectual, y que, después de Montaigne, hace que uno dude y concluya por un «¿qué sé yo?», fruto de una búsqueda jamás satisfecha más que de escepticismo.»

(Libro Football Joie du Monde, *Éditions J. Susse, Paris, 1944)*

Et tout à coup ce fut dans le monde entier une fulgurante contagion qui jeta dans des temples soudainement érigés des fidèles par dizaines de milliers, fervents adeptes d'un paganisme moderne dont on admire la puissance de conversion... Jamais une hérésie ne l'entame... Partout ses dogmes sont respectés, ses rites pareillement observés. Qu'on se trouve à Stockholm ou à Montevideo, à Londres ou à Tokio, les offices du football se déroulent selon les mêmes canons.

En tous lieux le football s'installe dans la grandeur, la magnificence et l'opulence. Il subit l'influence des climats et des latitudes. Mais c'est là sa force et non point le signe de sa soumission. Car s'il demeure un par sa doctrine, sa philosophie et ses lois, il laisse à chaque peuple le loisir d'exprimer sous son joug sa personnalité et son tempérament.

***

Le 10 juin 1924, le Stade de Colombes fut le théâtre de la finale du tournoi de football des Jeux Olympiques qui mettait aux prises les équipes nationales de l'Uruguay et de la Suisse. Ce n'était certes pas la plus vaste cérémonie de football que le monde ait jamais connue. Mais elle s'impose à notre souvenir par cette majesté et cette solennité que les foules sportives les plus exubérantes savent conférer aux manifestations que leur cœur a élues. En vérité, c'était une sorte de mysticisme, d'exaltation sentimentale, qui guida 55.000 spectateurs à Colombes à l'annonce qu'un titre de champion du monde était en jeu. Cette fête du couronnement allait consacrer l'équipe nationale de ce petit pays d'Uruguay qui, inconnue de tous un mois plus tôt, s'était au cours du tournoi magistralement révélée.

Mieux que ses victoires successives, cependant, c'était la manière dont elle usait qui avait déclenché cet enthousiasme et qui poussait vers le stade suburbain la foule avide et

2. Posiciones de la FIFA actual

A lo largo de su historia, en libros redactados por autores sin representatividad internacional a pedido de sucesivos presidentes, la FIFA adoptó posiciones totalmente contradictorias en lo que se refiere a la calificación del torneo de 1924.

No es objeto de este trabajo presentar todos los zigzagueos que demuestran la inconsistencia de la federación internacional en materia de historia. Interesa sin embargo mencionar dos documentos recientes.

Uno de ellos es un documento oficial, aprobado debidamente por las instancias oficiales, comisiones y Congreso: el *Reglamento del Equipamiento*, que existe desde el año 2001. El otro es el libro publicado en 2017 por el Museo de la FIFA, *FIFA World Football Museum*, que aunque se denomina *Historia oficial de la Copa del Mundo de la FIFA* no tiene nada de oficial ya que fue redactado por un solo individuo, el inglés Guy Oliver, a pedido del presidente Gianni Infantino, con una finalidad política precisa: favorecer la candidatura británica a ser sede del Mundial en 2030.

Reglamento del equipamiento

El *Reglamento del equipamiento* es el único documento oficial, aprobado por los canales legítimos de la FIFA, que de alguna manera se refiere al campeonato del mundo de 1924.

Establece en su artículo 15.1 que solo las selecciones absolutas de un país que haya ganado una o varias Copas Mundiales de la FIFA podrán exhibir en su camiseta las estrellas de cinco puntas que simbolizan dichas victorias. Por otra parte, fija en sus disposiciones 64.3, 65.1 y 65.2 lo que acontece en caso de violación de la regla: la Secretaría General de la FIFA rechaza la prenda, notifica su rechazo por escrito a la asociación que cometió la falta, y la obliga a rectificar el modelo. En suma, un seleccionado absoluto no puede jugar la Copa Mundial si lleva en la camiseta estrellas que no corresponden a títulos mundiales reconocidos como «Copas Mundiales» por la FIFA.

El *Reglamento del equipamiento* existe desde el año 2001 y se aplica desde la Copa del Mundo del año 2002. En su versión actual, presenta incluso como ejemplo la gorra de Uruguay, con el escudo y las cuatro estrellas. Todo indica pues que desde su primera versión, la Secretaría de la federación internacional aceptó las estrellas de 1924 y 1928 en la camiseta de Uruguay, y las reconoció como símbolos de Copas Mundiales suyas. Todo indica también que, a través de este reglamento, la FIFA operó una recalificación indirecta de los campeonatos del mundo olímpicos de 1924 y 1928 como «Copas Mundiales de la FIFA».

(Documento descargable en el sitio de la FIFA)

15 Estrella de campeón

15.1
Las asociaciones miembro cuyas selecciones absolutas femeninas o masculinas hayan ganado una o varias ediciones anteriores de la Copa Mundial de la FIFA™, la Copa Mundial Femenina de la FIFA™, la Copa Mundial de Fútsal de la FIFA o la Copa Mundial de Beach Soccer de la FIFA podrán exhibir en el uniforme que utilice su selección una estrella de cinco puntas, u otro símbolo que escoja la FIFA, por cada edición de la Copa Mundial de la FIFA™, la Copa Mundial Femenina de la FIFA™, la Copa Mundial de Fútsal de la FIFA o la Copa Mundial de Beach Soccer de la FIFA que haya ganado dicha selección. Dentro de los límites de la estrella o el símbolo escogido por la FIFA, la asociación miembro podrá hacer referencia al año en que se disputó el torneo ganado por la asociación miembro (por ejemplo, «1994» o «94»).

El número y el diseño de la estrella de cinco puntas o el símbolo escogido por la FIFA será específico para cada selección que haya ganado una o varias ediciones anteriores de la Copa Mundial de Fútbol de la FIFA™, la Copa Mundial Femenina de la FIFA™, la Copa Mundial de Fútsal de la FIFA o la Copa Mundial de Beach Soccer de la FIFA (es decir, la camiseta de la selección absoluta masculina no podrá llevar una estrella de cinco puntas correspondiente a los torneos ganados por la selección absoluta femenina, la selección de fútsal o la selección de fútbol playa y viceversa). Sin perjuicio de lo anterior, el número y diseño de la estrella de cinco puntas o el símbolo escogido por la FIFA correspondientes a la selección absoluta femenina o masculina podrá exhibirse también en el uniforme de otras selecciones de la misma categoría, es decir, las selecciones masculinas juveniles podrán llevar una estrella de cinco puntas por cada edición de la Copa Mundial de la FIFA™ que haya ganado la selección masculina absoluta; del mismo modo, las selecciones femeninas juveniles podrán llevar una estrella de cinco puntas por cada edición de la Copa Mundial Femenina de la FIFA™ que haya ganado la selección femenina absoluta.

64.3
Toda prenda de equipamiento aprobada podrá utilizarse en otras competiciones finales durante el mismo año. En este caso, la asociación miembro deberá notificar por escrito a la Secretaría General de la FIFA de su decisión de usar el equipamiento aprobado, especificando la competición final en la cual la asociación miembro prevé utilizar las prendas de equipamiento aprobado en primera instancia y confirmando que todas las prendas de equipamiento son idénticas a las prendas aprobadas.

65 Proceso en caso de rechazo

65.1
En caso de que la Secretaría General de la FIFA deniegue el uso de una prenda de equipamiento, explicará por escrito a la asociación miembro su decisión junto con la notificación de que la solicitud de aprobación ha sido denegada.

65.2
En caso de que la Secretaría General de la FIFA deniegue la aprobación de cualquier prenda de equipamiento para una competición o fase final, las asociaciones miembro podrán:

a) presentar una demanda contra la decisión de la Secretaría General de la FIFA ante la Comisión de Mercadotecnia y Televisión de la FIFA, órgano que tomará una decisión definitiva. La asociación miembro presentará esta demanda junto con una argumentación por escrito en un plazo no superior a treinta días a partir de la notificación de la decisión inicial de la Secretaría General de la FIFA a la asociación miembro. En este caso, la Comisión de Mercadotecnia y Televisión de la FIFA, en un plazo no superior a los treinta días a partir de la presentación de la demanda, notificará por escrito a la asociación miembro de su decisión final con respecto a la demanda y dará una explicación con respecto a su decisión final; o
b) solicitar la aprobación de la Secretaría General de la FIFA de una prenda de equipamiento modificada suministrando una muestra de la misma. En este caso, la Secretaría General de la FIFA tomará la decisión con respecto a la aprobación de la prenda de equipamiento modificada, conforme a los términos y condiciones estipulados en el art. 63.

Sección 3: Identificación del fabricante en prendas especiales del equipamiento de los jugadores

46 Brazalete de capitán, guantes de guardameta, gorras, guantes de los jugadores de campo y los oficiales del equipo, cintas de pelo, muñequeras y protectores de cabeza

46.1
Las asociaciones miembro podrán exhibir un solo tipo de identificación del fabricante en cada una de las siguientes prendas de equipamiento especial para los jugadores:

a) guantes del guardameta;
b) gorras;
c) guantes para jugadores de campo y oficiales del equipo;
d) cinta de pelo o muñequeras.

La asociación miembro no podrá exhibir ningún tipo de identificación del fabricante o del proveedor en ningún tipo de protector de cabeza que no sea una gorra o cinta de pelo.

46.2
La asociación miembro tendrá derecho a determinar a su discreción la posición de la identificación del fabricante en cualquiera de las prendas de equipamiento especial que figuran en el art. 46, apdo. 1. El tamaño de la identificación del fabricante seleccionada para las prendas de equipamiento especial no podrá, en ningún caso, exceder de 20 cm².

46.3
En el caso del brazalete del capitán, se aplicará el art. 20, apdo. 3.

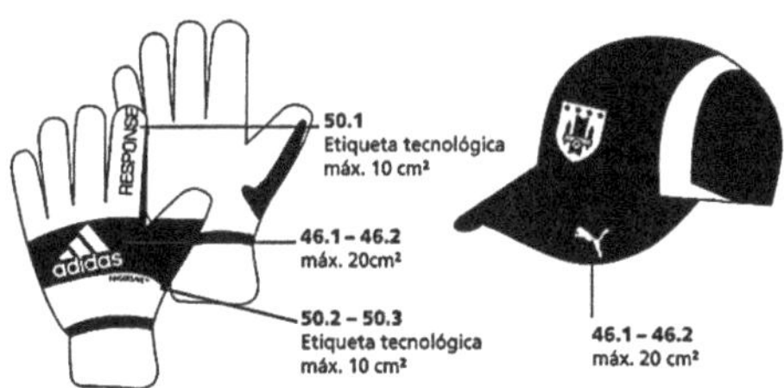

Reciente libro de la FIFA

En octubre de 2017, el FIFA *World Football Museum* publicó el libro *Historia oficial de la Copa del Mundo de la* FIFA. El proceso de elaboración y aprobación del contenido no fue oficial: fue obra de un solo individuo, el inglés Guy Oliver, y fue aprobado por una sola «instancia», Gianni Infantino.

En la página 8 de la Introducción «Las fundaciones», el autor afirma: «*Campeones del mundo. Antes de 1930, los vencedores del torneo olímpico eran los campeones del mundo de fútbol*». En la página siguiente la tesis se vuelve más precisa: en 1908 «*La FA organiza el primer campeonato del mundo.*» Y abajo de las fotos del partido Gran Bretaña vs Dinamarca: «*Disputada en el White City Stadium de Londres, la final olímpica de 1908 vio a Inglaterra imponerse 2-0 ante Dinamarca y convertirse así en la primera nación campeona del mundo de fútbol*». Esto permite al autor anotar en la página 22, que trata del Mundial de 1930, este comentario: «*Después de las dos victorias olímpicas, Uruguay obtuvo su triple mundial*».

La novedad de esta nueva revisión es el reconocimiento del Mundial olímpico de 1924. Pero el precio que se paga por este paso aparente es muy alto. La idea de Oliver es hacer creer que hubo dos épocas: la época amateur con Mundiales olímpicos «amateurs»; y la era abierta, con Mundiales abiertos a todos, a partir de 1930. Y dentro de la primera fase, diferencia los Mundiales del amateurismo puro, mayores, ganados por «Inglaterra», y los Mundiales marrones, menores, de 1924 y 1928.

Es una creencia arcaica desmentida por la investigación (y por Coubertin) considerar que los torneos olímpicos fueron todos y desde siempre amateurs. Fueron reglamentariamente amateurs los torneos de fútbol de 1908 y 1912, pero fueron abiertos los de 1924 y 1928. Por otra parte, como lo señala el propio Informe oficial del Comité Olímpico Británico, no ganó Inglaterra sino Gran Bretaña. A estos errores se agrega la idea absurda, que no es ni olímpica ni futbolística, de calificar de esa manera, un siglo después, unos campeonatos olímpicos exclusivamente europeos que ningún contemporáneo percibió como mundiales.

(L'Histoire officielle de la Coupe du Monde de la FIFA, *Marabout, 2017)*

▲ Champions du monde
Avant 1930, les vainqueurs du tournoi olympique étaient les champions du monde de football. Ce trophée, présenté aux vainqueurs en 1908, 1912 et 1920 est commandé par la FA pour une valeur de cent livres sterling. Avec ses 59,5 cm de haut, il est deux fois plus grand que ce que sera la Coupe Jules Rimet. La représentation de Niké, déesse de la victoire dans la mythologie grecque, et du globe sur lequel elle

La Coupe du Monde de la FIFA 2018 organisée en Russie marque le quatre-vingt-huitième anniversaire d'un des pl célèbres événements sportifs de la planète. Or, né très précisément en 186 le « football association » – dont la FIFA est l'instance dirigeante – est un sport vieux de plus de cent cinquante ans. Comment donc expliquer que le sport l plus populaire qui soit ait attendu si longtemps pour se doter d'un championnat du monde ? La réponse e qu'il n'a pas attendu 1930 et la naissan de la Coupe du Monde ! Les origines du tournoi remontent en effet au début du XXe siècle et à la création de la FIFA en 1904, car le premier championnat international de football a eu lieu à peir

La FIFA est créée et revendique le droit d'organiser un championnat du monde

Le 21 mai 1904, le Néerlandais Cornelis August Wilhelm Hirschman, le Suisse Victor Schneider et le Danois Ludvig Sylow retrouvent à Paris les Français Alphonse Fringnet, André Espir et Robert Guérin dans un bureau de l'Union des Sociétés Françaises de Sports Athlétiques. Ils sont les témoins de la fondation de la FIFA, des débuts nettement plus modestes que ceux du Comité International Olympique (CIO) qui, dix ans plus tôt, avaient réuni soixante-dix-huit délégués et plus de deux mille personnes dans un amphithéâtre de la Sorbonne lors de la renaissance du mouvement olympique. Les Statuts de la FIFA sont alors rédigés, dont l'important article 9 : « La Fédération Internationale seule a le droit d'organiser un Championnat international ».

Mais pendant près d'un an, la FIFA n'existe que sur le papier. L'événement qui confirme, assoit et renforce l'instance est une conférence organisée en avril 1905 par la Fédération Anglaise de Football (FA) dans les locaux du club de Crystal Palace, à Sydenham (sud de Londres) en marge d'un match Angleterre-Écosse. La FIFA y est représentée par Hirschman, Guérin et, surtout, le baron Édouard de Laveleye, un aristocrate belge très influent dans le monde du sport sur le continent. Cet homme, fin diplomate, avait eu pour mission de persuader les Anglais que l'avenir du football résidait dans cette FIFA qui avait été créée onze mois auparavant et qu'ils étaient invités à rejoindre. Pour ce faire, Laveleye avait approché Frederick Wall et Dan Woolfall, deux éminents dirigeants de la FA. Lors de cette conférence de 1905, Laveleye apprend que son entreprise est couronnée de succès. Il commentera plus tard : « M. Woolfall, qui aurait dû être le premier président de la vraie FIFA, nous a informé, à notre plus grande satisfaction, que l'Angleterre acceptait notre proposition. En à peine trente-six heures, cette FIFA embryonnaire vient de prendre forme et se destine à rapidement devenir la puissante organisation au sujet de laquelle son président peut véritablement affirmer que le soleil ne s'y couche jamais. »

Le championnat du monde 1906 n'aura pas lieu

Deux mois après, la FIFA tient son deuxième Congrès à Paris et commence à se pencher sur la création d'un championnat international. Il est prévu que quatre groupes soient constitués et que les vainqueurs respectifs se rendent en Suisse au printemps 1906 pour s'y disputer une coupe offerte par le Suisse Victor Schneider. Les quatre groupes sont alors les suivants :

1. Angleterre, Écosse, Irlande et Pays de Galles

pratiquent le football conformément aux Lois du Jeu ».
Mais une solution toute faite va bientôt être trouvée…

▲ Sacrés Anglais
Disputée au White City Stadium de Londres, la finale olympique de 190 voit l'Angleterre s'impos 2-0 face au Danemark e devenir la première nati championne du monde c football.

La FA organise le premier championnat du monde

Les Jeux de Londres ne sont pas les premiers à proposer des épreuves de football, mais ils sont les premiers à comporter une compétition dûment organisée avec des équipes nationales. Le règlement permet à l'époque à chaque pays d'inscrire jusqu'à quatre équipes, et ce afin que les quatre nations britanniques puissent toutes participer. Au final, Écossais, Nord-Irlandais et Gallois déclinent l'invitation. Ils laissent l'Angleterre participer seule, elle qui est favorite de l'épreuve comme aucune autre équipe ne l'a plus jamais été.

Lors du Congrès de Berne de 1906 les délégués demandent à la FA d'envoyer son équipe nationale disputer des matches sur le continent. Redoutant que la différence de niveau ne soit trop grande, la FA créé alors une équipe amateur, les England amateurs. Durant les deux années précédant les Jeux Olympiques, elle affronte la France, les Pays-Bas, la Belgique, l'Allemagne et la Suède et gagne tous les matches assez largement. Le tournoi olympique ne pouvait connaître une autre issue et les Anglais gagnent la médaille d'or sans forcer.

La performance la plus notable reste celle du Danemark. Pour le tout premier match de son histoire, il l'emporte 9-0 face à l'équipe de France « B » avant de pulvériser la France « A » 17-1 en demi-finale grâce à l'intenable Sofus Nielsen, auteur de dix buts. Le Danemark ne s'inclinera ensuite que 2-0 en finale face aux Anglais.

3. Algunos casos de olvido de los investigadores europeos

Los historiadores olímpicos alemanes Jürgen Buschmann y Karl Lennartz escribieron en 2005 un libro denominado *Uruguay campeón del mundo olvidado, París 1924* (*Vergessener Weltmeister Uruguay*). El trabajo da a entender que aquél «viejo» Mundial olímpico cayó *involuntariamente en el olvido* por efecto exclusivo del paso del tiempo.

Esta tesis no corresponde a la realidad, y es fácil imaginar su falla: desde mediados del siglo XIX, los dirigentes y comentaristas deportivos escribieron todo lo importante en sus registros y en su prensa. Dejaron una vastísima literatura compuesta de actas, reglamentos, crónicas e informes de todo tipo. Pilas de documentos y diarios fueron archivadas en Europa, y pese a las guerras destructoras, se conservó la memoria. Agréguese: uno, que la investigación académica francesa no dejó de rastrear las bibliotecas deportivas desde hace ya más de un cuarto de siglo; y dos, como lo demuestran múltiples coloquios y conferencias, que consideró siempre como un tema de primer orden la historia del origen de los mundiales.

El olvido de 1924 no fue un proceso involuntario sino una acción deliberada destinada a borrar la dimensión del acontecimiento. Los documentos no desaparecieron, pero las informaciones que muestran que el campeonato del mundo surgió en 1924 fueron sistemáticamente ocultadas para ajustar los relatos a las condiciones de la demanda oficial.

Se aportarán aquí algunos ejemplos recientes de un proceso poco «deportivo» que se prosigue en la actualidad.

Passion of the People

Tony Mason es un sociólogo inglés considerado como el pionero de la historia académica del fútbol en Europa. Escribió sobre el fútbol sudamericano con un punto de vista inglés. En su libro *Passion of the People* publicado en 1995, dedicó algunas páginas al torneo de 1924, eludiendo cuidadosamente todo lo relativo al mundialismo y presentando la prueba como puramente amateur.

En la página 31, aquí reproducida, cita ampliamente a Hanot. Dice así: *«Gabriel Hanot, un destacado escritor francés del fútbol, estaba prácticamente en éxtasis: "Es el mejor de los 22 equipos que ganó el campeonato... La principal cualidad de los vencedores es su virtuosismo maravilloso en la recepción de la pelota, el control y el uso de la misma. Tienen una técnica tan completa que les queda todo el tiempo necesario para percibir la posición de los compañeros de equipo y de los adversarios..."».*

El artículo citado por Mason es el mismo que reproducimos en la página 177 de este trabajo. La traducción del sociólogo es muy aproximativa, pero lo más grave es el corte que le impuso al título: allí donde Hanot escribió *«que ganó el formidable campeonato del mundo de fútbol»*, Mason puso *«que ganó el campeonato...»*. Al reemplazo de la fórmula mundialista por puntos suspensivos y a la amputación del término «formidable», se agrega la ridícula presentación que Mason hace de Hanot. El francés no fue un «destacado escritor» sino mucho más que eso: un ex gran futbolista internacional, un gran periodista deportivo, aviador, héroe de guerra y consejero técnico de la federación francesa organizadora, que entre 1945 y 1949 dirigió la selección nacional, y más tarde creó la Liga de Campeones y el Balón de Oro. Por si esto fuera poco, fue el verdadero conceptor del *Mundial propio de la FIFA* como alternativa posible en caso de complicarse la situación del fútbol en los Juegos, y eso desde 1920.

(Passion of the People? Football in South America, *Verso, 1995)*

from the British Isles, yet football was becoming one of the most popular sports of the Olympics. A total of 280,000 spectators saw the twenty-two matches in the fifteen days of play and the final in the Colombes stadium was watched by a crowd of 60,000 with ten thousand more locked out.

Uruguay began by demolishing Yugoslavia 7–0 in the preliminary round. The United States were then beaten 3–1, which brought Uruguay up against the host nation. Uruguay won 5–1 and inside-right Scarone scored four.[13] It was a staggering victory. The press agreed that although the French had done well in the first half and had been only 2–1 down at half time, in the second period they had been outclassed. The Uruguayans had superior technique and better tactics and the French, obliged to compensate for their inferior skill by employing unlimited energy, simply ran out of steam. Uruguay scored three more goals in the last fifteen minutes. As for the Uruguayans, the commentators noted, they were good but they liked the ball too much. They only let go of it to shoot with regret.

In the semi-finals Switzerland beat Sweden and Uruguay found Holland tough opponents. Not only did the Dutch lead 1–0 at half time, Uruguay had missed a penalty. But two goals in the second half produced another South American victory. The final was much easier, with Switzerland beaten 3–0. Petrone and Cea with shots got the first two and Romano headed the third. It was clear by then that a powerful new footballing nation had arrived, and it had come from 10,000 miles away. Gabriel Hanot, a leading French writer on the game, was almost ecstatic.

> It is the best of the twenty-two teams which has won the championship ... The principal quality of the victors was a marvellous virtuosity in receiving the ball, controlling it and using it. They have such a complete technique that they also have the necessary leisure to note the position of partners and team mates. They do not stand still waiting for a pass. They are on the move, away from markers, to make it easy for team mates ... To an impeccable technique is added a stout foot and a good eye ... The English professionals are excellent at geometry and remarkable surveyors ... They play a tight game with vigour and some inflexibility. The Uruguayans are supple disciples of the spirit of fitness rather than geometry. They have pushed towards perfection the art of the feint and swerve and the dodge, but they know also how to play directly and quickly. They are not only ball jugglers ... They created a beautiful football, elegant but at the same time varied, rapid, powerful and effective ... Before these fine athletes, who are to the English professionals like Arab thoroughbreds next to farm horses, the Swiss were disconcerted.[14]

1904-2004: El siglo del fútbol

El libro *1904-2004, El siglo del fútbol* realizado para conmemorar los 100 años de la FIFA, fue obra de un equipo de investigadores académicos exclusivamente europeos y pertenecientes a una misma escuela: dos franceses (Pierre Lanfranchi y Alfred Wahl); una alemana (Christiane Eisenberg); y un inglés (Tony Mason). Siguiendo fundamentalmente la revisión establecida por Rimet en 1954, estos autores negaron todo mundial olímpico.

El capítulo 7 trata de los *«Estilos nacionales»*. Se destaca este párrafo sin comillas: *«En 1924, Uruguay crea la sorpresa en el mundo del fútbol europeo al venir a París para ganar el torneo olímpico. Los comentarios expresan la estupefacción ante el maravilloso virtuosismo de los jugadores en la recepción y el manejo de la pelota. Tanta habilidad técnica da tiempo para detectar a los compañeros de equipo mejor ubicados. Si se agrega a eso una gran maestría en el amague y del efecto, un dribbling de la más alta calidad, se entiende que los críticos franceses, desbordantes de entusiasmo, no pudieran dejar de comparar a los purasangres uruguayos con los percherones ingleses.»*

Es fácil constatar que este pasaje es una mala copia del famoso artículo redactado, no por «críticos franceses», sino por Gabriel Hanot. Debe notarse que el texto original no se refiere a *«los ingleses»* sino a los *«profesionales ingleses»*: *«Los profesionales ingleses son excelentes geómetras y notables agrimensores. El paralelogramo de las fuerzas no tiene secreto para ellos. Juegan cuadrado, articulado, con rigor y rigidez, mientras que los jugadores de Uruguay son gente flexible, discípulos del espíritu de fineza más que del espíritu de la geometría. Estos finos atletas son a los profesionales ingleses* [...] *lo que los caballos árabes son a los percherones».*

Los redactores presentaron las fuentes utilizadas para la redacción del capítulo 7 en la página 306. No figuran ni el nombre de Hanot ni el título del artículo copiado.

*(*FIFA 1904-2004, Le siècle du Football, *Le Cherche Midi, 2004)*

STYLES NATIONAUX, TECHNIQUE ET TACTIQUE

6

7

contrôle raffiné du ballon et sur des techniques subtiles, *made in Argentine*.

En 1924, l'Uruguay crée la surprise dans le monde du football européen en venant à Paris pour y gagner le tournoi olympique. Les commentateurs sont stupéfaits de la merveilleuse virtuosité des joueurs dans la réception et le maniement de la balle. Une telle habileté technique leur donne le temps de repérer leurs coéquipiers les mieux placés. Si on ajoute à cela une grande maîtrise de la feinte et de l'effet, un dribble de la plus haute qualité, on comprend que les critiques français débordants d'enthousiasme ne puissent s'empêcher de comparer les pur-sang uruguayens aux percherons anglais. L'Uruguay récidive en 1928 en battant l'Argentine en finale. Ces deux mêmes équipes disputent la finale de la première Coupe du monde deux ans plus tard avec le même résultat. L'Uruguay et l'Argentine se rencontrent depuis 1902. Ils ont inventé ensemble un nouveau style que leurs admirateurs nomment « football du Rio de La Plata ».

Les jeunes Brésiliens aussi commencent à impressionner le monde du football européen entre les deux guerres. L'équipe de São Paulo fait une tournée réussie en 1925, mais c'est la présence de l'équipe nationale lors de la Coupe du monde en France en 1938 qui provoque un déluge de commentaires dithyrambiques à propos de la supériorité technique des joueurs et leur totale originalité. Cela est dû en partie aux jongleries et aux prouesses athlétiques de Leonidas, précurseur de la fameuse « bicyclette », ainsi qu'au jeu défensif élégant de Domingos da Guia. On considère alors que les prouesses corporelles de certains des premiers joueurs noirs aperçus en Europe sont le résultat du climat tropical et de la fréquentation de terrains durs qui exigent un tout autre niveau technique pour maîtriser le ballon, véritable « femme rebelle ». Un grand intellectuel brésilien, l'anthropologue et historien Gilberto Freye, explique que les Brésiliens ont transformé le jeu ordinaire britannique en « danse des surprises irrationnelles ». Cette métaphore de la danse allait par la suite réapparaître maintes fois dans l'œuvre d'érudits et de journalistes sportifs alors que le Brésil était devenu le plus grand pays du monde en matière de football et l'équipe favorite de nombreux fervents du sport. Avec le développement de la télévision, nombreux sont ceux qui, à la fin des années cinquante, pourront porter leur propre jugement sur cette équipe. Entre-temps, le football d'Europe centrale adopte un style propre auquel des journalistes confèrent finalement l'étiquette d'« école du Danube ». L'Autriche, la Hongrie et la Tchécoslovaquie (la Bohême avant le traité de Versailles) avaient commencé à jouer entre eux avant la Première Guerre mondiale et ce réseau de relations et de rivalités dans le football s'est encore renforcé quand les Alliés ont refusé de les rencontrer après 1918. En 1927, ces nations du Danube instituent la

8

SOURCES

- FIFA, *Official Bulletin*, 10 June 1955 ; 24 December 1958, June 1960.
- *Football World*, December 1938, January 1939, March 1939.
- *Laws of the Game*, 1999 e.d.
- *World's Football*, October 1929.

Sources secondaires

- *FA News*, June 1957.
- Bellos, Alex, *Futebol : The Brazilian Way of Life* London 2002.
- Hay, Roy, 'Black (Yellow and Green) Bastards: Soccer Refereeing in Australia ...', *Sporting Traditions*, Vol. 5 (2), May 1999.
- Mason, Tony, *Passion of the People ? Football in South America*, London, 1995.

CHAPITRE 7

Archives FIFA

- Executive Committee, December 1990.
- Technical Development Committee, World.
- Cup Reports, 1966-2002.
- *Football World*, December 1938 ; January, April 1939.

Sources secondaires

- Archetti, Eduardo, *Masculinities, Football, Polo and the Tango in Argentina* Oxford 1999.
- Bellos, Alex, *Futebol: The Brazilian Way of Life*, London 2002.
- Hobsbawm, Eric, *Nations and Nationalism Since 1780*, Cambridge 1990.
- Joy, Bernard, *Soccer Tactics*, London, 1956.
- Kuper, Simon, *Ajax, The Dutch, The War : Football in Europe During the Second World War*, London 2003.
- Lanfranchi, Pierre, Taylor, Matthew, *Moving with the Ball: The Migration of Professional Footballers*, Oxford, 2001.
- Mason, Tony, « Grandeur et déclin du "Kick and Rush" anglais ou la révolte d'un style », Helal, H., Mignon, P., (eds.) *Football, jeu et société*, Paris 1999, pp. 47-64.
- Meisl, Willy, *soccer Revolution*, London, 1955.
- Winner, David, *Brilliant Orange : The Neurotic Genius of Dutch Football*, London 2003.

CHAPITRE 8

Archives F
• Bulletin of
• Comité co
de l'arbitrag
• Comité ex

Congrès
• Congrès d'
• Congrès d
• Congrès d
• Congrès d'
• National A
URSS 1951-
• Referee's C
24 janvier 1
• Secrétaria
• Claremont
athlétiques
Pierre Roge
• Deutscher
Deutsches F
DFB, 1920.
• Di Salvio,
Rattin, El C
ESBA, 2002
• Ducret, Ja
suisse, Laus
• Eisenberg
Soccer, Calc
seinem Weg
1997.
• FIFA, *Foo*
Referees, Zu
• Gondouin
Le Football
Paris : Lafit
• Lanfranch
Moving wit
• Lecocq, J
ses problèm
Charleroi, I
• Papa, Ant
Storia socia
Bologne: il
• Schweick
calcistica".
terstattung
zeitungen,
• Veisz, Ar
del calcio, V
• Verdu, Vi
ritos y simb
• Wagg, Ste
Football, P
London: Le
• Wahl, Alf
Paris : Gall

Histoire du football

Paul Dietschy es uno de los grandes historiadores del fútbol en Europa. Expuso su posición sobre la génesis de los Mundiales en una entrevista publicada por *La Diaria* el 2 de febrero de 2016: «Considero que los torneos olímpicos fueron sobre todo *competiciones preparatorias* para la Copa del Mundo. Permitieron confirmar la atracción suscitada por el fútbol internacional y mostrar a los europeos nuevas referencias futbolísticas, diferentes del fútbol de Gran Bretaña y de Europa central. P*retender elevar dichos torneos heterogéneos al rango de Copa del Mundo me parece muy peligroso.* Ciertos espíritus torcidos podrían argumentar que el torneo de 1930 fue sólo una variante del campeonato americano, ya que los cuatro equipos europeos que viajaron no eran los mejores de Europa.»

La tesis de los torneos olímpicos «preparatorios» no funciona: 1924 y 1928 fueron organizados por las asociaciones de Francia y Holanda; el Mundial de 1930 fue obra exclusiva de la AUF que encontró en la FIFA no un apoyo sino un poderoso obstáculo. Se entiende entonces que no se pueda atribuir carácter «preparatorio» a campeonatos en los cuales los dirigentes uruguayos no actuaron. En realidad, para 1930, la AUF se apoyó en la vasta experiencia acumulada en la Copa América, incluso, como se lee en el proyecto de Nacional, en materia de reglamento financiero.

En su libro *Histoire du Football*, Dietschy se refiere abundantemente al Informe oficial de la delegación uruguaya ya evocado. Desliza en la página 145 este curioso comentario: «*El informe de la delegación uruguaya publicado en 1925*[111]*, que describía los detalles del viaje, los partidos jugados y ganados en la Coruña, Vigo, Bilbao, San Sebastián y Madrid, da muy bien cuenta del complejo criollo que acompañó la aventura deportiva.*» La nota 111 figura en la página 536. Se lee el título del Informe amputado de su significativo encabezamiento: «Uruguay Campeón de Football Mundial».

Nótese finalmente que en coloquios internacionales muy recientes, Dietschy defendió la tesis, que debe relacionarse con sus propias declaraciones a *La Diaria,* de que el primer Mundial verdadero fue el de 1954.

(Histoire du football, *Paul Dietschy, Perrin, 2010))*

Seule l'école danubienne représentée par l'Autriche, la Hongrie et la Tchécoslovaquie aurait pu relever le défi venant des rives du río de la Plata. Or, aux Jeux de Paris, l'équipe de Hongrie fut éliminée 3 à 0 par l'Égypte en quart de finale alors que la Tchécoslovaquie avait été battue de justesse par la Suisse à l'issue de deux rencontres (1-1 puis 0-1). Pour cause de professionnalisme, la fédération autrichienne n'avait pas envoyé de joueurs et elle se refusa encore à participer à l'Olympiade suivante, imitée cette fois par ses voisines hongroise et tchécoslovaque. Les rois du football international furent donc avant tout les descendants d'immigrants basques français et espagnols comme l'arrière droit Pedro Arispe et l'ailier droit Santos Urdinaran, d'Italiens comme l'avant-centre Pedro Petrone, l'inter droit Hector Scarone, l'ailier gauche Angel Romano et le « grand » capitaine, l'arrière gauche José Nasazzi, sans oublier l'un des premiers grands joueurs noirs de l'histoire du football mondial, le demi droit José Leandro Andrade dont les interceptions, les passes ou les dribbles réglaient pour partie le jeu uruguayen. Contrairement à d'autres sportifs de couleur, qui souffrirent du racisme colonial, Andrade suscita l'admiration mêlée d'une certaine curiosité pour son exotisme. Une admiration somme toute assez proche de l'accueil que reçut un an plus tard Joséphine Baker dans la *Revue nègre*. Vu du côté uruguayen, Andrade était le produit d'un système colonial original en Amérique du Sud dans lequel les esclaves africains avaient surtout été des *peones* et des artisans industrieux, vite affranchis et acculturés[110].

Le succès uruguayen renforça le désir de développer les liens transatlantiques. Avant de se rendre à Paris, l'équipe d'Uruguay avait réalisé une tournée préparatoire en Espagne qui s'était soldée par un très grand succès. Le rapport de la délégation uruguayenne publié en 1925[111], qui décrivait les détails du voyage, les matchs joués et remportés à La Corogne, Vigo, Bilbao, San Sébastien et Madrid, rend bien compte du complexe créole qui accompagnait l'aventure sportive. Les récits des rencontres reprenaient un topos fréquemment employé par la presse sportive de l'époque, celui d'un public initialement hostile, reconnaissant finalement, comme à Bilbao, « l'indiscutable supériorité des visiteurs, en

91. Ulrich Hesse-Lichtenberger, *Tor ! The Story of German Football*, Londres WSC Books, p. 42-43.

92. Michael John, « Österreich », dans Chistiane Eisenberg (dir.), *Fussball, soccer, calcio*, *op. cit.*, p. 67.

93. *La Stampa*, 2 octobre 1926.

94. *La Stampa*, 30 mai 1927.

95. Andrés A. Artis, *Cincuenta años del C. de F. Barcelona 1899-1949*, Barcelone, C. de F. Barcelona, 1949, p. 56-60.

96. *La Stampa*, 21 octobre 1922.

97. Cf. Florence Pizzorni Itié (dir.), *Les Yeux du stade. Colombes, temple du sport français*, Musée d'art et d'histoire de Colombes, Colombes, Éditions de l'Albaron, 1993.

98. Cf. Élisabeth Lê-Germain, « La construction du stade de Gerland (1913-1919) », *in* Pierre Arnaud et Thierry Terret (dir.), *Jeux et sports, Actes du Congrès du CHTS (Clermont-Ferrand et Pau) 1993-1994*, Paris, Éditions du CTHS, 1995, p. 305-314.

99. *Le Football association. Organe officiel de la Fédération française de football association*, 16 octobre 1920.

100. Andrés A. Artis, *Cincuenta años del C. de F. Barcelona 1899-1949*, *op. cit.*, p. 60-61.

101. Cf. Paul Dietschy, « Pugni, bastoni e rivoltelle. Violence et football dans l'Italie des années vingt et trente », *Mélanges de l'École française de Rome. Italie et Méditerranée*, tome 108, 1996, n° 1, p. 203-240 et Simon Martin, *Football and Fascism. The National Game under Mussolini*, Oxford, Berg, 2004, p. 51-58.

102. *Ordine Nuovo*, 30 mars 1922.

103. George L. Mosse, *De la Grande Guerre au totalitarisme. La brutalisation des sociétés européennes*, Paris, Hachette, 1999, p. 178.

104. Archivio centrale dello Stato (ACS), Ministero degli Interni, Direzione Generale Pubblica Sicurezza, 1925, busta n° 103, télégramme d'Italo Balbo à Luigi Federzoni du 14 mai 1925.

105. Archivio di Stato di Torino, Gabinetto della Prefettura, série Manifestazioni pubbliche, busta n° 568, lettre-circulaire du 14 juillet 1925.

106. *Critica*, 9 juin 1925, cité par Julio D. Frydenberg, « Le nationalisme sportif argentin : la tournée de Boca Juniors en Europe et le journal *Critica* », *Histoire & Sociétés. Revue européenne d'histoire sociale*, n° 18-19, juin 2006, p. 84.

107. *Rapport officiel de la VIIIe Olympiade*, Paris, Comité olympique français, 1925, p. 316.

108. Pierre Lanfranchi et Matthew Taylor, *Moving with the Ball*, *op. cit.*, p. 71.

109. « La CONMEBOL y sus integrantes », www.conmebol.com

110. Carlos M. Rama, *Los Afro-Uruguayos*, Montevideo, el Siglo Ilustrado, 1967, p. 16-18.

111. *La Olimpiada de Paris de 1924. Informe de la Delegación de la Asociación Uruguaya de Football Memoria y Finanzas Correspondiente al Año Olimpico*, Montevideo, Talleres Gráficos Rossi, 1925.

112. *Ibid.*, p. 22.

113. *Ibid.*, p. 18.

114. Julio D. Frydenberg, « Le nationalisme sportif argentin : la tournée de Boca Juniors en Europe et le journal *Critica* », *art. cit.*, p. 82.

115. *Ibid.*, p. 86.

116. Eduardo P. Archetti, « Masculinity and Football : the Formation of National Identity in Argentina », *in* Richard Giulianotti et John Williams, *Game Without*

Un libro de la Federación Francesa

En octubre de 2011, la Federación Francesa de Fútbol publicó un hermoso libro denominado *100 fechas, historias, objetos del fútbol francés* con prefacio de Didier Deschamps. La obra fue dirigida por el joven Xavier Thébault. Las páginas 40 y 41 se refieren al campeonato de 1924. Extrañamente, el título, «*Ensayo transformado*», alude al rugby, no al fútbol.

El texto recuerda las felicitaciones que Pierre de Coubertin expresó a Rimet por la calidad de la organización del evento. «*Para los pioneros del fútbol francés, un sueño acaba de realizarse. La recompensa de veinte años de esfuerzo y de perseverancia al servicio del balompié. El triunfo suena todavía en los oídos de Jooris, Delanghe, Roux, Barreau y Jandin, miembros de la comisión técnica olímpica de la 3FA. Necesitaron dos años para preparar la prueba. Sentado en su oficina, Rimet saborea. Ahora sí está convencido de que una competición mundial de fútbol es posible*». ¿Y cómo no iba a estar «convencido» si la «competición mundial de fútbol» acababa de realizarse y de ser catalogada como tal por su propia prensa?

Como puede verse, las ilustraciones que acompañan este texto son puramente olímpicas: una tarjeta postal publicada por el COF, una entrada olímpica (eran iguales para todas las disciplinas y las recaudaciones iban a las cajas del COF), la ceremonia de apertura que tuvo lugar semanas después del Torneo de fútbol. Nada sobre la obra propiamente futbolística, nada que recuerde la propaganda específica del fútbol. Nada sobre el objeto de las felicitaciones. Nada sobre el «Torneo Mundial».

¿Porqué la federación francesa reniega de una de las realizaciones mayores de su historia? pregunté a Thébault en ocasión de una de mis visitas a la biblioteca de la FFF. «El trabajo de memoria lo tiene que hacer usted, me respondió. Nosotros no podemos ir contra la FIFA».

*(*100 dates, histoires, objets du football français*, FFF, Tana éditions, 2011)*

ESSAI TRANSFORMÉ

1924

En pleines Années folles, le tournoi de football des jeux Olympiques de Paris est un véritable succès. Organisé conjointement par le Comité Français Olympique, la FIFA et la FFFA, il laisse entrevoir une diffusion universelle.

Le 9 juin 1924, matin de la finale olympique du tournoi de football, une missive arrive sur le bureau du président Rimet. Signée de la main de Pierre de Coubertin, la dépêche félicite et remercie la fédération pour le magnifique travail réalisé.
Le président du CIO a quelques heures d'avance. En fin d'après-midi, la sélection uruguayenne enchante les 60 000 spectateurs de l'enceinte de Colombes, rénovée pour l'occasion, et décroche l'or olympique en battant la Suisse (3-0) en finale. Le succès du tournoi est total. La presse tout entière chante son incomparable réussite. Les journaux parlent de record avec une recette de 517 000 francs pour le dernier acte. Ils comptent et décryptent le jeu des magiciens uruguayens. Même la défaite du « onze » tricolore, quelques jours plus tôt en quarts de finale (1-5) face à ces mêmes Sud-Américains, est déjà oubliée.
Pendant quinze jours, vingt-deux équipes venues de quatre continents ont ainsi comblé les publics de Bergeyre, Pershing, Saint-Ouen et Colombes. Pour les pionniers du football français, un rêve vient de se réaliser. La récompense de vingt ans d'efforts et de persévérance au service du ballon rond. Le triomphe bourdonne encore dans les oreilles des Jooris, Delanghe, Duchenne, Roux, Barreau et Jandin, membres de la commission technique olympique de la 3FA. Deux ans leur ont été nécessaires pour bien préparer l'épreuve. Assis à son bureau, Rimet savoure. Il en est maintenant convaincu, une compétition mondiale de football est possible.

▲ **Cette carte postale de 1924** a rencontré un grand succès, comme le football aux JO.

▲ **Cérémonie d'ouverture** dans le stade de Colombes, construit pour les Jeux de 1924.

Billet du tournoi olympique de football de 1924. ▶

¿Y la FIFA? ¿Qué le pasó en materia de calificaciones?

El tema de las calificaciones que la FIFA atribuyó o no a los campeonatos internacionales de fútbol, es complejo. Es un hecho que no calificó como «mundial» el torneo de 1924–que lo era y que fue debidamente titulado por las asociaciones–, y que ante esa situación histórica mayor –el nacimiento del campeonato del mundo de fútbol–, se mantuvo conceptualmente al margen, en actitud de retaguardia.

En 1928, las asociaciones reclamaron Mundiales, pero la FIFA proyectó apenas «un campeonato internacional». En 1929, Rimet anunció el «Primer Campeonato Mundial», lo que resultó confuso. En 1930, cambió por «Copa del Mundo», marcando mejor la diferencia con los Mundiales olímpicos. Pero las sucesivas asociaciones organizadoras rechazaron el sello de la FIFA, priorizando sus propias calificaciones. Finalmente, en 1954, la federación reconoció la calificación preferida por las bases: «Campeonato del Mundo».

Coincidentemente, ese mismo año la FIFA inscribió por primera vez en los estatutos el objetivo mundialista. Asumió entonces plenamente su misión. Había tardado mucho en integrarla en sus textos fundamentales. Hasta ese momento se había limitado a la fórmula «campeonato internacional», cuya vaguedad le había permitido arbitrariedades como la de arrogarse el derecho exclusivo a crear el campeonato de Europa, posicionándose mal, como una organización intermedia, entre federación internacional y confederación europea, parcial, voluble, poco fiable.

Copa o Campeonato por Jules Rimet

En el Preámbulo de su libro *Historia maravillosa de la Copa del Mundo*, Rimet escribió:

«En 1928, en las actas del Congreso de Ámsterdam, apareció por primera vez implícitamente, en la definición bastante imprecisa del campeonato, una tendencia a abandonar dicho título [el de «campeonato del mundo»] *sin proponer otro a cambio: "El Congreso, se afirmó entonces, decide organizar en 1930 una competición abierta a los equipos de todas las asociaciones afiliadas". Es muy posible –mi recuerdo así lo indica– que los miembros de la comisión* [...] *estuvieran de acuerdo con el principio de la prueba, pero no con su programa ni sobre el título que convendría atribuirle: Copa o Campeonato.»*

Y más adelante: *«Yo sabía que la asociación suiza, que iba a organizar la prueba de 1954, prefería el título "Campeonato del Mundo". [...] Yo estaba enojado ante tanta imprecisión [...]. Propuse entonces a mis colegas del Comité Ejecutivo que se adoptara definitivamente la designación "Campeonato del Mundo de fútbol" con el subtítulo «Copa Jules Rimet».*

No cabe duda de que en 1928, «la comisión» internacional de la FIFA, muy dividida, no supo o no quiso proponer un «título» claro. Pero no cabe duda tampoco que Rimet tergiversa cuando dice que el desacuerdo fue entonces entre «Copa o Campeonato», porque en tal caso, se habría preservado *lo esencial, a saber el mundialismo común a todas las calificaciones, proponiendo por ejemplo «prueba mundial» o «torneo mundial».*

La verdad era que dentro mismo de la FIFA operaban múltiples fuerzas opuestas al campeonato del mundo: los países nórdicos, muy amateuristas, rechazaban su carácter abierto; los países centrales e Italia, priorizaban la organización de una Copa de Europa rentable que Rimet les prohibía; y la cúpula de la FIFA, para poder argumentar que la Copa de Europa era también prerrogativa exclusiva suya y bloquear así, «constitucionalmente», cualquier tentativa de crear de una confederación continental, recurría calculadamente al muy cómodo y vago concepto de «campeonato internacional»

*(*Histoire merveilleuse de la Coupe du Monde, *René Kister, 1954)*

définition assez imprécise du championnat, une tendance à abandonner ce titre tout en s'abstenant d'en proposer un autre : « Le Congrès, est-il dit dans ce texte, décide d'organiser en 1930 une compétition ouverte aux équipes de toutes les associations nationales affiliées. » Il y a tout lieu de croire — et mon propre souvenir m'y invite — que les membres de la commission qui avaient reçu mandat d'étudier les conditions éventuelles de l'épreuve et de présenter un rapport au Congrès s'étaient trouvés d'accord sur le principe mais non sur le programme de cette épreuve, ni, par suite, sur le titre qu'il conviendrait de lui attribuer : Coupe ou Championnat. Ils avaient donc adopté, comme il arrive souvent, un texte de compromis qui réservait l'avenir, c'est-à-dire qui laissait la décision au Congrès.

Quoi qu'il en soit, il n'est pas contestable que la grande rencontre quadriennale des équipes de football de tous les continents se nomma, de par son état civil officiel, la Coupe du Monde. Si par la suite, en 1930 à Montevideo, en 1934 à Rome et en 1950 à Rio de Janeiro, elle a encore porté le titre de Championnat du Monde, c'est, j'imagine, parce que les associations nationales qui l'ont successivement organisée ont trouvé ce titre plus large, plus « riche », plus expressif pour la masse qu'il fallait atteindre, que celui de Coupe entendu seulement des sportifs avertis, moins nombreux. Je dois néanmoins souligner ici une exception : en 1938, l'Association française a gardé à l'épreuve le titre de « Coupe » sans que ce conformisme ait nui au succès populaire des matches.

* * *

C'est aussi sous l'appellation de « Championnat du Monde » que la Coupe est disputée en 1954, en Suisse, avec adjonction de ce sous-titre : « Coupe Jules Rimet », et ceci demande une explication complémentaire.

Le Congrès de Luxembourg, en 1946 — notre première Assemblée après la guerre — avait, dans un geste unanime dont le souvenir

est l'un des meilleurs de ma carrière, décidé que la Coupe serait dorénavant et simplement appelée « Coupe Jules Rimet ». Ce grand honneur m'était décerné à l'occasion du 25e anniversaire de ma présidence et aussi, je crois, pour rappeler que j'avais été le promoteur de la compétition mondiale.

Je savais que l'Association suisse, mandatée pour organiser l'épreuve de 1954, marquait sa préférence pour le titre : « Championnat du Monde ».

D'autre part, soit par entraînement d'habitude, soit par manque d'information — car les décisions de la F.I.F.A. ne sont guère connues que des associations nationales qui en reçoivent les procès-verbaux — on continuait, dans la presse et même dans certains milieux du football, à employer indifféremment les deux dénominations : Championnat du Monde et Coupe du Monde, tandis que, souvent, on semblait ignorer la troisième, la seule officielle cependant.

Je n'en éprouvais aucun dépit, étant persuadé que personne n'y mettait de malice, mais j'étais fâché de cette imprécision pour désigner une épreuve qui avait conquis l'adhésion enthousiaste des sportifs de toute la terre.

Pour y mettre fin, je proposai à mes collègues du Comité Exécutif de la F.I.F.A. de décider que l'on adopterait une fois pour toutes la désignation : « Championnat du Monde de football », avec le sous-titre : « Coupe Jules Rimet ».

Ce texte fut agréé et j'espère qu'on ne le retouchera plus.

*

Derrumbamiento calificador de la FIFA en 1927

En 1926, las asociaciones de Europa Central y de Italia propusieron la creación de una Copa de Europa. Rimet rechazó la iniciativa y contraatacó creando una comisión encargada de elaborar propuestas de campeonatos «de la FIFA». A principios de 1927, los miembros de la comisión –delegados de Francia, Italia, Austria y Suiza– emitieron diversos proyectos para Copas de Europa y Copas del Mundo, que debían discutirse en 1927 en el Congreso de Helsinki. La situación era confusa de por sí ya que, por voto del Congreso Olímpico de Lausana (1921), una federación internacional tenía prohibido organizar campeonatos geográficamente limitados.

Esta página 13 de las actas del Congreso de Helsinki da cuenta de los debates sobre el tema del «Campeonato Internacional». Hirschman presentó estos argumentos, que lamentablemente se impusieron:

«El Secretario explicó que el torneo de la Copa de Europa no estaba autorizado porque se consideraba que en su desarrollo se convertiría en un campeonato internacional cuyos derechos exclusivos en materia de organización pertenecen a la Federación. Sin embargo, no vio ninguna objeción a que países en cantidad limitada organizaran un torneo entre ellos.»

Así, la dirección de la FIFA procedió primero censurando la idea de crear un campeonato de Europa legal, es decir «desde afuera», y luego, censurando la idea ilegal de crearlo «desde adentro», con el argumento falacioso de que se convertiría inevitablemente en «el campeonato internacional» de la federación. *Este apareció entonces definido, no como un Mundial, sino como un Campeonato de Europa vagamente extendido.*

La argumentación de Hirschman –cuyo efecto fue total hasta el surgimiento de la UEFA en 1954– evidencia la manipulación del concepto de «campeonato internacional de la FIFA» como instrumento de un poder monopólico en la zona. La FIFA se mostró entonces, objetiva y efectivamente, incapaz de definirse a sí misma, entre federación mundial y confederación continental. Esta gravísima indeterminación contribuyó a descalificar sus conceptos durante décadas.

(Documento transmitido por el Servicio de documentación de la FIFA)

International Championship.

The President requested Mr. H. Meisl to inform the Congress of the report from the Commission to study this question to the Executive Committee. The report was read.

Netherlands (Verwoerd) proposed to send this report to the National Associations and to defer the discussions for one year.

Austria (Dr. Eberstaller) pointed out that several Associations had a great interest in the matter and that it was the duty of the Federation to take to heart their interests.

The President informed that the Executive Committee proposed to arrange an international tournament in 1930 in a place to be fixed by the Federation open to the best representative teams of each country.

Austria (Meisl) remembered that the Central European Countries introduced professionalism in order to make their conditions cleaner; their amateurs are now weak but will become stronger in a few years. In order to further the interests in their countries it had been proposed to institute a tournament for the European Cup, which had not been authorised by the Executive Committee. It asked permission to take care now for their own interests. By arranging a tournament the programme of different countries would not be overburdened.

Denmark (Oestrub) declared itself against such an international tournament.

The Secretary explained that the tournament for the Europe Cup had not been authorised, as it was expected that this tournament might develop into an international championship, which belonged to the rights of the Federation to organise.

He did not see however any objection when a limited number of Central European countries would organise a tournament between themselves.

Netherlands (Verwoerd) stated that the matter was of interest chiefly for some Central European countries and insisted that a vote should be taken.

Italy (Mauro) were of opinion that meetings of the best representative teams constituted an advantage to the game, it wished that it would be allowed to meet the best teams of Central Europe.

France (Delaunay) regretted that the report of the Commission having met at Zürich had not been sent to the Associations as now one of the three ideas formulated there, came in discussion.

It proposed the following resolution:

The Congress regretting not to have been informed in opportune findings of the Committee of examination of Zürich, and being therefore prevented from commenting upon the subject, has decided to adjourn to its next sitting the examination of the proposition to create a Cup arranged by the Fédération Internationale de Football Association and open for competition to the representative teams of affiliated Associations.

In the meanwhile the F. I. F. A. authorizes the National Associations to unite in limited numbers for the purpose of organising Championships open to their representative teams; the rules of such competitions, together whith a list of entries being first submitted to the Executive Committee for approval.

Adopted.

Affiliation to the Bureau Permament des Fédérations Internationales Sportives.

The Executive Committee proposed the following resolution:

The Congress taking knowledge of the Statutes and Regulations of the Bureau

Confusión total de la FIFA entre Europa y Mundo

Estamos en la página 30 del famoso libro *Historia maravillosa de la Copa del Mundo*, publicado por Rimet en 1954, pocos meses antes del término de su mandato. El presidente de la FIFA trató aquí de la propuesta de creación de un campeonato continental –primera de una larga y vana serie– emitida por la Conferencia de las asociaciones de Europa Central (Austria, Checoslovaquia y Hungría) más Italia en noviembre de 1926. La cita del mensaje enviado desde Praga es muy aproximativa. Poco importa. Lo que interesa es la respuesta de la FIFA, que casi treinta años después, a poco de que se fundara la UEFA, el presidente se atrevió a recordar:

«Con toda evidencia, los promotores de la "Copa de Europa" pretendían restringir la prueba a no ser más que una competición continental [sic]. *El proyecto, sometido a la federación para autorización, fue transmitido al Comité Ejecutivo y este lo rechazó porque iba contra las disposiciones estatutarias que reservaban exclusivamente a la Federación el derecho a organizar un campeonato del mundo.»*

Con toda evidencia sí, una Copa de Europa restringe por definición la prueba a ser una competición continental. Y con toda evidencia también, no es un campeonato del mundo como no lo era tampoco la Copa América. Reconozcamos a Rimet la honradez de librar al lector tan ostensible e ingenuamente toda la confusión conceptual que reinó en la FIFA durante su presidencia. Y en particular, la inverosímil semejanza que medio siglo después de la fundación de la federación, su jefe seguía perpetuando entre Copa de Europa y Copa Mundial.

Nótese al pasar que Rimet se refirió al «derecho a organizar un campeonato del mundo», y que en 1926, el Comité Ejecutivo, como Hirschman en 1927 en Helsinki, solo se refería, vaga y hábilmente, al «campeonato internacional». De ahí que pueda significarse que en 1954 la confusión del presidente de la FIFA era peor aún que en 1926.

*(*Histoire merveilleuse de la Coupe du Monde, *René Kister, 1954)*

« La Conférence :

» En raison du fait qu'aucune compétition n'existe actuellement pour les non-amateurs et les professionnels

» Et considérant que plusieurs pays désirent vivement une compétition internationale pour la propagande et pour élever l'intérêt général ;

» Préconise la création d'une compétition internationale pour les meilleures équipes de chaque pays (sans savoir si leurs joueurs sont amateurs, non-amateurs ou professionnels) sous le titre de " Coupe de l'Europe ".

» Tous les pays affiliés à la Fédération Internationale seront invités, et, suivant le nombre des participants, plusieurs groupes seront organisés. »

Ce dernier paragraphe était une aimable formule: de toute évidence, les promoteurs de la « Coupe de l'Europe » entendaient restreindre cette épreuve à n'être qu'une compétition continentale.

Le projet, soumis à la Fédération pour autorisation, fut transmis au Comité Exécutif et celui-ci le rejeta comme allant à l'encontre des dispositions statutaires qui réservaient à la Fédération seule le droit d'organiser un championnat du monde. Puis, profitant de l'occasion, j'obtins le vote de la décision ci-après:

« En vue d'une étude pour l'organisation éventuelle d'un championnat du monde par la Fédération Internationale, le Comité nomme une Commission composée de M. G. Bonnet (Suisse) président, de M. H. Meisl (Autriche) secrétaire, M. H. Delaunay (France), M. F. Linnemann (Allemagne) et M. Ferretti (Italie).

» Cette Commission devra se réunir à Zurich au mois de février prochain. »

Copa de Europa en Roma vs Mundial de 1930

Apenas votada por el Congreso de la FIFA reunido en Barcelona en mayo de 1929, la decisión de organizar el Campeonato del Mundo en Montevideo generó el masivo abstencionismo de las asociaciones europeas. El rol de los dirigentes de la federación internacional fue entonces, como mínimo, de acompañamiento del boicot. Dice Rimet que el abstencionismo ya era masivo la noche misma del cierre del congreso y que se decidió en el tren de regreso. El hecho significativo fue que ni él ni ningún otro líder enterado advirtió a los organizadores uruguayos sobre lo que se tramaba. Por el contrario, se les transmitió durante meses un optimismo irreal.

En esta página de su libro *Negociaciones Internacionales*, Buero revela el telegrama que envió desde Bruselas a la AUF referido a su encuentro con Rimet el 10 de marzo de 1930. En un pasaje clave, en momentos de boicot general, tres meses antes del Mundial, el embajador comunicó a los dirigentes montevideanos la «salida» maquinada por Rimet, ideada de común acuerdo con los dirigentes italianos, líderes del sabotaje:

«Propóneme para caso fracase inscripción organizar Copa Europea realizariase sobre base dos finalistas se encuentren con los dos finalistas americanos en Montevideo disputándose trofeo Mundial. Comité Ejecutivo FIFA reuniráse en Ámsterdam dentro dos semanas y allí podría arreglarse evento». Agrega Buero, muy diplomáticamente, *«que no hay mala voluntad europea»*. El embajador uruguayo no sabía todo y no era tampoco su misión promover una ruptura de relaciones sino obrar como intermediario.

De este episodio, corresponde destacar tres puntos esenciales. En primer lugar, que Rimet y el Comité Ejecutivo estaban dispuestos a cambiar su «Copa del Mundo» por la «Copa de Europa» en Roma. En segundo lugar y en consecuencia, que aceptaban que la FIFA dejara de ser, al menos por un tiempo, una federación internacional, para convertirse en confederación continental. En tercer lugar, que la FIFA se conformó entonces con definir como Mundial una muy hipotética miniatura, muy inferior al referente Mundial olímpico del pasado.

(Negociaciones internacionales, *Bruselas 1932)*

Telegrama dirijido por el Dr. Buero a la Asociación desde Génova en la tarde del dia de su llegada a aquel puerto.

« Diplomacia, Montevideo. — Génova, 8 de Marzo de 1930. — Diarios toda Europa especialmente italianos publican despachos esa anunciando Asociación desistió organización Campeonato Mundial substituyéndolo por uno panamericano. Como entiendo dicha noticia es inexacta la he desmentido siguiendo esta noche a Trieste donde están reunidos representantes paises Europa Central efecto tratar con ellos eliminar dificultades y evitar organícese Campeonato Europa frente a resolucion atribúyese Asociación. — *Buero.* »

***

Telegrama que desde Bruselas dirije el Dr. Buero a la Asociación sobre el resultado de sus gestiones.

« Diplomacia, Montevideo. — Domingo asisti Trieste reunion representantes federaciones Europa central e italiana.

» Efecto evitar explotación noticia renuncia Uruguay organización Campeonato Mundial precisé tratábase simplemente preveer situación caso ausencia europea. Como Italia objetara fecha Campeonato impide finalizar competencias copa italiana, expresé podria postergarse mundial dos o tres meses. Prometióseme telégrafiarme hoy desde Roma después consultar Ministro Interior Arpinatti, presidente Federación italiana.

» Austria no puede venir.

» En cambio Tchecoeslovaquia y Hungria se manifestaron dispuestos inscribirse. Rumania y Egipto dispuestas venir.

» Entrevistéme lunes Paris con Rimet nuéstrase desolado actitud federaciones europeas y especialmente francesa.

« Propóneme para caso fracase inscripción organizar Copa Europea realizariase Italia sobre base dos finalistas se encuentren con los dos finalistas americanos en Montevideo disputándose trofeo Mundial.

» Comité Ejecutivo F. I. F. A. reuniráse en Amsterdam dentro das semanas y alli podria arreglarse asunto.

» No hay mala voluntad europea y solución propónese para caso fracasen inscripciones seria mejor demostración solidaridad football mundial. — *Buero.* »

Libro homenaje (Mundial de 1930)

En 1927, la FIFA amenazó con no ir a los Juegos si no se respetaba el carácter abierto del torneo de fútbol. Baillet-Latour, mediocre sucesor de Coubertin, cedió, advirtiendo que sería la última vez. En 1928, el Congreso de la FIFA aceptó «el principio» de un campeonato internacional en 1930, siguiendo el pedido olímpico de programar los «mundiales retirados» entre dos Juegos. En 1929, en Barcelona, Rimet proclamó la atribución del «*Primer* Campeonato del Mundo de fútbol» a Uruguay (actas, página 13). La fórmula apuntaba a diferenciar los Mundiales de la FIFA de los anteriores Mundiales olímpicos, pero de manera dudosa y complicada: ¿porqué «primer» si 1924 y 1928 ya habían sido Mundiales? En junio de 1930, en Budapest, corrigiéndose, Rimet machacó un nuevo título: «Copa del Mundo» (actas, página 11). Esta fórmula era muy superior: sellaba el hecho de que el Mundial pertenecía a la FIFA y marcaba correctamente la ruptura con el pasado olímpico.

Arturo Carbonell Debali dirigió, «bajo el contralor de la AUF», el «Álbum» conmemorativo del Mundial de 1930 cuya tapa se ve aquí. Se destaca la doble calificación: «Primer Campeonato Mundial de Football / *La Coupe du Monde*». Respetuosamente, se anotaron las dos formulaciones expresadas, provisoria (1929) y definitiva (1930), siguiendo un orden cronológico que invertía el orden jerárquico deseado por Rimet. Por contraste, la calificación de 1929 permitió a la AUF destacar que el Mundial era antes que nada suyo y que en la jerarquía asociación/federación (título/subtítulo), el primer término era superior. Así, la composición adoptada reflejó lo ocurrido meses antes: el abandono de la FIFA, el salvataje por la AUF.

La jerarquía asociacionista se afirmó en el afiche uruguayo (sin mención a la «Coupe du Monde»), y después en Italia, Brasil, Suiza, hasta el Mundial de 1978 en Argentina, con el agravante de que en la mayoría de los casos la «Coupe du Monde» desapareció. Se evidenció así la llamada «era de las asociaciones», que se inscribió en la continuidad del Mundial de 1924, calificado por la 3FA, y tradujo la desconfianza de las bases en la voluble y bastante inútil dirección internacional.

(Documento consultado en la Biblioteca Nacional de Uruguay)

PRIMER
CAMPEONATO MUNDIAL
DE FOOTBALL

MONTEVIDEO, JULIO DE 1930

LA COUPE DU MONDE

PUBLICACION
DIRIGIDA POR
ARTURO CARBONELL DEBALI
BAJO EL CONTRALOR DE LA
ASOCIACION URUGUAYA DE FOOTBALL

EDICIONES DE LA
"IMPRESORA URUGUAYA" S. A.
CERRITO ESQ. JUNCAL – MONTEVIDEO

Calificación de 1930 en el libro Negociaciones internacionales

Buero explica en el Prefacio de *Negociaciones internacionales* que «la Parte III de este libro está dedicada a transcribir parte de la voluminosa correspondencia relacionada con la organización del Primer Campeonato Mundial de Football, que tuvo lugar en Montevideo en ocasión de las fiestas de nuestro Centenario (15-30 de Julio 1930).». Dicha Parte lleva como título «*Organización del Primer Campeonato Mundial*» y aporta consideraciones de alto valor y claridad.

La primera es que *«a los señores Usera Bermúdez y Espil corresponde el honor de ser los autores de la iniciativa de elegir Montevideo como sede de la disputa del Primer Campeonato Mundial organizado por la Federación Internacional de Football Asociación»*, y no a Rimet, como lo afirmó el presidente de la FIFA en sus escritos. La segunda es que *«el Campeonato Mundial de Football había sido instituido por la FIFA en previsión de la eliminación del football de los Juegos Olímpicos, como consecuencia de la no aceptación por parte del Comité Olímpico de la definición de "amateur" adoptada por la FIFA»*. La tercera es que, después de la no programación del fútbol en la Olimpiada de Los Ángeles, se volvía posible *«afirmar que el Campeonato de Montevideo es el inicial de una importantísima "Copa del Mundo" que se disputará cada cuatro años en el futuro»*.

Así, según el vicepresidente de la FIFA, el nuevo Mundial *era el mismo que el que se jugaba antes en los Juegos y que no se podía mantener en ese marco*. Buero atribuye al nuevo evento dos calificaciones: Campeonato Mundial y Coupe du Monde. Y explica que *el término «primer» se justifica porque marca «el inicio» en la contabilidad de las ediciones de la «Coupe du Monde»*: se trata pues del «Primer Campeonato Mundial de la Coupe du Monde». Se observa además que por «campeonato organizado por la FIFA», el jerarca entiende «campeonato convocado por la FIFA». Así, desde su punto de vista, 1924 fue *el Primer Campeonato Mundial de los Juegos Olímpicos organizado por el Comité Olímpico* y 1930 el *Primer Campeonato Mundial de la Coupe du Monde organizado por la FIFA*.

(Negociaciones internacionales, *Bruselas 1932)*

PARTE III

ORGANIZACION DEL PRIMER CAMPEONATO MUNDIAL

(MONTEVIDEO 1930)

A los Señores Usera Bermudez y Espil corresponde el honor de ser los autores de la iniciativa de elegir Montevideo como sede de disputa del Primer Campeonato Mundial organizado por la Federación Internacional de Football Asociación.

El Señor Usera, tan pronto tuvo la convicción de que su iniciativa contaba con el ambiente indispensable en el seno de las autoridades uruguayas, trató de obtener el apoyo del Dr. Buero, a quien le dirijió las cartas que se transcriben mas adelante, enterándolo de los antecedentes de su proyecto.

Se verá por la respuesta del Dr. Buero, la índole de las objeciones que en un principio diera a conocer, — sin que por ello dejara de luchar por el triunfo de la iniciativa, tal como ocurriera meses mas tarde.

El Campeonato Mundial de Football, habia sido instituido por la F. I. F. A. en previsión de la eliminación del football de los Juegos Olimpicos, como consecuencia de la no aceptación por parte del Comité Olimpico de la definición de « amateur » adoptada por la Fifa.

La eliminación del « football » del programa de los Juegos Olimpicos se ha producido, pues en ocasion de las próximas Olimpiadas de Los Angeles, no figura el popular deporte entre los juegos a disputarse en California.

De ahi, pues, que sea posible afirmar que el Campeonato de Montevideo, es el inicial de una importantísima « Copa del Mundo » que se disputará cada cuatro años en el futuro.

Estatutos internacionalistas de la FIFA antes de 1954

Entre 1924 y 1927, la FIFA encaró una gran reforma de sus estatutos pilotada por el abogado belga Rudolph Seeldrayers. El objetivo principal era vencer cualquier bloqueo amateurista garantizando la total libertad de componer seleccionados con amateurs y profesionales, en vistas a la organización del campeonato olímpico de fútbol, en 1928 en Ámsterdam. La organización libre de este campeonato por la FIFA era imperativa: se trataba del torneo tan largamente esperado por Hirschman en su tierra.

En estos estatutos, la parte que se refiere a los campeonatos de la FIFA no cambió lo definido en la Constitución de 1904: el objetivo declarado no fue el «campeonato del mundo» sino, como se lee en el artículo 20 de la rúbrica *«Campeonato Internacional y Competiciones Internacionales»* de 1926, organizar el «campeonato internacional»: *«La Federación proclama su derecho exclusivo a organizar el campeonato internacional. La organización de otras competiciones internacionales se halla sometida a la autorización de la FIFA.»* La fórmula «internacionalista» se mantuvo durante toda la era Rimet, hasta 1954, expresándose así la indecisión manejada por la cúpula de la federación internacional.

Para entender la expresión *«derecho exclusivo a organizar el campeonato internacional»* hay que remontar a su génesis. En 1903, antes de que se creara la FIFA, Guérin quiso organizar una Copa de Europa en Francia, convocada por la USFSA, con el apoyo financiero y publicitario de *L'Auto.* Hirschman se opuso sosteniendo rígidamente que el campeonato de las asociaciones de la futura coordinación internacional solo podía gestarse «a iniciativa», «por convocatoria» de dicha coordinación. Y Guérin cedió.

Las pruebas olímpicas de fútbol de 1924 y 1928 fueron convocadas en primera instancia por los comités olímpicos sedes. Pero como había que pasar obligatoriamente por la afiliación a la federación internacional (no era el caso en atletismo), es un hecho que dichos campeonatos fueron también convocados por la FIFA. Fue un derecho compartido, no «exclusivo», pero fue un derecho al fin.

(Documento transmitido por el Servicio de documentación de la FIFA)

International Championship and International Competitions.

ARTICLE 20.

The Federation claims the sole right of conducting an international championship. The organisation of international competitions is submitted to the autorisation of the Federation.

International competitions must be notified to the Federation.

Disputes.

ARTICLE 21.

The Emergency Committee has the right, in case of disagreement between two Associations, in the event of both Associations being unable to agree upon the choice of an arbitrator, to give a decision, which shall be final and binding on the Associations concerned in the dispute.

Withdrawal.

ARTICLE 22.

An Association wishing to withdraw from the Federation must give three months' notice to the Secretary-treasurer of the Federation of its intention to withdraw, and at the expiration of that time it ceases to be a member of the Federation.

Estatutos mundialistas de la FIFA entre 1954 y 1972

La FIFA condujo una nueva gran reforma de sus estatutos en 1954 en momentos en que Rimet se aprestaba a renunciar a sus funciones de Presidente.

Este documento notable, transmitido por el servicio de comunicación de la FIFA, confirma los primeros términos del correo electrónico que acompañó su envío: «*Hasta 1954 se habló de "International Championship" y a partir de 1954, sa pasó a "World Championship" o en francés "Championnat du monde". A partir de 1972, la fórmula cambió y se utilizó "World Cup" o "Coupe du Monde" en francés.*»

El documento denominado «*Modificaciones a los Estatutos de la FIFA (a incluir en los Estatutos editados el 15 de febrero de 1954)*» estableció gran cantidad de cambios. En su segunda hoja indica: «*Página 21. Art. 38, párrafo 1. Tachar y reemplazar por: 1. La Federación se reserva el derecho exclusivo de organizar un Campeonato del Mundo – Copa Jules Rimet en un lugar designado por el Congreso de tal modo que la prueba se organice sucesivamente en los diferentes continentes siempre y cuando estén en condiciones de asegurar su organización de acuerdo con los reglamentos deportivo y financiero del Campeonato del Mundo – Copa Jules Rimet.*»

El nuevo objetivo de la FIFA correspondía a lo que Rimet explicó en el Preámbulo de su *Historia maravillosa*...: como título, la calificación de las asociaciones («Campeonato del Mundo); como subtítulo, la calificación que la FIFA quiso imponer en 1946 y que no fue privilegiada por las asociaciones («Copa del Mundo» o «Copa Jules Rimet»). Se constata pues que recién en 1954 la FIFA fue capaz de proclamar plenamente su objetivo mundialista. Que recién medio siglo después de su nacimiento rompió definitivamente con la tentación de continentalizarse.

(Documento transmitido por el Servicio de documentación de la FIFA)

peut effectuer lui-même la traduction de son exposé, cette dernière sera faite par un interprète officiellement accrédité par le Comité Exécutif. Les délégués sont autorisés à parler au Congrès dans leur propre langue pourvu qu'ils assurent la traduction de leurs interventions soit en anglais, français, espagnol, allemand ou en russe.

[3] Le Congrès peut renoncer à l'une de ces cinq langues si aucun délégué ne s'y oppose. (Congrès 1954 et 1956)

[4] Les décisions officielles du Congrès ou du Comité Exécutif et les communiqués du secrétariat général seront transmis en anglais, français, espagnol ou allemand.

[5] Si une discussion se produit au sujet du sens des traductions française, espagnole ou allemande des statuts ou règlements ou des décisions officielles du Congrès ou du Comité Exécutif, le texte anglais aura force de loi. (Congrès 1954)

Page 21 *Art. 38, al. 1*

A biffer et à remplacer par :

[1] La Fédération se réserve le droit exclusif d'organiser un Championnat du Monde – Coupe Jules Rimet dont le lieu est désigné par le Congrès de telle manière que cette épreuve sera organisée successivement dans les divers continents à condition qu'ils soient à même d'en assurer l'organisation conformément aux règlements sportif et financier du Championnat du Monde – Coupe Jules Rimet. Il ne pourra pas avoir lieu deux fois de suite dans le même continent.

Page 23 *Art. 43*

A biffer et à remplacer par :

En cas d'interprétation différente du texte anglais, français, espagnol et allemand, le texte anglais fera loi. (Congrès 1954)

Page 24 *Art. 44*

A biffer et à remplacer par :

Les présents statuts ont été adoptés par le Congrès extraordinaire des 14/15 novembre 1953 à Paris et modifiés par les Congrès des 21 juin 1954 à Berne et 9/10 juin 1956 à Lisbonne.

Estatutos copero de la FIFA entre 1972 y hoy

En 1972, la FIFA publicó el documento «*Estatutos, Reglamentos, Definición del amateur, Reglamento del Congreso de la* FIFA», y en su página 20, artículo 39, «VIII. Copas del Mundo – Competiciones y relaciones deportivas internacionales», esta nueva disposición: «*La Federación se reserva el derecho de organizar Copas del Mundo cuya sede será designada por el Comité Ejecutivo de tal modo que dichas pruebas se organicen sucesivamente en los diferentes continentes* [...]».

En 1970, Brasil ganó por tercera vez el Mundial de la FIFA, conquistando en propiedad la copa puesta en juego en el «Primer Campeonato Mundial de la Coupe du Monde» de Montevideo. Se creó entonces un nuevo trofeo y en los estatutos de la federación internacional se pasó de los «Campeonatos del Mundo –Copa Jules Rimet» a la «Copa del Mundo». En realidad, esta formulación ya había sido propuesta tímidamente por Rimet en 1930 en Budapest, retomada por la AUF como subtítulo en 1930, por Buero en *Negociaciones internacionales* también como subtítulo, abandonada por Italia en 1934, modificada y pasada a primer plano por el propio Rimet en 1946 en el Congreso de Luxemburgo, descartada por Brasil en 1950, reintegrada como subtítulo por el Comité Ejecutivo de la FIFA en 1954, y nuevamente descartada por Suiza ese mismo año.

La creación de un nuevo trofeo material en 1972 condujo pues a una nueva tentativa en el doble sentido de imponer el sello de la FIFA a las asociaciones y de establecer una continuidad terminológica entre 1930 y 1974. Pero nuevamente se produjo el rechazo de las asociaciones y la persistencia en la propaganda desplegada en las sedes, de una continuidad paralela que privilegiaba el título «Campeonato Mundial». De este modo, de 1954 a 1978 se perpetuó la cohabitación de dos calificaciones de diferente origen. Durante ese período, la apelación asociacionista se impuso en 1930 (Uruguay), 1934 (Italia), 1950 (Brasil), 1954 (Suiza), 1962 (Chile), 1966 (Inglaterra), 1970 (México) y 1978 (Argentina), ocho veces sobre once, siguiendo la práctica instaurada en 1924 en París.

(Documento transmitido por el Servicio de documentación de la FIFA)

Langues officielles du Congrès

[2] Les langues anglaise, française, espagnole, allemande et russe sont les langues officielles du Congrès. Si un délégué ne peut effectuer lui-même la traduction de son exposé, cette dernière sera faite par un interprète officiellement accrédité par le Comité Exécutif. Les délégués sont autorisés à parler au Congrès dans leur propre langue pourvu qu'ils assurent la traduction de leurs interventions soit en anglais, français, espagnol, allemand ou en russe.

[3] Le Congrès peut renoncer à l'une de ces cinq langues si aucun délégué ne s'y oppose.

Décisions officielles

[4] Les décisions officielles du Congrès ou du Comité Exécutif et les communiqués du secrétariat général seront transmis en anglais, français, espagnol, allemand ou russe.

Texte anglais

[5] Si une contestation se produit au sujet du sens des traductions française, espagnole, allemande ou russe des statuts ou règlements ou des décisions officielles du Congrès ou du Comité Exécutif, le texte anglais aura force de loi.

VIII. Coupes du Monde – Compétitions et Relations Sportives Internationales

Art. 39

Coupes du Monde

[1] La Fédération se réserve le droit d'organiser des Coupes du Monde dont le lieu est désigné par le Comité Exécutif de telle manière que ces épreuves soient organisées successivement sur les divers continents, à condition que l'Association Nationale désignée soit en mesure d'en assurer l'organisation conformément aux règlements sportif et financier des Coupes du Monde. La Coupe du Monde ne pourra pas avoir lieu deux fois de suite sur le même continent.

[2] 10% des recettes brutes dues à la F.I.F.A. pour chaque Coupe du Monde (suivant Art. 33, paragr. b): 5% pour les matches du 1er tour final, 7½% pour les matches du 2e tour final, 10% pour la finale et le match des 3e et 4e places et suivant Art. 32 (10% à la F.I.F.A.) du Règlement de la Coupe du Monde, doivent être utilisés pour des subventions et/ou pour le développement du football amateurs et juniors.

[3] Les montants en question doivent être versés, 60 jours après la fin de chaque Coupe du Monde, aux Confédérations dont des Associations Nationales ont participé à la Compétition Finale. Ils seront répartis également entre ces Confédérations.

[4] Les Confédérations ont le devoir d'utiliser ces sommes pour les buts sus-mentionnés; elles rendront compte à la F.I.F.A. des dépenses qu'elles auront faites et des investissements effectués à partir de ces montants.

Art. 40

Compétitions internationales

[1] L'organisation de compétitions internationales entre équipes représentatives d'Associations Nationales autres que la Coupe du Monde de la F.I.F.A. est subordonnée à l'autorisation du Comité Exécutif de la Fédération.

Una conclusión

Los archivos expuestos en este libro demuestran que las asociaciones de Francia y de Uruguay, así como la opinión de estos dos países y del finalista suizo, calificaron reiterada y masivamente el campeonato olímpico de fútbol de la Olimpiada de 1924 como «campeonato del mundo», y que esta calificación correspondía en todo punto a un proceso mundialista profundo, iniciado en 1914 en el seno mismo de la FIFA, acentuado en 1919 con los Juegos Interaliados y en 1920 con el reconocimiento por la vanguardia francesa del campeonato de Amberes como «Mundial de expectativa». Fue un «Campeonato Mundial de los Juegos olímpicos», que desde el punto de vista histórico inició la era mundialista de las asociaciones.

Esta exposición debería imponer a los investigadores e historiadores europeos del fútbol, así como a los dirigentes del fútbol francés, el deber de una consideración, y en consecuencia, el de responder con argumentos. La reacción mínima que tendría que proponerse el investigador objetivo es integrar de alguna manera en sus relatos estos documentos sin los cuales no es posible entender el hecho clave de la historia del fútbol: la creación de los Mundiales.

La posibilidad de que la generación de historiadores europeos actualmente en actividad reaccione es muy escasa. Pesan negativamente la muy larga producción de libros y de cuentos repetidos mil veces y nunca cuestionados; el peso de muy ancladas creencias de origen oficial; la tradición de la mentira en el ámbito del fútbol y en particular la cultura de la falsedad estructural en el seno de la FIFA desde la llegada de Daniel Woolfall (1906); la atracción material que ejercen indudablemente los poderes oficiales que pagan muy bien por poca cosa; la solidez de las escuelas académicas y de los cementadores dogmas que acarrean; y finalmente, ese poderoso reflejo pasional que vibra en cada hincha, que se complace negando la victoria ajena, y que cubriéndose con los colores del equipo, en este caso del equipo nacional, sustenta la producción de la ignorancia.

Al revisionismo «oficial», básicamente francés, insinuado en Europa poco después de la victoria de 1924 y desarrollado masivamente después de la Segunda Guerra Mundial, se agregaron una multitud de «aspectos circunstanciales», activados por nacionalismos ofendidos por las victorias de Uruguay: nacionalismos de Holanda y de Alemania en 1928; de Italia de 1930 en adelante; de la mayoría de las asociaciones europeas durante el boicot de 1929-1930; de Argentina después de la final de Montevideo, y nuevamente en 1950; de Brasil, después del famoso Maracanazo. Finalmente, como para compactar todo esto, se agregó el desprecio que siempre tuvo Inglaterra hacia el fútbol mundial, que la llevó a un intento de sabotaje del torneo olímpico de fútbol de 1928; a no participar en los campeonatos de la FIFA entre 1924 y 1950; a desconsiderar al equipo que, por sus resultados y su manera, encarnaba la libertad del fútbol mundial independiente; y a destilar esa musiquita que tanto se metió en los escritos de los académicos franceses según la cual, hasta 1953, fueron ellos los mejores y los campeonatos de la FIFA en los cuales no jugaron carecieron de valor.

La sucesión y suma de lo que Buero denominó «escozores» engendró la llamada «leyenda negra del fútbol uruguayo». Uruguay ganaba porque jugaba sucio, ilegalmente, brutalmente. Esta difamación absurda, que supone que los partidos se jugaban sin jueces y sin tribunales de reclamos, acompañó el desarrollo de un sentimiento irracional contra las victorias celestes.

Dice el gran historiador uruguayo Carlos Demasi:

«La leyenda negra es una construcción negativa de la imagen del fútbol uruguayo de los años 20 al 50, apoyada en aspectos circunstanciales

pero que ha servido para fundamentar otros discursos. Coincide con la restricción de la categoría "Campeonato del mundo" a los que se organizaron a partir de un momento determinado, algo que contradice todas las referencias de los años 20. Esas construcciones son comunes en historia, donde el relato siempre está cruzado por otros intereses generalmente derivados de una postura inconfesamente nacionalista (aunque siempre encuentra que el nacionalismo del otro es el que alimenta los argumentos de rechazo)».

En fútbol, ese nacionalismo de los poderosos y de sus servidores llevó al arrebato progresivo («restricción») de ciertos títulos de Uruguay. Como dice Paul Dietschy: ojo si Uruguay protesta, porque podría extenderse el arrebato a algún título más.

A estas negatividades de fondo, que operan desde hace tantas décadas, vino a sumarse más recientemente una evolución decadente que hace de la FIFA actual un aparato de producción de textos tendientes a favorecer la candidatura de Gran Bretaña para el Mundial de los cien años (2030). En este marco, la cultura de la mentira típica de la federación ha conocido un nuevo *boom* y engendrado una nueva «revisión en la revisión», que no solo le arrebata méritos a ciertas asociaciones nacionales como la de Uruguay, sino que sacrifica los logros más notables, hasta hace poco bien reconocidos, obtenidos por la propia FIFA en las épocas de Guérin y Rimet.

Afortunadamente, estas sólidas derivas chocan hoy en día con dos tendencias positivas.

La primera es que se ha desarrollado en el mundo un público que mira el fútbol con distancia y que admira a los buenos equipos sin prejucio nacional. Este público, que existe en todas partes, en Bélgica, en China y en España, está en condiciones intelectuales abiertas y es capaz de apreciar una historia del fútbol internacionalista, basada en la verdad documental.

La segunda tendencia positiva es que, como se ha podido observar a lo largo del último Mundial en Rusia, una parte importante de los aficionados se da cuenta que el fútbol está cada vez más determinado por los poderes materiales. Los Mundiales han sido ganados siempre por potencias económicas que en el pasado constituyeron imperios coloniales o aspiraron a dominar el mundo. Con una única excepción, Uruguay. Harta de ver a los grandes ganar siempre, cierta opinión sueña con la victoria de un nuevo pulgarcito. En ese camino, Uruguay aparece como un admirable precursor, como el único punto del planeta que conoce la clave y salva al fútbol de la caricatura geopolítica.

Las estrellas de 1924 y 1928 no son, como lo entiende la Secretaría general de la FIFA, Copas Mundiales idénticas a las demás. Son, como se ha indicado en este trabajo «Campeonatos Mundiales de los Juegos Olímpicos», organizados bajo el poder deportivo supremo de la FIFA. Son por lo tanto algo más que los títulos siguientes. Algo más porque fueron los primeros, los que exigieron esa fe constructora, creadora, tan particular, que alimenta toda voluntad original. Algo más porque el cruce transatlántico, la representación de toda Sudamérica y la victoria final conllevaron el acto mismo de creación irreversible y contundente del «mundo futbolístico» y de su correspondiente opinión. Algo más porque aquellas primeras estrellas fueron a la vez del fútbol internacional, de las asociaciones nacionales independientes y del movimiento olímpico. Fueron del fútbol y del deporte entero. Esa unidad armoniosa no ha vuelto a producirse.